70

中央广播电视总台
民族语言节目
创办70周年

石榴花开

中央广播电视总台民族语言节目中心◎编著

国际文化出版公司
·北京·

图书在版编目（CIP）数据

石榴花开：中央广播电视总台民族语言节目创办
70周年 / 中央广播电视总台民族语言节目中心编著 . 一北
京：国际文化出版公司，2021.9
ISBN 978-7-5125-1330-3

I . ①石… II . ①中… III . ①少数民族 - 民族语 - 广
播事业 - 新闻事业史 - 中国 - 文集 IV . ① H2-53
② G229.29-53

中国版本图书馆 CIP 数据核字（2021）第 146848 号

石榴花开：中央广播电视总台民族语言节目创办 70 周年

编 著 者	中央广播电视总台民族语言节目中心
责任编辑	侯娟雅
特约编辑	周立峰
出版发行	国际文化出版公司
经 销	全国新华书店
印 刷	天津画中画印刷有限公司
开 本	787 毫米 × 1092 毫米　　16 开
	23.75 印张　　413 千字
版 次	2021 年 9 月第 1 版
	2021 年 9 月第 1 次印刷
书 号	ISBN 978-7-5125-1330-3
定 价	128.00 元

国际文化出版公司
北京朝阳区东土城路乙 9 号　　　　邮编：100013
总编室：（010）64271551　　　传真：（010）64271578
销售热线：（010）64271187
传真：（010）64271187-800
E-mail：icpc@95777.sina.net

编者按

2020 年 5 月 22 日，中央广播电视总台庆祝民族语言节目创办 70 周年座谈会在北京举行。中央宣传部副部长、中央广播电视总台台长兼总编辑慎海雄出席并讲话。他强调，要深入学习、深刻领会习近平总书记关于民族工作的重要论述，按照领导同志要求，持续深化习近平新时代中国特色社会主义思想宣传阐释；要通过我们的宣传报道，促进各民族像石榴籽一样紧紧抱在一起，共同团结奋斗，共同繁荣发展，唱响决战脱贫攻坚目标任务、决胜全面建成小康社会的主旋律；要努力培养和造就一支政治可靠、业务精通、作风过硬、纪律严明的民族语言宣传队伍。

民族语言节目是人民领袖与各民族群众心连心的传播平台。中央广播电视总台民族广播是在中央领导的亲切关怀和直接指示下创办起来的。70 年来，从无到有，从小到大。特别是近年来，习近平总书记对民族工作、宣传舆论工作和中央广播电视总台的系列重要指示、批示、谈话和讲话精神，为民族语言节目走进新时代指明了方向，提供了强大的思想理论武器。民族语言节目始终坚持领袖的思想高度就是宣传报道追求的高度，传播领袖思想，强化喉舌作用。为进一步贯彻落实习近平总书记提出的"努力打造具有强大引领力、传播力、影响力的国际一流新型主流媒体"和"守正创新，把新媒体新平台建设好运用好"的重要指示精神，民族语言节目蹄疾步稳，努力开创民族宣传的新局面。

1950 年 5 月 22 日，藏语广播的第一声呼号响彻雪域高原。此后，蒙古语、朝鲜语、维吾尔语、哈萨克语节目陆续开办，"五朵金花"次第开放，把党中央的声音传遍祖国各边远地区，为边疆稳定、民族团结、社会进步、经济发展和民生改善做出了重要贡献，为新中国民族广播事业开启新的华章。

中央广播电视总台民族语言节目前拥有 5 种语言 4 个广播频率，每天共播音72 小时，主要覆盖西藏、新疆、内蒙古、四川、青海、吉林延边等少数民族聚居区，国内听众约 2500 万。中央广播电视总台民族语言节目还拥有五个少数民族语言广播网、微信公众号和央视频号，构成了民族语言宣传的融媒体平台。

2018 年 3 月，经中央批准，组建中央广播电视总台。民族语言节目走进新时代，"五朵金花"绽放出新的光彩。依托总台的雄厚资源，民族语言节目高质量发展、融合发展进入快车道，融合传播打造出前所未有的时空广度、人文温度、技术精度、传播力度。讲好领袖故事，讲好中国故事，讲好民族团结故事，民族语言节目成为中央广播电视总台打造具有强大引领力、传播力、影响力的国际一流新型主流媒体的坚强力量。

2018年两会期间，五个民族语言微信公众号共同推出重点报道《习近平，各族人民的好领袖》，生动展现了十八大以来习近平总书记情系少数民族群众、牵挂少数民族群众温饱冷暖的感人情怀，表达了全国各族人民衷心拥护爱戴人民领袖的肺腑心声，掀起了民族语言节目两会报道的高潮。

2019年两会期间，民族语言节目策划推出原创微视频《石榴籽的情怀：我想对总书记说》，来自内蒙古、新疆、西藏、云南的基层少数民族代表向总书记汇报家乡的变化，邀请总书记到各自的家乡做客，再掀微信阅读高潮。国庆期间，民族语言节目中心和央视频联合制作了《此时此刻——国庆70周年盛典》4K直播电影少数民族语言版，让少数民族观众听着自己熟悉的民族语言，再一次感受到新中国成立70周年盛典的震撼与隆重。而即将迈入创办第70个年头的中央广播电视总台民族语言节目，也再一次以全新的形式和崭新的方法记录着共和国的辉煌与荣光。

2019年9月20日，民族中心所属四套广播频率和五个语言网站全部完成改版、全新上线。这是民族中心有史以来调整幅度最大的一次改版，精心打造出全新的民族语言广播频率和新媒体平台，鲜明地体现了国家台站位，突出了先网后台的理念。改版突出三个定位：领袖思想（中央政策）的传播平台，民族团结的维护平台，总台精品的翻译平台。

中央广播电视总台民族语言节目忠实地记录着领袖的指引和嘱托，记录着人民领袖人民爱、人民领袖爱人民的深情厚谊，记录着共和国前进的脚步，记录着边疆民族地区天翻地覆的变化，记录着各族人民的奋斗拼搏和追逐梦想的力量，记录着普通人平凡的幸福和快乐。

民族语言节目是促进"五个认同"的宣传交流平台。70年来，民族语言节目始终高举民族团结的旗帜，把党的声音传遍少数民族千家万户，把党的各项方针政策、各民族的文化风貌、世界各国政治、经济、文化、科技信息传达给少数民族受众，在促进民族团结、增进各民族相互理解和融合、推动民族地区经济社会发展中起到了不可替代的重要作用。

聆听人民、书写人民、赞美人民、引导人民、鼓舞人民、服务人民、满足人民，这是民族语言节目70年的责任担当和理想追求。《茶马古道民族情》《民族赞歌》《边城行》《在党的阳光下》《东西合作和谐发展》《民族记忆——中国少数民族非物质文化遗产巡礼》《和谐藏区行》《我从新疆来》《寻找最美民族村寨》等一系列大型采访报道深受少数民族群众欢迎，促进了"五个认同"宣传教育，促进了少数民族文化的传播，促进了民族地区经济社会发展，促进了各民族群众的交往交流交融，让中华民族一家亲、同心共筑中国梦的理念更加深入人心。

2016年，为宣传贯彻习近平总书记在党的新闻舆论工作座谈会上的重要讲话精神，中央广播电视总台民族语言节目发起，联合各地方台民族语言节目共同打造《全国新闻联播》这一权威民族信息发布平台、全国民族语言节目宣传共享平台和少数民族受众民族文化交流平台，取得较好成效。

在西藏自治区成立50周年、新疆维吾尔自治区成立60周年、内蒙古自治区成立70周年庆祝大会举行的时候，藏语节目、维吾尔语节目、哈萨克语节目和蒙古语节目进行了现场直播，让党的亲切关怀传遍雪域高原、天山南北和草原牧场，凝聚起各族人民同心向党、建设美丽边疆的豪情壮志。

中央广播电视总台民族语言节目是民族团结的宣传者，也是民族团结的践行者。2014年和2019年，民族节目中心及所属融媒体部荣获"全国民族团结进步模范集体"称号。

你离听众有多近，听众就和你有多亲。曾经，民族语言节目打通了和平解放西藏前进道路上的"第一公里"，被称作"党中央的声音"；曾经，民族语言节目连接了信息高速公路的"最后一公里"，被称为"北京的声音"；今天，民族语言节目继续全程领航、全程覆盖、全程陪伴、全程服务，与少数民族群众"零距离"，是各族群众的"民族好声音"。

民族语言节目在反对"三股势力"的舆论斗争和突发事件舆论引导中发挥重要作用。70年来，中央广播电视总台民族语言节目始终处在反对民族分裂、维护祖国统一的舆论斗争最前沿。面对"西强我弱"的国际舆论格局和严峻复杂的国际关系态势，民族语言节目始终发扬斗争精神、增强斗争本领，坚持以攻为守、主动作为、绵绵发力、久久为功，千方百计提高影响力、争夺主动权，闻风而动、快速反应、高效运行，有效提升国内国际舆论斗争的前瞻性、主动性。

2008年西藏拉萨"3·14"骚乱、2009年新疆乌鲁木齐"7·5"事件发生后，藏语节目、维吾尔语节目和哈萨克语节目都及时派出记者采访报道，澄清事实真相，反击不实谣言，宣传正确的民族观、宗教观，起到解疑释惑、安定人心、平息事态、维护稳定的突出作用。

乌鲁木齐"7·5"事件发生后，维语节目的《一场特殊的婚礼》等报道，用记者亲身经历反映真实的新疆，书写民族团结的实况，让维吾尔族听众了解事实真相，安定情绪。海外维语受众通过中国民族广播网的维语网页听到节目后纷纷从德国、美国、埃及、哈萨克斯坦、吉尔吉斯斯坦、塔吉克斯坦打来电话，表示他们看了国外媒体的报道对新疆很忧虑，对在新疆的家人很担心。听了维语的报道他们放心了，新疆还是他们心中最爱的那个美丽大新疆。

2015 年起，为加强对达赖集团的斗争，加强我国在宗教领域意识形态的领导权、主动权，中央广播电视总台民族语言节目在藏语节目中连续六年录制播出了十一世班禅的藏历新年祈福，在藏区和境外都取得了积极的反响。

2019 年 4 月，针对美国等西方媒体恶意炒作新疆"教培中心"，造谣惑众，中央广播电视总台民族语言节目在维语微信公众号上推出微视频《重新启程》。这是民族中心首次自采制作时政类视频专题节目，也是反映"教培中心"实况的首次维语对话式现场报道。

2020 年 1 月开始，面对突袭而至的新冠肺炎疫情，根据中央广播电视总台统一部署，民族语言节目中心迅速调整宣传报道方向，聚焦疫情防控，有针对性地自主策划一批新媒体产品，及时向少数民族受众传达习近平总书记和党中央、国务院防控疫情的最新部署，用权威发布回应社会关切，用事实真相击碎谣言，用人文关怀抚平焦虑情绪，五种民族语言在特殊时期的独特作用再次得到彰显，五种民族语言微信阅读量呈爆发式增长，屡创新高，有力推动了民族地区的疫情防控和民族语言融媒体发展。

不断丰富传播手段，不断拓展传播空间，不断优化传播质量，努力加快媒体融合。忠实讲述领袖与人民的鱼水深情，努力捕捉中国前进道路上的每一份精彩，精心采撷人民创造幸福生活的美丽华章，纵情讴歌新时代奋斗者只争朝夕的拼搏精神，彰显着中国风采、中国力量、中国智慧、中国精神，向世界展示着真实、立体、全面的新时代中国。中央广播电视总台民族语言节目用 70 年的发展历程证明了自己拥抱新时代的实力与信心。

做有广度的传播者、有深度的解读者、有温度的陪伴者。中央广播电视总台民族语言节目在共和国的旗帜下成长壮大，正在为实现中华民族伟大复兴的梦想和各民族追梦者一起奋进新时代！

2020 年 9 月

目　录

中央广播电视总台庆祝民族语言节目创办 70 周年座谈会 2020 年 5 月 22 日在北京举行

中央广播电视总台庆祝民族语言节目创办 70 周年座谈会 2020 年 5 月 22 日在北京举行

荣誉与成就

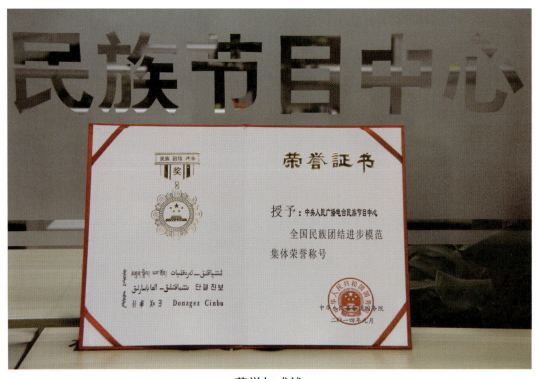

荣誉与成就

2011 年 11 月，中央电台维语广播记者
伊丽娜荣获全国优秀新闻工作者称号

2011 年 10 月，藏语频率播音员扎西罗布（左一）、维语频率播音员阿不都卡德尔（右五）
荣获中央电台第三届十佳主持人称号

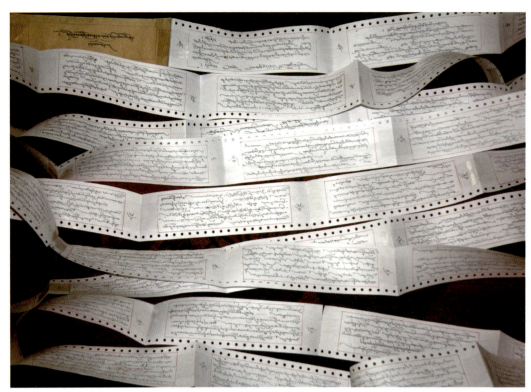

藏族听众来信

听众来信

2002 年 9 月 29 日，民族中心被评为国家广电总局先进集体，蒙、藏、维、哈、朝五种民族语言部各有一人被评为先进个人

2009 年 2 月 28 日，中央统战部、国家民委、国家广电总局的领导出席民族中心藏语频率开播新闻发布会并与大家合影留念

2008 年 4 月，民族中心组织记者赴西藏采访

2008 年 4 月，民族中心组织记者赴西藏采访

2009 年 10 月 1 日，中央电台王求台长指导民族中心藏语频率边巴旦增、达瓦玉珍在天安门城楼用藏语直播新中国成立 60 周年庆祝活动

中央电台领导在直播机房指挥藏语广播直播新中国成立 60 周年庆祝活动

2010 年 4 月 17 日，民族中心藏语广播记者在青海玉树地震灾区向藏族群众赠送收音机

2012 年 7 月 29 日，蒙语部《走边防 看变化》采访启动

2011 年 9 月，民族中心记者在江苏省张家港市永联村粮食生产基地采访

2013 年，民族中心《美丽中国行——寻找最美民族村寨》采访报道组在新疆采访

2012 年 6 月，民族中心藏语广播《走基层 看西藏》采访报道组赴西藏采访

2012 年 4 月 5 日，藏语广播《走基层 看西藏》大型采访活动启动

2012 年春节前夕，全国人大常务委员会原副委员长布赫接受蒙语部记者采访

2007 年 3 月，蒙语直播全国两会

2007 年 3 月，藏语直播全国两会

2007 年 3 月，哈语直播全国两会

2007 年 3 月，维语直播全国两会

2007 年 3 月，朝语直播全国两会

2003 年，蒙语部在审听节目

2010 年，藏语频率在录制节目

2004 年，维语部在录制节目

2003 年，哈语部在录制节目

2005 年，朝语部在录制节目

2005 年，新闻部在编辑稿件

2003 年，蒙语部在策划节目

2003 年，藏语部在研讨节目

2006 年，维语部在校对稿件

2003 年，哈语部在研讨节目

2005 年，朝语部在研讨节目

2007 年，新闻部在开展业务研讨

纪念中央台朝鲜语广播创办四十五周年

2001 年 7 月，朝语部合影

2004 年，听众赠送锦旗

2007 年 6 月，民族中心业务培训

2008 年 4 月，民族中心业务研讨会

2008 年 5 月 17 日，朝语部举办广播电视专题《永恒的丰碑》研讨会

2008 年，维语节目听众座谈会

2009 年 11 月 7 日，朝语部承办全国朝鲜族政企高层经济论坛

2009 年，相关省区藏语广播电视节目评析会

2009 年，相关省区藏语广播电视节目评析会

2010 年 4 月 9 日，在京朝鲜族科技工作者访问中央电台

2010 年 8 月 19 日，蒙古语广播开播 60 周年文艺晚会

2011 年 6 月 2 日，哈语部举办哈萨克语广播通讯员培训班

2011 年 6 月 13 日，民族广播业务培训会

2011 年 6 月 16 日，民族中心藏语广播《再唱山歌给党听》全国藏族歌曲评选现场

2011 年 8 月 4 日，民族中心优秀节目季度评奖会

2011 年 11 月 7 日，民族中心"走转改"采访活动在内蒙古巴林右旗启动

2011 年 11 月 8 日，民族中心向内蒙古巴林右旗小学生捐赠体育用品

2011 年 11 月 8 日，民族中心向内蒙古巴林右旗小学生捐赠体育用品

2012 年 6 月 12 日，中央电台第六届民族广播协作会在湖北恩施召开

2012 年 7 月，民族中心十八大报道组成立大会

2012 年 7 月 13 日，民族中心同中国传媒大学新闻传播学院战略合作会

2012 年 8 月 31 日，民族中心主任赵连军，副主任田山川、帕尔哈提就哈语广播
改版准备工作进行检查

2013 年 8 月 10 日， 由中央电台民族中心、国家民委港澳台办公室共同发起的"彩虹路民族青少年艺术教育公益行"活动在内蒙古呼伦贝尔举行启动仪式。

2013 年 8 月 10 日， 在"彩虹路民族青少年艺术教育公益行"活动启动仪式上，澳门美协会长黎鹰（右三）赠送题为"澳门之春"的画作

2014 年，民族中心举办业务培训

2014 年，中央电台在贵州黔东南州召开第七届民族广播协作会

2015 年 6 月，民族中心调研组赴上海学习调研

2019 年 3 月 1 日，民族中心记者在两会新闻中心 5G 体验区

2019 年 4 月，民族中心记者在云南采访

2019 年 4 月，民族中心记者在云南普洱采访当地群众脱贫情况

2019 年 5 月 30 日，民族中心哈语广播《壮丽 70 周年奋斗新时代》报道组在新疆伊犁州昭苏县

2019 年 6 月，民族中心藏语广播《美丽藏区行》大型报道在四川阿坝启动

2019 年 8 月，刘晓龙同志（左一）听取民族中心领导班子汇报"五个认同"主题教育活动实施方案

2018 年 5 月 4 日，民族中心藏语党支部联合办公室党支部、新闻部党支部召开专题学习会，邀请《雪域长歌》一书作者张小康作报告

2018 年 10 月 12 日，民族中心原专职副书记兰汝生（左一）主持召开民族中心党总支专题学习会

2019 年 6 月，藏语广播《美丽藏区行》采访组在四川阿坝采访

2019 年 9 月，民族中心副召集人赵连军（右一）及前方报道组成员在第 11 届民运会开幕式现场

2019 年 11 月，民族中心进博会报道组在展馆现场

2019 年 10 月 10 日，《此时此刻—国庆 70 周年盛典》4K 直播电影民族语言版发布会在京举行

2019 年 11 月 30 日， 民语版 4K 直播电影《此时此刻——国庆 70 周年盛典》捐赠推广活动在中央民族大学举行

2019 年 12 月，民族中心维语广播记者在新疆于田县采访库尔班大叔女儿托乎题汗

2014 年，民族中心参加中央电台篮球赛

2014 年，民族中心啦啦队

2014 年，民族中心篮球队

民族中心员工现场助威

2017 年足球赛，民族中心足球队合影

2014 年，办公室集体合影

2014 年，新闻部集体合影

2011 年 3 月，蒙语部集体合影

2010 年，维语频率合影

2012 年朝语部编播人员合影。当年，朝语部被评为中央电台先进集体

2012 年，网络部集体合影

藏族员工表演歌舞

维吾尔族员工表演歌舞

哈萨克族员工表演族歌舞

中国民族广播网部分编辑、记者

引子

沧桑岁月欣然过，笑傲风雨 70 年

70 年沧桑岁月弹指一挥间，70 载风雨同舟春华终秋实。

1950 年 3 月 29 日至 4 月 16 日，诞生初始的中华人民共和国中央人民政府新闻总署在北京召开全国新闻工作会议，决定于中央人民广播电台增设藏语、蒙古语和朝鲜语广播节目。1950 年 5 月 22 日，中央人民广播电台民族广播藏语节目开播，这也标示着新中国民族语言节目的正式发端。

岁月的车轮奔流不息，民族语言节目几经坎坷风雨，始终怀揣着团结民族同胞、宣传中央民族政策的初心不忘，风雨兼程，终将这架饱经风霜又历久弥新的马车驶入了 21 世纪的第二个十年，于 2020 年，为新中国民族语言节目画上了第 70 道年轮。

70 年来，民族语言节目从最初的单一语种每周播出 3 次，每次 30 分钟，到如今的多语种每周无间歇，每日 18 小时的播出时长，饱含民族语言节目人为祖国民族团结事业矢志不渝的坚持，对践行习近平总书记"深化民族团结进步教育，铸牢中华民族共同体意识"的坚守。

70 年来，民族语言节目从形式单一的广播播报，守正创新、与时俱进，先后开辟了民族语言网站、民族语言社交账号，包括维吾尔语在内的多种民族语言成为中国乃至世界同类语言新闻节目中的翘楚。为长远和根本地增强中华民族文化认同，建设各民族共有精神家园，积极培养中华民族共同体意识夯实基础，更为讲好中国故事，传播好中国声音做出了绵薄贡献。

70 年来，民族语言节目组由最初的几个人几台机器逐渐发展成为今天拥有蒙、藏、维、哈、朝 5 种语言、4 套广播频率和 6 个语言网站，几十个社交帐号，包括博士生 1 人、研究生 19 人、本科生 152 人、大专学历 8 人，共计 180 余人，拥有数百台专业设备的复合型民族语言节目中心。

70 年来，民族语言节目人下基层走乡村，深入北国南疆、市井乡寨，哪里有需要，哪里就有民族语言节目人。成为领袖思想、国家民族政策的传播者，各民族繁荣昌盛大发展信息的纽带和桥梁，反华势力有关民族政策谣言的粉碎者。

　　70 年来，数以亿计的民族同胞通过民族语言节目提高了对民族政策的认识，提升了民族认同和文化修养。在各民族地区突发的自然灾害和其他各类事件中，民族语言节目正本清源，深入一线将最真实、最权威的报道第一时间通过电波、网络等形式传递给各民族地区同胞，对全国各民族交往交流交融，共同团结奋斗、共同繁荣发展起到了不可估量的巨大推动作用。

　　70 年来，民族语言节目人前后相续、薪火相传，为推进习近平总书记促进各民族共同团结奋斗、共同繁荣发展的伟大战略，为中华民族伟大复兴、大国崛起的美好蓝图变为现实矢志不渝，奋斗到底。

　　志当存高远，人生贵追求。大江流日夜，慷慨歌未央。

　　新时期民族语言节目的壮丽篇章翻开了崭新一页。民族语言节目人比以往更明晰自身所处的历史方位，比以往更明确未来的发展方向，我们用信心照亮未来，伟大目标终将实现！

第一章　2018 年—2019 年　时代新声

大变革

春雷滚滚话新声

2018年春，滚滚春雷以不同以往的律动向世人昭告春天的到来、万象更新的喜悦。春雨复苏万物，生机勃勃地演奏出新的交响乐章。

根据中共中央印发的《深化党和国家机构改革方案》，整合中央电视台（中国国际电视台）、中央人民广播电台、中国国际广播电台，组建中央广播电视总台，作为国务院直属事业单位，归口中央宣传部领导。3月21日，总台召开会议，宣布了中央决定。同时宣布，中央决定成立中央广播电视总台党组，慎海雄同志任中央广播电视总台党组书记、台长，阎晓明同志任中央广播电视总台党组成员、副台长。

4月19日上午，新组建的中央广播电视总台正式揭牌亮相。旌旗招展齐奋进，广播电视启新航。从此，中国广播电视事业迈入新的历史航程；从此，在践行习近平总书记提出的"推进国际传播能力建设，讲好中国故事、传播好中国声音，向世界展现真实、立体、全面的中国，提高国家文化软实力和中华文化影响力"之路上，电波与影像、网络携手同行，为共同实现这一伟大目标乘风破浪，砥砺前行。

变革源自初心，而初心正是习近平总书记在十九大报告中提到的那句："中国共产党人的初心和使命，就是为中国人民谋幸福，为中华民族谋复兴。"要为人民谋幸福，为民族谋复兴就需要每位广电人"登高望远、居安思危，勇于变革、勇于创新，永不僵化、永不停滞"。唯有随时代和大势而动，才能保持创新，避免停滞。

进入新世纪，随着互联网科技以及移动通信技术的不断快速发展，国内外微博、推特、微信、视频、短视频等新媒体发展势头迅猛，给传统媒体带来的影响和冲击愈发显现，人民群众依靠手机等网络终端获取信息日趋成为主流，传统媒体与新兴媒体、新兴技术融合成为媒体发展的必然趋势。尤其在欧美等国家和地区把持国际主流媒体话语权的大背景下,讲好中国故事、传播好中国声音更需要与时俱进、推陈出新,走出国门影响世界的同时,也要更加贴近、靠拢群众。此时,党中央谋定而后动,做出组建中央广播电视总台的重要决定,无疑是对"登高望远、居安思危,勇于变革、勇于创新,永不僵化、永不停滞"的最佳诠释。

潮平两岸阔,风正一帆悬。有了中央广播电视总台作为基础和坚实后盾,民族中心全员迎来了天高任鸟飞、海阔凭鱼跃的全新舞台。2019 年 7 月 18 日,中央广播电视总台民族语言节目中心正式成立。中宣部副部长、总台台长慎海雄出席成立大会并发表讲话提出三点要求:第一,以习近平新时代中国特色社会主义思想为指导,坚持党性原则,提高政治站位。第二,以内容为核心,以技术为依托,做好高质量发展改版升级工作,向党和人民交上满意答卷。第三,增强"脚力、眼力、脑力、笔力",锤炼本领,打造过硬的民族宣传队伍。总台党组成员、副台长阎晓明主持会议并宣读总台党组《关于成立中央广播电视总台民族语言节目中心的决定》。会后,中宣部副部长、总台台长慎海雄与民族语言节目中心(以下简称民族中心)不同民族的工作人员亲切握手致意拉起了家常。民族中心全体成员感慨万分,也更加坚定了大家为民族宣传添砖加瓦的决心。

融媒体时代的变革

变革必须紧随时代脉搏。总台成立后,民族中心积极围绕中宣部副部长、总台台长慎海雄的要求展开工作,以求在新形势、新平台下打造出新格局、新面貌。如何调整组织架构及时适应崭新的全平台信息传播,就成了摆在民族中心面前的新课题。按照"三定"方案,民族中心将下设综合部、统筹策划部、新闻编辑部、对外联络部、技术保障部、融媒体部、蒙古语节目部、藏语节目部、维吾尔语节目部、哈萨克语节目部、朝鲜语节目部、藏语方言部、拉萨编辑部、乌鲁木齐编辑部等 14 个处级部门和西藏民族语言中心、新疆民族语言中心 2 个二级事业部。中心设立融媒体部,是为贯彻总台"5G+4K/8K+AI"战略,将新技术广泛运用到传统媒体与新兴媒体深度融合的实践中,变革信息传播方式、手段和渠道,优化群众信息接收体验,增强传播效果。

而早在 2018 年,民族中心便已在广播与新媒体融合方面牛刀初试一展锋芒。当年 3 月 8 日,中心策划推出的两会报道《习近平,各族人民的好领袖》在

"中国民族广播CNR"微信公众号一经推出，不到15小时阅读量便超过10万。4月，民族语言媒体融合工作取得重要进展，中心蒙古、藏、维吾尔、哈萨克、朝鲜五种语言微信公众号取得一日五发资质，且关注总人数超越100万人之多。进入5月，中心再接再厉，先网后台，先后运用微信公众号翻译推送《习近平和母亲》《习近平和彭丽媛：这就是爱的样子》《致父亲——习近平与父亲的家国情》《彭丽媛在第七十三届联合国大会防治结核病问题高级别会议开幕式上发表视频讲话》及系列报道《平"语"近人——习近平总书记用典》等稿件，不仅成为同类民族语言网站中的首发，且24小时阅读量均超5万，彰显了总台成立后民族语言宣传报道的独特优势。其中，《平"语"近人——习近平总书记用典》系列报道用短小的故事和精辟的语言解读了习近平新时代中国特色社会主义思想，反映中华优秀传统文化在新时代的创造性转化和创新性发展。这些充满温情、激励和哲思的声音与文字穿越电波与网络，将来自首都的领袖思想和精神播撒于祖国广袤的少数民族和边疆地区。一时间，无论是生机盎然的内蒙古草原，还是世界屋脊西藏、美丽丰饶的新疆、四季如画的云南，习总书记"家风好，就能家道兴盛和顺美满"、"国无德不兴，人无德不立"等引经据典的金句在少数民族群众中广为流传，人人都能背诵两句。这也为实现习近平总书记在十九大报告中指出的"铸牢中华民族共同体意识，加强各民族交往交流交融，促进各民族像石榴籽一样紧紧抱在一起"坐实了基础。

七月流火党旗红。为庆祝建党97周年，民族中心召开工作会议，调集中心民族语言翻译骨干，昼夜加班翻译赶工，以饱满的热情和坚持不懈的决心为建党97周年献上一份最诚挚的厚礼。经过较短时间的统筹策划，各语言部负责人审定、校对、审听，各语言部编播一线骨干倾情演绎，最终于2018年7月1日推出蒙、藏、维、哈、朝五种民族语言版大型广播纪实文学《梁家河》。节目以广播、网络、公众号形式同步播发，精准的翻译、精良的制作让少数民族群众读到、听到极富感染力的民族语言版《梁家河》。习近平总书记平易近人的爱党爱民、吃苦奉献、责任担当、为人民做实事的形象深入少数民族群众人心。众多少数民族受众在微信上留言表示，总书记在梁家河的知青生活亲切感人，人民领袖的初心让他们深受鼓舞，以总书记为榜样，以奋发图强者为偶像，成了大家的共识。

8月，中心融媒体事业再传佳讯，在中宣部支持下，央广藏语广播客户端（APP）在安卓和苹果（iphone）应用商店上架，并成为中央网信办重点资助项目，创造了中国民族广播多个首次。

融媒体建设的先行者

凡事预则立，不预则废。不打无准备之仗，每次作战要有必要的准备才能克敌制胜。民族中心早在 2011 年 12 月便召开会议，战略性超前部署成立了网络部（后改为融媒体部），先后任命王非为部门主任，刘洪斌、吴新日为副主任，协力开拓耕耘这块前辈从未涉足的试验田。

网络部成立之初，中心领导班子便高度重视，优先为部门配备了最新、最全的硬件设备。而技术和采编人员构成也从无到有，一步步摸索前行。蒙、藏、维、哈、朝等各主要语言部门工作人员在网络部成立后纷纷主动请缨，要求加入。部门经过人员结构优化，逐渐形成了包括技术人员在内多达 21 人的多语种、跨平台、跨技术、跨领域的复合型人才聚集的民族语言新媒体宣传队伍。部门对每位人员提出了高标准高要求，要求每位人员在精通民族语言基础上，更要掌握视频编辑、字幕校对、网络平台维护、发布等相关技术。部门副主任刘洪斌戏称网络部全员如同民族中心的联合作战部队，每个人均十八般武艺样样精通，符合中心领导对网络部的作战要求。

从建设成立最初的民族语言宣传网站，到 2015 年 3 月开通民族语言微信公众号，民族中心网络部屡屡超前规划，超前部署，誓要成为融媒体建设的先行者。网络部也更是不负众望，在各语言部紧密配合下，交出了令人满意的答卷，网站成为同领域中的领头羊，而微信公众号关注人数也早已突破百万人，藏、维等民族语言更在同类公众号，以及第三方指数中长期保居排名第一。

总台成立后，民族语言节目中心对新媒体越加重视，网络部改名为融媒体部，无论是从硬件的建设，还是人员培训、设备的投入，都在成几何倍数增长。在向广大受众当下愈加喜爱的图片、视频业务发展和探索中，民族中心领导班子积极协调，指示融媒体部门开展更广泛的业务学习，积极向更适应和贴近群众的方式呈现民族团结内容宣传。一个个鲜活幽默的表情包、让人一目了然的懒人图、动画与真人相结合的视频内容等一系列新媒体传播手段相继推出，真正做到了使民族语言宣传跨上了时代列车，让民族宣传更具灵活性和多样性。

融媒体部不仅是新技术与传统传播方式的融合，更是人员业务交流融会贯通之地。为实现民族语言节目中心全员均能适应新时期融媒体工作的开展，中心领导班子决定启用内部人员选调、轮调的方式，增进全员对融媒体和彼此业务的了解。这种互通有无的相互学习、共同提高的业务交流氛围在融媒体部乃至整个民族中心早已成为日常。2020 年 1 月，通过融媒体部上下的共同协作，传统少数民族文字与新媒体平台不匹配、不协调，如蒙古族受众千百年来习惯的竖写蒙文无法适应如今的视频媒体底部横字幕排列等一系列技术课题难关，终于得以攻克，为民族语言节目融媒体发展扫清了障碍。

2020 年初，融媒体部史无前例地接到总台和中心翻译制作少数民族语言2020 鼠年春节联欢晚会的指示，这也是中国民族语言节目的首次。融媒体部和语言部密切合作，放弃过年与家人团聚的假期，24 小时无间歇工作，通过一星期的努力，终将鼠年春晚时长两个多小时的节目翻译制作成蒙、藏、维、哈、朝等语言，圆满呈现给了各民族观众。

见证历史的答卷

见证改革开放 40 年

对历史的最好纪念，就是书写新的历史篇章；而对改革的最大致敬，就是创造新的辉煌。为切实展现我国改革开放 40 年的发展成就，2018 年 4 月，西藏民族语言广播中心策划的纪念改革开放 40 周年系列报道"回望改革开放 40 年"采访活动正式启动。在为期一个月的报道活动中，西藏中心派出 6 路记者，吉加、米玛加布、旦增旺加、旺堆、达瓦次仁、米玛加措、格桑德吉、达瓦玉珍、仁青旺堆、强巴次仁、旦增江白等人深入珠海、汕头、泉州、上海等地，以民族视角报道沿海地区 40 年来的发展。节目在川藏地区引发广泛回响，报道不仅拓展了藏族群众对祖国各地经济发展的了解，也加强和引发了大家对中华民族共同体的认识与自豪感。

受此次报道鼓舞，民族中心一鼓作气，策划组织了一系列纪念改革开放 40 周年的主题报道。如：藏语广播采访组泽嘎、贡布玉杰、米玛加布、才让多杰、次仁欧珠、邓登多吉、扎西多吉等人深入四川木里、甘肃天祝、青海海西、西藏阿里等多个地区，全面报道藏区改革开放取得的成就，于 6 月 18 日策划推出了《携手小康路共筑中国梦》大型主题采访报道；维语广播前方编辑部记者尼加提·卡德尔、买合力亚、甫拉提、帕孜来提、西任古丽、古丽茹孜、奴孜古力等人在新疆一线自采制作了《丰硕的四十年》等节目，精彩的故事、精心的制作生动地再现了改革开放四十年来新疆发生的巨大变化；内蒙古自治区三少民族自治旗成立 60 周年之际，蒙古语广播组织记者格日勒图、宝力德、乃日斯克等人赴莫力达瓦达斡尔族自治旗、鄂温克自治旗和鄂伦春自治旗采访报道，结合改革开放 40 周年推出了 33 集系列报道《历史的跨越美丽的家园》；由赵香兰、金成龙、金红花、具瑞琳、全龙等人参与报道，讲述改革开放以来，在沿海地区闯出一片新天地的朝鲜族回乡拼搏创业，为家乡建设做出贡献故事的 25 集朝语广播系列报道《凤栖梧桐——朝鲜族回国返乡创业实录》。

此后，中心又组织记者日夜兼程，分为多个小组远赴内蒙古、西藏、新疆、吉林等地几十个县市、旗深入采访，将采制的录音、图片、视频和文字源源不断发回北京中心，最终制作出长达20集的系列报道《激荡四十年奋进新时代》，于7月2日用蒙、藏、维、哈、朝五种民族语言广播播出，并在新媒体平台同步推送。报道集中讲述了我国民族地区改革开放40年来在法制建设、对口支援、民族团结、非遗保护、城市民族工作、民族地区扶贫开发、兴边富民行动、民族医药、对外开放、扶持人口较少民族发展、民族教育等方面取得的巨大成就。

与此同时，维语、哈语广播也策划推出了《丰硕的四十年》等专题节目，于7月2日同时播出，并且先后翻译制作了《见证》（40集）、《奋斗的中国人》（40集）、《见证中国文艺40年》（10集）等系列节目。精彩的故事、精心的制作生动地再现了改革开放四十年来中国发生的巨大变化，在维语、哈语地区反响热烈。

12月3日，时值年末，藏语广播纪念改革开放40周年融媒体产品《花开高原》开播，标志着民族语言纪念改革开放40周年报道掀起新的高潮，同时开启了民族语言产品视觉化呈现的新阶段。

对于一系列的专题报道和专题节目，各族群众惊叹于40年大发展的同时也感同身受，对祖国翻天覆地的变化，家庭生活品质的逐年提高跷起了大拇指。追忆当年苦，感恩今日甜；为中华民族更美好的未来撸起袖子加油干——一夜间，中国民族广播网、五个民族微信公众平台上被这些激励人心、充满期许的声音刷屏了。

铸牢五个认同、中华民族共同体意识

2019年，是民族语言节目中心最应被铭记的一年。干事创业需要好的带头人。这一年的7月4日，中央广播电视总台党组召开会议，明确总台编务会议成员刘晓龙同志兼民族中心召集人，后被任命为主任（兼）；任命赵连军、泽嘎、帕尔哈提为副召集人。这一年的7月18日，中央广播电视总台民族语言节目中心正式成立；这一年也是人民共和国成立70周年华诞；这一年也是近几十载来，国内外经济、外交、军事形势最为风云变幻、波谲云诡的一年。

随着中美贸易摩擦升温，国内经济增长周期性下行，以美国为首的部分西方国家妄图在我国港台及边疆民族地区渗透和制造事端，干扰中国的经济崛起、中华民族伟大的复兴。关键时刻，始终如一地在民族地区贯彻执行好习近平总书记在十九大报告中提出的"铸牢中华民族共同体意识"，就成了民族语言节目中心上下唯一不二的责任。

为加强和提高全员的政治意识，3月18日，原民族中心党总支书记赵连军围绕"对伟大祖国、中华民族、中华文化、中国共产党、中国特色社会主义的认同"讲党课，要求中心全体同志通过"五个认同"的学习，与"藏独"、"疆独"做坚决斗争，精神饱满、加倍努力地推动民族语言新闻宣传工作再上一个台阶。同时，将2019年定为中心"五个认同"党建主题年。

2019年4月，民族语言节目中心组织五种语言记者组成大型采访团，由中心张克清同志带队，格日勒图、白荣博、叶力夏提、金光永、尹菊娥、呼布钦、旦增旺加、西任古丽、恒巴特、全龙、曲声等采编人员走入云南普洱等民族地区采访，推出全媒体报道《茶马古道民族情》。这是民族中心确立将增强"五个认同"、铸牢中华民族共同体意识作为全年宣传工作主题的第一次集体外出采访，也是落实《中央广播电视总台增强"脚力、眼力、脑力、笔力"教育实践工作方案》的第一次教育实践活动。

云南，茶马古道，采访团随马帮集结出发，顺着历史的经纬，饱览了民族团结的欢乐，也见证了少数民族通过"三免费"政策，从新中国成立前原始的实物、木刻记事到如今高达92.5%识字率的变迁。茶叶飘飘五谷香，民歌古老韵悠长。先人传说后人唱，唱到茅庐变瓦房。采访团用话筒记录下了少数民族同胞对当今美好生活的赞颂，也与当地同胞建立起了深切友谊。

"作为一名傣族同胞，我深深感受到各民族共同开发了祖国的锦绣河山、广袤疆域，共同谱写了悠久的中国历史，共同创造了灿烂的中华文化，形成了你中有我、我中有你，谁也离不开谁的多元一体和谐共生格局。民族团结对凝聚人心、铸造中华民族共同体作用太大了"。一名傣族同胞如此说道。

采访团走访5个区县，采访了傣、佤、拉祜、布朗等民族，并将其他民族地区开展"五个认同"、增强民族团结的动人故事和先进经验介绍给对象听众，大力宣传各民族团结和睦、守望相助的动人故事。在采访中，培养和增强了民族语言新闻工作者的"脚力、眼力、脑力、笔力"。这次采访报道创新了发稿方式，5种语言微信公众号坚持每天发稿，一路行走一路报道，保持报道的新鲜感和即时性；创新报道方式，广播和微信公众号融合传播，新媒体集图文、音视频于一体，发表图片368张、短视频30个、动图32张、音频4个，共推出蒙、藏、维、哈、朝语微信报道 31 篇，广播报道 4 篇，微信总阅读量达 10 万多。

从见证改革开放 40 周年辉煌成就的系列专题报道和专题节目，到检验民族地区"五个认同"成果的采访报道，民族中心人通过不懈努力交出了无愧于党和领袖的满意答卷。

总台指引新方向

依靠总台高质发展求蜕变

2019 年 7 月 19 日，民族语言节目中心高质量发展改版方案获得总台通过。紧接着，一系列具有前瞻性的具体实施措施紧锣密鼓铺展开来。8 月 13 日，民族语言节目中心哈萨克语节目部、融媒体部正式成立。14 日，维吾尔语节目部、蒙古语节目部、朝鲜语节目部正式成立。15 日，新闻编辑部正式成立。10 月 30 日，中央广播电视总台民族语言节目中心对外联络部、统筹策划部成立。至此，"三定"方案中的 14 个部门，除技术保障部、藏语方言部外，12 个部门先后成立。

9 月，根据总台高质量发展的总体要求和统一部署，民族语言节目中心所属蒙、藏、维、哈、朝 4 套广播频率和 5 个语言网站在 9 月 20 日前陆续完成改版，全新上线。此次改版秉持和突出三个定位：领袖思想和中央政策的传播平台，民族团结的维护平台，总台精品的翻译平台。而改版后推出的新栏目又充分体现了融合意识、创新意识和民族特色相结合的理念，并且全新打造了五种民族语言广播多频共享的新栏目。其中，《学习时间》栏目以习近平总书记重要讲话、治国理政方略和用典解读为主要内容，全面系统地传播习近平新时代中国特色社会主义思想。《深度热搜》栏目以先网后台、移动优先、融合互动为特点，向新媒体要热度，向广播要深度，向听众要关注度。《译彩纷呈》栏目凭借民族语言节目中心的翻译力量，充分利用总台的内容优势，实现总台精品栏目和精品内容的二次传播。《行进中国 2019》栏目把握时代脉络，传播时代声音，挖掘时代特色，用民族语言和权威声音记录新时代中国的历史脚步。《声动民族风》栏目打造民族文艺品牌，用各民族歌手和歌曲唱响新时代的民族旋律。

而改版后的民族语言网站突出"台网并重、先网后台、移动优先"的理念，打破了以往传统民族语言分割宣传模式。成功启用多平台发布机制，调整新媒体发布流程，实现固网与移动网多平台联动的目标。新版网站页面设计风格统

一、样式美观新颖、栏目设置合理，版面标准依据总台网页设计规范重新规划设计。同时，为适应移动用户的阅读需求，网站全面采用移动端适配，方便用户手机浏览。

民族中心 4 套广播频率改版播出后运行顺利，维语频率《译彩纷呈》和《学习时间》两个栏目被新疆各地广播电台广泛转播；哈语频率《全国新闻联播》（哈语版）等栏目被新疆台、伊犁台、阿勒泰台广泛转播，阿勒泰台和甘肃阿克塞县电台每天转播哈语频率 9 小时首播节目；朝语新闻节目由下午时段改为晚间 8 点黄金时段播出，延边广播电台跟进转播。蒙古语改版节目由内蒙古、新疆两地蒙古语频率转播，受到听众好评。

这是民族语言节目中心历年来调整幅度最大的一次改版，此次改版力求守正创新、立破并举，在保持原有部门的基础上，完全打破了原有只按语言分类设置部门的格局，这既切中了互联网新媒体时代传播规律、提升议题设置能力、增强融合传播优势，又打破了原有局限，推动了精品内容生产能力的提升。不同职能部门和语种之间各有定位，又互有交融，层层递进，逻辑分明，更加有利于新时代党和国家政策信息的传达。而事实也证明，此次重大改版是有效的。

2019 年 6 月，民族语言节目中心边改版，边实践，不断用实践求证改版的效果。当月 20 日至 21 日，中共中央总书记、国家主席习近平对朝鲜进行国事访问。中心利用语言优势，积极探索民族语言时政报道新机制，策划推出首个自主高访报道《平壤时刻》，报道资讯数和阅读量均创新高。朝鲜语全媒体特别专栏《平壤时刻》以原创为主，以独家音频和视角，从文化、电影、两国媒体和民众反映、访问中重要活动细节等方面，表现中朝传统友谊，为双方高层访问营造良好舆论氛围。《平壤时刻》先后推送《那年我在朝鲜》《朝鲜电影的童年印记》等微信 33 条，总阅读量超过 10 万，创下朝语微信公众号一周阅读量峰值。

新成就离不开新技术

"五个认同"与新中国 70 华诞报道

2019 年 6 月至 9 月，为迎接即将到来的中华人民共和国 70 华诞，民族语言节目中心根据刘晓龙等领导的统一部署，各语言部门将报道重点围绕"五个认同"这一主题制作节目，按照"统一策划、分步实施"原则，在各自民族和地区的相应节点播发。

6 月至 8 月，中心充分发挥藏语广播前后方优势，策划实施《美丽藏区行》采访报道活动。通过采访报道居住在西藏及四省涉藏州县 30 个普通农牧民家庭日渐富裕的变化，白描了农牧民的和谐美好生活，见微知著，见证和反映了新中国成立 70 年来党中央对藏族人民的深切关怀，凸显十九大以来广大西藏及四省涉藏州县发生的深刻变化。报道在新媒体和传统广播端全媒体集中推出。同时，中心还推出了系列报道《西藏特色乡镇纪实》，选取西藏不同地域、各具特色的 10 个乡镇进行采访报道，体现 70 年来西藏城镇面貌发生的新变化，重点报道在习近平新时代中国特色社会主义思想指引下，西藏生态文明建设和乡村振兴新成就。

哈萨克语节目于 6 月推出 40 集主题系列报道《辉煌 70 年 礼赞新时代——大美新疆行》，组织记者叶力夏提、努尔波拉提、赛力克、热德力、夏力哈尔、阿依努尔、卡德尔汗、伯塔、恒巴特、玛哈帕尔等赴全疆各地采访，全面报道新中国成立 70 年来新疆的巨大发展变化。报道以庆祝新中国成立 70 周年为主题，以"五个认同"为主线，全面报道 70 年来新疆的巨大发展和各族群众生活的可喜变化，特别是以习近平同志为核心的党中央治疆方略的成果。报道组于 6 月初分 3 路赴新疆各地进行采访，各路记者边采访边发回报道，广播和新媒体同时呈现，受众反响热烈。

记者们在阿勒泰市萨尔哈木斯村的农家院里，了解异地扶贫搬迁成果；在中蒙边境第一哨——青河县查干郭勒乡萨尔布拉克村胡斯曼家里，听年过六旬的老人讲四十年如一日爱国守边的经历和对党无限忠诚的感人事迹；在可可托海矿区三号矿洞，感受老矿区红色传承、转型发展的历史变革；在塔城地区巴克图口岸，感受口岸经济蓬勃发展的景象。近一个月的采访中，记者们入农户，进田野，探矿洞，用坚实的步伐丈量边疆大地，挖掘鲜活事例，记录生活的变化。与此同时，哈萨克语节目还推出了30集全媒体系列产品《我和我的祖国》，报道突出社会主义核心价值观，围绕"五个认同"，采访各行各业先进典型人物的感人事迹。

9月15日，蒙古语推出《美丽中国，感知70年》节目，秉持"五个认同"的宣传理念，以润物细无声的方式，从新中国成立的曲折斗争开始讲起，以不同历史时期的典型事件为切入点，以现实中真实新闻事件为呼应，视频、音频相结合，歌颂在党的领导下、国家的关怀下，内蒙古70年来的发展变化。

同一时间，维吾尔语节目部制作了8集短视频节目，每集8个故事，以"生活巨变"为主题，生动鲜活地展现新中国成立70年来新疆政治经济文化和人民生活等方面发生的巨大变化，把人们面对变化的小小窘境以幽默的形式展现出来，寻找生活变化碰撞出的笑点，让受众在笑声中体会祖国、家庭的发展变化。

朝鲜语节目部则推出了20集大型系列报道《砥砺奋进70载，与祖国同成长》，通过采访在政治、经济、文化等各领域做出突出贡献的朝鲜族代表人物，讴歌伟大祖国，展现延边地区在党的领导下取得的辉煌成就，彰显延边各民族群众"像石榴籽那样紧紧地抱在一起"、努力拼搏的奋斗历程。

首次推出 4K 直播电影

10月1日至7日，在总台的统一部署下，民族中心首次通过4K超高清技术，将新中国成立70周年国庆庆典画面、镜头、声效糅合，充分发挥蒙、藏、维、哈、朝5种民族语言优势和央视视频制作团队优势，用民族语言的电影再现新中国70周年盛典，以更贴近民族地区观众的方式，让少数民族观众用本民族语言体验祖国母亲70年华诞盛典所独有的亲切感，让少数民族同胞共同感受伟大祖国70年来的繁荣和富强，增强了民族的幸福感和自豪感，激发了中华各族儿女由衷的爱国热情。

这部堪比"大片"的巨作将画面、声效、镜头语言和现场同期巧妙糅合，实现了全流程、全要素 4K 体验与环绕声结合运用。来自蒙古语的莎如拉、吉日木图，藏语的米玛加布、仓决，维语的巴哈提亚尔、祖米拉提，哈语的热德力、齐娜尔，朝语的李国虎、金红花等不同民族语言播音员声情并茂的解说，实现了语言贴近与 4K 超高清画面的完美结合，给观众呈现了一场爱国视听盛宴。一名藏族学生留言赞叹道："时代真的不同了，当一声声礼炮响起，护旗手踩着整齐的步伐铿锵有力地走进会场，我的眼睛就红了。"而一名朝鲜族阿姨在接受记者采访时则说道："整个过程我们的心情都非常兴奋，有一种身临其境的感觉，因为我们大家见证了这个国家的强大！"

民族中心对 4K 到互联网、移动互联网等新媒体、新技术的广泛运用，带来的是民族地区更稳定和广大的收听、收看群体，是民族同胞对民族语言节目更浓厚的兴趣，对领袖思想和中央政策更深切的领悟。而回首过去 70 年中的不同历史时期，民族语言节目始终如一扮演着这一不可或缺的桥梁角色，为党的民族政策在民族地区生根、发芽，开出民族团结的石榴花，结出民族同胞认同祖国大家庭的硕果，起到了坚实作用。

第二章　民族语言节目的前世今生

从广播到节目

两字之差意义不同

在 2019 年中央广播电视总台成立民族语言节目中心之前，民族语言节目在较长的历史时期中被称作民族语言广播或少数民族语言广播，指的是以少数民族语言为播报语种的广播频率。中华人民共和国成立 70 年来，中国民族语言广播取得了长足发展和进步，成为中国民族政策的生动体现和国家电台发展战略的重要组成部分。进入新世纪的第二个十年后，随着科学技术和网络新媒体的兴起，少数民族语言节目已不再仅仅局限于广播这一单一的形式，因而用"民族语言节目"这一称呼替代过去的少数民族语言广播宣传更为合适。

如今我国的少数民族语言广播已经形成了多语种、多层次、多渠道、较为系统的传播体系。全国约有近 200 个广播电台（站），使用蒙古、藏、维吾尔、哈萨克、苗、彝、壮、布依、朝鲜、侗、瑶等 20 多种少数民族语言播音，几乎包括了有本民族语言的所有民族。少数民族广播以少数民族语言每日每时传承着悠久的中华民族文化。截至 2009 年，中央和地方电台每天用 21 种少数民族语言进行广播。

其中，中央广播电视总台少数民族语言广播堪称我国民族语言广播体系中的龙头。目前中央广播电视总台民族语言广播已有 4 个频率：一是由蒙古、朝鲜两种少数民族语言组成的"民族之声"，一是藏语广播频率，一是维语广播频率，一是哈语广播频率。三个频率都是新闻综合频率，每天共计播音 72 小时。4 个频率的电波主要覆盖我国西藏自治区、新疆维吾尔自治区、内蒙古自治区、青海、甘肃、云南、吉林、辽宁、黑龙江、河北和北京地区。同时，与我国相邻的朝鲜、韩国、日本、蒙古、哈萨克斯坦、乌兹别克斯坦、俄罗斯、印度、尼泊尔等国家也能收听到。据统计，能听懂上述节目的国内听众为 2500 万人。

我国是一个统一的多民族国家。据 2010 年第六次人口普查统计，我国大陆各少数民族人口为 1.13 亿人，占全国总人口的 8.49%。截至目前，全国共建立了 155 个民族自治地方，民族自治地方总面积占全国总面积的 64%。概括起来说，民族地区是我国的资源富集区、水系源头区、生态屏障区、文化特色区。集这么多的"区"于一身，足以说明民族工作的重要性。2014 年国庆节前夕召开的中央民族工作会议指出，处理好民族问题、做好民族工作，是关系祖国统一和边疆巩固的大事，是关系民族团结和社会稳定的大事，是关系国家长治久安和中华民族繁荣昌盛的大事。

中国的民族语言广播是中国民族工作的重要组成部分。新中国成立后，中国民族语言广播在传达中央政令、维护国家统一、促进民族团结、服务民族地区经济社会发展和少数民族群众生产生活中发挥着重要的作用。中国的民族语言广播从诞生之初至今，就是少数民族干部群众获取国内外重大新闻、了解各类生活服务信息的重要渠道，也是周边国家听众了解中国、了解世界的窗口。回溯历史，我国民族语言广播的决策者们，在重要的历史节点上，凭借着对世界局势的正确判断、对民族问题的深入了解、对媒体角色的准确把握，有针对性地制定发展战略，不断微调工作策略，因而在不同历史时期取得了一系列成就。当前，中国的民族语言广播发展又到了一个新的关键点：从世界范围看，以新媒体为驱动力的新一轮全球化进程，带来的是日益加剧的分离主义趋势，客观上强化了民族认同意识；从中国国情看，改革开放 40 多年来，随着经济生活水平的逐步提高，社会结构、社会观念层面的转型落后于经济转型，积累了一定的社会矛盾。

2014 年 4 月，习近平总书记在新疆考察时指出，反对民族分裂，维护祖国统一，是国家最高利益所在。2014 年 5 月，习近平总书记在第二次中央新疆工作座谈会上指出，民族分裂势力越是企图破坏民族团结，我们越要加强民族团结，筑牢各族人民共同维护祖国统一、维护民族团结、维护社会稳定的钢铁长城。要高举各民族大团结的旗帜，在各民族中牢固树立国家意识、公民意识、中华民族共同体意识，最大限度团结依靠各族群众，使每个民族、每个公民都为实现中华民族伟大复兴的中国梦贡献力量，共享祖国繁荣发展的成果。同一年的中央民族工作会议强调，解决好民族问题，物质方面的问题要解决好，精神方面的问题也要解决好。要旗帜鲜明地反对各种错误思想观念，增强各族干部群众识别大是大非、抵御国内外敌对势力思想渗透的能力。加强中华民族大团结，长远和根本的是增强文化认同，建设各民族共有精神家园，积极培养中华民族共同体意识。

在不到一年的时间里，以习近平同志为核心的党中央对民族工作高度重视，做出了一系列重要指示，也为民族广播宣传工作指明了方向。

从传统的民族语言广播到如今的民族语言节目，看似两个字的改变实则是新的历史格局和形势下党的民族宣传工作的巨大转变，这种转变带来的是民族语言宣传责任更重了，历史使命更大了；两字之差也是民族语言宣传工作从无到有、由量变到质变的华丽转身。

六大发展阶段

传统媒体与新媒体融合之路

任何成绩都绝非一蹴而就。民族语言节目由传统媒体迈向今天的新媒体融合之路可谓披荆斩棘而又历经坎坷。从 1950 年至 2020 年，70 年来民族语言节目由单一的广播顺势而为，华丽转身，成为今天包括广播、视频、网络社交媒体等多种形式的媒体融合平台，每一步都离不开党和政府的指导与关怀，民族中心人的智慧和汗水，而奠定今日之成就的推力与党和国家历次转危为机、高瞻远瞩的谋划所带来的昌隆兴盛国运休戚与共。

若要深入了解中国民族语言节目 70 年来跌宕起伏而又屡创佳绩的辉煌之路，一瞥民族语言节目在我国民族团结与媒体融合事业中的广大作为，就不得不首先提到中国民族语言节目史上的几个重要历史阶段。

一、创办阶段（1950—1959 年）

随着 1949 年新中国成立，国内形势大局初定，党和政府就把在国家电台开办少数民族语言广播提上日程。1950 年 3 月，根据解放西藏舆论先行的原则，广播事业局接受了政务院确定的筹办藏语广播的任务。1950 年 5 月 22 日，中央人民广播电台的藏语广播正式播音，这是中央电台开办的第一个少数民族语言广播。开播初期，每星期播出 3 次，每次播出 30 分钟，主要对象是西藏上层人士。

同时，中央电台蒙古语广播的筹备工作也开始进行。内蒙古自治区是我国第一个省级民族自治地方，开办蒙古语广播是贯彻执行党的民族政策的又一体现。1950 年 8 月 15 日，中央电台的蒙古语广播正式播音，每天播出 30 分钟。

1956 年 7 月 6 日，中央电台朝鲜语广播正式开播，每天播出 1 小时。

1956 年 12 月 10 日，中央电台维吾尔语广播正式开播。

1957 年 11 月 11 日，为迎接广西壮族自治区成立，中央电台壮语广播正式开播。

至此，中央电台在20世纪50年代计划开办的5种少数民族语言广播全部开播。

中央电台5种少数民族语言广播的开播，把北京的声音迅速传到了边疆民族地区，成为各族群众了解党和国家大政方针的重要渠道，在边疆各族群众的政治生活中产生了积极而深远的影响。

二、停办阶段（1960—1970年）

由于缩短战线、精简机构及认识上的失误等原因，1960年12月5日，中央电台蒙、藏、维、壮、朝5种民族语言广播全部停止播音。

1962年民族工作会议期间，乌兰夫、赛福鼎·艾则孜等领导同志都提到有必要恢复中央电台的少数民族语言广播，使中央发表的重要文件能够比较准确地译成少数民族语言，及时地传送到少数民族地区。周恩来总理听取汇报之后，批评广播事业局不应该停办少数民族语言广播，指出："民族广播为什么停了？……为什么不告诉我？我们国家这么大，地区这么辽阔，又是一个多民族的国家，中央电台没有民族广播怎么行？"遵照周恩来总理的指示，广播事业局立即同国家民委研究恢复中央电台少数民族语言广播。（张小平著：《民族宣传散论》，中国藏学出版社，2005年5月版，106页。）

不久，"文化大革命"爆发，民族语言广播的恢复工作遭到延误。经周恩来总理的多次过问，1970年3月，中央电台正式开始恢复民族语言广播的具体筹备工作。

三、恢复和进一步发展阶段（1971—1983年）

经过紧张的选调干部等准备工作，1971年5月1日，中央电台维吾尔语广播正式恢复每天播出90分钟。1971年5月1日，中央电台哈萨克语广播正式创办，每天早、晚各播出一次，每次播出45分钟。

1972年5月1日，蒙古语广播正式恢复，每天分早、中、晚三次播出，每次播出45分钟。

1972年8月1日，朝鲜语广播正式恢复，每天分早、中、晚三次播出，每次播出45分钟。

1973年1月1日，藏语广播正式恢复，每天早晚各播出一次，每次播出50分钟。

1973年1月17日，中央广播事业局向毛泽东主席、周恩来总理汇报了藏语广播正式恢复播音的情况。

至此，恢复中央电台民族语言广播的工作告一段落。

民族语言广播恢复之后相当长的时间里，正值"文革"期间，中央电台的民族语言广播几乎是当时新华社的翻版、《人民日报》的有声版，文艺节目也十分单调。

党的十一届三中全会以后，中央电台的民族语言广播发挥独特优势，解放思想，努力开拓，与国家民委联手开展了一系列重要的民族宣传活动，影响力显著上升，为进一步的改革和发展奠定了良好的基础。

四、立足中央、面向民族地区的方针确立（1984—1987年）

1984年2月，在中央人民广播电台的领导下，民族部实施了大刀阔斧的新闻改革措施，民族语言节目也就此进入了新的发展阶段。在此之前，由于受机器设备、节目方针及工作制度的限制，民族语言节目的新闻节目往往要比汉语节目晚一天才能播出，大部分稿件依靠《人民日报》和新华社，报道深度和广度极为有限；专稿多数是时效性不强的教育性内容；文艺以本民族音乐为主，与地方台重复较多，且不如地方台丰富；每次节目长达1小时，时间过长导致地方台转播存在一定困难。

随着改革开放的深入，党和国家工作重点发生了转移，加之经济建设、商品生产也出现了新形势，造成民族地区面临着新中国成立以来从未出现的历史性转变，各族人民的思想观念也开始发生剧烈变化。边疆各族听众迫切需求获得更多信息，而当时的民族语言节目已远不能满足各族人民的需求。

1984年7月20日至24日，中央人民广播电台在京召开了改进民族广播座谈会，会议认真讨论了民族语言节目的改革方案，并商定了贯彻落实措施。

1984年9月到1986年，民族语言节目在改革中调整、提高、整顿和发展，为民族广播事业的大发展做好各方面的准备；"七五计划"期间，民族语言广播节目的语种拟从5种增加到8种，即增加壮语、彝语、傣语3种语言。

民族语言节目本着立足中央、面向民族地区的重大方针得到确立，以新闻改革为突破口，集中力量办好新闻性节目，及时宣传和报道党和政府的各项方针、政策、法令，及时播发国内外重大新闻，以及各族人民群众在祖国社会主义精神文明、物质文明建设中的成就和先进事迹；对各族人民进行爱国主义和国际主义教育，促进民族大团结，加速社会主义现代化建设等一系列革新政策和工作发展指导原则得到明确。

五、自我完善和壮大阶段（1988—2009年）

20世纪80年代末，为进一步搞好经济体制改革宣传，贯彻中央关于民族工作也要以经济建设为中心的精神，中央电台民族部及时调整宣传工作重点，使经济新闻成为民族广播新闻的主体。

1988年，国家民委和广电部联合举办了首届全国少数民族企业家评选活动。1989年6月—1990年6月，中央电台民族部在《民族大家庭》节目和5种民族语言节目先后开辟专栏，介绍了所有接受表彰的首批全国少数民族企业家。

进入20世纪90年代的民族广播，不断在业务拓展中完善自我，壮大队伍，力争交上一张满意的答卷。

1991年5月22日，是西藏和平解放40周年。中央电台派出报道组全面报道40年来西藏社会风貌的巨大变化和西藏和平解放40周年庆祝活动。

1992年，中央电台组成报道组，前往云南、广西、黑龙江、吉林、内蒙古、新疆、西藏7省区，采访报道边疆民族地区改革开放的新形势和当地经济社会发展的新面貌，制作26集系列报道《边城行》，在中央电台汉语和民族语言节目中先后播出，反响热烈。

20世纪90年代中后期，民族广播以"立足中央，面向民族地区"为方针，以更快、更丰富、更有针对性为目标，有条不紊地推进节目发展，陆续开设了多档新栏目、推出了多组新报道。

1994年至1995年间，各语言节目开辟了诸多针对性较强的栏目，自编自采的节目数量也有所增加。如蒙古语《各地蒙古族》《卫生与健康》，哈语《为您服务》《科技节目》，朝语《地方通讯》《时事节目》，等等。

此外，汉语名牌节目《民族大家庭》也在改革后再次成为集教育性、知识性、趣味性为一体的节目。

1999年元旦起，中央电台民族语言广播再次对节目进行改革，延长播出时间，每天播出2次，每次播出60分钟。这次改革在不失新闻时效性的前提下，开办了一批具有民族特色的专题栏目。

1999年8月1日，全天播音18.5小时的中央电台调频101.8兆赫频率正式开播，其中有11小时是蒙、藏、维、哈、朝5个少数民族语言广播，解决了中央电台少数民族语言广播覆盖北京的问题。

2000年9月16日，时任中共中央总书记、国家主席、中央军委主席的江泽民同志就加强西藏、新疆广播电视覆盖问题做出重要指示。国家广播电影电视总局启动"边疆少数民族地区广播电视覆盖工程"。

根据总局要求，2000年12月25日，中央电台民族语言广播频率即中央电台第八套节目正式开播。中央电台蒙、藏、维、哈、朝5种少数民族语言节目各增加1小时的新节目，每个民族语言广播每天播出2小时新节目，重播2小时，形成一套全天播音20小时的中央电台民族语言广播频率。至此，中央电台民族语言广播有了一个相对完整的频率，为今后的发展打造了一个新的平台。

2003年6月16日，调频101.8兆赫由中央电台举办"都市之声"频率，民族语言节目覆盖北京的任务由中波1143千赫承担。

2003年，中央电台第八套节目改革，将中央电台序列节目中的第八套节目确定为"民族之声"，节目方针为："立足中央，服务对象听众"，从2004年1月1日起实行。改革后的"民族之声"以新闻节目为主体，5种民族语言广播在每次1小时的节目中，新闻占30分钟，新闻性专题占20分钟，文艺穿插于节目之中，改变了过去文艺所占比例过多的局面。节目形态有了变化，出现了主持人节目。

2005年初，中国广播网民族分网由中央电台民族节目中心统一管理，民族语言广播从此开辟了新的舆论阵地。民族分网加强了汉语言进行民族宣传的阵地，有力配合了蒙、藏、维、哈、朝五种民族语言广播推出的大型采访报道活动或专题栏目。

国家的高度重视和大力支持，激发了民族语言广播从业人员的积极性和创新力，从而进一步增强了民族语言广播的活力，民族语言广播节目形式不断创新，新闻与专题各具特色，中央电台民族语言广播呈现出良好的发展势头。

2000年到2003年，这一阶段的民族广播工作重心在于频率的建设，第八套广播节目的推出给民族广播提供了一个崭新的平台；2004年到2007年，这一阶段的民族广播工作中心在于节目的探索，"民族之声"通过电波传到边境线上的千家万户，如何为听众提供更精致的节目和更优质的服务，是五种语言广播节目永恒追寻的主题。这一阶段，业务提升和队伍建设是主体内容，名牌栏目层出不穷，"内合外联"和"内外并重"作为新的理念浮出水面。

2008年4月18日起，由于西藏稳定和发展的需要，"民族之声"藏语节目由过去每天播出4小时增加到8小时。由于藏语节目与蒙古语、维吾尔语、哈萨克语、朝鲜语在同一个频率播出，藏语节目每天增加4小时播出后，其他四种语言节目每天各减少一小时的节目播出量。

经国家广播电影电视总局批准，2009年3月1日，藏语广播单列为中央人民广播电台第十一套节目——藏语广播频率，每天播音 18 小时。主要任务是：传播国内外重大新闻；报道西藏和其他藏区农牧民生活、现代化建设的发展成就；宣传西藏的历史文化；为听众提供生活信息、文化娱乐等方面的服务。

2009 年 7 月 14 日起，维吾尔语节目由过去每天播出 4 小时增加到 8 小时。

与此同时，中国广播网民族分网不断发展。2008 年 3 月至 2010 年 3 月，中央电台蒙、藏、维、哈、朝五种民族语言播音员主持人连续 3 年在北京人民大会堂通过中国广播网网络直播"两会"开幕式，开创了蒙、藏、维、哈、朝五种少数民族语言网上直播"两会"的新局面。

2009 年 3 月 12 日，全国政协十一届二次会议刚刚闭幕，全国政协的主要领导同志就来到中央电台直播间，了解中央电台五种少数民族语言网台联动报道两会的情况，给予了充分肯定，并指出，要充分重视少数民族语言广播，要利用现代媒体的一些手段，把广播电台、网络和手机联系起来，发挥更大的影响。

六、传统媒体与新媒体的融合之路（2010—2020 年）

2010 年 4 月 14 日，青海省玉树藏族自治州发生 7.1 级强烈地震。青海玉树 90% 的群众是藏族，使用的是康巴方言，大部分藏族群众听不懂汉语，而中央电台藏语频率主要以卫藏方言为主。根据总局指示，从 4 月 17 日开始，中央电台藏语频率紧急开办每天 8 小时的康巴方言节目，为玉树抗震救灾提供信息服务。

2010 年 12 月 17 日，维吾尔语广播单列为中央人民广播电台第十三套节目——维吾尔语广播频率，每天播音 18 小时。

这一阶段，改革一直是中央电台民族语言广播发展的主题。民族语言节目经历了进一步的机构改革，组织制度、人力资源和人才培养制度、播出安全制度等得到建立和改革深化，进一步加强了新闻采编、民族语言翻译、系列重大专题节目报道等工作的经验积累和建设，节目时长也得到进一步扩展。精彩纷呈、形式繁多的节目相继推出。通过改革，新闻的时效性不断增强，民族宣传的深度和力度不断加大，完成了一系列重大宣传任务，并组织、承办了一系列重要活动，进一步提升了民族语言广播的知名度和影响力。

经过近一年的准备，2010 年 12 月 17 日，中国民族广播网正式上线运行。中国民族广播网的宗旨是：传播中央声音，传承民族文化。目标是：适应民族广播事业发展需要，把中国民族广播网建成中国乃至世界规模最大、影响力最强、民族语言文字最多的多媒体网站。

中国民族广播网的建立和发展不仅拓宽了中央电台民族语言广播的覆盖面、

扩大了中央电台民族语言广播的影响力，也为民族语言广播事业开辟了新的发展领域。

这一阶段，中央电台的民族语言广播和中国民族广播网以更大的规模、更强的影响力，为促进边疆民族地区经济、社会发展、维护祖国统一和边疆稳定发挥了重要作用，并有效抵制了境外敌对势力的渗透，成为中央电台宣传事业中的一支重要力量，不仅在国内舆论宣传领域中占有独特的重要地位，而且在国家构建国际舆论传播新格局中占得一席之地。

党的"十八大"以来，以习近平同志为核心的党中央作出推动传统媒体和新兴媒体融合发展的战略部署。随着中央广播电视总台的组建，民族宣传事业也迎来了新的发展机遇。民族语言节目紧跟时代步伐，先后推出了"民族语言节目微信公众号""短视频公众号"等一系列举措，将融媒体与民族语言节目的结合推入了高速发展的快车道。4K 视频、语音、动画、文字、直播等新颖的节目形式，用新时期民族地区民众更容易接受的方式通过网络、广播、电视等媒体的结合将民族语言节目带入了新的高度。

通过梳理这六个不同历史发展阶段，使我们能够较为清晰的一窥我国民族语言节目在不同时期所承担的历史角色和发展要务，也更加清晰、直观地认识到民族语言节目在团结中国各民族群众，宣传领袖思想、党和国家政策的历史责任中所起的不可或缺的重要作用。

特殊国情决定的特殊事业

多民族国情与民族广播事业

中国少数民族广播电视事业的诞生和发展是与中国多民族的国情密切相关的。

众所周知，多民族的存在是我们这个星球的一大特色。世界因两千多个民族的并存、交融和发展而变得丰富多彩、生机勃勃。

中国是由 56 个民族和 14 亿人口组成的社会主义国家。在国际风云变幻、不少国家和地区民族矛盾和宗教矛盾十分突出的情况下，中国依然保持着各民族的团结和民族地区的稳定，并且日益走向繁荣和富强，这是党的民族政策始终得到正确贯彻的结果，也是各兄弟民族共同努力奋斗的结果。

在中国，民族问题说到底是一个民族的解放、发展和进步的问题。在中国革命和建设的进程中，中国共产党和各级政府始终把解决民族问题作为重大任务之一。少数民族在中国的政治、经济、文化生活中占有重要地位。

在当今世界格局中，民族问题日益显示出其重要地位。一些国家的动乱、分裂、解体，多数都与民族问题密切相关。国外敌对势力也频频妄图从挑拨我国的民族关系入手，以实现其"西化""分化"中国的图谋。只有重视和加强民族工作，谨慎和妥善地处理好民族关系，不断巩固和发展各民族的大团结，才能在复杂的国际斗争中掌握主动，从而立于不败之地。

中国当代少数民族广播事业和近些年大力发展的融媒体事业正是在上述的大环境中诞生和发展起来的。广播作为上层建筑的组成部分，始终是党和人民的喉舌。应运而生的少数民族广播和融媒体自然责无旁贷地承担了为实现中国革命的总任务服务，解决我国的民族问题，促进民族团结、经济发展和社会稳定服务的光荣使命。

时任中共中央总书记胡锦涛说："我国是统一的多民族国家，有 56 个民族，少数民族有 1 亿多人口，分布在全国各地，民族自治地方占国土面积的 64%，西部和边疆绝大部分地区都是少数民族聚居区。这一基本国情，决定了民族问题始终是我们建设中国特色社会主义必须处理好的一个重大问题，也决定了民族工作始终是关系党和人民事业发展全局的一项重大工作。"（《胡锦涛在中央民族工作会议上的讲话》，央视国际，2005年5月28日。）

习近平总书记强调："我国是统一的多民族国家。我国各族人民同呼吸、共命运、心连心的奋斗历程是中华民族强大凝聚力和非凡创造力的重要源泉。""要始终高举民族团结旗帜，坚持和发扬各民族心连心、手拉手的好传统，深入开展民族团结进步宣传教育，精心做好民族工作。""民族团结是各族人民的生命线。各民族要相互了解、相互尊重、相互包容、相互欣赏、相互学习、相互帮助，像石榴籽那样紧紧抱在一起。""做好民族工作，最关键的是搞好民族团结，最管用的是争取人心。各级领导干部要正确认识我国民族关系的主流，多看民族团结的光明面；善于团结群众、争取人心，全社会一起做交流、培养、融洽感情的工作；加强各民族交往交流交融，尊重差异、包容多样，让各民族在中华民族大家庭中手足相亲、守望相助。"（《习近平的民族观》，人民网，2015年8月24日。）

马克思主义认为，有民族差别就有民族矛盾，就有民族问题，而民族问题往往同政治、经济、文化和宗教等问题交织在一起。在中国这个多民族大家庭里，加强各民族的团结，是个有着战略意义的任务。创建和发展少数民族语言节目，是由中国的国情和国策所决定的。开办少数民族语言节目，使广大少数民族群众通过自己熟悉的语言及时、准确地听到党和国家的声音，了解国内国际大事，是促进我国民族地区社会、经济和文化发展的重要措施，也是反分裂、维护国家统一的有力武器。

回首追忆来时路，芳华犹在也峥嵘。我国民族语言宣传工作能够在不同历史时期，不同历史态势下屹立不倒、茁壮发展，离不开从党和国家领导人基于对民族问题深刻认识所做出的重要指示和工作指导，更离不开他们对民族语言宣传工作的殷切关怀和谆谆教诲。而作为中华人民共和国的开国领袖，毛泽东同志当初的一条批示更使自己成为新中国民族语言广播的奠基者。

第三章 吹响新中国"新媒体"的号角

"新媒体"助力西藏解放

粉碎谣言缔造和平

1950年1月1日，新中国成立翌年的元旦，《人民日报》在社论中列举了当年工作的主要任务。其中第一条就是"以一切力量完成人民解放战争，肃清中国境内的一切残余敌人，解放台湾、西藏、海南岛，完成统一全中国的大业"。社论结尾自信地宣布："全国同胞们！让我们团结一致，在一九五〇年内完成解放全中国的历史任务，克服战后的经济困难，巩固人民民主制度，为我们伟大的祖国的建设和发展而奋斗啊！"

同一天，西藏地方政府通过收听中央人民广播电台的节目，获知"人民解放军将在1950年内解放西藏、海南和台湾"。

2月15日，中共中央西南局和中国人民解放军第二野战军发布了"解放西藏政治动员令"，指出："进军西藏是一个光荣任务，我们必须将革命进行到底，完成统一祖国的大业，不让帝国主义侵略势力在我国的领土上有任何立足点，把五星红旗和八一军旗插到喜马拉雅山！"

黎明之前的黑暗被解放西藏的号角吹散。70年前的西藏3月，依然春寒料峭，冷风彻骨，而对于中国的大部分地区来说，夏天的气息越来越浓郁。此后不久，人民解放战争在大陆基本结束，解放西藏就成为摆在党中央面前的一项迫切的重要任务。时光荏苒，历史的细节已随时代的变迁变得模糊，这让多数人想要了解那段历史，只能在史书中搜寻吉光片羽。

1951年的春天，一位藏族人出现在北京，恰恰是这历史转折中的亲历者，引领我们步入那个激情燃烧的岁月，看到了最为真实和清晰的历史脉络。他，就是阿沛·阿旺晋美。1950年5月，40岁的阿沛·阿旺晋美刚刚被摄政达扎擢升为噶伦，任命为昌都总管，负责指挥藏军阻止解放军前进。

19世纪以来，帝国主义的侵略让西藏上空乌云密布。西藏既牵扯主权、边界，也涉及民族、宗教等一系列错综复杂的问题。1950 年的西藏，120 多万平方公里的土地没有一条现代意义上的公路，货物运输全靠人背畜驮。由内地向藏区运送的货物，要经雅安或西宁到拉萨，往返一次需要一年之久。重山激流阻挡现代交通工具进入西藏，也造成信息传递的严重滞后。

彼时国际舆论纷纷扰扰，各方势力蠢蠢欲动，藏区内部亦是人心惶惶、谣言四起。当时，控制在西藏地方政府手中的电台已经"完全军事化"，成为与解放军对峙的工具。于是翻重山、跃激流、瞬时传递新中国民族政策的使命，自然落在了那个时代的"新媒体"——广播媒体上。新中国亟须通过这个可以跨越地理障碍，即时传播党和国家民族宗教政策的"新媒体"，把和平的声音带到藏区。

依据藏区的复杂性和特殊性，当时的党中央高屋建瓴地制定了"和平解放西藏"的方针。在此背景下，中央人民政府新闻总署在 1950 年的 3 月 29 日至 4 月 16 日召开全国新闻工作会议，决定中央电台增设藏语、蒙古语和朝鲜语广播节目，利用舆论的力量率先把党中央的声音传递到雪域高原。5 月 13 日，毛泽东同志就藏语广播的方针问题做出批示："请李维汉同志负责审查藏文广播并规定该项广播内容及方针。"（《毛泽东西藏工作文选》，中央文献出版社、中国藏学出版社，2001 年，14 页。）

近 50 年后，中央人民广播电台原副总编辑、民族语言广播专家张小平，发现了这份珍贵的史料。他对此的评价是："这个指示在中国人民广播事业发展史上也是绝无仅有的。"

即将开播的民族语言广播节目正对应着这三个民族地区，他们虽现实情况不同、工作重心不同，却有着共同的时代使命——助力全国解放，促进各民族同胞对新中国的国家认同。

经时任新闻总署署长胡乔木介绍，北京大学东方语言文学系教授于道泉主持藏语节目的筹备工作。于道泉毕业于齐鲁大学，早年在北京大学师从俄国男爵钢和泰学习梵文、藏文和蒙古文，后赴法国深造，37 岁时在英国伦敦大学东方与非洲学院讲授汉语、藏语和蒙古语。1949 年新中国成立前夕，他回到祖国，在北京大学东方语言系任教。所以，由他来主持藏语节目的筹备工作，是最合适不过的。20 世纪 50 年代的北京，精通藏汉翻译的工作人员和训练有素的藏语播音员非常难得。除了于道泉，第一批筹备中央电台藏语广播的工作人员还包括著名翻译家、中国藏学研究中心原副总干事索朗班觉，以及李永年、曲吉洛卓、图丹尼玛等人。藏语广播开播在即，这批宝贵的广播组成员，从 1950 年 4 月 10 日开始便投入到了藏语广播的筹备工作中。

一线工作人员到岗、技术服务到位，解决的是藏语广播开播的"硬件"问题。而有关"软件"层面的节目定位、编辑方针、内容设置等关键问题，则一直备受中央的密切关注和直接指导。最终，经过一个多月的努力，中央人民广播电台藏语广播完成筹备，于1950年5月22日正式开播，每周一、三、五，于23：30—24：00播音，每次节目时长30分钟。相距3600多公里的北京和拉萨，终于通过广播这个20世纪20年代诞生的新媒体，实现了信息传播。在当时的西藏，收音机还属于稀缺物品，只有少数人有收音机收听广播。因此，中央电台藏语广播主要面向西藏上层人士，主要内容是：宣讲中央人民政府的民族政策，报道已解放的少数民族地区的情况，以及人民解放军和人民政府保护寺庙、尊重少数民族宗教信仰和风俗习惯的实例；揭露英美帝国主义侵略西藏的阴谋，号召西藏地方上层人士断绝与帝国主义的一切联系，回到中华人民共和国的大家庭中来。不仅如此，中央电台还邀请在西藏上层有很大影响的大师发表广播讲话，解释说明中央人民政府的民族政策。当时，西藏上层人士大多通过广播了解中央的动态。藏语广播开播后，很多人的思想发生了转变，成为西藏和平解放的舆论推动力量。

在人民解放军到达拉萨之前，西藏上层十分注意收听中央电台的藏语节目，几乎对藏语广播的每一句话都要加以分析。精诚所至，金石为开，终于，在藏语广播开播的一周年后的1951年5月23日，藏语广播的播音员自豪地宣布：115万藏族同胞迎来了西藏和平解放！

1951年，作为西藏地方政府特派的首席全权代表，阿沛·阿旺晋美和其他四名全权代表来到北京，与以李维汉为首席全权代表的中央人民政府进行谈判。5月21日，双方就关于西藏和平解放的所有问题达成一致，并于23日签订了《中央人民政府和西藏地方政府关于和平解放西藏办法的协议》。在签约仪式上，阿沛·阿旺晋美发表讲话说：一年之前，他还属于藏语广播中所说的需要争取的藏族上层人士，或许那时他也没想到，短短一年，自己的身份就变换了天地。

中央电台藏语广播开播后，在整个20世纪50年代发挥了重要的作用。中央许多有关西藏的指示都是首先通过中央电台的藏语广播播送出去的，许多重要报道均由周恩来总理亲自安排。民族宣传既要遵循宣传报道的一般规律，也要注重其特殊性和复杂性，民族广播主要面向少数民族听众，在进行新闻报道和宣传时要充分结合该民族的特点。如1952年到1956年间，藏语广播节目邀请了30多位西藏上层人士进行广播讲话；1952年11月，西藏致敬团通过中央电台藏语广播节目向西藏地方政府僧俗官员和全体藏族僧俗同胞报告了在北京活动的观感，传达了毛泽东主席和代表团谈话的精神。

《人民日报》为此在 1952 年 11 月 22 日特别刊登了西藏致敬团在中央电台藏语广播报告稿全文：

西藏致敬团团长
对西藏地方政府僧俗官员和全体藏族僧俗同胞的广播词

亲爱的西藏地方政府僧俗官员及全体藏族僧俗同胞们：

一九五一年五月二十三日，西藏获得了和平解放，使全体藏族人回到了我们的祖国大家庭里来。由于中国各民族关系已起了根本上的变化，即在各民族友爱团结的新关系上，西藏地方政府才派我们到祖国的北京，向各民族人民伟大的领袖毛主席及各位首长致敬，并到各地参观革命的进步的新气象。我们有西藏地方政府的僧俗官员、班禅额尔德尼和萨迦的属员、三大寺的总代表、商界代表，是分别从印度、西康两路来的。承中央人民政府帮助的恩惠，沿途平安毫无意外，沿途都受到各地区人民政府各级首长机关干部以及各兄弟民族的友爱热烈的欢迎和欢送，至河南省属郑州相会后，于九月二十九日到达首都北京。中央人民政府秘书长林伯渠、中国人民政协全国委员会副主席陈叔通、中央人民政府民族事务委员会主任委员李维汉、副主任委员刘格平等为首的各级首长、雍和宫与广济寺的执事、北京市人民代表、各兄弟民族的领袖代表等共有三百多人专程到车站欢迎，向我们献花。所有这些人都是笑容满面的，我们也感到无比的兴奋。

第二天晚上，适当国庆节的前夕，我们赴毛主席庆祝中华人民共和国成立三周年的宴会，参加宴会的有各国的使节，有出席亚洲及太平洋区域和平会议的四十六个国家的代表，国内各兄弟民族的代表、各人民团体的代表及中央各部门的首长等共有二千多人。来宾到齐以后，毛主席到场，那时候我们高兴得目不转睛地注视着，鼓掌声如雷地表示欢迎。毛主席致辞后举杯说："为了各位的健康干杯！"接着在宴会上，以各种不同的语言大家不断地高呼"毛主席万岁！"与会人员也彼此相互敬酒。可以很明显地看到大家对伟大的毛主席流露着不可抑制的敬爱和拥护的真诚。

十月一日庆祝中华人民共和国成立第三周年的国庆节，有伟大的毛主席和各级首长，出席上述宴会的国内外贵宾们，我们藏、回、蒙、维等四十几个兄弟民族代表。在多不胜数的人的面前，出现了我们祖国驱逐帝国主义和反动派的强大力量的步兵、骑兵、海军、空军等各种不同的兵种，同时和军队在一起的有牵引大炮的卡车、火箭炮、坦克、轰炸机和战斗机、特别是喷气式飞机等机械化的武器。看到这些意想不到的强大无敌的武装力量以后，我们各兄弟民族都增加了战胜帝国主义侵略的信心，并感到光荣骄傲。例如大、中、小学的学生，工人、农民等参加大会的男女老幼约有五十万人，他们手里拿着各种颜色的旗帜，高举在空中，排队成行地前进，大家一致欢呼："伟大的毛主席万岁！""中国共产党万岁！"走到首长们的面前时他们表示献花把手举起；有的把许多鸽子——和平的象征，同时放在天空；有的放气球随风飘满天空。这些对于毛主席的热爱是完全出于真诚，而不是故意做作的，这样很精彩稀奇的情况和各种有次序的行列，具有不可以言语形容的壮观。

十月八日，在献旗献礼后，毛主席接见我藏族代表，很亲切地谈了半点多钟，而且很从容地给了我们许多深刻而明确的指示。这些指示的要点是：

一、"共产党对宗教采取保护政策，信教的和不信教的，信这种教的或信别种教的，一律加以保护，尊重其信仰，今天对宗教采取保护政策，将来也仍然采取保护政策。"

二、"分地的问题，与宗教问题有所不同。在汉人区域已经分了土地，这里对宗教仍然是保护的。少数民族地区分不分土地，由少数民族自己决定。西藏地区，现在谈不上分地，将来分不分，由你们自己决定，并且由你们自己去分，我们不代你们分。"

三、"成立军政委员会和改编藏军是协议上规定了的，因为你们害怕，我通知在西藏工作的同志，要他们慢点执行。协议是要执行的，但你们害怕，只好慢点执行，今年害怕，就待明年执行，如果明年还害怕，就等后年执行。"

四、"西藏地方大、人口少，人口需要发展，从现在二三百万发展到五六百万，然后再增至千几百万就好。还有经济和文化也需要发展。文化包括学校、报纸、电影，等等，宗教也在内。过去的反动统治，清朝皇帝、蒋介石都是压迫剥削你们的，帝国主义也是一样，使得你们人口不得发展，经济削弱了，文化也没有发展。共产党实行民族平等，不要压迫、剥削你们，而是要帮助你们；帮助你们发展人口、发展经济和文化。人民解放军进入西藏就是要执行帮助你们的政策。开始进去的时候不会有帮助，三四年之内也不可能有多的帮助，但以后就能帮助你们的，那是一定的。

如果共产党不能帮助你们发展人口、发展经济和文化，那共产党就没有什么用处。"毛主席又对我们说："你们来了，我很高兴，最近你们可以到南京、上海、天津、广州、东北等地去参观。以后西藏僧俗各界如果能够有更多的人到内地各处参观，便可以加强我们中国各民族之间的团结友爱的关系。"这些指示使我们得到了很好的教育，并坚信不疑地衷心感激。我们藏族和各兄弟民族代表与我中央各部门首长，在友爱团结的气氛中，在十月九日中央人民政府人民革命军事委员会朱总司令的宴会上、十六日中央人民政府政务院周总理的宴会上以及十八日中国人民政治协商会议全国委员会的宴会上，都得到了很好的指示，感到无比的高兴。我们到了北京以后，十月二日亚洲及太平洋区域和平会议开幕，藏民代表喜饶嘉措格西参加，我们中间也有代表列席。和平会议于十三日胜利闭幕。其生动的场面和伟大的事业，使我们非常感动。我们坚信不疑，这个和平会议是争取亚洲和全世界幸福的到来的一种前所未有的标志。现在我们将北京逐日所参观到的以及截至现在亲眼看到的各种情况，做一个简单的报告。藏区在拉妥觉雄以下新修的公路已经通畅，觉雄以上至昌都间也修了路，现在可能行车了。在德格以下正在开荒、修路、设立学校、建立工厂，发展、进步很大。在北京自己已能造电料器材、印刷器材、纺织机器、农业机器。在耕作方法、养乳牛、鸡、猪等世俗的一切方面，乃至歌舞以及音乐方面，都有了很大的进步。现在在北京参观以后要到其他各省去参观，那些情况回来以后再报告。以上是我们截至现在为止已经看到的一些大概情况。

我们参观了以后究竟有什么感想呢？可以用以下四点来说明：

第一点：我们的祖国是世界上最伟大光荣的独立统一的国家之一。因为过去在民族压迫的反动统治下造成了分裂的我们各兄弟民族的人民，已经团结起来了。中国各民族在自己祖国的大家庭里，在工农联盟的基础上，在工人阶级的领导下，巩固了民族间的友爱合作，共同享受了当家作主的权利。这种团结的声誉已经传布到全世界了。这就充分证明了整个对内的关系起了根本变化。其次，中国人民大革命的胜利和拥有五亿人口的地大物博的中华人民共和国的成立，不但根本改变了整个中华民族对外的关系，已成为空前强大无比的一个民族独立的国家了，而且也大大地加强了全世界爱好和平人民坚决反对帝国主义侵略阵营的力量，使这种力量居于压倒的优势。因此，全世界的所有国家内的各民族人民对于毛主席发生了无限的敬重和信赖。例如在他庆祝国庆节的宴会上，正如上面已经报告过的，国内外那样多的代表各民族人民的贵宾们，无论语言、态度，任何方面都表现出对于毛主席的衷心敬仰，不同语言文字的各民族，以自己的言语喊出毛主席万岁的口号，并举杯祝贺。在十月一日国庆节日的那天，强大的人民军队和男女老幼人民，都是精神振奋，步伐整齐，以不能抑制的兴奋高呼"毛主席万岁！""中国共产党万岁！"的口号，表现出巩固了的祖国人民大团结的力量，使得全亚洲及各国人民参加观礼的代表们惊奇不止。参加这次亚洲及太平洋区域和平会议四十六个国家的爱好和平人民的代表都一致对毛主席和中华人民共和国表示热烈的致意。从这些生动的具体事实上，充分表现出祖国是伟大而光荣的。这一点，我们也坚信不疑地深刻的体会到了。

第二点：我们的祖国是强大的，具有战胜帝国主义侵略势力的武装力量的。因为强大的人民解放军纪律好，已锻炼成钢铁一般。战场上用的武器方面有机械化的大炮、炸弹、机关枪等，另外有大小装甲汽车、坦克车、火箭炮、轰炸机和战斗机、特别是喷气式的飞机、海军舰艇等，无论是从哪方面说都是齐备的。人民军队在解放战争期间完全打垮了国民党反动派的军队八百多万人，获得了辉煌的胜利。以上这两点事实充分表现了祖国的强大。近三年来在经济方面获得了繁荣的发展，新建立了制造各种机器的工厂，工人们以高度的爱国热诚制造了当前必需的各种机器。除了一部分少数民族地区以外，占有人口四亿多的汉族人民地区已实现了土地改革，农民生活获得了改善，农业生产大大地发展了，商业、牧畜业也获得了很大的发展。此外政治民主、文化发展方面也有很大成就。各兄弟民族地区正确地实行了民族区域自治的政策，获得了伟大的成就。所有这些人民的团结力量比以前更加巩固和壮大了，祖国的强大无比简单地说来就是如此，使我们感到骄傲。

第三点：我们中国内部的各民族得到了团结平等的伟大胜利。因为过去由于帝国主义和内部反动派的黑暗统治、由于各民族之间的不平等的关系，势力大的压迫小的，例如我们西藏土地虽大但人口稀少，所有的人都信仰佛教的关系，政治、经济、文化方面未获发展，因此清朝皇帝、国民党反动派等对我们只有轻视奴役地实行反动统治，各少数民族就那样地受着各种压迫。现在不是那样了。现在各民族一律平等了。如像我们在途中以及在这里受到各地各级人民政府和广大人民像自家人一样地热烈欢迎和殷勤招待。无论参观学校、工厂以及市场，都受到欢迎和招待，问什么情况都仔细地回答。另外无论参加国庆盛典及各种宴会，各民族无论大小都可以坐在一排，没有任何区别。

民族政策的执行方面，过去三年中实行了毛主席的正确的民族区域自治政策，已建立了一百三十个民族自治区，同时建立了地方民族民主联合政府有二百多个，并保障散居在各大城市里面的少数民族成分，使他们不再受到压迫和歧视。特别应该称道的是今年八月间中央人民政府公布了《中华人民共和国民族区域自治实施纲要》和《关于地方民族民主联合政府实施办法的决定》《关于保障一切散居的少数民族成分享有民族平等权利的决定》三个有重大意义的文件。全国的各个大小会议和各级人民政府内各民族（包括藏族在内）都有与其人口数量适应的代表及人员参加工作，这是大家都知道的。各聚居的民族只要自己负起实施民族政策的任务时，都可以在中央人民政府的领导下实行区域自治。这些都载在一个新出版的《民族政策文件》的小册子里，大家不久就可以见到了。这些都是民族平等的具体表现。为了使各民族能够负起当家做主的责任来，中央人民政府在各地设立民族学院，以培养大量各民族自己的干部，并帮助解决学员的生活费用。学习中以各民族自己的语文为主，并且发展它。至于汉语的学习，完全看学员自己的志愿，不加强迫。又帮助人口极少或没有文字的民族，按照他们自己的语言，创造文字用来学习。其他医药卫生、机器科学以至音乐舞蹈，所有世间需要的知识技术，都可以学习。内蒙古自治区在农业、贸易、畜牧、工业等经济及文化、政治各方面都得到中央人民政府大力帮助，繁荣幸福地发展起来了。中央人民政府还要而且正在帮助各民族都发展起来。我们西藏将来一定也要走这条路。关于民族平等的情况，因时间的限制不能更详细地说了。从上面简单叙述的事实里已经可以说明，民族平等是我们亲眼看到的事实，不必有任何怀疑的。

第四点：关于宗教信仰自由、保护寺庙及尊重少数民族的风俗习惯，大家心里不必有任何怀疑了。过去帝国主义和反动派造谣宣传，说共产党不许信仰宗教，信仰宗教者被毁灭，这完全是谎话。压迫我们与宗教相联系的政治经济和文化，使其不能发展的，不是别人，正是帝国主义和反动派他们自己。共产党自己虽然不信仰宗教，但允许宗教信仰自由，不加妨害。《共同纲领》及《十七条协议》中都规定得清清楚楚。毛主席也亲口说过"共产党对宗教采取保护政策，信教的和不信教的，信这种教的或信别种教的，一律加以保护，尊重其信仰，今天对宗教采取保护政策，将来也仍然采取保护政策"。这点我在前面已报告过了。从拉萨到北京来一路上所有无论哪种教派的寺庙，包括我们黄教的寺庙在内，没有看到或听到有任何受到损害的。北京的雍和宫与广济寺和尚庙两处原有的生活来源都没有受到任何损害。有些年久失修的，还在修葺。我们去朝拜广济寺和尚庙的时候，在我佛世尊庄严塑像之前，有中国的和尚们，从锡兰来的比丘们，还有世界许多民族的人聚在一起。由和尚、堪布和锡兰比丘钦众隆重地献供诵赞。还有为了弘扬伊斯兰教，今年七月在北京有五十三个信仰伊斯兰教的民族代表，开了一个盛大的伊斯兰教协会筹备会议，以后还要成立正式的会，会议进行得很顺利，没有遇到任何阻碍。对于宗教信仰的保护帮助已如上述。虽然全部汉族地区都已分了土地，但宗教信仰者的财产所有权仍旧不动。我们已朝过的各寺庙的香火收入，都安然无恙。其他尽力帮助宗教的事实，例如这次西藏代表团里有三大寺和扎什伦布寺的代表，他们都得到特别的帮助和照顾。现在我们虽然还没有看见我国新气象的全部情况，但仅就上面所说的我们已经看到学习到的事实，已使我们完全相信。大家也不必有任何怀疑了。我们希望我们西藏内部的全体僧俗人民要紧密地团结，在西藏的其他散居的各民族成分也要友爱团结，并与中国境内一切兄弟民族在团结基础上一同来实现《十七条协议》。为了宗教、政治、经济、文化的日益进步和发展，我们要永远在伟大的毛主席和中国共产党的领导下，在汉族工农人民的帮助之下，跟着他们走。为使我们西藏在政治、经济和文化各方面变成为一个新的西藏而奋斗。肃清帝国主义和国民党反动派的走狗，自动起来支援抗美援朝。在支援入藏的人民解放军的基础上，诚恳友好互助，巩固国防。我们大家必须为完成上述的任务而共同努力。我们要像爱护我们的眼睛和牙齿一样，使我佛圣弘扬遍在。

我们各族人民的伟大领袖毛主席万岁！

中国共产党万岁！

中华人民共和国万岁！

（《人民日报》，1952 年 11 月 22 日（新华社））

主席和总理的指示

蚂蚁敢啃硬骨头

中央电台在开办民族语言广播的选择上面，遵循五条原则：（1）人口在100万以上；（2）有普遍使用的、表达能力强的文字；（3）有该文字的出版物和相应的翻译队伍；（4）多数群众听不懂中央电台的汉语广播；（5）该民族分布地区广阔，居住在国外的同一民族人数较多。

著名传播学家威伯尔·施拉姆认为："研究传播学其实是研究人。人与其他的团体、组织和社会之间的关系；研究人怎样受影响，怎样互相受影响；研究人怎样报告消息，怎样接受新闻与数据，怎样受教于人，怎样消遣与娱人。首先了解人与人怎样建立关系。"当时的中央电台民族语言广播深谙其中之道。纵观20世纪50年代，少数民族广播节目从无到有，从一种语言到五种语言，不断摸索，节目时长不断增加，内容逐渐丰富，队伍日益壮大。从中朝边境上的鸭绿江，到骏马奔腾的内蒙古草原；从格桑花盛开的雪域高原，到载歌载舞的瓜果之乡，再到山水甲天下的八桂大地，中央的声音传遍祖国的四方。民族广播成为沟通中央和少数民族地区的桥梁，让少数民族同胞能够及时地获悉国内外的重要事件，深入了解新中国建设的成就和党的方针政策。另一方面，各族听众对民族语言广播反映强烈，一位维吾尔族工人听众曾给中央电台写信，表示"直接听到北京的声音，和汉族工人享受同样待遇，是新疆人民的福音"。而50年代一首在内蒙古草原上流行的歌曲更是把广播比成"家家户户常住的宣传员，空中的大剧院，万里的说书场，不收费的科技大学"。民族广播受到的欢迎，可见一斑。

然而，当初筹建伊始的蒙古语节目如其他民族语言节目一样，全都面临着人才稀缺，纵有千般力却无处使的尴尬境地。

时年18岁的蒙古族姑娘鲁德玛接到通知，她可以到"中央"工作，做中央人民广播电台蒙古语广播的播音员。她不知道，这一纸调令，将使她成为中央电台首位蒙古语广播女播音员；这一纸调令来之不易，是中央电台不断协调求助，由时任内蒙古自治区主席云泽（乌兰夫）亲自签发才换来的。

同藏语广播一样，蒙古语广播创建伊始，面临的首要任务也是寻找、培训合格的翻译和播音员。在鲁德玛调来之前，中央电台的蒙古语广播节目只有一位男播音员。这位叫拉哈斯荣的内蒙古前骑兵师队员，已经独自播音五年了。令拉哈斯荣引以为傲的是，他能顺利到岗，还要感谢周恩来总理的关怀。

20世纪50年代初，周恩来总理会见了内蒙古自治区人民政府驻北京办事处的官布扎布，周总理说："中央人民广播电台蒙古语节目制作人才稀缺。能否请你介绍精通蒙古语的干部来就职。"不久后，经官布扎布介绍，从内蒙古骑兵11师调拉哈斯荣为中央广播电台蒙古语节目主播。

中央电台蒙古语广播的筹备工作和藏语广播基本同步。1950年8月15日，中央电台的蒙古语节目正式播音，广播的时间是每天18：00—18：30。

内蒙古自治区是我国第一个省级民族区域自治地方。1950年5月23日，中央电台致函内蒙古自治区政府，征求对播出时间的意见。6月7日，中央电台写信给内蒙古自治区政府主席云泽（乌兰夫），请求支援蒙古族干部，并就宣传方针问题提出意见。开播时，蒙古语节目的负责人是左默野。除左默野外，便只有两位由国家民委抽调来的工作人员——肖懋华和齐毅夫。肖懋华是通辽库伦人，从华北人民革命大学毕业后在国家民委就职。蒙古语节目开播时主要担任秘书工作。齐毅夫是阜新人，负责翻译和播音，有时还为节目挑选适合的乐曲。两名工作人员到岗后，随着工作的深入很快就发现，许多政治类词汇的翻译，对译者的要求不仅仅是信、达、雅，更要求"准"。这便需要译者了解国家政策、熟悉政治术语，尤其要了解少数民族地区的受众心态。开播之初，为了保证稿件翻译质量，时任国家民委办公厅副主任彭苏克（朋斯格），经常来给工作人员上课或审核重要稿件，指导肖懋华和齐毅夫近三个月。齐、肖二人也每天准时去民委报到，求助彭苏克同志仔细审阅修改他们的译稿。

"在藏语、蒙古语开办之初，尽管有许多困难，但是我们并没有被困难难住。在中央领导关怀、国家民委大力支持、帮助下，同志们同心协力，知难而进。蒙、藏语组的同志都有一颗为祖国民族大家庭的团结兴盛做出贡献的赤子之心。他们团结协作，埋头苦干，为中央电台的民族广播打下初步基础是有功劳的。老教授们的实事求是、认真严谨的工作精神，肖懋华等同志朝气蓬勃、不怕困难的干劲，至今还深深留在我们的记忆里。"左漠野在回顾文章中曾如是写道。

1951年，从东北兵工专门学校毕业的陶利被调来蒙古语广播组。自此，直到 1956 年 5 月，肖懋华、齐毅夫、拉哈斯荣和陶利四人一直负责中央人民广播电台蒙古语节目制作及播音。其中，陶利是 20 世纪 50 年代创办中央人民广播电台蒙古语节目和 70 年代初重建蒙古语节目的重要参与人，1956 年从内蒙古蒙文专科学校毕业的鲁德玛来到中央电台，成为蒙古语广播的第一任女主播。蒙古语广播组随后又聘用了吉木巴扎木苏、苏都毕利格等播音员。

内蒙古自治区作为我国第一个省级民族自治地方，是中国共产党民族区域自治政策落实的典范。20 世纪 50 年代的内蒙古正在进行土地改革，内蒙古广播电台已于 1950 年 7 月 1 日开播，中央电台的蒙古语广播的定位既不同于藏语广播也不同于内蒙古的地方台。开播伊始，中央电台蒙古语广播的任务就已明确：传达党中央和中央人民政府的方针、政策、法令，宣传党的民族政策，介绍其他地区革命和建设的先进经验。

蒙古语广播开播时期，工作人员仅为 6 人。正是这 6 个人，凭借蚂蚁虽小但敢于啃硬骨头的工作热忱和精神，肩负起了向蒙古语地区群众传达中央政府方针、政策、法令的任务。

毛泽东主席多次关注藏语广播

中央人民广播电台藏语广播揭开了中国国家电台创办少数民族语言广播节目的序幕。藏语广播自开播以来，一直在党和国家几代领导人的关心支持下茁壮成长。2001 年出版的《毛泽东西藏工作文选》一书首次正式发表的《关于审查藏文广播问题》一文，以确凿翔实的文字披露：毛泽东主席在中央电台藏语广播创办伊始就对它给予极大的关注，并就藏语广播的方针问题做了重要批示。这是毛泽东同志留给中国广播工作者的一笔宝贵的精神财富。

文选的编者对批示的背景做了详尽的说明：这是毛泽东在中共中央西南局1950 年 5 月关于转报甘孜情报站的情况报告给中央的报告上的批语。甘孜情报站的报告中说：有藏人反映，北京曾播出"西藏人民系受神权与贵族双重压迫，我们来解放你们"这样的话。如果以武力解放西藏，这样说是可以的，否则不必如此。特别是在西藏听藏语广播的，只有贵族。对于三大寺，尤其不能刺激。三大寺拥护达赖，而达赖又具向内之心，应争取达赖。如此，则解放西藏可收事半功倍之效。毛主席的批示内涵丰富而深刻，极为值得认真研究和领会。

首先，这说明毛泽东主席非常关注中央电台的藏语广播。20 世纪 50 年代初期，全国唯有西藏和台湾没有解放。鉴于当时广播是最现代化的传播工具，在进军西藏之前，使党中央、毛泽东主席的声音先行进入西藏最好的办法就是开办对西藏的藏语广播。1950年3月，中共中央决定部署中央电台开办藏语节目不久，毛泽东就对解放西藏工作开始了战略部署，做出了"进军西藏宜早不宜迟"的著名决策，说明藏语广播本身就是党中央为和平解放西藏所采取的一项重要措施。

关于解放西藏问题，在西柏坡时期毛泽东主席就对苏联特使米高扬谈到了他的看法："其实，西藏问题也并不难解决，只是不能太快，不能过于鲁莽，因为一方面交通困难，大军不便行动，给养供应麻烦也较多；另一方面是民族问题，尤其是受宗教控制的地区，解决它更需要时间，需要稳步前进，不应操之过急。"这段谈话，是目前所能看到的毛泽东同志有关解放西藏问题的最早论述，与后来毛泽东主席一系列论述的精神是完全一致。可以说，这段谈话是对这一批示的最好注解。西藏情况特殊，西藏问题特殊，解决西藏问题的办法也必须特殊。正是基于这一情况，毛泽东主席从把解决西藏问题纳入中国革命日程表的那一天起，就为西藏问题规定了一个特殊的思维框架，并制定了一系列完全不同于内地和其他少数民族地区的特殊政策。毛泽东主席重视这则报告，并及时做出批示，说明他对解放西藏的每一件事都十分重视，务求不出问题。

1952年4月8日，毛泽东主席在给西南局、西藏工委的批示中就更加明确地指出，"西藏工委凡关与藏方发生交涉事件及对印度、尼泊尔等国的外交事件，均应每事报告请示，方能办理。""必须认识藏族问题的极端严重性，必须应付恰当，不能和处理寻常关系一例看待。"读了这则批示，毛泽东主席对中央电台藏语广播的关注就更加容易理解了。

毛泽东主席多次关注中央电台的藏语广播，指示当时的中共中央统战部部长、中央人民政府民族事务委员会主任委员李维汉同志"负责审查藏文广播并规定该项广播内容及方针"。毛泽东主席的这则批示还告诉我们，宣传必须有针对性，不能搞"大锅饭"，对不同的受众对象要说不同的话，制定不同的宣传方针。

据资料记载，整个20世纪50年代，中央电台的藏语广播都是在中央的直接领导和关注下进行的，许多重要的宣传稿件均为周恩来总理直接亲自部署。因而，当时的藏语广播办得极具个性，也更具有权威性。从1950年5月开办藏语广播以来，中央电台在对西藏的宣传上一直注意与其他地区相区别。在藏语节目开办初期，除了编发具有全国意义的稿件外，还先后组织了多次广播讲话，请西藏上层代表人物深入浅出地畅谈他们到内地参观访问的感受，这些讲话对和平解放西藏起到了无可估量的作用。

1959 年 3 月西藏叛乱发生后，中央电台进一步加强了对西藏的宣传。同年 12 月，中央电台提出了《改进藏语广播的意见》。这个意见集中反映了中央电台对西藏广播特殊性的认识。

《意见》提出，对西藏广播今后一个时期要注意宣传以下几点：

（1）及时地、通俗地讲解党的各项重大方针、政策，党和国家对各项工作的重要部署，但一些在西藏暂不实施的政策，不向西藏宣传；

（2）设立各种"专栏"，宣传全国社会主义建设的巨大成就和其他民族地区民主改革后的巨大变化，少宣传或不宣传全国其他地区工农业生产中不适合目前西藏地区情况的具体措施和先进经验等；

（3）增加科学知识、卫生常识等内容；

（4）适当增加国际新闻。

上述史实充分证明了广播节目针对性的重要。即便到了 21 世纪的今天，这些经验对中央电台对西藏的藏语宣传和对新疆、内蒙古、吉林延边的维吾尔语、哈萨克语、蒙古语、朝鲜语广播仍然具有现实的指导意义。

同时，毛泽东主席的这一批示还告诉我们，党和政府应当善于利用广播这一现代传播手段宣传政策、联系群众、开展工作。20 世纪 50 年代的藏语广播，是许多关于西藏的重大信息的第一发布平台。其中当时的西藏致敬团团长在中央人民广播电台对西藏地方政府僧俗官员和全体藏族僧俗同胞的广播词；西藏国庆观礼团团长在中央人民广播电台向西藏僧俗官员和人民的广播讲话，均由周总理亲自安排在藏语广播第一时间播出。两次讲话传达了毛泽东主席接见藏族代表时的重要谈话的要点，并在日后成为毛泽东关于西藏问题论述中的重要组成部分。两次讲话均由中央电台首播，《人民日报》第二天发表。

1952 年至 1956 年期间，在中央电台藏语节目中做过广播讲话的 30 余位西藏上层人士的"广播报告"在当时对维护藏区稳定起到了很大作用。《人民日报》在 1952 年 12 月 11 日的头版刊登报道说："当中央人民广播电台预告西藏致敬团的广播节目时，听到了预告的人奔走相告，准备收听。当天，拉萨市所有的收音机都收听了这个报告，很多人开座谈会，讨论了这个报告。"三大寺的喇嘛听了毛主席的谈话大为震动。哲蚌寺喇嘛说："听了毛主席的指示，我真是高兴极了。过去，帝国主义者造谣硬说共产党消灭宗教。可是一年来我们和人民解放军相处得很好，他们的实际行动已经把这些谣言彻底粉碎了。今天毛主席又明确地指示了保护宗教的政策，我代表所有的喇嘛衷心感谢我们的领袖毛主席。"

更让人感动的是毛泽东主席还亲自安排重要消息在中央电台藏语广播中播

出。1959年3月27日凌晨3点，毛主席在为发表关于西藏叛乱事件的公报所写的批语中明确指示刘少奇、邓小平同志："新闻公报已改好，请你们约集常委及其他几位同志，于今天上午看一下，斟酌文句。然后，叫吴冷西，连同政府命令、军区布告，用电话发至北京，译成藏文及外文，准备于3月28日用汉、藏、英、俄各种文字广播，29日见报。"

在摸索中前进

民族部成立规制始建，国家台编辑方针初定

从 1950 年藏语广播开播到 1956 年底维吾尔语广播开播，中央电台通过摸索和总结积累了一定经验，并在实践中逐步确立了开办民族广播的语种选择标准。而民族语言广播的编辑方针，也根据各民族需要进行了调整。民族语言广播的开播有着鲜明的时代特征，藏语广播就是要打破信息封锁、为和平解放做"开路"先锋；蒙古语广播则服务于内蒙古自治区的建设。因此，最初两个语言的编辑方针是以新闻为主体，主要任务是及时传递中央的"声音"，第一时间把国家的政策、法规送到民族地区。而到了朝鲜语和维吾尔语开播的时候，第一个五年计划已经完成，朝鲜战争也已结束，地方台的朝鲜语和维吾尔语广播已初具规模。仅以新疆台为例，当时的新疆台在广播内容上，除摘编《新疆日报》稿件和新华社电讯稿外，还抄收中央人民广播电台的记录新闻，以增加节目的内容，同时，办一些不固定的专题栏目，宣传马列主义、毛泽东思想和政策。在 1950 年 9 月的时候，播音时间就已经达到 6 小时，汉语和维吾尔语各 3 小时。

1950 年代，初具规模的中央电台的朝语广播和维语广播制定编辑方针时，必须要考虑一个问题：中央电台的民族语言广播和地方台民族语言广播是什么关系？这个问题在藏语广播和蒙古语广播开播时不那么紧迫，因为这两个语言开播时的"任务"明确——传递中央政策、及时权威地解疑释惑，而这正是中央电台的优势所在。而到了 1956 年，局面发生新变化。也是从这以后，中央电台民族语言广播在办节目中一直要面对的核心问题出现了：少数民族地区人民的生活状态是发展变化的，在每个"当下"，他们不断变化的信息需求是什么；在满足他们的信息需求方面，中央电台和地方台相比，优势在哪里？定位是什么？

朝语和维语广播在筹备阶段，基于对这个核心问题的考量确定了节目方针，即综合性节目的方针。维吾尔语节目当时确定的方针特别强调："交流全国各地

区工农业和畜牧业发展的先进经验，介绍民族地区政治、经济文化建设的迅速发展和兄弟民族亲密团结、互助友爱和他们的幸福生活。"朝语广播的方案提出"应办成一个完整的对象节目，有政治性广播，也要有文艺性广播"。在这一时期的朝语节目办了《祖国各地》《首都一周》《祖国大家庭中各族人民的幸福生活》《祖国的边疆》《国际一周》等专栏。

进入50年代中后期，中央电台为民族部充实了编辑力量，在以新闻为主的基础上，陆续增加了专稿和文艺节目，使民族语言广播逐步发展成为以新闻性为主，兼具教育性、文艺性的综合性节目。当然，综合性节目方针在具体应用中也并非"一刀切"。中央电台民族语言广播的内容一直贯彻着毛泽东主席对民族地区的工作指示：要按照各民族不同地区的不同情况进行工作。在1957年宣传全国农业发展纲要时，各语言组根据毛主席指示充分把握"共性"和"个性"，广播内容受到了中央电台主要领导的肯定。

1959年西藏事件发生后，中央电台按照党中央的要求，把相关公报、讲话、文件，通过五种民族语言播出。按照中央部署，民族部及时、准确、安全、顺利地完成了播音工作。当然这其中也有小意外，不过好在是有惊无险。当时中央部署的任务急，五个语言小组必须拿到稿子迅速翻译，马上录音。可偏偏时值周末，维吾尔语组的播音员有事外出不在台里。在那个没有即时通信工具的年代，各语言组的播音员数量有限，临时找不到可以播维吾尔语的播音员。眼见要耽误播出，幸好在最后一刻维语组播音员接到通知归队。时间紧迫没时间录播，20岁的维语组播音员茹克娅对着话筒直接播出了公报。50多年后回顾往事，她仍然很自豪地说道："4000字的稿子，一个地方没错，一个磕巴没有，顺利播出去了。"这个"小插曲"虽有惊无险，但这次的经历也是对未来应对这类突发危机事件，做好安全播音工作敲响了警钟。

一次采访半年归　翻山越岭全靠腿

中央电台民族广播节目开办初期并没有独立的采访活动，直到1954年第一届全国人民代表大会召开，当时的民族部才第一次派出记者前往采访。

此后，民族部记者采访任务逐渐增多。尤其是深入少数民族边疆地区采访，行程动辄就在千里以上。前往西藏、新疆、云南这些群山峻岭环绕、自然环境和气候较为恶劣的采访目的地要月行千里路，采访时间一般少则两个月多则长达半年。特别是在西藏等海拔高、气候寒冷多变的地区，还要时常面临缺氧问题。高原严重阻碍了民族部记者正常的采访工作，头晕呕吐、气短晕厥的现象时有发生。记者们经常是一边吃药一边喘着粗气采访。此外，生活在民族边疆地区偏远乡间的少数民族群众多数不懂汉语，许多记者因为不熟悉少数民族语言，只能通过翻译口译的同时，抓紧自学当地民族语言。即便条件如此恶劣，记者们对一些重大事件还是尽心尽职进行了采访，丝毫没有影响采访任务。在此期间，中央电台民族部比较重要的采访活动有：

吉林延边朝鲜族自治州成立 5 周年（1957 年 9 月，记者黄凤锡）。

内蒙古自治区成立 10 周年（1957 年 5 月，记者铁犁、松来）。

广西壮族自治区成立（1958 年 2 月，记者张华堂）。

西藏民主改革（1959 年 6 月—9 月，记者潘继秋、沈如峰）。

当然，在北京的少数民族的生活及活动是民族听众较为关心的，是中央电台可以相对较为容易获取的独家新闻，也是采访活动的重要组成部分。记者们所采写的北京民族工作新闻，包括少数民族代表人物在北京的活动（如班禅 1959 年在北京举行传经法会）、少数民族参观团在北京的活动、西藏致敬团在北京的活动、全国少数民族文艺会演、五十多个民族在北京欢度自己的节日（如藏历年、古尔邦节、春节、彝族新年、那达慕、泼水节等）、民族工作会议、在北京的少数民族先进人物、中央民族学院、中央民族歌舞团，等等。

1959 年下半年，民族部举办了"庆祝中华人民共和国成立 10 周年专题广播"。由于编辑力量得到充实，这一时期的民族语言广播有了自己采写的新闻和专稿，增加了对生活在北京的少数民族的报道。此外，民族部在国庆 10 周年的宣传中还举办了专题节目，使民族语言节目从内容到形式都有了较大发展。1959年 12 月，吉林省延边朝鲜族自治州安图县万宝人民公社广播站金东就来信说："农民们听到了刘少奇主席在建国 10 周年庆祝大会上的讲话高兴极了。有的老人和青年人感动得不知怎么是好，一下子把广播喇叭抱在怀里，亲了又亲。"

五朵金花，香满中华

1956 年 3 月下旬的一天，《延边日报》消息组组长黄凤锡正在审稿，报社社长打来电话："有要紧事，你马上上来！"等他过去，社长笑着说："中央人民广播电台准备开办少数民族语言广播，调你和蔡松鹤去中央电台民族部工作，祝贺你！"

黄凤锡、蔡松鹤，以及原延边台台长金杨滢、播音组组长韩基哲四人，调到了中央电台民族部，成为朝鲜语广播节目组的一员。1956 年 7 月 6 日，朝鲜语节目正式播出，播出时间为每天 12：45—13：15、18：00—18：30。

1956 年 12 月 10 日，在新疆维吾尔自治区成立一年后，中央电台维吾尔语节目正式开播，斯依托夫任维吾尔语组副组长。办维吾尔语节目的方针是："着重宣传国家的对内对外政策和重要的国际时事，报道国家在社会主义建设和社会主义改造方面的重要成就，交流全国各地区工农业和畜牧业发展的先进经验，介绍各民族地区政治、经济文化建设的迅速发展和兄弟民族亲密团结、互助友爱和他们的幸福生活。"

1957 年 11 月 11 日，为迎接广西壮族自治区成立，中央电台壮语节目正式开播。

至此，中央人民广播电台在 20 世纪 50 年代计划开办的五种少数民族语言广播全部开播。到 1958 年，民族部及各语言组的班子也基本配齐：张中流、赵斯金被任命为民族部副主任，江安西、索朗班觉为藏语组副组长，农朝俊为壮语组副组长。

中央电台的民族语言广播刚一开播，就受到了热烈欢迎。朝鲜族听众任宗津来信说："祖国为我们少数民族用民族语天天报道国内外消息，使我们能及时了解国内外重要事件，这使我们深深感到党的民族政策的伟大。"内蒙古自治区西乌珠穆沁旗白音胡硕公社宝力根生产队青年牧民德基玛说："我们现在身居蒙古包里，知道天下事，首都北京和我们越来越近了。"哲里木盟（现通辽市）扎鲁特旗和野花大队牧民古钦台说："我已经 74 岁了，第一次听到从北京传来的蒙古语广播，觉得党中央电台关心我们牧民了。旧社会，我受剥削压迫，从来也没听到过广播。想到这里，我高兴得一夜没合眼。"新疆六道湾煤矿一位维吾尔族工人说："解放前，我们工人当牛做马，被人看不起。现在，我们能直接听到党中央的声音，和汉族工人享受同样的待遇，这是我们新疆人民的福音。"老矿工沙迪尔·苏贝壳说："我是个文盲，看不懂报纸，只有通过广播知道国内外大事。现在能听到中央电台的维语广播，我更高兴了。"矿工托赫提说："我们矿工百分之七十是文盲，所以广播对我们特别重要。"

民族部的同志们深知，成绩和认可的背后是于摸索中前进，是历经风霜雪寒而不动摇的坚韧。唯有凭借这种不拔的韧劲，才能在未来风暴来临时保持坚挺不倒。

第四章　时光不语，静待春风

停办时期的民族语言广播

定位争议

1959 年 7 月 16 日至 22 日，全国少数民族语言广播首次协作会议在呼和浩特举行。新中国成立 10 周年，中央电台和地方台从事民族语言广播的兄弟姐妹们第一次聚集一堂，总结成就，交流经验，畅所欲言。也就是在此时，一个尖锐的问题被提了出来——中央电台少数民族语言广播要停办吗？

根据时任广播事业局局长梅益的指示，民族语言部主任耿耀征求了广西、新疆、吉林延边、内蒙古四个电台台长的意见，多数同志不同意停办。

耿耀说：中央电台自从举办民族语言广播以后，在向兄弟民族宣传党和政府的方针政策，特别是民族政策方面，取得了明显的成绩，受到各兄弟民族的欢迎。但是鉴于各民族地区实际情况千差万别，中央电台远不如民族地区广播电台了解的那么深刻透彻，不断变化的新情况，中央电台了解得也不及时；民族地区的各项工作是在当地党委和政府领导下开展的，中央电台不可能随时了解民族地区党委和政府的工作意图及具体部署，以及各项具体政策制定的背景。与此同时，中央电台民族语言广播的针对性不强，有时在理解上可能有偏差。因此，考虑停办，这方面的宣传任务主要由民族地区广播电台承担。

新疆台副台长朱光耀说："中央电台应为少数民族多办些事，过去没有广播可以，办了再撤销影响不好，还要考虑国际影响。"内蒙古台台长昂如布、广西台台长郭鲁说："中央电台的民族语言广播主要是立足中央，面向全国少数民族地区宣传中央的方针政策，宣传全国各地的新成就、新经验，宣传国际、国内重大新闻，这方面中央电台比地方台了解得更直接、更及时，许多事情地方台是代替不了的。"

1960 年初，我国国民经济进入调整阶段。这一年 3 月和 10 月，中央广播事业局从缩短战线、精简机构、充实基层出发，两次建议停办中央电台的少数民语言广播。

10 月 26 日，中央广播事业局向中宣部递交了《关于停止蒙、藏等五种节目播音的请示》报告。中宣部批复同意报告后的 12 月 5 日，中央电台五种民族语言节目全部停止播音。与此同时，中央电台民族部被撤销。从 1956 至 1960，民族部自成立后便不断发展队伍，始终在摸索中成长。被撤销时，民族部成员已达 68 人。（张小平著：《民族宣传散论》，中国藏学出版社，2005 年 5 月版，12 页。）

没有民族广播怎么行？

1962 年民族工作会议期间，乌兰夫、赛福鼎·艾则孜等同志均提到有必要恢复中央人民广播电台的少数民族语言广播，使中央发表的重要文件能够比较准确地译成少数民族语言，及时地传送到少数民族地区。周总理听取汇报之后批评了广播事业局不应停办少数民族语言广播，指出：民族广播为什么停了？为什么不告诉我？我们国家这么大，地区这么辽阔，又是一个多民族的国家，中央电台没有民族广播怎么行？不能只考虑精简几十个人，而要考虑党和国家的需要。

根据周总理的指示，中央电台从 1962 年协同国家民委开始了恢复民族广播的工作。期间，广播事业局和民委多次向周总理汇报进展情况。

1965 年 4 月 29 日，中宣部就恢复民族广播问题再次请示周总理和中央书记处。5 月下旬，周恩来、邓小平等领导同志亲自批准恢复少数民族语言广播的有关报告，并将基建工作列入第三个"五年计划"。参与筹备民族语言广播的同志于 1966 年底到 1967 年间先后两次去云南、新疆、西藏调查研究，熟悉民族语言。

1966 年 6 月，"文化大革命"爆发。在日理万机、处境艰难的情况下，周总理依然关注着中央电台恢复民族广播工作的进程。

1966 年 9 月 9 日，国家建委副主任谢北一同志向当时的中央广播事业局军管小组传达：周总理看了中央广播事业局有关恢复民族广播的报告，并提出几个问题：傣族多少人？壮语广播要不要？和广西联系了没有？发射规模有多大？什么时候建成？建在什么地方？

接到总理指示，中央电台立即与时任广西壮族自治区革委会主任的韦国清同志联系，并先后走访了民委、民族研究所和中联部，一星期后，向周总理递交了补充报告，就周总理提出的几个问题做了说明。（张小平著：《民族宣传散论》，中国藏学出版社，2005年5月版，106页。）

　　每一次蹲下并非挫败的消沉，而是为了积蓄力量跳得更高。民族部在几年的停播后，终于迎来了复播的曙光。

花有重开日

党中央坚定支持下的民族广播在"文革"中艰难复播

1965 年 9 月 1 日下午，中央民族学院藏语言文学专业的毕业生张小平带着报到证兴冲冲来到中央电台。大学毕业时，张小平曾写下血书，一心一意要去阿里——他心目中"西藏最艰苦的地方"，可毕业后却被分到了中央电台。不能去西藏，能够从事藏语广播的复播工作也好，胸怀热血爱着西藏的张小平却被分到了新闻部。当时的新闻部是中央电台最重要的部门，多少人挤破脑袋都想进去，可张小平只想去西藏，采制民族地区的新闻。

到了 1966 年，张小平实在忍不住，和几位同事给周总理写了封信，希望加快恢复民族语言广播的步伐。24 岁的张小平盼望着早一点到西藏，生怕自己和这片神秘的土地错失缘分。其实，在后来的三十多年职业生涯中，他曾去过西藏 42 次。他是第一位登上珠穆朗玛峰的中央电台记者，还曾经作为援藏干部在那里生活了多年。再到后来他不但去了西藏，而且还去了新疆 11 次、内蒙古 10 次、云南 11 次，始终没有离开民族新闻工作一线。苦等五年，时间到了 1970 年，新闻部的张小平、黄凤锡终于被抽调出来，参加民族语言广播的复播筹备工作。

1970 年初，有关同志先后起草了《中央电台筹建民族部工作方案》《关于调配民族语言广播干部的具体方案》《中央电台民族部调干人员学习班计划》。3 月下旬到 6 月，中央电台先后派了五个调干小组，前往民族地区选调干部。同时在中央电台内部抽调部分同志组建民族部编辑组，并着手研究宣传方针和有关编辑业务问题。

当时的民族部编辑组人员构成为：

新疆调干组由陈其任、白素琴、陶葆发等组成。

内蒙古调干组由董福祺、铁犁、卢汝强等组成。

西藏调干组由梁长洲、阮观荣、张小平等组成。

东北调干组由汪燕、王成林等组成。

云南调干组由盛鸿鹏、叶勇前等组成。

五个调干小组分别前往内蒙古、新疆、西藏、吉林和云南选调民族语言广播干部。少数民族地区通常地广人稀、交通不便，为了访才聚贤，调干小组不辞辛苦，辗转各地费尽周折。

6月底，张小平同中央电台驻河南记者站记者梁长洲和驻湖北记者站记者阮观荣乘飞机前往拉萨选调藏语广播干部。他们先后前往拉萨、山南、日喀则、那曲、昌都等地四处寻访。在赴西藏的调干过程中，从老红军出身的自治区党委书记到普通藏民家庭，纷纷为张小平等人提供无私帮助，这份温暖让张小平至今难忘。

张小平清楚记得筹办民族广播的调干阶段正处在"文革"中间，时任中共中央委员、西藏自治区党委书记的天宝同志，是老红军出身的藏族共产党员，他明确指示："不管调哪个单位的人都要放行。"西藏调干结束前，天宝同志在他的办公室里接见了第一批确定到北京做藏语翻译、播音员的同志，并就中央电台藏语广播开播后使用外语借词的原则问题发表了重要的指导性意见，其基本原则是"尊重历史习惯"和"名从主人"。这个方针一直沿用到今天。（吕晓红：《光荣与梦想同在——中央人民广播电台民族广播的故事》，《中国广播》2011年第1期。）

前前后后历时一年，西藏调干小组遍访藏区终于找齐了10位翻译播音方面的人才。天山脚下、雪域高原、草原深处、长白山麓，各个调干小组一次次寻访、一次次查看档案、一次次面试，终于在1970年10月，将全部53人调配到中央电台民族部。而此前一天，他们中的许多人还是穿着心爱军装的解放军战士、草原上挥动牧鞭的年轻姑娘、地方台的业务骨干，或是与幼儿、爱人相守的地方单位的翻译，但从接到调令的那一刻起，他们即刻转换身份，整理行装，第一时间来北京报到，成为民族部的一员。

五朵金花重开日

1971年上半年，民族广播万事俱备只待重启开播。而在这期间，又出现了一段小插曲。原定于5月份开播的蒙古语广播，因为"三大名词"的翻译问题，被迫推迟开播了。原因竟是"文革"期间执行的一项错误的民族语言方针——民族语言要靠拢汉语。根据这个政策，蒙古语广播当时对"中国""共产党""中华"这三大名词的翻译，没有采用蒙古族群众已经熟悉的蒙古语音译词，而是直接借用了汉语。蒙古族群众对此意见极大。因不能妥善解决这个问题，中央电台决定推迟蒙古语广播复播时间，其他语言节目先行播出。

恢复播音后的少数民族语言广播将自身定位为以新闻为主，辅以包括专稿和文艺在内的综合性节目，主要对象是少数民族工农（牧）兵群众和基层干部。当时尚处于"文革"中后期，新闻事业受到了很大的冲击，民族广播也受到极"左"思潮的影响，出现了诸如"三大名词"这样的盲目借用汉语现象。这种错误思想既不利于民族语言的使用和发展，引发民族同胞的不满，也违背一般的新闻传播规律。而早在20世纪60年代，周恩来总理在提到朝鲜语翻译问题时就做出"中国朝鲜族的语言文字'要向平壤看齐'"的批示。为了让少数民族百姓更容易地听懂广播，民族广播从业者做了一番努力，在翻译上尽可能地少用借词，多用意译，努力保护民族语言的纯洁性。

1971年5月1日，维吾尔语节目正式恢复。

维吾尔语广播的播出时间：8：00—8：45，21：00—21：45。

1971年5月1日，哈萨克语节目正式创办。

哈萨克语广播的播出时间：9：00—9：45，22：00—22：45。

1972年3月，全国人大会议召开。会议期间，大会少数民族语言翻译班子的领导小组，根据民族出版社和中央电台的意见与建议，向当时的北京市市长吴德写了一份报告，希望在汉译蒙翻译中恢复"三大名词"的原有蒙译语。报告随即获批，蒙古语广播5月份复播。蒙古语广播的复播在群众中影响很大，"三大名词"事件也从此对蒙古语言、文字的使用和规范起到了积极作用。（吕晓红《光荣与梦想同在——中央人民广播电台民族广播的故事》，《中国广播》2011年第1期。）

为了对节目负责，1972年至1973年，民族部负责人耿耀与哈尔套高、叶亚谷等三位领导同志先后两次实地走访内蒙古自治区，调查听众对蒙古语节目的反映，了解牧区情况和政策。由于当时交通不便，牧民们又多为一家一户游牧，分散居住，往往几十里地才看到一个蒙古包。牧民们对中央电台蒙古语广播的开播表示高兴，对蒙古语广播交口称赞。牧民们说，只要有一台收音机，坐在蒙古包里、躺在大草原上就能听到国内外的大事。

1972年8月1日，朝鲜语节目正式恢复，广播的时间是：5：30—6：15，12：00—12：45，18：00—18：45。

1972年12月26日，藏语广播正式恢复前的第一次试播。

1973年1月1日，藏语节目正式恢复，广播时间是：7：30—8：20，19：00—19：50。

1973年1月17日，中央广播事业局向毛泽东主席、周恩来总理汇报了藏语广播正式播音的情况。至此，在沉寂十多年后，中央电台民族广播的"五朵金花"再次绽放，香满中华大地。

1972年11月，民族部开始研究、制定民族广播节目方针，撰写《关于中央电台少数民族语言广播节目方针的请示报告》，并于1973年2月报中央备案。报告中初步总结了民族广播开办以来的经验和教训，逐步明确了办好民族广播的方向。

筹建复播时，民族部发动全部同志总结工作，进一步修改了节目方针。新的方针规定："少数民族语言广播是以新闻为主，包括专稿和文艺在内的综合性节目。主要对象是少数民族工农（牧）兵群众和基层干部。"方针还规定：民族语言广播要"遵照毛主席关于国家的统一，人民的团结，国内各民族的团结，这是我们事业必定要胜利的基本保证等重要指示，向我国少数民族人民宣传马克思主义、列宁主义、毛泽东思想，宣传党的路线、方针、政策和国内外大好形势，进行社会主义、共产主义、爱国主义和无产阶级国际主义教育，鼓舞各族人民增强团结，建设边疆，保卫边疆，为促进少数民族地区社会主义革命和社会主义建设事业的发展，为巩固无产阶级专政做出更大的贡献。"

民族广播的恢复受到了各族听众的热情欢迎。地处中印边境的西藏阿里札达县，一年中有半年时间都被大雪封山，与外界联系十分困难。时任县委书记说："我们这里常年处于独立作战的状态，听广播是我们的工作内容之一，特别是大雪封山期间，我们就是通过收听中央电台的广播来了解中央的精神，指导我们工作的。"阿里地区几个县委宣传部的干部说，他们不订报纸，只订报纸合订本，当资料用。乌鲁木齐市郊区哈萨克牧民阿都尔汗说："我们牧区报纸来得太晚，还有许多人看不懂，所以广播对我们非常重要。现在，靠听中央电台的哈语广播，我们当天就能知道国内外大事。"也有听众来信热情称赞："中央电台的五朵金花再次开放了！"

摆脱窠臼

民族歌曲"悄悄"播出

"文革"期间，中国的广播事业发展陷入停滞状态。中央电台全台的文艺节目数量显著减少，1967 年 2 月的节目表显示，"文艺性节目由 48.02% 降低为 24.2%"。（哈艳秋主编：《当代中国广播电视史》，中国国际广播出版社，2018 年 9 月版，123 页。）

自 1972 年始，从事文艺编采工作的编辑们克服重重困难，除了编写文艺稿件外，还多次去边疆民族地区采录了大批少数民族音乐和文艺节目，既丰富了节目内容，也给中央电台的文艺广播增添了节目来源。民族部自采的音乐节目达到 1500 多个，内容丰富且形式多样，不仅有传统和现代的歌曲、乐曲，还有藏戏、六弦琴、马头琴、冬不拉弹唱、蒙古语说书、伽倻琴弹唱等多种多样的文艺形式。

在此期间，民族部比较重要的采录活动有：

西藏音乐采录。从 1972 年至 1984 年，先后五次派人进藏录制了一大批藏族音乐节目和藏族文学节目，同时录制了少量的门巴族、珞巴族以及夏尔巴人的音乐节目。

新疆音乐采录。从 1973 年至 1984 年，先后八次派人前往新疆采录了近千首维吾尔、哈萨克、柯尔克孜、塔吉克、塔塔尔等民族的歌曲。其中，1981 年的南疆音乐采录活动，是中央电台历史上第一次专程采录的柯尔克孜族音乐节目。

此外，民族部还利用各民族地区文艺团体来北京演出的机会，录制了大批少数民族音乐节目。

1979 年 11 月 8 日，为丰富广播音乐节目内容，民族部特别邀请了曾参加中国文联第四次代表大会的少数民族音乐家、部分汉族作曲家、知名文艺工作者进行座谈，共话繁荣少数民族音乐问题。

直到彻底粉碎"四人帮"，民族部开始真正走回"文艺节目民族化"方向。进入 20 世纪 80 年代，民族部又在发扬少数民族优秀音乐传统方面进行了新的探索，组织专业音乐工作者和中央一级的文艺团体，根据少数民族传统音乐旋律改编并录制了一批少数民族轻音乐，收到了良好效果。民族部曾先后召开少数民族音乐座谈会、少数民族音乐欣赏会，并同中国音乐家协会、文化部、国家民委建立了密切联系。不仅参加了民族歌唱家巡回演出团的采访工作，还在昆明和呼和浩特先后召开全国少数民族文艺广播协作会，以及在拉萨举行藏语文艺广播会议。

苦练本领的广播"新人"

恢复播出的民族广播百废待兴。这一时期，民族语言人才的稀缺令中央电台民族部捉襟见肘到一人多用，全员一周 7 天经常处于几个月无休息日的境地。而民族部在民族广播复播前四处搜罗的人才也半数是半路出家，甚至是完全的门外汉。这其中便有后来被人称之为"传奇"的蒙古族姑娘乌仁。

乌仁在来到北京中央电台工作之前，从未出过远门，只认识少量汉字。在被民族部选中后，为了筹措她的路费，父亲卖了家中的大黄马，还借了 200 块钱，才把她送到旗里能搭上车的地方。刚满 20 岁的牧区姑娘一路跌跌撞撞进了北京，成了全台年龄最小、完全不懂播音甚至连汉语都不大会讲的绝对新人，一干就是 36 年。

乌仁进入民族部报到的 4 天后就开始参加播音学习班。著名播音员方明、陈刚、林田、王芳等老师分别给他们一批新人上课，台里还专门请来中央歌舞团的话剧演员来为她讲解发声要领。由于听不大懂汉语，同时调干来的仁钦负责给她当翻译。

筹办恢复期的蒙古语组有 12 人，4 个播音员，8 个翻译。和小乌仁相比，他们虽有更高的学历、更丰富的人生阅历，但是和乌仁一样，在面对"广播"这个媒介时，大家都成了标准的"新人"。翻译们大多是借调而来，对广播可谓一无所知。如此一来，所有人全都要从头学起，一方面刻苦学习钻研业务，另一方面学习掌握广播机器设备的操作和使用。

这种现象不仅出现在蒙古语组，包括藏语组在内的其他几组人员也都出现了类似情况。从《西藏日报》调来的藏文编译焦凤枝，同样对广播一窍不通，只有通过努力学习提高自己的业务本领。因为藏语分卫藏、康巴、安多三大方言区，中央电台使用的藏语广播是卫藏方言，来自西藏山南地区（现山南市）的曲珍发音不准，她就在卡片上一个字一个字对照着去练习，早上5点多起床练声，反复录制、复听、修改，经过不懈努力，她终于成长为一名优秀的藏语播音员。

1981年6月，十一届六中全会通过了《关于建国以来党的若干历史问题的决议》。全文5万多字，民族节目要将3万多字的摘要分三天播出。当时民族广播还未实现直播，但民族部领导沙明和黄凤锡强调，播音员一定要有较强的直播水平才能称之为合格的播音员。朝鲜语组朴青竹连续苦练三天，实现了万字不停机的奇迹，并获得了"万字号"的美誉。

哈尔套高是蒙古语广播恢复期调入中央电台从事翻译工作的，他在40年后回忆起那段闪亮的日子时说："工作条件差，写稿时使用自制的圆珠笔，连稿纸的背面都要使用；人员少、任务重、赶稿多，加班加点是家常便饭，既没有加班费，又不能补休；工资低，两地生活，上有老，下有小，生活上遇到很多困难。即便在这种情况下，大家毫无怨言，不计个人得失，齐心协力，一心为办好蒙古语广播而艰苦奋斗。这种精神和强烈的责任感实在难以忘怀。"

正是由于在这一时期中央电台民族部敢冒风险大胆摆脱特殊历史阶段束缚，办节目、征人才能够别开生面、不拘一格，才为民族语言广播在拨乱反正后能迅速扬帆起航打下了坚实基础。

第五章　重装待发，再次起航

新气象

改革开创新局面

1978年，十一届三中全会在北京召开，会议实现了思想路线的拨乱反正，并做出改革开放的全新决策，党的工作重心转移到了经济建设上来。在"十年浩劫"中，党的民族政策遭到了极大破坏，许多民族问题被错误地当成阶级问题处理，产生了诸多问题和不利影响。为此，20世纪70年代末至80年代初，中央决定在全国范围内进行民族政策的再教育，中央电台民族部和国家民委合作，编辑制作了《民族政策讲话》，批驳"民族问题是阶级问题"的错误观点，这一系列讲话在5个民族语言节目中播出后，受到热烈欢迎和回响，许多听众来信索要广播稿件，这对于恢复和落实党的民族政策，起到了积极的推动作用。

1980年以后，为了改变宣传上"一刀切""吃大锅饭"的状况，加强节目的针对性，贯彻"自己走路"的方针，民族部进一步开展自编自采工作，编辑组和各种语言组的同志纷纷前往对象地区采访，调查听众意见和要求，通联工作也逐步开展起来。沙明、赵斯金、黄凤锡、张志才等部领导先后前往新疆、西藏、内蒙古、吉林延边以及西南地区进行采访和调查，并多次研究进一步改进民族语言节目的问题。这为浩劫过后的民族语言节目发展奠定了新的基础，打开了新的局面。

1981年6月，考虑到民族宣传不仅对少数民族同胞有必要，对占我国人口绝大多数的汉族干部群众进行民族政策、知识的宣传也非常重要，因此，中央电台又在覆盖全国的第一套节目中开办了用汉语普通话播音的《民族专题》节目。该节目突出宣传党的民族政策，宣传我国少数民族和民族地区在党的领导下，在政治、经济、文化等方面取得的成绩，以及各少数民族的优秀传统、文化、风俗习惯，为汉族和少数民族建立起互相了解的桥梁。从此，中央电台形成了既有5种少数民族语言广播，又有汉语普通话民族专题广播节目的民族广播宣传体系。

1983 年，第十一次全国广播电视工作会议在北京召开。广播电视部部长吴冷西在会上做了《立志改革，发挥优势，努力开创广播电视新局面》的报告。在广电系统全面改革的带动下，民族广播的改革也提上日程。1984 年 7 月，由中央人民广播电台主办的改进民族广播座谈会在北京召开，来自内蒙古、新疆、西藏、黑龙江等省、自治区广播电台和延边朝鲜族自治州广播电台的负责人应邀出席了座谈会。时任中央电台台长杨兆麟介绍了中央电台民族广播改革方案，与会代表认真讨论了中央电台的改革方案并交流了民族广播的经验。一个月后，广播电视部党组批转了《中央电台改进民族广播座谈会纪要》。这份纪要使中央电台和地方电台的民族语言广播有了比较明确的分工，"各有侧重，分工协作，发挥各自的优势"成为新时期全国少数民族广播系统的办节目原则。

首个汉语专题节目开播

1981 年 6 月 1 日中午 12 点 10 分，收音机里传出了著名播音员铁成和著名藏族歌唱家才旦卓玛的声音。当时正在播出的是中央电台历史上第一个汉语广播的民族专题栏目《民族专题》的第一篇稿件，录音专访《党的光辉照我心》。

早在筹备《民族政策广播讲话》期间，国家民委就多次表示，希望中央电台汉语广播能开设专门节目宣传党的民族政策。1979 年 12 月，中共中央统战部、中共中央宣传部、国家民委联合召开民族政策宣传工作座谈会，讨论了如何深入进行民族政策再教育问题。会议建议"中央人民广播电台举办民族问题和民族政策的专题广播节目，用汉语和蒙古、藏、维吾尔、朝鲜、哈萨克 5 种少数民族语言广播"。（林青主编：《中国少数民族广播电视发展史》，北京广播学院出版社，2000 年 6 月第一版，172 页。）

至此，中央电台开办汉语专题节目的条件已经成熟。1981 年 6 月 1 日，中央电台《新闻与综合节目》设立了"民族专题"，由民族部承担编辑任务，著名播音员铁城担任节目主持人。《民族专题》每星期六中午 12：10—12：30，在一套节目播出。使用《民族专题》栏目名称编发 70 次节目后，1983 年 1 月 1 日，节目更名为《民族大家庭》，每周六播出一次。时间是：一套节目 17：10—17：30，二套节目 21：10—21：30。1983 年 11 月 1 日起，节目改为每周 3 次，广播时间为每周二、四、六。第一套节目 18：20—18：35，第二套节目 6：15—6：30，每星期六的节目是《文艺专栏》。

汉语播音的《民族大家庭》节目，是对少数民族语言广播的重要补充。中央电台由于受条件限制，不可能为每一个民族开办民族语言节目。而由于历史的原因和中国民族"大杂居，小聚居"的特点，我国的少数民族中有两千多万人使用汉语。这些民族同胞也是中央电台宣传的对象，开办汉语民族专题节目就可以使这些少数民族听众更好地收听中央电台的节目，从而进一步增强中华民族的凝聚力。

回顾这档节目的创办过程，时任中央广播事业局副局长兼中央人民广播电台台长左漠野说："这一节目的创办，为我国民族大家庭架起了又一座友爱、团结和理解的桥梁。这个节目是从 30 年民族广播的实践中产生的，它标志着包括少数民族语言节目和汉语普通话节目在内的民族宣传体系的形成，是我国民族广播事业的一个新发展。"（左漠野：《回顾与展望——纪念中央人民广播电台民族广播创办四十周年》，《中国广播电视学刊》1990 年 03 期。）

在创办节目的过程中，《民族大家庭》的节目方针也逐渐确定下来，这是一档政策性与知识性相结合的教育性节目，介绍中国 55 个少数民族丰富多彩的政治、经济、文化生活，使汉族听众增进对少数民族的了解，加强民族团结，防止大汉族主义，推动"四化"建设，力求内容丰富，思想健康，形式生动。

1983 年初，在节目正式更名为"民族大家庭"后，节目方针确定为以马列主义、毛泽东思想的民族观为指导，宣传党在民族工作方面的路线、方针、政策，宣传马列主义和毛泽东同志关于民族问题的理论，介绍各民族的政治、经济、文化生活，使听众受到民族政策的再教育，增进各民族之间的相互了解，促进各民族大团结，开创民族工作新局面，共同建设社会主义物质文明和精神文明。《民族大家庭》文艺专栏的节目方针是以党的文艺方针为指导，向对象地区听众介绍、播送我国各少数民族丰富多彩的优秀音乐和文学节目，其中包括传统的作品介绍，作家、演员、乐器、文艺团体介绍，音乐活动报道，新录节目介绍等，目的是促进少数民族音乐进一步繁荣发展，加强民族间的团结和文化交流，丰富听众的文化生活。

节目开播以后，听众反响热烈。内蒙古的一位听众把收听《民族大家庭》节目当作生活中一件不可缺少的事，如果因外出或生病等原因漏听了，就来信询问广播内容。他还经常来信谈感想、提建议，十分感人。北京民族文化宫警卫部队把收听《民族大家庭》节目当作学习民族政策的重要渠道，有时还写来稿件评价节目。一位大学生来信说："长期收听《民族大家庭》节目，培养了我对兄弟民族的爱。"他立志毕业后到边疆去，为少数民族兄弟服务。

日本东京外国语大学中文系三年级学生山中明听了《民族大家庭》，于1983年元旦后写来了一封热情的信件，信中欢迎中央电台开办这个节目，并对节目提出了希望和要求。

听众希望这个节目能长期办下去。吉林省安图县朝鲜族听众李龙得说："希望这一节目不要像夜间的流星一闪而过，要像群星永远发光，希望领导和编辑不辞辛苦，努力工作，让各兄弟民族真正成为和睦相处的大家庭。"黑龙江省特哈拉·柏涛劳心说："我国是个多民族的国家，这一节目特别反映了各族人民的心愿，衷心希望把这一节目持久地办下去，使他成为增进各族人民团结和了解的桥梁。"

对于《民族大家庭》的文艺节目，听众也很喜爱。中央民族歌舞团高守信来信赞扬"文艺专栏"有欣赏性、有知识性、有趣味性，对增强民族自豪感，加强爱国主义教育，有很大益处。辽宁省沈阳市听众李潜来信说："节目给人以美感，它体现了各族人民的愿望和意志，办到了人民心坎上。希望把这个节目办得锦上添花，光彩夺目。"

这档节目不但促进了汉族听众对少数民族的了解，也让少数民族听众感到温暖和自豪。新疆呼图壁县俄罗斯族的包秀梅来信说："你们的节目那么关心我们少数民族，向你们表示亲切的慰问。"

节目中经常会介绍一些少数民族地区的典型人物，如《最后一次党费》（介绍朝鲜族优秀共产党员、模范干部金龙浩）、《一个蒙古族姑娘的追求》（介绍上海市优秀售货员、蒙古族的揭五一同志）等，节目播出后，节目组常常收到听众大量来信。

这些人物故事不但内容有感染力，还产生了"意外"效果，让编辑们感受到在广播信息服务方面强烈的社会需求。1983年6月11日，《妙手德高的老蒙医》一稿在《民族大家庭》播出后，听众们反响很大。节目组先后收到27个省、自治区、直辖市的320多封群众来信，还接到许多电报、电话，有的是心急如焚的求援，有的则是热情洋溢的赞扬。

改革为民族语言节目打开了新局面，带来了新气象，随着思路的不断拓展，过去藏于电波后的广播节目工作人员走到台前，进一步拉近了与民族地区同胞的距离。

电波内外大联动

民族征文结成同心集 "民族之声"乐动京城

从 1980 年开始，根据中央精神，民族部开始开动脑筋，主动出击，在办好现有节目、增加节目类型、创新节目形式的同时，尝试举办各类活动。中央电台在社会各界和听众中的影响力较大，社会联系广泛，所以渐渐从各类民族活动的报道者、参与者，转变为在京的各类民族活动的组织者、承办者。

1982 年 1 月 19 日，民族部主办的"民族大团结新春茶话会"在政协礼堂召开。时任中央广播事业局副局长兼中央电台台长左漠野向各族听众拜年。斯琴高娃、胡松华、马泰、马季等著名演员在会上出演了节目。

8 月 1 日，民族部向全国发起举办"民族团结征文活动"，并于 10 月 19 日由广播电视部和国家民委联合发出《关于联合举办全国民族团结征文活动的通知》。

"全国民族团结征文活动"是民族部创建以来首次组织的全国性活动，历时一年多，征文办公室收到除台湾地区外的所有省、自治区、直辖市的来稿 4075 篇。征文活动开始后，近一年间，民族部活动办公室的同志们处理了大约 1000 万字的稿件，2000 多封来信，编印稿件 200 多篇，约 80 万字，向评委会提供了 40 万字的初选稿件。民族部克服人员少、时间紧、经验缺乏等困难，组织三次评奖委员会议，最终于 10 月 7 日至 12 日在北京举行了"全国民族团结征文"颁奖活动。乌兰夫、阿沛·阿旺晋美、杨静仁、伍精华、任英、胡嘉宾、文正一、何长庆、谢文清、郝平南等领导同志出席颁奖仪式。乌兰夫在《中国广播电视》杂志上发表文章支持本次征文，并为活动题词"民族团结，祖国兴旺"。在出席发奖会时，乌兰夫说："这次民族团结征文活动搞得很好，今后应该多办，越办越好，更好地宣传党的民族政策，为促进各民族大团结，为祖国的繁荣多作贡献。"

时任广播电视部副部长谢文清就广播、电视如何改进和加强对少数民族及边疆地区宣传问题做了报告，题目是《充分发挥广播电视优势、努力搞好民族宣传工作》。他说："这次群众性广泛、影响深远的民族团结征文活动，是新中国成立以来的第一次，也是我们民族宣传工作在80年代新的历史条件下的一个新的尝试。它所获得成功的基本经验，对我们改进整个广播电视宣传工作都是有借鉴意义的。"

在历时一年的征文活动中，由民族工作领导同志、民族问题专家、新闻界、出版界人士等组成征文活动评奖委员会，时任广播电视部副部长马庆雄任主任委员、国家民委副主任任英任副主任委员。评委会对稿件反复评议，共评选出一等奖10篇、二等奖20篇、三等奖100篇。

获奖作品编辑成《同心集》，由中国广播电视出版社出版。《同心集》由"团结篇""壮志篇""风情篇"三部分组成。"团结篇"包括一等奖作品5篇，二等奖作品7篇，三等奖作品34篇；"壮志篇"包括一等奖作品2篇，二等奖作品9篇，三等奖作品35篇；"风情篇"包括一等奖作品3篇，二等奖作品4篇，三等奖作品31篇。

《中国青年报》副主编唐非同志在担任征文活动评委时曾评价征文稿件："这些作品就像是一幅五彩缤纷的民族大家庭的生动画卷，反映了80年代我国各兄弟民族之间崭新的关系和精神面貌，具有浓郁的民族特色和强烈的时代气息，读来使人振奋、受到教育、增长知识，是进行民族团结和爱国主义教育的好题材。"许多听众听了征文作品的广播后改变了自己过去对边疆地区荒凉、落后的印象，有的来信表示要到边疆、民族地区去生根开花，做一个开拓者。

在征文取得阶段性成果后，民族部配合征文工作，又于1983年1月20日，联合其他单位举办了"'民族之声'音乐会"。当晚的北京展览馆剧场内"丝管悠扬，歌声荡漾，掌声阵阵"（国君、定辉：《民族团结征文深入开展〈民族之声〉音乐会轰动京城》，《中国民族》，1983年3月）。音乐会由著名音乐指挥李德伦（回族）担任艺术顾问，著名电影演员斯琴高娃（蒙古族）主持，关牧村（满族）、克里木（维吾尔族）、蒋大为、德德玛（蒙古族）、央宗（藏族）等一批著名歌唱家参加了演出。习仲勋、韦国清、邓力群、阿沛·阿旺晋美、杨静仁、吴冷西等参加了音乐会。21日、22日，音乐会在首都体育馆继续举行。音乐会受到热烈欢迎，"许多人在天还没亮，就到售票处前排队等候买票，开演后一万多座位的首都体育馆，座无虚席。"（国君、定辉：《民族团结征文深入开展〈民族之声〉音乐会轰动京城》，《中国民族》，1983年3月。）

这两场由改革所带来的电波内外大联动的成功举办，坚定了中央电台民族部进一步放开思路、大胆改革的信心，一场针对民族宣传工作的新闻大改革也逐渐提上了日程。

第六章　牵动人心的新闻大改革

新闻大改革来了

改革的动力源自民族同胞的渴望

1984 年以前，民族语言广播每天编发一次 1 小时的节目。节目基本由新闻、专稿和文艺三部分组成，其中，新闻、专稿为 30 分钟，文艺为 25 分钟。而在当时，受到机器设备、节目制作方针及工作制度的限制，民族广播的新闻节目往往要比汉语节目晚一天才能播出，且大部分稿件基本依靠《人民日报》和新华社，报道面较窄，时效性也较弱；专稿大多数是时效性不强的教育性内容；文艺以本民族音乐为主，与地方台重复过多，且不如地方台丰富；每次节目时长达一小时，时间过长，地方台在转播时存在一定难度。

与此同时，由于党和国家工作重点的转移，以及经济建设、商品生产的新形势，促使民族地区面临着一场历史性的转变。各族人民群众的思想观念也开始发生变化。边疆各族听众迫切要求获得更多的信息，而中央电台民族语言广播的实际远远不能满足各族人民的需求。

中央人民广播电台的民族语言节目是国家电台整个宣传工作的重要组成部分，和地方电台相比，中央电台民族语言广播中的新闻宣传占有突出的优势，这表现在：它可以最先获得国内外重大事件的消息，最先了解到党和国家的重大战略决策，最广泛地掌握全国各地的政治、经济、文化信息，因而，民族语言广播节目能够为边疆兄弟民族及时提供准确的新闻。事实上，在进入历史新时期后，广大少数民族听众对中央电台广播的渴望主要也是集中于新闻宣传上。长期以来，因为"左"的思想束缚，民族语言广播在新闻宣传上的优势一直未能得到充分发挥。因此一场迫在眉睫、势在必行的新闻改革被提上了日程。

一场定调改革方向的座谈会

1984年7月20日至24日，由中央人民广播电台主持，在北京召开了改革民族广播座谈会。来自内蒙古、西藏、新疆、黑龙江等省、自治区广播电台和延边朝鲜族自治州、赤峰市、兴安盟、哲里木盟、呼伦贝尔盟（现呼伦贝尔市）广播电台的领导，与中共中央宣传部、统战部、国家民委和广播电视部技术局、无线电管理局、播控中心等部门代表济济一堂，召开了这场影响和决定中央电台民族语言广播节目走向的盛会。

会议讨论决定，中央电台民族语言广播改革的方案将分为两步走。第一步是从1984年至1986年，立足于改革，在改革中调整、提高、整顿、发展，为民族广播事业的大发展做好各方面准备。第二步是在"七五"计划期间，民族语言广播节目的语种拟从5种增加到8种，即增加壮语、彝语、傣语3种语言，汉语《民族大家庭》节目也要相应的加强。

作为改革的第一步，中央电台的民族语言广播本着立足中央、面向民族地区的方针，以新闻改革为突破口，集中力量办好新闻性节目。改革将着重解决三个方面的问题：一是加强新闻的时效性，由一天一次节目，改为一天两次；二是扩大报道面，增加本台消息、评论，首都各报纸媒体的重要消息和评论，以及边疆民族地区的重要消息、评论等；三是根据不同对象地区的特点，加强新闻报道的针对性，提高宣传质量。

会后，当时的广播电视部于当年8月17日批转了会议纪要，并指出"中央电台民族广播改革措施，对于做好民族广播宣传工作，加强民族团结，实现祖国四个现代化和保障边疆安定有着重要意义"。

改革进入深水区

1982年十二大报告强调指出："民族团结、民族平等和各民族的共同繁荣，对于我们这个多民族的国家来说，是关系到国家命运的重大问题。"中央电台民族语言广播复播以来，根据国家民族政策、结合编辑工作经验，和结束不久的改革民族广播座谈会会议精神，民族语言广播立即调整了民族广播节目方针和工作原则。

一、编辑工作

（一）立足中央，面向民族地区。马列主义的民族理论是一门科学，民族宣传具有很强的科学性和政策性。由于少数民族地区在政治、经济、文化等方面与汉族地区不同，民族工作具有极大的特殊性。在民族工作的各个领域都存在着整体与局部、共性与个性、普遍性与特殊性的辩证关系。民族宣传需从这一特点和实际出发，处理好立足中央与面向民族地区的关系，以加强针对性。这是民族语言广播编辑工作中的一个带有根本性的问题，也是编辑工作的基本原则。

"立足中央"，是由中央电台民族语言广播的性质及其任务决定的。作为国家电台的民族语言广播节目，是宣传党和国家方针、政策的有力手段，是党和政府联系各族人民的重要纽带。它具有获取最新消息的有利条件，可以及时传播国内外重要信息及中央意图和部署。有些重要文件，由于获得稿件的时间早，可以有充分的翻译、推敲和润色的余地，使译文更加准确、流畅。这是中央电台的优势。只有充分利用和发挥这些优势，才能办出中央电台民族语言广播的特点来。

"面向民族地区"，即针对性问题。立足中央和面向民族地区并不矛盾，它们之间是共性和个性的关系，是一般和特殊的关系。在针对性问题上，民族语言广播总结出了有效的编辑经验：注意选编有共性和典型性的稿件，以加强中华人民共和国民族大家庭的统一感和光荣感，注意编发国内外的重大新闻。注意编发有民族地区特点的稿件，如在蒙、藏、哈语节目中注意牧业生产的宣传，维语节目中注意农业生产的宣传。民族特需商品生产、民族手工业和民族医学、体育、文化教育等方面也是经常性的宣传内容。注意新闻的资料性和知识性。在选编新闻时注意改写，综合新闻要加上背景材料。国际宣传也要注意针对性。对象地区听众除关心全世界的重大情况外，特别关心毗邻国家的情况。例如，在编发国际新闻和外事新闻时，注意对新疆播发中亚五国，以及土耳其、伊朗、阿富汗等国家的消息，藏语广播则应注意对印度、尼泊尔、不丹、锡金的报道。

（二）深刻理解党的民族政策，准确落实到具体节目的编辑方针中。民族宣传的政策性很强，要准确、全面地表达党的民族政策，切忌片面性。在编辑工作中须注意几个原则：

（1）坚持宣传各民族不分大小一律平等的原则。无论是人口最多的壮族，还是人口较少的赫哲族，均要平等地对55个少数民族加以介绍。经常检查是否注意了报道面，是否保持了地区的平衡。

（2）要宣传我国是统一的多民族的国家，我国悠久历史和灿烂文化是由包括汉族和 55 个兄弟民族在内的各民族共同创造的，每个民族都有自己的特点和长处，都为中华民族的发展做出了贡献。

（3）要宣传民族区域自治政策是实现各民族平等、团结、共同繁荣、解决我国民族问题的基本政策，是符合我国国情的。为了建设繁荣、富强的社会主义国家，在民族自治地方要放宽政策，不能搞"一刀切"。民族区域自治是尊重少数民族意志的体现。

（4）要宣传社会主义新型的民族关系，树立"两个离不开"的思想，即汉族离不开少数民族，少数民族也离不开汉族，各民族同志要互相信任，互相尊重，互相支持，互相谅解，亲密团结，情同手足，相依为命，特别要注意报道少数民族地区和少数民族人民为祖国四化建设做出的贡献。

（5）要宣传在维护民族团结的斗争中，既要反对大民族主义，主要是大汉族主义，也要反对地方民族主义，两种错误倾向都要反对。

（6）要全面宣传党的宗教信仰自由政策，既有信仰宗教的自由，也有不信仰宗教的自由；有信这种宗教的自由，也有信那种宗教的自由；过去信教、现在不信教；过去不信教、现在信教，都是自由的，都受法律的保护，任何个人和组织不得加以干涉，每个公民，不论信教或不信教，在政治上一律平等。国家对各种宗教一视同仁，不加歧视。由于宗教具有群众性、民族性、国际性、长期性和复杂性，因此，宣传中要弄清民族与宗教、民族问题与宗教问题的联系和区别，弄清宗教和迷信的区别，弄清宗教信仰和民族生活习惯的区别。

（三）坚持正面宣传，注意内外有别。

我国少数民族地区大多地处边疆，民族语言广播对象地区毗邻国家很多，历史上与邻国的关系亦很复杂，当前与各个国家的关系也很不一样。因此在编辑工作中，要充分考虑这个因素，选稿时要注意内外有别，多做正面宣传，避免报道阴暗面。

（四）尊重各民族人民的风俗习惯。

风俗习惯是民族的特征之一，是民族情感、民族心理在经济、文化生活中的表现，是在长期的历史发展中形成的。我们在宣传中一直比较注意这个问题，有些风俗习惯在本民族中颇为流行，但不统一对外宣传的则不予宣传。有些落后的风俗习惯也不宜渲染，特别要防止猎奇以及自然主义地宣扬某些民族的古老习俗。对于各民族健康向上、有利生产，活跃文化生活的风俗习惯，特别是民族传统节日，如藏历年、古尔邦节、泼水节、那达慕大会等则要详加介绍。在民族区域自治地区成立纪念日时，我们也注意在广播中加以配合，集中宣传民族区域自治的成就和民族地区的新面貌。

根据多年的工作实践，民族部的文艺编采工作要注意以下几点：（1）发挥中央电台的优势，着眼全国。中央电台民族广播中的文艺宣传方针也是立足中央，面向民族地区。它和地方台相比较应是大同小异。地方电台文艺节目中本民族本地区的内容占主要地位。中央电台必须根据自己节目的地位和特点来编发文艺节目。在这里，发挥优势是关键。民族部除注意编发对象地区的民族音乐作品外，还注意及时采制在北京举行的少数民族文艺调演、少数民族歌手演唱会、"民族之声"音乐会以及首都舞台上其他重要演出活动中的音乐节目、在"民族团结征歌"活动中得奖的音乐节目等。这些采录活动是地方台所没有的，它自然会引起兄弟民族听众的兴趣。同时，还注意选发中央电台播放的独有的中外优秀文艺节目。唯有如此，才能发挥中央电台的优势，吸引更多的少数民族听众收听中央电台播出的文艺节目。（2）要发掘、继承和发展少数民族优秀的文化遗产，注意作品的民族性、群众性和革命性。民族文艺广播是民族宣传的重要组成部分，对丰富节目内容和吸引听众有重要作用。

二、翻译工作

翻译是民族语言广播的重要环节，也是民族部独有的业务工作。使用和发展少数民族语言文字，是党的民族政策的重要组成部分。中央电台目前广播的 5 种民族语言的文字都有悠久的历史，表达能力较强。民族部 1973 年制定的节目方针中规定："翻译要准确表达原文的思想内容，体现原文的语意、逻辑、风格，译文要具有我国少数民族语言的特点，努力做到口语化，通俗易懂。"这一方针，概括了对翻译工作的基本要求：

（一）尊重少数民族语言的习惯，不轻易改变语词译法。1972 年，藏语广播恢复前夕，民族部研究了藏语中的外国国名译法，当时有两种意见：一种意见主张沿用习惯称呼，即用英语音译，一种意见主张用汉语音译。后来，中央电台和西藏自治区党委交换意见，当时的中共中央委员、西藏自治区党委书记天宝同志（藏族）明确表示："各民族的语言、文字是长期历史形成的，改多了不好。"并表示同意在藏语部分国名的翻译上沿用藏语习惯称呼，用外语音译。蒙古语中的"中国""共产党"等词的翻译原则也争论已久，最后也确定了沿用习惯称呼的原则。朝鲜语中的日本地名和人名翻译，坚持了名从主人的原则。民族语言文字中的若干词汇的处理原则，是关系到民族平等、民族团结的重大问题，应当采取历史唯物主义的观点，不能凭主观意愿办事。

（二）掌握好新词术语的处理原则。随着我国与世界各国政治、经济、文化、科学技术的发展，语言中不断出现大量的新词、术语。这些词语如何用民族文字加以表达，是翻译工作几乎天天要遇到的问题。

根据多年来的实践经验，民族部的翻译工作形成了以下这样一些原则：（1）以本民族语言的基本词汇为基础，并根据构词规律及本民族的语言习惯创造新词。这些新词要能确切表达原意，通俗易懂，容易被群众接受；（2）本民族语言中没有的词汇或不能确切表达的，可借用汉语，有些词还可附加民族语言的解释；（3）使用同一文字的外国语言中如有准确表达新词意思的也可以酌情借用；（4）要注意及时吸收群众创造的并开始广泛使用的新词术语。

（三）关于民族语言的发展方向问题。由于我国许多少数民族都地处边疆，有的与境外的民族使用同一语言文字，邻国的政治、经济、文化的发展状况也各不相同，因此，处理好语言发展方向问题也是广播翻译工作的重要原则之一。赛福鼎·艾则孜同志在一次谈话中谈到："要靠拢汉语，借用汉语，这是维语的发展方向。维语中没有相应的词语，要从汉语中借用；维语中有相应的词语要翻译。在借用汉语词语时，要防止盲目性，要使翻译的东西力争为群众看懂听懂。中央电台的广播也要兼顾国外，如哈萨克斯坦、乌兹别克等地区的听众，力求使他们也能听懂。"

（四）努力创建广播新闻翻译文体。根据多年来的实践，民族语言广播的翻译工作，逐渐形成了一个新的翻译文体，即广播新闻翻译文体。对它的要求，初步归纳为以下几点：（1）必须突出"说"的特点。要使译文具有"说"的特点，就要努力使译文做到口语化、通俗化、标准化、优美化。口语化，不用或少用书面形式。当然口语也要加工，要防止用那些地方特点过于浓厚、使用地区过于狭窄的方言、土语。通俗化，就是译文中要多用简明易懂的短句子，不用结构复杂的长句子，少用或不用倒装句，不用生僻难懂的词。标准化，使用民族语言中的公认标准语言进行翻译，以使广播有最广泛的听众。优美化，善于运用民族语言的各种修辞手段，使译文听起来具有节奏感、韵律感。（2）必须突出"活"的特点。广播新闻的翻译，与政论文翻译相远，与浅近文学作品翻译相近。翻译中反对就词译词，要杜绝"直译"和"死译"，在不歪曲原意的前提下，可以灵活变动原文语言形式，甚至要进行适量的增减，做一番"编译"工作，使听众听着顺耳，易于领会内容。（3）必须突出"快"的特点。为了发挥广播"快"的特点，翻译工作者就要善于在最短的时间使新闻和听众见面。也就是说，必须要求翻译工作者熟悉汉语文、本民族语文和外文，要掌握党的各项方针政策，要有广博的知识，努力做到准确无误地处理和解决翻译工作中的各种疑难问题。

三、民族语言广播的播音工作

我国少数民族语言的播音队伍在播音战线上是一支年轻的队伍。他们朝气蓬勃，肯于钻研。经过 30 多年的实践，培养出了一代又一代播音员。在 20 世纪 50 年代，中央电台的藏语、蒙古语、壮语节目的播音员成为这三个民族历史上的第一批播音员。由于历史的原因，许多民族语言的地区性语音差别很大，在选调播音员时要注意选择掌握标准语音的同志从事播音工作。如蒙古语标准音为正蓝旗和巴林右旗的"正八音"，中央电台便在这一地区选调蒙古语播音员。西藏地区习惯上以拉萨语作为标准语，中央电台的藏语播音员除在拉萨选调外，也有在山南、日喀则等地选的同志，他们到北京后都要进行拉萨方言语音训练，并用拉萨语播音。由于藏语三大方言（即卫藏、康巴、安多方言）差别很大，中央电台的藏语广播使用拉萨语后，青海、四川等地的藏族同志曾建议中央电台增办安多藏语广播。中央电台认为，民族语言应以逐步接近为原则，国家电台应为同一民族内部的语言交流做出贡献，因而对此问题采取了慎重的态度。

受节目改革方针的指引，改革后的节目由每次 1 小时缩短为 30 分钟；播出次数由原来每天的 2 到 3 次增加为 4 次；每天由发 1 次新闻节目增加为 2 次新节目。节目构成贯彻新闻是主题、专稿做配合、文艺为补充的原则。各种语言广播节目可以根据不同对象和不同地区的实际情况选用自编、自采一部分稿件。

与节目改革相对应的是机构改革和领导班子的调整。为适应新闻改革的需要，中央电台民族部在 1984 年上半年进行了机构调整，将原有的编辑组一分为二，成立了新闻组与专稿组。原有的领导班子调整为张志才任民族部主任，黄凤锡为第二主任，艾力·哈斯木、图门、旺久为副主任。

同时，为了响应中央电台领导提出的加快新闻改革、丰富节目内容、提高节目质量的要求，民族广播宣传内容的改革也确定了将从以下几方面入手：第一，把经济报道放在宣传工作的首要位置，使经济新闻成为民族广播新闻的主体；第二，坚持把发展科学技术和教育事业的宣传报道放在民族广播的突出地位；第三，做好对少数民族地区的调查研究，加强民族宣传的针对性；第四，加强台内外联系，广开新闻来源，扩大信息量；第五，建立有关规章制度，采取多种形式培训干部。尤其是第五条干部的培训和人才培养方面，当时的民族部在改革期间曾多次举办新闻、翻译、播音员短期学习班，并派出两位副主任和 8 位副组长到上海、广东、福建等地参观学习和采访。同时，为提高干部新闻和翻译水平，还有计划地派出多位少数民族年轻干部到当时的北京广播学院、中央民族学院进修，以及利用民族部富有经验的编辑、翻译工作者等老同志为各语言组的青年组长、翻译、播音员授课。这种传、帮、带的课程令民族部的青年工作人员收获不小。1986年4月12日的《中国广播报》对此专门做出报道，提倡这种以老带新，互帮互学，提高干部专业水平的有效办法。

随着民族广播新闻改革的深化，成效也逐渐凸显。在这一时期，越来越多的民族语言节目得到改版，越来越多新的节目得以推出，这一切均与前期如火如荼的改革举措密不可分。

改革带来新局面

改革有困难　成效扑鼻香

毛泽东同志曾说过，"革命不是请客吃饭"。民族语言广播节目的改革也并非一朝一夕，在经过多次调研反复调整后，民族语言广播的改革初见成效。

第一是时效性得到加强。改革后的民族语言广播由每天播出一次新闻改为两次新闻。每天晚上发当天的要闻，基本与汉语《全国联播》节目同步；每天中午的新闻能基本上反映当天早上汉语《新闻和报纸摘要》节目的主要内容。与改革前每天一次新闻节目相比，时效性提早了十几个小时。一些重要的新闻，可以在最新的一次新闻节目中发出。据1984年9月到12月的统计数据显示，这四个月共赶发新闻1690条，而1983年全年赶稿只有110条。

第二是节目容量得到增加。由于新闻节目由一天1次增加到2次，节目方针调整为新闻为主，因此节目容量比过去成倍增加。改革前每天可发三四千字的新闻、1000字的专稿，新闻条数在10条左右，改革后每天可发七八千字的新闻。而到了1987年，全年播出的10628条新闻中，每天编发的新闻已达到20至30条之多。

第三是自采稿件的增加。改革后，民族部新闻组承担了向中央电台新闻中心提供民族、宗教方面新闻的采访任务。中共中央统战部、国家民委以及北京市的重大民族活动，民族部都能派记者及时采写新闻。但在改革前，新闻组一年自采的稿件不足100篇，到了1985年，全年自采稿件已达到200篇之多。

第四是各语言组开始自办栏目。改革以后，民族部的五个语言组不同程度地开始"自己走路"、自办栏目。民族语言节目有自己固定的对象，各个对象地区情况各异，中央电台的五个少数民族语言节目组对自己的对象地区情况熟悉，有较大的发言权。这种自办栏目的形式在当时那个历史时期能够发挥各语言组的优势，也是当时民族语言广播发展的方向。

第五是国际宣传有所加强。国际宣传是新闻宣传的重要组成部分，少数民族听众普遍喜欢收听国际新闻。在研究新闻改革方案时，许多地方电台都希望中央电台民族语言广播节目加强国际宣传。国际外事宣传也确实是中央电台民族语言广播的优势，改革以后，民族广播中的国际外事新闻逐年加强。1987年共编发4709条国际新闻，占整个发稿量的44%，这在民族语言广播史上可以说是空前的。

第六是本台评论有所增加。1985年西藏自治区成立20周年，新疆维吾尔自治区成立30周年，1987内蒙古自治区成立40周年和1987年为纪念"民族区域自治法"颁布实施3周年，中央电台民族部均撰写了评论。除此之外，当时的民族部还配合有关新闻，组织编辑用"编者的话"或"编后话"等形式就民族工作中的某个问题发表评论，加强了新闻宣传的深度。

第七是记者站来稿显著增加。1984年至1987年四年间，民族部加强了同中央电台驻地记者站的联系，重视这支重要的新闻来源。新闻组利用电话会议等渠道及时通报民族工作领域中的新精神和重要信息，并且改进了来稿的编辑和使用工作。来稿从1985年的73篇增加至1987年的520篇，呈逐年上升趋势。

第八是报道思想不断深化。随着党和国家工作重点的转移，新时期的民族工作在指导思想上也做出了调整。根据这一新情况，民族广播的报道思想也进一步得到深化，民族广播改革在内容上的变化主要表现在两个方面：一是将经济报道放在宣传工作的首位，使经济新闻逐渐成为民族广播新闻的主体；二是坚持把发展科学技术和教育事业的宣传报道放在民族广播的突出地位，为少数民族地区的智力开发提供信息，制造舆论。

重大专题宣传报道日益增多增强

改革的目的是促进民族语言广播事业顺应时代的发展同时做大做强，积蓄力量，厚积薄发。伴随新闻改革而行的是民族语言广播在重大专题宣传报道活动的力度日益增多增强。自1984年至1991年，中央电台民族部先后与国家民委联合举办了"边疆万里行""边疆·民族知识有奖测试""全国少数民族企业家评选宣传活动""国庆40周年民族团结进步征文"等全国性宣传活动，取得了较好的社会效果。

1984年，"边疆万里行"系列广播正式开播。这一活动历时三年，在广播节目中系统地介绍祖国边疆和少数民族地区壮丽多娇的山川风貌，丰富的资源，各项建设事业的发展以及勤劳、勇敢、智慧的各族人民。在采访报道的过程中，民族部的记者每到一处，就在当地掀起民族宣传的热潮。这一活动，促进了各民族之间的相互了解。

1985 年，中央电台借庆祝民族广播开创 35 周年之际，召开了民族广播工作经验交流会，来自新疆、内蒙古、西藏、广西、宁夏等 19 个省、自治区、直辖市和自治州的广播电视厅（局）、广播电台的负责人参加了此次交流会。国家广播电视部随后转发了《民族广播工作经验交流会纪要》，其中提出："中央电台主要办好国内外要闻节目，宣传好党的方针、政策，各有关地方台要组织好转播；地方台以宣传地方的要闻和方针、政策为主，同时，组织好文艺性、教育性、服务性节目。这样做有利于提高广播宣传的质量，有利于改善广播的覆盖面及效果"，要进一步巩固之前提出的中央电台和地方台"各有侧重，分工协作，发挥各自优势"的办节目原则。

随着改革开放的深入，民族广播中经济报道的数量和篇幅不断增大。以 1987 年为例，这一年，中央电台民族广播全年播发的经济消息和专稿占整个播出稿件的 1/4。为了配合当时的经济形势，在节目中播出讲座，向听众讲解经济秩序、新能源利用的经济知识。不仅如此，1988 年，国家民委、国家广播电影电视部再次合作，举办"全国少数民族企业家评选活动"，办公室设在中央电台民族部，对杰出的少数民族企业家进行表彰，这在之前是从未有过的。

改革为中央电台民族部打开了新局面的同时，也带来了更多新的挑战。

挑战与超越

首次参与报道，我与十三大同行

1987年10月25日至11月1日，中国共产党第十三次全国代表大会在北京举行。此次大会是中央电台民族部成立以来首次参与报道的全国性代表大会。

根据十三大33个代表团中有5个少数民族自治区和云南、贵州、青海3个少数民族省共8个代表团的实际情况，民族部派出一名记者参加了中央电台十三大报道组的采访。共采写稿件19篇，分别在中央电台新闻节目、"十三大专题节目"和民族部"民族大家庭"节目、五个民族语言节目中播出。

十三大闭幕当天（会议于上午11点55分结束），朝鲜语节目在中午12：30便播报了大会闭幕的详细消息和新当选的中央三个委员会共554位委员的大名单。藏语、维吾尔语、哈萨克语节目也相继在13：30、14：00、14：30播报了大会闭幕消息和三个委员会的大名单。这开创了历次重大报道从未有过的先河，特别是朝语和蒙古语节目，既要翻译、校对、播音，又要录音、制作节目。民族部上下勠力同心，最终保证了节目准确、及时、安全地播出。

针对此次重大报道活动，民族部以用好本台稿件为主，适当选用《人民日报》、新华社的稿件为辅，共选用《人民日报》、新华社稿件20篇。报道侧重选用了《人民日报》刊登的十三大代表分组分专题讨论十三大报告的发言情况，同时也适当地兼顾到本台消息中没有涉及的部分代表团。而对选用的新华社稿件，侧重在民主党派负责人深切关注我党十三大所纷纷发表的讲话，包括祝贺大会召开并给予殷切期望、应邀参加十三大的党外各界人士对十三大报告发言情况的座谈讨论等。

为便于更多的蒙古族、朝鲜族听众能够及时、系统地收听到十三大的重要消息，了解党和国家民族及经济政策，会前，民族部蒙古语组与朝鲜语组分别向各自对象地区的电台领导人联络，将内蒙古东部三个盟的电台每天只转播一次蒙古语新节目、吉林延边朝鲜自治州电台每天只转播早上和下午的朝鲜语节目，在十三大期间提升为每天转播两次蒙古语新节目；延边电台每天转播3次朝鲜语节目。

十三大会议期间，民族部主任陈克信指派专人负责8个少数民族省、区代表团的新闻采访，既为民族语言节目提供了大量的有针对性的稿件，又为中央电台重点新闻节目提供了反映各个代表团会议活动情况的稿件。民族部汉语重点新闻节目里播出的民族题材新闻，其数量之多、速度之快、效果之好是民族部成立以来前所未有的。当时，民族部记者接触到的十三大的少数民族代表，如内蒙古自治区人民政府主席布赫，西藏自治区党委书记伍精华、副书记丹增，新疆维吾尔自治区党委副书记贾布尔，广西壮族自治区人民政府主席韦纯束，宁夏回族自治区党委组织部副部长马启智，等等领导，均一致称赞中央电台民族部，称这次报道宣传了如此之多的少数民族代表声音，是之前未曾预想到的，感谢中央电台对少数民族地区工作的支持！

经济新闻成为主体

为进一步搞好经济体制改革的宣传，贯彻中央关于民族工作也要以经济建设为中心的精神，中央电台民族部改变民族广播过去经济报道比较零碎、肤浅、中心不突出的状况，及时把宣传工作的重点转移到经济报道上来。为此，报道思想也做了调整，将经济报道放在宣传工作的首要位置，使经济新闻成为民族广播新闻的主体。

到1987年，中央人民广播电台少数民族语言节目全年播发经济消息和专稿2585篇，占整个播出稿件的1/4，比往年有明显增加。1989年，中央电台民族广播继续重视编发有关治理整顿、深化改革、稳定形势等方面的稿件。

考虑到发展科学技术和教育事业是少数民族地区治穷致富的根本途径，民族语言广播同时坚持把科学技术和教育事业的宣传报道放在突出地位。各语言节目增加科教节目的容量，通过各种典型事例，宣传发展科技和教育事业对促进少数民族地区经济发展的重要作用；报道"星火计划"的实施和科技扶贫取得的成就，鼓励工农群众特别是青年学文化、学技术，不断壮大少数民族的科学人才队伍。与此同时，民族广播还十分重视报道少数民族地区克服各种困难发展教育事业，特别是基础教育、师范教育和职业技术教育的先进地区、先进单位的事迹和经验。

1987年，扶贫工作的报道也全面充分地展开，民族部先后派记者多次参加全国少数民族地区扶贫工作会议，撰写了本台评论《打好民族地区扶贫攻坚战》等新闻稿件。

各类栏目中，节目组采用各种方式推广经验，鼓舞民族地区群众的士气，先后采访播报了多位少数民族同胞人物典型，如：全国侨联委员、海南岛畲族老归侨雷贤钟，全国劳动模范、新疆哈萨克族老牧民阿不都阿朗；扎根西藏高原25年的西藏农牧科学院"七一"农场场长、汉族科技干部王珍；全国农业企业家、内蒙古正蓝旗敦达浩特镇三八服装厂蒙古族女厂长嘎吉德；北京市特等劳动模范、窦店村党总支书记，回族干部仉振亮；吉林省特等劳动模范、朝鲜族工程师朴仁南；等等。在报道中，突出赞扬了他们在改革开放和加快少数民族经济发展中的先进事迹。

党的十三大会议闭幕后，为贯彻大会提出的基本路线，促进少数民族地区的经济发展，加快和深化改革，总结、交流、宣传少数民族企业家的成功经验，提高少数民族企业家的社会地位和知名度，促进少数民族企业家队伍的形成和发展，国家民委和广播影视部又联合举办了首届全国少数民族企业家评选活动。

此次评选的评委会主任委员，除了时任国家民委副主任江家福、广播影视部副部长马庆雄担任以外，还特地邀请了当时的国家体改委副主任张彦宁担任主任委员。除了国家民委和广播影视部的有关部门负责人以外，还邀请了国务院有关部委从事经济工作的同志来担任评委会副主任委员和委员，其中便包括了国家计委地方经济司、国家体委企业体制司、农业部（现农业农村部）乡镇企业局、中国企业家协会的负责同志。乌兰夫、班禅额尔德尼·确吉坚赞、阿沛·阿旺晋美、赛福鼎·艾则孜等领导同志也积极支持这次活动并出任评委。

活动分为前后两个阶段：1988年9月11日到1989年5月20日为评选阶段，1989年6月26日到1990年6月13日为宣传阶段。为时半年的推荐、评选工作结束之后，国家民委和广播影视部上报国务院批准，于1989年5月18日至20日在北京召开了首届全国少数民族企业家评选总结表彰大会，向首批全国少数民族企业家颁发了证书和奖杯。

1989年6月26日至1990年6月13日，中央电台民族部在汉语普通话《民族大家庭》节目和蒙古、藏、维吾尔、哈萨克、朝鲜五种民族语言节目先后开辟了专栏，介绍了所有接受表彰的首批全国少数民族企业家。为宣传这89名受到表彰的全国少数民族企业家思想，传播他们的经验，发挥他们在加快发展民族经济中的模范带头作用，评委会办公室特地将企业家开拓进取、艰苦创业的事迹汇编成《全国少数民族企业家》，以书及画册的形式出版发行。此外，1989年中央电台民族广播继续编发有关治理整顿、深化改革、稳定形势等方面的稿件，先后编发了《治理经济环境，整顿经济秩序》的广播讲座（共20讲）；根据民族地区的特点，组织编写了《农村经济信息知识》广播讲座（共11讲）和《新能源利用讲座》（共15讲）。

应对突发事件有章有法

1987年9月末，西藏拉萨地区连续发生两起由少数分裂分子制造的暴力骚乱。中央电台藏语广播旗帜鲜明，按中央指示播出了相关消息和评论、党和国家领导人有关拉萨骚乱问题的谈话和讲话，播出了民族部记者采写的第二次援藏工作会议侧记《振兴西藏的战略决策》。在这一重大宣传任务面前，民族部藏语组的藏汉族翻译和播音员积极、严肃、认真地投入了这一特殊的战斗。藏语组同志仅用5小时，便将新华社关于拉萨骚乱的新闻稿准确、及时地传播至西藏广大地区。

10月13日，受当时广播电影电视部（现国家广播电视总局）和中央电台的派遣，民族部张小平等同志赶赴拉萨采访，及时反映西藏情况，报道西藏的发展变化，研究如何搞好西藏宣传，办好藏语广播。在西藏期间，他们分别采写了公开报道稿件和内参稿。张小平采写的内参《西藏当前宣传中的若干问题值得重视》由广播影视部刊印后又被中共中央办公厅转发，受到西藏自治区党委的重视。

1989年1月28日，十世班禅额尔德尼·确吉坚赞在日喀则圆寂。29日12：30，藏语组接到班禅大师圆寂的新闻稿件，翻译和播音员立即赶往办公室。1：55，这条新闻在午间节目最后一条作为"刚刚收到的消息"播出，当晚9点又播出了详细消息、人大常委会讣告和向遗体告别的消息。1月30日上午，中央电台时任台长杨正泉等前往民族部，听取了有关班禅大师逝世消息的播出情况汇报，并到藏语组看望藏族翻译、播音员，向藏族同胞表示慰问。

班禅大师逝世的报道时间长、规格高、声势大，在藏语广播史上是空前的。从1989年1月29日到2月17日的20天中，藏语广播发挥"立足中央"的优势，准确充分地播出了丧事活动中的各种公告、消息、通讯、文章、资料共100余篇，4.7万多字。其中包括录音新闻《班禅大师的追悼会在北京隆重举行》《北京法源寺举行祈祷大法会》《青海塔尔寺悼念班禅大师》等，还播出了通讯《供灯前的思念》《深切的悼念》《魂系高原垂青史》。习仲勋等领导同志撰写的长篇回忆文章，以及有关活佛转世方面的历史定制等也在藏语节目中摘要播出。

这一时期，中央电台藏语广播节目在西藏的影响持续扩大。西藏台"对国外藏胞广播"节目组每天都把中央电台藏语节目录下来，然后整理成文字，再重新录音向国外播出。日喀则群众在此期间特别注意收听广播，从中及时了解到中央、自治区和全国各地悼念大师的情况，深切感到全国人民都关心这件事，体会到祖国大家庭的温暖。扎什伦布寺的一些喇嘛和管理人员说，这反映出党和国家对藏族人民的关怀。从青海、四川、云南等地去日喀则瞻仰班禅大师遗体的藏族同胞反映，当地群众均是通过广播知道班禅大师圆寂消息的。

1991年5月22日，是西藏和平解放40周年。从3月到5月，中央电台派出由16人组成的赴藏记者组，从川藏公路、青藏公路和空中三条线路前往世界屋脊西藏，报道40年来西藏社会风貌的巨大变化，报道西藏和平解放40周年的各项庆祝活动。在近100天的时间里，中央电台的民族语言节目连续地、大量地报道了西藏的情况，是中央电台继1959年平息西藏叛乱和实行民主改革报道以来规模最大的一次报道西藏现状的宣传活动，受到西藏各族人民的欢迎和高度评价，也得到了中央领导同志的充分肯定。

这一时期，中央电台《民族大家庭》节目和少数民族语言节目播出了14集专题系列广播《来自西藏的报告》。报道在各族听众中引发剧烈反响。听众来信赞扬《来自西藏的报告》从历史的深度和现实的广度，对西藏这块充满神奇色彩的土地进行了一次大视野的"综合采访和报道""给我们留下了深刻的印象"。

此时的中央电台民族部在面对首次参与大型活动报道、突发新闻节目制作等所带来的一系列挑战时沉着应对，经受住了各种考验，一次次克服难题，实现了自我超越，为迎接新的发展阶段再次做好了全面准备。

不辱历史使命

不负历届领导人的关怀

1989 年的国庆节当天，中央人民广播电台民族部迎来了时任中共中央总书记江泽民同志的到来。20 世纪 50 年代，民族广播在毛泽东同志的关注下创办；70 年代，民族广播在周恩来同志和邓小平同志的关怀下恢复；80 年代末，党的新一届领导核心向民族广播从业者传来亲切的问候。可以说，民族广播走的每一步，都处于中央的领导和关怀下。民族部也从未敢辜负历届领袖和党中央的嘱托与信任，坚持脚踏实地走好每一步，为民族团结事业做出应有贡献。

1990 年 5 月 22 日，是中央人民广播电台创办少数民族语言广播 40 周年。在这个阶段，中央电台以 5 种少数民族语言节目每天广播 4 次，每次节目 30 分钟，全天播音时间达 10 小时。在此时期的中央电台民族部已壮大到由蒙古、藏、维吾尔、哈萨克、朝鲜、畲、汉等 7 个民族的近百名广播工作者组成，其中高级专业职称的编辑、记者、翻译 25 人，一级播音员 12 人。

此前一天下午，中央人民广播电台举行茶话会，国家民委、广播电影电视部的领导同各民族广播工作者一同度过了这个值得纪念和铭记的日子。时任广播电影电视部部长艾知生在讲话中指出："40 年来，民族语言广播从无到有，从小到大，走过了不平凡的历程，已经成为各族人民政治生活和文化生活中不可缺少的组成部分，成为党和政府密切联系各族人民的重要桥梁，发挥着党、政府和各族人民的喉舌作用。"时任中央人民广播电台台长的杨正泉在讲话中说："40 年来，中央电台的民族语言广播经历了不平凡的发展道路。它积累了经验和教训，对现实和未来的民族宣传是有指导意义的。"

为纪念这个历史性的日子，中央电台民族部汇集各民族翻译、播音员、编辑、记者近年来撰写的专业业务论文，编辑成《民族广播文集》出版发行。文集分为"新闻编""翻译编""播音编"三部分，共 52 篇论文和文章。

原广播电影电视部艾知生部长的文章《齐心协力办好民族广播》开篇写道:"有的同志有个概括的说法:当前是民族广播工作最好的时期之一。我很赞成这一看法,这很符合实际情况,符合我们国家的历史情况。目前,民族广播工作的形势喜人。展望前景,民族广播事业大有可为。大量的、生动的事实,说明民族广播的大好形势。""民族广播绝不是可办可不办的事业,而是维护国家统一和民族团结、建设和保卫我们的国家绝对必要的。对于地处边疆地区,交通不便、面积辽阔的民族地区,广播则更有其他宣传工具无法相比的特殊的重要性和特殊的优势。如新疆有些地方头年冬天的报纸第二年春天才能见到,内蒙古西部的一个旗距离自治区首府坐汽车竟要走两个星期,云南边境有些地方只能选择某个季节才能运进东西。广播就能克服这些季节性的、地理的、交通的困难。"

　　谈到中央电台和地方台关系时,艾知生部长说:"民族广播战线很长,语种很多,接触面又很广。全国有十多个省、自治区,几十个电台都办有各种语言的民族广播,集中起来是一支很大的队伍。但分散开来,每个台的力量就很有限。针对这种情况,中央电台和地方台要有所分工,有所协作,要好好研究。中央电台要着重办好全国性的节目,同时照顾地方台,尽可能为地方台服务,比如在宣传方针、宣传动态、报道设想等方面要主动地为地方台提供指导和信息。而地方台着重办好地方性节目的同时,也要为全国的节目,为中央电台节目多做贡献,也可以提供一些好的稿件、好的文艺节目,在培养干部等方面也应加强协作,做到全国上下一盘棋。"

　　当时的中央电台台长杨正泉撰写文章《加强理论研究提高宣传质量》,认为中央电台民族广播在40周年的时候出《民族广播文集》,"是一件很有意义的事。从某种意义上说,这是对中央电台民族广播40年经验的总结,也是对民族广播理论研究成果的一次检阅"。文集的出版标志着"我台对民族广播的研究发展到一个新的阶段。自觉地运用这些理论指导实践,无疑会进一步提高我们的宣传质量,提高我们干部队伍的素质"。

　　民族部张小平的论文《少数民族广播节目概论》,从民族语言广播的理论依据、民族语言广播节目的基本特征、民族语言广播的新发展三个方面,比较完整系统地总结了少数民族语言广播的相关理论和实践经验。此外,新闻、翻译、播音等不同部门的民族广播人,从各自工作实践出发,总结工作中的经验和教训,提升出规律性认识。尤其值得一提的是,这些论文不但有成绩总结,更有强烈的问题意识,不少文章指出了诸多业务工作中值得关注的倾向和问题。

　　民族部乌凤兰的论文《树立多民族国情意识:加强民族宣传力度》中指出,

"在民族关系的宣传中有一边倒的现象"，"李瑞环同志指出：讲力量和成绩，是56个民族共同的力量和成绩；讲困难和曲折，是56个民族共同的困难和曲折；讲前途和未来，是56个民族共同的前途和未来。这就是说，我国各民族间是互相帮助、互相依存，你中有我、我中有你的关系，而不是你靠我、我不求你，你中有我、我中无你的关系"，"宣传国家对民族地区的扶持，内地对民族地区的帮助是应该的，必要的，也是事实"，但是"有个把握'度'、掌握分寸的问题。超过限度就适得其反，宣传效果就走向反面"。

维语部的阿依夏木在乌鲁木齐和吐鲁番市进行了半个月的听众调查，写出翔实的调查报告，集中反映了听众对维吾尔语广播的意见和建议。这些文章中所反映出的问题和意见在此后的民族部工作中一一得到了落实和改善，为下一阶段的工作带来了良好开端。

边城之行见证民族语言节目实力的崛起

进入20世纪90年代的民族广播，迎来自己的"不惑之年"。这一时期，民族部的新闻业务更加活跃，不断在业务拓展中完善自我，壮大队伍，力争交上令人民满意的答卷。在此期间，民族部出色地完成了西藏和平解放40周年、中国共产党成立70周年、西藏自治区成立30周年、内蒙古自治区成立50周年等大型宣传报道"规定动作"。不仅如此，我国社会主义现代化建设中出现的新局面让民族广播另有一番作为。1992年，中央电台组成报道组，前往云南、广西、黑龙江、吉林、内蒙古、新疆、西藏七省区，采访报道边疆民族地区改革开放的新形势和当地经济社会发展的新面貌，制作出26集系列报道《边城行》，在中央电台汉语和民族语言节目中先后播出。

各位听众，今年一开始，改革开放的强劲春风吹遍祖国各地。本台从4月份起专门组织记者到边疆地区采访，去感受那里改革开放的气氛，用自己的所见所闻，报道遥远边城地区改革开放的新成果、新气象、新形势，我们起名为《边城行》。本台从今天起边采访边陆续播出这一系列报道，欢迎听众随时提出你们的要求和建议。

1992年5月27日，中央人民广播电台《新闻和报纸摘要》节目开辟了一档全新的栏目《边城行》，每周播出 2 到 3 次。《边城行》在近两个月时间里密集播出了 26 篇音响报道，听众"跟随"着记者的足迹，由北向南"走进"了黑龙江、吉林、内蒙古、新疆、西藏、云南、广西等 7 省区；"走访"边境口岸，边陲名城和上百个县、旗、乡、镇；在草原、牧区、海岛、戈壁、原始森林、雪山峡谷，"接触了"傣、景颇、壮、京、维吾尔、哈萨克、塔吉克、锡伯、蒙古、藏、朝鲜等 20 多个少数民族。

1992 年 7 月 24 日，《边城行》所播出的最后一篇报道中，配发了情感真挚的编后话作为结束语：

> 各位听众！系列报道《边城行》从 5 月 27 号播出，一共 26 集，到今天全部播送完了。本台记者经过 4 个月的时间，行程几万公里，奔赴我国边疆地区的上百个县、旗、乡、镇，深入工厂、农村、部队、哨所、牧民帐篷，所到之处得到各地领导和各族群众的热情帮助和大力支持，我们十分感谢。采访中，我们亲身感受到边疆地区的改革开放正在加快，从人们的思想观念到社会生活的各个方面都正在发生着迅速而深刻的变化；我们自己也受到了多方面的教育。在系列报道播出期间，很多听众来信热情肯定。由于一边采制、一边播出，一定还有仓促的地方，欢迎大家多加批评，以利改进。今后，本台将继续以多种形式报道各地加快改革开放的新成果。

从编前话和编后话，我们不难看出这组节目鲜明而又磅礴的特点：《边城行》报道组从 1992 年 4 月 4 日清晨兵分两路出发，行程约 8 万公里，截至 7 月 19 日返京，先后前往 20 多个少数民族地区采访，发回 26 篇报道。这 26 篇报道全部是录音新闻，全部是记者口播，充分体现了广播媒体短、快、新、活的优势。

20 世纪 90 年代初，整个广播新闻业处于传统广播的成熟阶段，广播新闻节目中解说词、音响、音乐的技术探索日臻完善，连续报道、系列报道日益增多，而现场报道最能体现广播短、快、新、活优势，也最考验记者驾驭现场的能力。《边城行》5 分钟左右的报道，每篇报道集记者现场观察、现场描述、现场采访为一体，内容充实细节生动，成为 90 年代广播现场报道的典范之作。更值得一提的是，如此大规模、高水平的报道，仅仅由 7 名记者完成。民族部基层记者不仅业务上得到了锻炼，与民族同胞的广泛接触，精神上也得到了更深层次的洗礼，对中华民族大团结也有了更深刻的认识。《边城行》系列报道充分体现了民族广播记者的业务素质、吃苦精神，不但是民族部的经典作品，也是 20 世纪 90

年代中国广播的现场报道精品节目。

节目播出后，依据听众的反馈检视，《边城行》系列报道不仅圆满完成了报道任务，也获得了巨大成功，受到上下内外的普遍好评。听众来信称"大大开阔了视野，感受到边城改革的春风扑面而来"，"是中央电台新闻改革的又一次尝试"。时任中共中央政治局常委的李瑞环莅临中央电台视察时曾夸赞道："经常收听《边城行》，这个点子和形式都很好。"当时的国务院总理李鹏同志在一次会议上谈到边疆地区改革开放的形势时说道："有些情况是听《边城行》知道的。"

时任新疆维吾尔自治区党委书记的宋汉良、副书记贾那布尔分别发来感谢信。宋汉良说："这是一次向全国兄弟省区和广大听众真实、生动、形象和集中地宣传介绍新疆的非常成功的采访和报道。体现了中央人民广播电台对边疆民族地区改革开放和经济建设的关注和支持，具有特殊的新闻价值和社会效果。对此，我谨向中央人民广播电台表示衷心的感谢！向《边城行》的采访人员致以崇高的敬意！"时任西藏自治区区委副书记的陈奎元和自治区政府常务副主席毛如柏对记者说，这一报道对西藏具有重要意义，我国即将在近期发表西藏问题白皮书，《边城行》报道组此时进藏采访尤为及时。

《边城行》节目在播出的同时收到了大量的听众来信。听众们称赞节目是"有分量的报道"。天津听众谢光莹说："使我真心感到，改革开放的春风吹遍了神州大地，生活在祖国960万平方公里土地上的各族人民只要解放思想，大胆改革，发挥自身的优势，就一定能出现新成果、新气象、新面貌。"陕西听众赵郑民说："从东北到西南，从中俄边境到畹町，从云南边陲到西北重镇乌鲁木齐，边疆民族地区改革开放的新气象、新形势，令人振奋！"

有的听众说，报道改变了他们对少数民族地区的刻板印象。内蒙古听众张景三说："系列报道《边城行》是及时雨，非常好！它帮助人们开阔了视野。过去人们的印象是改革开放只能在沿海地区带来繁荣，锦上添花，而边远地区交通不便，信息闭塞，与沿海地区相比望尘莫及。《边城行》正解决了这个问题，她以生动的事例，改变了人们的偏见，使人们认识到改革开放不仅沿海地区受益，边远地区同样受益，从而认识到改革开放确实是振兴中华、强国富民的灵丹妙药。"

一位天津的听众致函民族部，他在信中说："《傣家有了第四代竹楼》，和其他各集一样，虽仅播几分钟，却引起了我强烈的共鸣，留下了经久难忘的美好印象。在我过去的感觉里，云南西双版纳的风景是美丽宜人的，然而傣族的生活却是清苦的，经济落后，缺衣少食，交通闭塞，竹楼简陋，这就是我脑海深处抹不掉的傣族人模样。足能给人以怜悯和同情。不怕编辑见笑，当里屋收音机传来《傣家有了第四代竹楼》的音响时,我顾不得熊熊炉火正热着牛奶,忙不迭地窜到收音机旁屏声敛气聆听起来,全然忘了牛奶的热沸溢出。听罢我不禁啧啧赞叹,傣族人的生活变了,越变越好。告别了简陋的第一代和竹木结构的第二代竹楼,跨越了第三代的建筑史,呈现听众面前的是瓦顶飞檐、漂亮美观、很有特色的第四代竹楼。我们似嗅到了竹的清香,目睹到傣族人的音容笑貌。他们的收入年年增加,竹楼越盖越好,数百平方米,4万多元,听傣族人的录音,我们的羡慕之情油然而生。"

《边城行》长达26集的报道中,每集5分钟的节目处处以小见大,记者从小人物的命运变化反映时代的变迁。如第三集《今日鄂伦春》,记者在村民家中描述所见所闻:"四室一厨的向阳大瓦房","窗台上摆满了花盆,紫红色的地板擦得锃亮,厨房里的炉灶和锅、碗、勺、盆更是干干净净";"乡间大路上,我们看到来来往往的人不少都骑着摩托车,一位达斡尔族少女穿着红色的夹克衫,骑着一辆红色的新摩托车也在路上跑来跑去,她向我们打招呼,一问才知道她这是在学开车,王占成告诉我们,最近摩托车成风了,全乡有四五十辆了。"

节目中,几乎每篇报道都能看到令人过耳难忘的今昔对比。如,"十四年前,也就是1978年,我们曾经到过(西藏)樟木,当时住的是镇上唯一的一个木板搭成的招待所。那时候,这里居民很少。可这次看到的是另一番景象。一个接着一个的商店、饭馆、旅社,两三层的楼房随处可见。街上停满了从内地来的卡车,从尼泊尔来的花花绿绿的长方形火车。""到去年,(云南)瑞丽边境小镇贸易进出口总额达6亿元人民币,比1985年增长12倍"。

同时,节目中也不乏翔实数据的罗列和总体情况详细讲解,报道全程杜绝空话、套话。在广西壮族自治区东兴市东兴镇,边贸生意的进出口额"1990年达到1.3亿,1991年达到2.4亿,每年成倍增加","乌鲁木齐市在哈萨克斯坦共和国首都阿拉木图开办的第一家商店正式营业,从谈判到开业一共用了50天的时间","石河子现在有各类科研机构18所,科学技术人员3.2万人。我们看到,石河子靠科学技术把数百万亩戈壁滩变成良田,进行着高水平的经营;石河子靠自己的畜牧业专家培育出良种羊,羊毛品质全国第一;石河子靠自己的林业专家建设着森林化的生态城市;石河子靠自己的科技人员建立了门类齐全的工业,产品远销50多个国家","刘全新所在的巫头村京族渔民,这些年靠边贸、农业、养殖等多种经营,迅速富起来,有的存款三四十万,去年人均收入达1600多元,居广西农村第一名"……

当傣味餐厅的主人拿着纪念章递给记者,纪念章正面是傣家少女歌舞的图案，下面写着"景兰星光餐厅"，背面写着姓名和电话，他说："这是我的名片，欢迎多多光临！"

当维吾尔族农户展示自己花了 4000 元钱买的地毯……

当朝鲜族妇女说，过去觉得经商让人笑话，现在"我们自己也能富，还能为国家做些贡献"……

当 79 岁的哈萨克老爷爷"坐在绿茸茸的草地上对我们说：'改革好，开放好，政策好，今年的雨水也好，现在的社会最好'"。

听众被深深打动。

他们在来信中说，"不少报道中，记者与当地干部群众直接交谈，甚至有与外国人的谈话实况，格外生动而实在。这次系列报道，至少我所听到的，绝少人为摆布、矫揉造作的痕迹，生活气息浓郁，民族特色鲜明，音响与语言浑然一体，很有可听性。""一举打破了多少年来新闻节目由播音员播报消息的老面孔。给人的感觉是这种形式的新闻不仅内容新，而且形式新鲜，终于跳出了单纯室内播音的窠臼，在听众面前拉近了那么多记者、当事人（工、农、商、学、兵、各级领导干部）的新鲜面孔，从而增强了新闻的真实感。""通过收听由记者现场报道的录音采访，似乎见到了鄂伦春山村、京族小岛、畹町桥头、傣家竹楼、呼伦贝尔草原和瑞丽边贸街，使人感到真实、亲切、可信，使广播同听众贴得更近了。"

很多听众来信感谢中央电台组织了这个规模不小的"采访工程"，有计划，有准备，而每集报道，既有自然的气氛渲染，又有刻意求新的主题与中心。尤其感谢在第一线采制报道的同志们，向全国听众奉献了一系列具有时代特征与历史意义的好节目。

《边城行》的巨大成功得益于中央电台的重视、民族地区的配合、编辑记者们的过硬业务水准和勤劳拼搏的吃苦精神。

值得一提的是，《边城行》节目虽是 1992 年 5 月播出，但早在 1991 年底，中央电台便已开始酝酿这个系列，并将其列为 1992 年的年度重点选题。时间来到 1992 年初，中央电台民族部正准备实施前一年的报道策划时，邓小平同志南行重要讲话和中央政治局全体会议精神，犹如强劲的春风吹遍大江南北，把我国的改革开放推向了新阶段。面对新形势，报道组及时调整了《边城行》的报道方针，并把《边城行》纳入中央电台关于改革开放宣传报道的总体设计中，成为特区、沿海沿江地区、内陆省份和边疆民族地区总体报道中的重要组成部分，且是极具说服力和特色的部分。边疆地区的发展变化不仅对内地有启示，对国外有说服力，某种意义上更标志着我国改革开放的广度和深度在不断前进中。

最终，中央电台确定了报道方向：以系列报道《边城行》为代表的一批反映边疆改革大潮的报道为 1992 年民族宣传的主旋律，着重反映边疆、民族地区改革开放的新成果、新气象、新形势。

节目策划之初，时任中央电台台长杨正泉提出明确要求："系列报道整体上互相连接，各集又要各具特色。要加强新闻性，报道出各地的明显的特点。记者要深入实际，深入群众，尽量采取见闻式，尽可能地用音响，把听众引导到特定的环境中去。要精心选题，题目宜小不宜大，宜实不宜虚，善于用事实，要巧做文章。一集千把字，开门见山，简朴明快，要实在、具体，又要有朝气，要写活。"

这些要求对这组系列报道的形式、音响使用、选题特征、内容特点，甚至结构要素思路，都给出了最恰当、最具前沿性的报道理念。记者们不负重托，再次发扬不怕苦不畏难的精神，在最短的时间采制出了高质量的素材。在节目中，记者的现场叙述、描述和采访浑然一体，真正做到了千把字、小切口、大主题，有现场、有事实、有深度，完成了领导的嘱托。诚如有听众所说，这"是中央电台新闻改革的一次新尝试"。新闻广播界的同行盛赞"很受启发"，他们认为"搞这种形式的大型现场报道是一次创举"。

《边城行》的成功播出也见证了中央电台民族语言广播的记者、编辑们的工作态度和工作能力。节目记者张小平总结说，这组节目"没有速度、没有吃苦和拼搏的精神是难以完成的"，"就拿西藏采访来说，报道组前前后后，实际在那里的时间只有 17 天"。他们要适应高原反应，"吸氧、头疼、流鼻血，头疼彻夜难眠"，"在新疆阿拉山口，戈壁滩上白天的地表温度达到 60℃以上，晚上山口的大风又是超过 12 级。白天采访晚上整理音响素材，连夜写出稿，第二天又转战到新的采访地点"。即便如此，他们还是驱车千余公里到达喜马拉雅山南麓，一共采写了四篇现场录音报道作为《边城行》的压轴戏。

中央电台的系列报道播出后，首都和地方新闻机构也陆续组织了《万里边陲话开放》《边城走笔》《中国西南万里行》等系列报道。除《边城行》外，中央电台的《民族大家庭》还先后播出了 7 组介绍云南、四川、内蒙古、新疆等地改革开放情况的报道。听众来信认为这种全面、系统、深入地介绍一个民族地区的方式"效果好"，"从中得到了许多知识和信息"。

广播讲话驳谣言　《空中信箱》传亲情

　　《边城行》的成功极大地鼓舞了民族部的全体同侪，更得到了中央领导的肯定。民族部上下在此后的工作中再接再厉，根据听众的特点对各语言节目不断进行深化改革，努力增强节目的针对性和服务性，陆续开设了多档新栏目。

　　在 20 世纪 90 年代中后期，民族部以"立足中央、面向民族地区"为编辑方针，以更快、更丰富、更有针对性为目标，各语言广播一直在有条不紊地推进节目发展。到 1994 年年中，中央电台民族部共有蒙古、藏、维吾尔、哈萨克、朝鲜、回、彝、畲、土家、汉 10 个民族的编辑、翻译、播音员 98 名，加上离退休人员共 109 人。这一时期，新闻节目、成就类系列报道、广播讲话（讲座）、合办节目，已经成为各年度工作中的常规"动作"，越来越成体系有成效。

　　1994 年，民族部继续加强自采工作，"走出民族部、走向中央电台、走向全国"，是当年采访工作的特点。新闻组在当年 1 月至 11 月自采的稿件就达 150 余篇，整个民族部全年采制稿件 300 篇以上。有关当年的"两会"报道数据统计，蒙、藏、维、哈、朝五种民族语言节目、18 点新闻和《民族大家庭》节目共播出新闻、述评、专稿 200 余篇，数量全面超过往年。

　　1995 年，民族部组织报道组赴云南采访第五届全国少数民族传统体育运动会，为《新闻和报纸摘要》节目、《各地人民广播电台联播》节目、《民族大家庭》专题节目及五种少数民族语言节目提供了十多篇稿件和评论。这组稿件多篇获得民运会好新闻一等奖、二等奖等荣誉奖项。在民运会开幕前，民族部还同时举办了第五届全国少数民族传统体育运动征文，并在《民族大家庭》专题节目中播出 50 多篇征文，介绍了我国多姿多彩的少数民族传统体育活动及体育文化。

　　1994 和 1995 两年间，各民族语言节目组分别开辟了诸多针对性较强的栏目，自编自采的节目数量也有所增加。各组所设的栏目有：蒙古语《各地蒙古族》《卫生与健康》，哈萨克语《卫生与生活》《为您服务》《科技节目》，朝鲜语《地方通讯》《时事节目》《经济生活》《文化教育》《音乐欣赏》《体育世界》，等等。此外，民族语言广播或独立制作，或与台内外合作，播出了一批反映民族地区发展和各民族团结的大型系列报道。

　　同样是在 1994 年，民族部与国家民委合办的《中国民族自治地方巡礼》共 35 篇，介绍了我国 5 个自治区、30 个自治州改革开放以来的新思路、新举措、新成就。这组报道配合"民族区域自治法"颁布实施10周年,由民族部记者与中央电台驻地方记者和部分地方台共同采制。与新疆巴音郭楞蒙古自治州合办的《来自华夏第一州的报告》(16集)专题报道,集中展现了自治州成立40周年来的成就。此后,民族部又为庆祝伊犁哈萨克自治州成立40周年,与新疆伊犁州合办专题报道5集;与恩施州七县一市一公司合办了湖北恩施土家族苗族自治州系列报道共9组,采访报道43篇;与桂林市合办的广西体育系列报道5篇。

1995年,西藏自治区成立30周年、新疆维吾尔自治区成立40周年。民族部牵头组成多人报道组,分赴西藏和新疆进行采访。报道工作展开期间,赴西藏采访的记者克服了时间紧、高原反应大等困难,发出11篇专稿;赴新疆报道组翻高山、越戈壁,到偏远的基层深入采访,采写了10篇具有广播特点的稿件,并按照中宣部要求,在中央电台《新闻和报纸摘要》节目、5种少数民族语言节目及《民族大家庭》专题节目中设立了《庆祝新疆维吾尔自治区成立40周年系列报道》栏目。报道组在两个自治区大庆前集中报道了上述稿件。稿件播出后,得到两个自治区领导和听众的一致肯定和好评。

同年,为贯彻中宣部提出的《爱国主义教育实施纲要》,民族部与国家民委联合举办了大型系列报道《锦绣中华》,在《民族大家庭》专题节目中播出稿件38篇,较为系统地介绍了祖国的壮美河山、悠久历史、灿烂文化和多姿多彩的民族风情。听众称赞这组报道增加了各民族间的向心力和凝聚力,激发了各族人民对伟大祖国的热爱之情,是弘扬爱国主义教育的佳作,是对青少年进行爱国主义教育的好教材。

此后,为配合第四次世界妇女大会在中国的召开,民族部又与中央电台各地记者站合作,采访制作了系列报道《中华巾帼风采》,介绍了56个民族的杰出女性代表,从不同侧面讴歌了当代中国女性在改革开放中勤奋工作、顽强拼搏、无私奉献的精神面貌,展示了我国各民族妇女在政治、经济、文化建设中的地位、作用和做出的杰出贡献。这组报道在蒙、藏、维、哈、朝五种少数民族语言节目和《民族大家庭》专题节目中进行了广播,得到了积极反响,被评为第四届世界妇女大会好新闻二等奖。

1996年,名牌节目《民族大家庭》进一步调整,加强了节目针对性,当年下设栏目有:以报道民族地区的经济发展为主的《经济天地》;主要播送民族工作方面的理论文章、言论的《民族论坛》;介绍有关少数民族的风土人情、人文景观、自然景观,普及民族知识的《风物万千》;报道一周来民族地区或国内有关民族工作等方面新闻的《一周民族新闻回顾》;宣传民族文化艺术方面的成绩,介绍少数民族文化名人、艺术人才的《民族艺术宫》。

20世纪90年代以来，名牌节目《民族大家庭》自从1987年改革后再次成为集教育性、知识性、趣味性为一体的节目。节目组不断改进节目编排、活跃节目形式，增加录音通讯、录音报道、广播特写的比重。节目制作上，适当搭配契合主题的音乐或歌曲，尽可能地通过配乐通信等带音响的节目加以呈现。节目每次由两到三篇稿件组成，形式和播报方式生动活泼。其中最受听众欢迎的《每月一问》专栏在每月第一次节目中向听众提出一个有关民族知识的问题，并在月末最后一次节目中公布答案，以向答对听众赠送纪念品的方式收获了更多听众。这一专栏的推出加强了编辑部与听众之间的联系，调动了听众了解少数民族情况的积极性，普及了民族知识。专栏开办以来，每月都能收到几百封乃至上千封来信和答卷。其中，北京忠实听众来信说："一年来，我常收听这个节目，收获很大。我从来没有像今天这样，对我国55个少数民族有这样深的了解，特别是从你们开办了《每月一问》，我从原来只是听，到现在的动手写。在《民族大家庭》的指导下，我也参加到促进民族间相互了解和促进民族团结的行列中来了。"福建师大学生潘小清来信说："在中学时，我就常常听你们的节目，我觉得这个节目对普及民族知识和增进人们民族平等观念意义重大。《民族大家庭》节目是我们了解各民族状况的一个窗口。"解放军某部听众欧阳振鳌来信说："收听《每月一问》后，使自己对开发大西北、开发大西南、开发所有民族地区的经济、文化充满了信心。"

中央电台特约听评员梁国安是河南省许昌人民广播电台的记者、编辑，他不仅收听《民族大家庭》节目，同时也是其他节目的老听众。他来信说，他在日常的采访活动中比较注意了解当地群众收听中央电台广播的情况。在河南省鄢陵县望田乡海量寺村采访时，村民们高兴地对他说：以前，村里回汉两个民族间的关系不融洽。听了广播以后，我们回汉村民理解了俩好搭一好的道理，相互尊重民族习俗，村里出现了谅解、尊重、互帮、互学的好风尚。就拿回族村干部杨臬来说吧，以前与群众关系不太好，自1992年以来，他的工作作风有了明显的改变，去年被评为村干部。他说："我听《民族大家庭》节目已有几年的历史了，想想人家，比比自己，我太惭愧了。我努力学习，积极上进，带领群众奔小康，自己也充实多了，看别人也顺眼了，教育人也耐心了。中央电台办的节目实在是太好了。"

广播谈话和广播讲座是民族部的传统节目，几乎每年都会有相应的节目推出。比如1994年围绕爱国主义教育主题，民族部推出的系列广播讲座《中国近现代史上的少数民族》。这组系列广播讲座共 16 篇，系统地介绍了我国少数民族在近现代史的历次革命运动中做出的贡献。值得一提的是，在 1995 年的"金瓶掣签"事件中，广播谈话类节目再次发挥了快速反应、"权威发言"的优势。当年，达赖在境外擅自宣布十世班禅转世灵童遭到西藏各界人士、广大信教群众和全国人民的严厉谴责后，又打着宗教的幌子，散布"班禅转世纯属宗教事务，不须中央政府批准""不必金瓶掣签""十四世达赖的寻访没有经过国民党政府的批准""达赖与班禅互为师徒，可以认定转世灵童"等谎言。为使广大听众了解事实真相，进一步揭批达赖对我的攻击，民族部按照中央统战部的要求，根据国内专家、学者撰写的文章和西藏档案馆等权威部门提供的材料，编辑制作了 8 集广播谈话《让历史说话，让档案作证》。这 8 集广播谈话在藏语节目和《民族大家庭》节目中广播后，得到了中央有关部门的大力肯定。

同一年，藏语广播还推出了一档新节目《空中信箱》。这档节目从 1995 年初开始策划，于周六周日两天播出。这档全新的栏目是基于 1985 年中央决定在内地 26 个省、自治区、直辖市开设西藏班，以支援西藏教育事业的大背景下推出的。为了保证农牧民子女有机会到内地求学，西藏班招生坚持向农牧区、边境县、高寒高海拔地区、区内人口较少民族倾斜。西藏学子背井离乡，从世界屋脊来到内地，在完全不同的环境中求学生活，难免会思念故乡和亲人，而千里之外的父母也时刻牵挂自己的孩子。藏语部为此推出《空中信箱》栏目，播出内地西藏班学生的家信录音，让孩子通过话筒，用最直接、最生动、最易传情的说话方式，向在西藏的父母汇报自己在内地的学习和生活情况。这个栏目成为沟通西藏学子和家人的桥梁，播出没多久就成为藏语广播中的名牌栏目。当时，重庆西藏民族中学校长刘宝善说："中央电台藏语《空中信箱》栏目的开设，不仅为藏族同学与在西藏的父母亲人的沟通创造了很好的条件，也为宣传内地西藏班的办学情况提供了很好的平台。"一位家长在听了远在江西的儿子的家信录音后说："当通过电波从万里之外的北京传来我们的儿子尼玛旺堆的家信录音时，我们全家人都非常高兴，好像我们的儿子站在我们面前说话，跟全家聚在一起。我们把这一录音用录音机录下来，把这个消息告诉亲朋好友，让他们也享受这一幸福时刻。"在拉萨宾馆工作的一位家长来信说："这三年里，我们家的孩子姐弟俩在内地学习，老师们像父母般地爱护他们，生活上无微不至地关怀和照顾，使他们德、智、体全面发展，他们真正感受到了中华民族大家庭的温暖。"有的家长还深情地写道："你们为天各一方的亲人之间架起了一座心灵桥梁，十分感谢你们所做出的努力。"

至 1999 年四年间，《空中信箱》已播送一万多封家信。《空中信箱》栏目不仅给广大家长和听众送去了亲情和党和国家的关怀，还在国外产生了积极的影响。境外反华势力一直对内地办西藏班进行攻击，说这是为了同化。《空中信箱》栏目开办以后，播出了在内地学习的藏族学生的一封封录音家信，证明他们不但没有淡化自己的藏语，相反，因知识的丰富，所操藏语更趋规范化、正规化。这也证明，中央电台藏语《空中信箱》栏目已经成为批驳境外反华势力对我攻击的有力阵地。

深入群众，贴近实际，成了这一时期民族宣传的工作要领。民族部通过节目和组织活动让民族地区同胞深切感受到党和中央政府的关怀，引领民族地区同胞共同参与国家的经济改革，共同享有改革所带来的成果，不辱新形势下维护民族地区社会安定团结这一历史使命，不负历届领导人的关怀，为党和国家交出了无愧于心的成绩单。而随着 21 世纪的趋近，民族宣传工作迎来了新的使命和挑战。

新使命带来新挑战

迎接即将到来的新世纪、新挑战

1995 年 7 月 10 日至 16 日，在吉林省延吉市举行的新形势下的民族宣传工作研讨会上，中央电台记者站的负责人及中央电台有关部门的负责人交流了在新形势下民族宣传取得的成绩、经验和值得注意的问题，探讨了在新形势下搞好民族宣传工作的途径和办法。

会议所达成的共识是：民族问题已经成为当今世界的热点之一，在世界政治格局中，民族问题日益显示出其重要地位，一些国家的动乱、分裂、解体，多数都与民族问题密切相关。西方敌对势力也图谋利用民族、宗教问题对我进行渗透、颠覆、分裂活动。只有重视和做好民族工作，不断巩固和加强民族团结，才能在复杂的国际斗争中掌握主动，立于不败之地，这就需要加大民族宣传力度，正确引导社会舆论。

在谈到民族宣传工作的任务时，与会人员一致认为，民族宣传应以经济建设为中心，重点放在民族团结进步，要全面宣传"统一多民族"这个基本国情和党的民族政策，深刻反映祖国大家庭中的 56 个民族和睦相处、共同进步、你中有我、我中有你，谁也离不开谁的事实。与会者还认为，民族宣传除了面向少数民族地区，还要面向广大的汉族地区，以增进汉族与少数民族的沟通、理解和交流。会议将 20 世纪 90 年代末两个最迫切的重要任务摆在了中央电台民族语言部面前：一是增强节目覆盖，二是提高节目传播效果。

五种语言上卫星　打开覆盖传播新局面

1995 年，针对覆盖范围和收听率问题，中央电台不仅派专人调查、发调查信，还利用采访、开会、探亲的机会，对蒙古、藏、维吾尔、哈萨克、朝鲜等5种少数民族语言广播的发射、转播、收听情况进行了摸底调查。调查结果表明，由于技术落后、设备陈旧等一系列原因，民族广播对边境地区的覆盖情况很不理想。首先是广播发射功率弱小。当时中央电台的民族广播使用3到4部50千瓦的发射机向内蒙古、新疆、西藏和吉林延边等四个遥远的对象地区进行定向发射，由于发射功率低，加之同频、邻频的干扰和大气杂音的干扰，有些地区的可听度非常差，一般收音机无法直接收听。其次是地方台转播困难。由于接收到的信号太弱、收转设备简陋老化、经费缺乏、无法更新设备、中央电台民族节目播放时间短等原因，一些地方台减少转播次数，有的地方台甚至一度停止转播。

与此形成鲜明对比的，是境外广播在国内的强行渗透。当时境外广播的发射功率高于中央电台民族广播的发射功率。以西藏为例，当时西藏境内可以收听到的外国广播有24个电台，46个频率，其中有17个是藏语广播。一打开收音机，常常听到的是"美国之音"和达赖电台的广播；再如延边地区，由于发射功率小、收转设备陈旧老化，转播质量一直不好，尤其在冬季，经常无法收转，不少听众听不到中央电台的广播，只好听境外朝语广播，而日本、韩国、朝鲜，甚至英国、美国的声音反而非常清楚。

为打破这种局面，1996年10月份，中央电台的藏语广播首先上了"珠江口卫星通路"。之后不久，蒙、维、哈、朝四种少数民族语言广播也先后上了"珠江口卫星通路"。至此，中央电台的少数民族语言广播都全部使用上了卫星作为广播信号覆盖和传输，极大地打击了境外空中渗透。

与此同时，为提高节目的收听效果、更好地完成民族宣传，民族部主任王连西决定以朝语组为试点，再次进行节目改革。1996年，朝语组根据中央电台和民族部的统一部署，结合民族广播的覆盖和收听问题，进行了调查研究。这次调研对象主要是部分听众和有关地方台。调研重点是当前中央电台朝语广播中存在的问题和未来发展的建设性建议。同年9月，在中央电台朝鲜语广播创办40周年研讨会上，全国各地朝鲜语广播同行、地方政府和地方听众代表，也谈到了当前中央电台朝鲜语广播的短板问题。

民族部的调研和广播研讨会纪要提到的问题比较集中：作为唯一的中央级朝鲜语广播，当前中央电台朝鲜语广播的时间太短、内容方面只播新闻太过单调，没有充分发挥中央电台的优势。

1997年，按照民族部的部署，朝语组围绕节目改革问题，结合调研情况，进行了多次讨论、研究，撰写了延长节目时间的项目报告。报告指出，朝语节目由于播放时间过短，从节目内容到节目形式均无法展开、搞活，很难发挥中央电台朝语广播的优势。报告同时还提出，在加强新闻节目的同时，根据朝鲜族听众的要求，需要增加一些具有针对性和民族特色的专题报道。而要满足听众的要求就要有自己的阵地，就需要延长节目时间。

同年 10 月，民族部朝语组正式提出了《朝语广播的改革方案》，节目时间由每次 30 分钟延长到 60 分钟，节目次数由每天四次改为两次。节目时间延长以后，晚上作为首播节目，需将当日的国内外要闻广播出去，第二天早上再重播前一天晚上的节目。如遇重要新闻，需要及时调整节目赶发。

方案经民族部研究后报中央电台批准，于 1998 年 7 月 1 日开始试行。试行期间，朝语广播除了准确、及时地播发新闻以外，还开设了《今日话题》《可爱的家乡》等 13 个具有民族特色和地方特色的栏目。其中仅《今日话题》一个栏目，自开播后便先后播出了《正确引导朝鲜族农村人口的流动》等 34 篇稿件。这些稿件谈论的均为朝鲜族听众普遍关心的话题，具有较强的针对性。从此，朝语节目初步成为"以新闻为主，专稿为辅，文艺为补充"并兼具民族特色与地方特点的综合性节目。这次改革，朝语节目以"新闻为主"的定位再次回归，但这并不是对 1984 年之前节目的恢复，而是在新形势下，在严谨调研的基础上，为扩大中央电台民族广播影响、提高收听率而进行的有针对性改革。

这次节目改革，得到了广大朝鲜族听众的认可。朝语广播改革后，短短一个月时间内，听众调查征答活动就收到了 800 多封来信，听众们对调整后的朝语节目给予了充分的肯定。中国人民武装警察部队延边朝鲜族自治州支队崔亨善来信说："中央电台朝语广播节目增加播出时间以后，节目内容更加丰富多彩，更贴近朝鲜族听众，充分体现了少数民族广播的特点。"延吉市第十中学朝鲜语教研组的许俊来信说："通过你们的广播，我们不仅了解到了国内外的重要大事，还了解了兄弟民族地区的风土人情、发展状况。我们虽然处在边疆，但听你们的广播也能感受到时代的脉搏。"延吉市人民政府民族宗教事务委员会金昌杰来信说："每天下午 6 点，通过中央电台朝鲜语广播，倾听从首都北京传来的声音，一条条新闻和《可爱的家乡》《今日话题》等专题，使听众耳目一新。"

改革方案步子大、效果好

朝语组的试点改革成功，证明了新的改革方案可以推广。中央电台就此决定民族广播中心的蒙、藏、维、哈、朝五种少数民族语言广播,全部按照新的改革方案运作。1999年1月1日开始,蒙、藏、维、哈四种少数民族语言广播也先后调整了节目时间,实施新的节目改革方案:把过去每次节目30分钟延长到60分钟,节目次数由过去的每天四次改为两次。节目改革以后,继续贯彻"立足中央,面向对象地区"的办节目方针,准确、及时地报道好国内外要闻,宣传好党的大政方针,宣传好党的民族宗教政策。

民族部五种语言节目经过这次大改革,节目内容由过去的以新闻为主,改为既有新闻,又有专题和文艺的综合性内容。节目内容更加丰富多彩,形式更加灵活多样。

藏语部的《桑诺音乐厅》栏目,是以主持人形式录播、以藏族音乐为主的综合性音乐节目。播出的主要内容有藏族的朗玛、堆谐、谐钦、山歌、弹唱以及现代藏族音乐家和音乐工作者的一些作品,还向广大藏族同胞介绍了一些藏族作曲家、歌唱家、指挥家的成长和业绩。栏目具有鲜明的民族特色,更加贴近生活,适应了广大藏族同胞文艺生活的需求,也吸引了社会有关方面和听众的兴趣,激发出他们参与的热情。西藏自治区歌舞团、西藏大学艺术系、拉萨市歌舞团、山南地区歌舞团、山南地区群艺馆等单位的音乐工作者均以饱满的热情参与节目的制作。通过他们的参与,节目拉近了广播与听众的距离,更为节目带来了活力,收到了良好的社会效益和经济效益。

民族广播的此次改革,不仅增强了针对性,提高了收听率,且在舆论监督和听众参与方面也有所突破。例如1999年3月,维语节目在《一周访谈》栏目中,客观报道了三年前发生在新疆的一起因使用伪劣燃气热水器而使4个女孩子致死的恶性案件。报道指出,法院对此案的判决书下来以后迟迟得不到执行。这个报道在新疆引起极大反响,许多听众打来电话,对此事件表达关注,有关单位也承诺尽快解决此事件。节目播出后,在中央有关领导的亲自过问下,拖了三年多的问题终于得到了解决。受害者家属专程到中央电台维语部向《一周访谈》栏目组赠送锦旗:"伸张正义,功德无量;维持法治,为民请命。"

维语节目延长时间后,不到两个月的时间所收到的听众来信就超过了1998年全年来信的总和。《新疆商报》1999年2月底就中央电台维语节目改革以后在新疆的收听情况做了专门报道,报道提到:"多年来,听众对中央电台的维语节目及时、准确地宣传党的方针、政策,传播国内外要闻和各类信息给予充分肯定。但遗憾的是,由于节目时间短,播出限于一种模式,内容不够丰富,很难满足听众需要。改革后的维语节目时间延长到一小时,内容充实了,增强了吸引力，给听众一种全新的感觉。"全国人大常委会副委员长铁木尔·达瓦买提听说维语节目改革的消息以后，专门会见了维语部有关同志，鼓励他们把改革后的维语节目办得更好，并亲手将自己创作的几首诗交给了维语部《文学花园》栏目的编辑，勉励栏目继续努力为广大听众献上更加优质的广播节目。

对改革后的蒙古语节目，听众反映也非常热烈。新疆电台时任副台长巴达玛致电民族部说，中央电台蒙古语节目的改革措施很好，编辑、播音员都能主持节目，这个做法非常好，把节目搞活了。辽宁省阜新蒙古族自治县听众塔娜、常伟东打来电话说，中央电台的蒙古语节目此次改革不仅增加了信息量，宣传艺术也有极大提高，这次改革步子大、效果好。内蒙古赤峰市翁牛特旗新苏木（乡）的听众孟和乌力吉来信，对中央电台蒙古语节目多年来为那些看不到报纸、电视的群众传送信息表示感谢。他在来信中说，改革后的节目信息量多，而且都是他们所需要的。

首都北京上空首次传来民族广播的回响

新中国成立以来，作为首都的北京市民族人口不仅数量增长，且民族成分也增加了许多倍。1949 年北京市民族人口统计中仅确定了 5 个少数民族，到了 1990 年第四次全国人口普查时，北京市少数民族成分达到 55 个，成为全国民族成分最全的城市之一。20 世纪 90 年代以来，随着我国改革开放的深入发展，祖国大家庭中各民族人口的双向流动使各民族间的交往增多，经济文化交流频繁，边疆少数民族同胞在北京工作、学习、生活和经商的人越来越多。在京少数民族的人数从 1982 年的 32.24 万增长到 1990 年的 41.41 万，到 2005 年，少数民族人口数量已经增长至 72 万人。

少数民族人口的迁入加快，是人口增长的重要原因。2000 年第五次全国人口普查时，北京市少数民族人口中外来人口达 9.31 万，占全市少数民族人口总量的 15.91%。仅以朝鲜族为例，1982 年在京人口为 3905 人，到了 1990 年第四次全国人口普查时，人口增长到 7710 人，2000 年第五次人口普查时达到了 20369 人，增长了近 2.7 倍，年平均增长率达到 26.41%。

20 世纪 80 年代以来，我国的国际声望和地位也在日益提高，我国同世界各国的合作交流越来越广泛和深入，在京的外国驻华机构迅速增加，来京的外国人越来越多，在京工作、修学以及长期居住的外国人数量也越来越多。与此同时，随着通信卫星和互联网的迅猛发展，在北京的蒙、藏、维、哈、朝等各族同胞，都能听到来自境外不同国家的本民族语言的广播节目。而中央人民广播电台民族部所在的首都北京，却听不到国家电台的民族语言广播。同时，随着改革开放的深入发展和社会主义市场经济体制的建立，也促进了我国各民族人口的双向流动，首都北京的少数民族同胞越来越多，他们纷纷提出了收听中央电台民族广播的要求。无论是从贯彻国家的民族语言政策为少数民族听众服务的角度考虑，还是从抵制境外势力的空中渗透、维护国家稳定统一的大局考虑，都是一个需要尽快解决的问题。

基于上述因素，中央电台民族部于 1997 年 11 月 6 日向中央电台提交《关于解决在京少数民族听众收听中央电台民族广播的请示》。国家民委办公厅也于 1998 年 4 月 10 日致函国家广播电影电视总局（以下简称广电总局），建议解决部分大城市并优先解决首都北京收听中央电台少数民族语言广播的问题。中央电台于 1998 年 4 月 23 日和 8 月 21 日两次向广电总局党组提交《关于调整中央电台民族广播覆盖的请示》。同年 9 月 7 日，广电总局党组批准中央电台的请示，同意中央电台启用调频 101.8 兆赫解决中央电台少数民族语言广播覆盖北京的问题。时任台长安景林在向民族广播中心传达广电总局批示时指出，中央电台少数民族语言广播在北京落地在民族宣传上是非常大的跨越，民族中心要站在民族台的角度考虑问题，把这套节目办成有独特风格的节目。而在此前一年，民族部正式升级为民族广播中心（2012 年 12 月更名为民族节目中心）。

中央电台从 1998 年开始筹备少数民族语言广播覆盖北京的工作。经过一年多的筹备，蒙、藏、维、哈、朝五种少数民族语言广播节目本着宣传民族文化，服务首都听众的方针于 1999 年 8 月 1 日正式向北京广播。整套节目每天 5：25 开始播音，0：00 播音结束，全天播音 18 小时 35 分钟。该套节目除了将原本只对我国少数民族地区广播的五种民族语言同时覆盖北京外，还全新创办了 7 小时 30 分钟的汉语节目。

从此，在首都北京的蒙、藏、维、哈、朝少数民族同胞实现了收听本民族语言广播的愿望。同时也将韩国、朝鲜、蒙古和独联体部分国家在北京的外交人员、商人和游客纳入听众群中。民族广播覆盖首都是我国民族广播史上的一件大事，它结束在本国首都听不到本国民族语言广播的历史，也成为中央电台民族广播史上的一个里程碑。

当年，为庆祝调频 101.8 的开播，国家民族事务委员会和中央人民广播电台与中央电视台合作，成功举办了"庆贺中央人民广播电台调频 101.8 开播文艺晚会"。国务委员司马义·艾买提和全国政协副主席阿沛·阿旺晋美、赵南起出席文艺晚会，并在接受记者采访时对中央电台调频101.8的开播给予了高度评价和热烈祝贺。

101.8兆赫民族广播设置的节目包括新闻、专题、文艺、生活、医药健康等多个方面的内容。除设置蒙、藏、维、哈、朝五种少数民族语言节目以外，还设置有汉语普通话《都市生活》等六个节目，每个节目下设二至六个栏目。此外，还转播《民族大家庭》《华夏原创金曲榜》节目。

民族广播对北京开播以后，受到首都各族听众的热烈欢迎。他们说，调频101.8兆赫民族广播的开播，充分体现了党和国家对少数民族的关怀。中央电台为在首都的各族听众办了一件实实在在的大好事，令人倍受鼓舞。各语言节目部播出的节目也更加贴近本民族的特色，蒙古语节目《热土》、藏语节目《阿里行》、哈萨克语节目《定居放牧，好的开端》等地方特色浓、现场感强的节目受到听众的称赞。汉族听众收听《都市生活》《民族音乐官》《健康新视点》等汉语普通话节目以后，纷纷给编辑部来信来电话，称赞《都市生活》节目办得有深度、有文化感。一些听众给《健康新视点》节目编辑打来电话，求医问药。听众潘风亮来信说："自己喜欢优秀的民族音乐，自《民族音乐官》节目开播以来，就被吸引住了，一直听得津津有味。"

新世纪的国家使命展望

2000年5月22日，是中央电台藏语广播开播50周年。中央人民广播电台在人民大会堂隆重举行了中央人民广播电台民族广播创办50周年座谈会，时任全国政协副主席阿沛·阿旺晋美出席了会议。50年前，这位老人正值壮年，他是通过广播听到"人民解放军将在1950年内解放西藏、海南和台湾"（《西藏近现代新闻传播事业考评》）的那个地方政府的一员。一年后，他任西藏地方政府赴京谈判的首席代表，同中央政府签订了和平解放西藏办法的协议。近50年后，他怀着喜悦的心情出席了这场具有无比纪念意义的民族广播华诞。

座谈会上，中央电台向24位从事民族广播工作30年的同志颁发了荣誉证书。全国人大常委会时任副委员长布赫专程致电祝贺。贺电说："中央人民广播电台开设少数民族语言广播，体现了我们统一的多民族的社会主义国家的国情，体现了党和政府对少数民族的关怀。50年来，中央电台民族广播为宣传党的方针政策，报道国内外重大新闻，报道民族地区"两个文明"建设的成就和经验，取得了很大的成绩。"布赫副委员长在贺电中希望中央电台民族语言广播在面向21世纪的社会主义现代化建设中，锐意改革，开拓进取。

全国人大常委会时任副委员长铁木尔·达瓦买提，专门到中央人民广播电台看望了少数民族广播工作者，并为中央人民广播电台民族广播50周年题词：办好民族广播，促进民族团结。

时任国务委员司马义·艾买提则于贺电中回顾了民族语言广播的发展历程和贡献，寄语新世纪："面向新的世纪，希望广大民族广播工作者再接再厉，开拓进取，扎实工作，为中华民族的大团结，为国家的繁荣昌盛做出新的更大的贡献。"

在这一天，民族广播人回顾半个世纪的发展历程，有自豪也有忧思。50年来，中央电台的民族语言广播伴随着人民共和国的风雨历程，走过了炮火连天、冲破封锁的斗争年代，经历了传递民族政策、争取民族团结的英雄年代，见证了改革开放之初拨乱反正、恢复社会秩序的重建年代；始终与历史同行，与时代并进。在即将迈入的新千年，时刻面临着社会媒体去中心化的挑战，也随时需要应对国际舆论环境的变化。

新世纪开启的是希望，也是更艰难的新挑战。面向未来寻路新世纪，先要回首过去寻找启示。50年的历史经验带来的启示是：

第一，中央电台的民族语言广播起步阶段虽然条件艰苦，但是起点很高。20世纪50年代，中央电台的民族语言广播是在党和国家领导人直接关怀、指导下开展工作的，"立足中央"的资源优势得天独厚；各个语言组的创始组员都是这个领域的国内最高层次专才；"广播"这个新媒体，是当时最有生命力的即时传播工具。所以，国家重视、人才济济、借力新兴媒体，是最重要的成功经验。

第二，中央电台民族语言广播的每一次改革，都是为了更好地回答我们这个"多元一体"国家的国家认同、民族团结的时代命题。每个需要加强国家凝聚力、推动民族团结的历史时期，都呼唤国家级的民族宣传机构承担历史使命，而国家电台此时也会迸发出活力。

第三，中央电台民族语言广播与各民族地区的语言广播是互补互助关系，一次次调整节目定位，有经验有教训，带给未来的思考是：中央电台没有必要和地方台比收听率，中央电台要突破一元化的媒体思维，要成为多民族交流交往的平台。

世纪更迭，时光流转。时代在变，技术手段在变，队伍结构在变，始终不变的是：国家电台一代代民族语言广播从业者，围绕"国家认同、民族团结"的方针，在一个又一个 50 年里的探索前行。

新世纪的到来开启了新的历史篇章，也倒逼着中央电台民族广播节目在少数民族地区落地时的软硬件升级，务必使国家的政策和声音下沉到边疆村落每一位民族同胞的耳朵中、心坎里。民族部同志心怀新使命，大步踏上了这一世纪工程的征途。

第七章　天地广阔，大有作为

世纪工程，国家声音

奏响新世纪的新篇章

2000 年是中央电台民族广播史上具有里程碑意义的一年。这一年的 3 月份，民族广播中心派出 5 名少数民族记者参加两会报道工作，用本民族语言进行采访报道，共发专稿、专访 70 多篇，这是中央电台民族语言广播开播 50 年来的第一次；7 月，民族广播节目由模拟播出改为数字播出，在传播技术上实现飞跃。这一年，各民族语言节目部加强了与本民族地区的联系与合作，增加了来自民族地区的报道。如：维吾尔语节目与新疆维吾尔自治区人民政府等有关单位合作，开办了《今日新疆》《金色的窗口》《民族素质论坛》等栏目；藏语部与西藏站记者合作，为配合 2000 年国际藏医药学术会议，播出 5 集系列报道《藏医药走向世界》。同时，民族广播中心组织了一些比较大型的活动，如朝语部举行了北京朝鲜族迎新音乐会和北京朝鲜族迎八一军民智力竞赛；藏语部结合昌都解放 50 周年采制了系列报道《发展中的昌都》；蒙古语部举办了蒙古语广播开播 50 周年有奖征文活动。通过这些宣传报道和社会活动，民族广播进一步提升了自己在少数民族听众心中的权威性，扩大了自己的影响力。在民族广播开办 50 周年之际，民族广播中心发表《认真总结经验，办好民族广播——中央人民广播电台民族广播 50 周年》一文，总结回顾了中央电台民族广播 50 年的基本情况、基本经验和今后的努力方向。经过半个世纪的发展，中央电台开办的五种少数民族语言广播已具备相当规模，成为少数民族同胞了解国内外大事的重要媒介，把党的声音传递到祖国的边疆。

对于迎来 50 华诞的中央电台民族广播来说，改变空中覆盖外强我弱的状况，成为下一发展阶段重要的目标。这一天的到来并不遥远。经过 20 世纪 50 年代的起步、60 年代的萧条、70 年代的恢复、80 年代的探索、90 年代的提升，"知天命"的民族广播又一次站在历史发展的节点上，"边疆少数民族地区广播电视覆盖工程"的大幕即将拉开，一个崭新的时代就要降临。

利国惠民的边疆少数民族地区广播电视覆盖工程

历史上，中国的西部地区一直以其辽阔的疆域、壮丽的风景、多元的文化著称。这里是大江大河的发源地，长江、黄河、澜沧江都从这里蜿蜒向下，一路奔腾，哺育出古老的文明和现代的都市；这里还是伤痕累累的古战场，"葡萄美酒夜光杯"的绮丽掩盖不住"古来征战几人回"的悲壮；这里是富饶的丝绸之路，张骞和玄奘从这里经过，骆驼和马队带来中外文化的交流和融合。西部地区的壮美的风景让历代文人墨客赞叹不已。然而，长久以来，西部地区的经济文化发展远远落后于东部和中部地区。唐代诗人王之涣曾经用"羌笛何须怨杨柳，春风不度玉门关"来形容这里的偏僻和闭塞；当代诗人昌耀曾用"我是屈曲的峰峦，是下陷的断层，是切开的地峡，是眩晕的飓风。是纵的河床，是横的河床，是总谱的主旋律。我一身织锦，一身珠宝，一身黄金。我张弛如弓，我拓荒千里。我把龙的形象重新推上世界的前台"这样的诗句慨叹历经沧桑、哺育中华文明的西部地区。这片广袤的土地写尽了过往的苍凉和悲壮，也埋藏着未来的梦想和希望。中华民族的复兴之路，定须有西部地区的振翅高飞。

改革开放后，如何统筹东西部携手发展成为中国现代化进程中的一个重要课题，邓小平同志在《立足民族平等，加快西藏发展》中就提出："沿海地区要加快对外开放，使这个拥有 2 亿人口的广大地带较快地先发展起来，从而带动内地更好地发展，这是一个事关大局的问题。内地要顾全这个大局。反过来，发展到一定的时候，又要求沿海拿出更多力量来帮助内地发展，这也是个大局。那时沿海也要服从这个大局。"这就是著名的"两个大局"战略思想。

20 世纪末，以江泽民同志为核心的第三代中央领导集体按照邓小平同志"两个大局"的战略思想，做出了"西部大开发"的战略部署。2000 年伊始，国务院成立西部地区开发领导小组，西部大开发的号角在中国最广袤的土地上吹响。包括内蒙古、广西、重庆、四川、贵州、云南、西藏、陕西、甘肃、青海、宁夏和新疆在内 12 个省、自治区、直辖市的西部地区，面积占国土面积的 71%，人口却不足全国人口总数的 30%；这里虽然人口稀少，却居住着 44 个少数民族，全国五个少数民族自治区全部隶属于西部地区。西部地区是少数民族集中的地区，"西部大开发"的战略实施关系着中国现代化的进程，也同样关系着各民族共同繁荣的大局。

随着少数民族地区改革开放的深入发展和西部大开发的全面展开，少数民族群众对党和国家的重大方针和决策更加关心，对知识、信息和科学技术的渴望更加强烈，各民族之间在政治、经济、文化等方面的交流更加密切。怎样才能解决西部地区群众听广播、看电视难这一问题，让远在边疆各地的广大少数民族群众打开收音机就能听到来自中央的声音，感受到党的关怀和温暖呢？2000年9月16日，江泽民同志就加强西藏、新疆等边远省份的广播电视覆盖做出了重要指示。

9月16日这一天，对民族广播乃至整个广播事业来说都是个值得纪念的日子。这一天，依据江泽民同志的重要批示，在国家广电总局的直接领导下，在有关地方党委、政府和中央有关部门的支持下，民族广播事业进入了从未有过的、令人鼓舞的快速发展时期。从2000年9月16日至2001年11月，在短短一年的时间里，民族节目中心完成了几十年要办而未办成的事。以蒙古语部为例，20世纪50年代就开始"服役"的发射机光荣地完成了它的历史使命，由最先进的发射设备接替了它的任务。散居在全国10个省、区、市（内蒙古、新疆、青海、甘肃、黑龙江、吉林、辽宁、北京、西安、承德）的500多万蒙古族听众或懂蒙古语的其他民族的听众，通过"长征2号"卫星清楚地收听到中央电台蒙古语节目。信号比以往稳定和增强了许多，收听效果更是今非昔比。对此，对象地区的听众尤其是边远地区的民族听众由衷地高兴，他们以来信、来稿、来电话等形式表达自己的心情。他们说："这是为边远地区的人民办了一件非常好的事，它好比把我们聋了的耳朵治好了。我们现在坐在蒙古包能听到世界上的新鲜事，我们这个地方新的报纸看不上，报纸出版半个月二十天后才能见到，即使拿到了报纸，不识字的人也没法看。现在中央电台蒙古语节目时间一到，我们就打开收音机听，节目安排得不错，信息量大，我们喜欢听。"

事实上，广播覆盖率外强我弱的问题已经不是第一次提交到中央面前。早在1996年，中央电台民族部就向党中央、国务院以及人大常委会有关部门反映了边疆地区广播覆盖率低的问题。同年3月召开的八届人大四次会议上，34名人大代表联名递交提案，呼吁有关部门帮助中央电台解决民族广播存在的问题。当年夏天，由广播电影电视部有关部门组成的联合调查组对吉林延边地区收转情况进行了调查，并提出了解决方案和改进措施。此后，中央电台民族广播采取了一系列措施，初步改善了部分地区的收听效果。然而，从整体而言，边境覆盖外强我弱的局面并没有得到改变，这种情况严重威胁了国家的稳定团结。

另一方面，为了解决广大农民听广播、看电视难的问题，国家从1998年开始实施广播电视"村村通"工程。"九五"期间，我国基本建成了世界上覆盖人口最多的广播电视网，形成了广播影视节目制作、播出和覆盖体系，使得广播电视覆盖能力和质量大大提高。2000年10月，国务院发布《国务院关于实施西部大开发若干政策措施的通知》，其中提出"国家安排的补助地方文化设施建设、广播电视建设投资和文物经费，向西部地区倾斜。进一步落实国家文化宣传单位经济政策，繁荣文艺创作。推进自然村'村村通'广播电视建设，进一步扩大广播电视有效覆盖面。促进边疆地区和少数民族地区文化事业发展。支持西部地区文化建设和精神文明建设"。广播电视"村村通"工程的实施改善了边远山村广播电视的覆盖效果，解决了10万个行政村约7000万人的收听收看广播电视难的问题，也为"边疆少数民族地区广播电视覆盖工程"的实施和推进提供了宝贵的经验。

在广播电视"村村通"工程的基础上，"边疆少数民族地区广播电视覆盖工程"的启动，是对西部偏远地区广播基础设施建设的进一步提升。

实施"边疆少数民族地区广播电视覆盖工程"以来，中央电台民族广播经过几次节目改革和调整，节目趋于更加合理，新闻时效性更强。当天上午发生的新闻各个语言部均能及时播出。以蒙古语节目为例：上午11：00前发生的新闻11：00能播出，11：00至15：00之间发生的新闻15：00便能赶制播出。每个时间段的新闻及时播出，形成了滚动播出、连续传播的格局。节目结构也从单一翻译新闻，发展成为新闻、专题、文艺等综合节目。节目采访、制作、传播手段等都实现了现代化。覆盖范围也有了历史性的突破。民族语言节目调频覆盖呼和浩特、乌鲁木齐、拉萨，生活在这些地区的民族同胞，可以收听到中央电台清楚而悦耳的民族语言调频节目。五种语言节目还以中波形式覆盖北京地区，生活、学习、工作在北京地区的民族同胞也能听到本民族语言广播节目。令民族节目中心人尤为值得骄傲的是，2002年5月1日起，中心蒙古语节目和内蒙古电台草原之声一起落地于蒙古国首都——乌兰巴托。当时，广大农村牧区出现了收听、参与中央电台民族语言节目的热潮。实施"边疆少数民族地区广播电视覆盖工程"以来，蒙古语部平均每年收到1.2万多份来信、来稿。2002年上半年中心策划开展的"欢庆十六大"征歌活动，短短的50天时间内就收到了歌曲和歌词1600首，投稿人员分布地域之广、范围之大、内容之丰富前所未有。在其后的党的十六大召开的日子里，以及后来的各类重大活动宣传期间，内蒙古、新疆、青海、甘肃等10个省、区、市的许多听众用不同的方式表达了喜悦的心情，参与了节目。这在中央电台蒙古语节目运营过程中也是史无前例的。

"边疆少数民族地区广播电视覆盖工程"对于民族广播而言是一次难得的发展机遇。民族节目中心牢牢抓住这个难得的机遇，从多个方面入手提高自身素质，使工作完成得更加出色。

一、全员主动提高责任感。民族节目中心全员不仅从思想上高度重视，不断提高认识，还在工作中杜绝失误的出现，时刻自我要求将工作做好。每位中心人肩负的是宣传党和政府的方针政策的重任，理所当然是党和政府的"喉舌"。但其中个别人员还是或多或少存在着不重视广播宣传的思想倾向，认为听广播的人少，广播宣传手段简单早已过时，干一辈子也留不下什么东西，等等。民族节目中心各级领导曾多次召开全员学习动员大会，通过摆事实讲道理令所有人体悟到了广播宣传的重要性：江泽民同志从 2000 年 9 月 16 日至 2002 年 1 月近一年半的时间内，对广播工作多次做出重要批示，2002 年 2 月 1 日，他在百忙中又亲自来到国家广电总局，视察了"边疆少数民族地区广播电视覆盖工程"情况。

这些事实充分说明：广播没有过时，广播宣传仍然重要，广播的报道速度比当时的任何一类新闻媒体都要快，广播的作用不能低估，更不能削弱，广播有着别的宣传机构无法代替的作用。因此，无论何时何地，绝不能小看广播这个宣传阵地，要从党和政府的"喉舌"这一高度去认识它的重要性，提高政治站位，提高对广播宣传重要性的认识，加强对自己所肩负工作重要性的认识，才能完成好本职工作。

二、提高节目质量。节目质量是立台之本、建台之基。民族语言节目通过"边疆少数民族地区广播电视覆盖工程"有了历史性的飞跃，从播出节目内容到各个栏目布局、从传播技术手段到制作节目艺术、从采访取材方式到与采访对象联系渠道等方面都有很大的提高。但与同时期的其他节目相比还有许多需要提高的地方和余地。为了使节目质量得到提升，民族节目中心打出了一系列组合拳：理顺和拓宽新闻来源渠道；充分利用刚刚兴起的互联网加强新闻来源；民族地区记者站配备熟练运用民族语言的记者，方便对象地区的新闻直接以民族语言文字及时有效地传送给中央电台民族中心。

三、提高包装艺术。"包装"一词被广播人用于节目当中后，在广播节目传播过程中起到了不可低估的作用。稿件配上音乐，经音乐包装后，提高了节目的宣传效果，提升了节目品位，使得节目更加好听，更易被人接受。

四、全员提高创新意识。江泽民同志曾说："创新是一个民族进步的灵魂，是一个国家兴旺发达的不竭动力。"作为民族广播宣传工作者，更需要有创新意识和创新精神。民族节目中心全体员工一致认为，科学发展和创新对民族广播工作者而言是至关重要的前进动力，更是关乎民族广播事业立业之本。要念好创新这本"经"，就要凝聚共识。创新是广播宣传的重中之重，有了创新意识，创新就有动力，用创新动力驱动创新行动。不断根据新形势、社会的发展，总结经验，扬长避短，创办新栏目，使节目常听常新。为旧节目注入新内容，为旧节目形式注入新形态，使旧节目有新面目。

民族广播在半个多世纪漫长的发展征途中，早已形成了一些习以为常的模式，要跳出旧模式，找出新的突破口存在很大难度。但随着广播节目的改革，民族广播节目的旧模式正在被打破，节目形态也要与时俱进。因此，难度不管多大，民族节目中心想方设法开动脑筋，不断创新节目和节目形态。中心全体员工深刻意识到，有了创新意识和创新精神才会开创新的局面。只有这样，节目才会走出一条"人无我有，人有我新，人新我活"的路子。

顺应形势　力推国家声音

我国民族问题的形势也推动着"边疆少数民族地区广播电视覆盖工程"的实施。中国是一个多民族的国家，民族问题具有长期性、复杂性和重要性的特点，民族问题又经常和宗教问题交织在一起，使得这个本身就复杂的问题更加敏感。在多民族国情和错综复杂的国际背景影响下，民族问题也是我国在发展中必须面对的一个重要问题。极少数分裂分子千方百计地破坏民族和谐相处的大局；我国各民族的发展进程还有着较大的差距；由于风俗习惯、文化传统等不同，各民族的生活方式迥异……这些问题是需要认真对待、妥善解决的。各民族的和谐相处、共同发展对我国的现代化建设有着重要的意义。民族语言广播，是专门为少数民族同胞开办的，是用他们的语言讲述祖国的故事。重视民族语言广播，就是尊重少数民族同胞。若一些少数民族同胞连中央的声音都听不到，怎么能感受到来自国家的温暖呢？

在此情况下，作为舆论传播者的大众媒体发挥着重要的作用。作为宣传大战的先锋部队，广播战在战争与和平时期都发挥着重要的作用。在第二次世界大战期间，盟军和纳粹德国就利用广播扰乱对方军心。冷战时期，美国开办了针对苏联和东欧国家的自由电台和自由欧洲电台，加速了对苏东的和平演变。"美国之音"咨询委员会主席谢里尔·泰勒曾说："1989 年秋季开始，东欧发生了各种惊人的变化，共产主义这个我们眼中的头号怪物正在我们面前土崩瓦解，"美国之音"和它的同行们数年如一日地辛勤努力终于得到了补偿。"广播的威力，并未随着新媒体的出现而减弱，作为舆论战的重要武器，广播的作用不容小觑。

中央电台蒙古、藏、维吾尔、哈萨克、朝鲜五种民族语言广播的对象地区包括西藏、四川、云南、青海、甘肃、新疆、内蒙古、吉林、黑龙江、辽宁等省、区。这些地区分别与缅甸、印度、不丹、锡金、尼泊尔、巴基斯坦、阿富汗、塔吉克斯坦、吉尔吉斯斯坦、哈萨克斯坦、俄罗斯、蒙古、朝鲜等周边国家接壤。由于历史、地缘、民族、宗教等方面的原因，这些地区的各民族群众与周边国家在政治、经济、文化等方面有密切的联系和交往。民族广播担负着反对西方势力舆论渗透和反对分化、西化斗争的重要任务，是维护社会稳定、促进民族团结和民族地区经济发展的重要舆论工具。即使是使用同一民族语言的群体，其内部差异也非常大，如有的受众是城市里的干部、工人，而有的听众则生活在偏远的农牧区。大中城市中的少数民族同胞，多数人懂得汉语，而且能够从电视、报纸、刊物等多渠道获取信息。但是生活在边远农牧区的少数民族群众，24 小时处在与境外接壤的地区，生活在反渗透、反分裂和反西化、反分化斗争的前沿，他们中的很多人都无法熟练掌握汉语甚至根本听不懂汉语。这些地区，有的因电视、报纸、刊物等媒体鞭长莫及、无法及时投递；有的是空白点，缺乏相关民族语言媒体的建设。因此，广大农牧民获得信息的渠道相对较少。把广播的重点放在边远的农牧区，是为广大农牧民雪中送炭，能最大限度地发挥广播传播速度快、覆盖面广的优势，弥补其他媒体的不足，较好地实现"让党和国家的声音进入千家万户"的目标。民族广播要明确核心受众，重点是为边远地区的少数民族同胞服务。在坚持重点为广大边远的农牧民听众服务的同时，兼顾各个层面的民族听众。如果核心受众定位不准确，不能有力地抵制境外势力的舆论渗透，将影响民族的团结、社会的稳定、边疆的巩固。在新千年的开局启动"边疆少数民族地区广播电视覆盖工程"，既顺应民族广播的发展趋势，也符合西部人民对"国家声音"的需求。

此外，广播自身的优势也有利于"边疆少数民族地区广播电视覆盖工程"的推进。广播具有对象广泛、传播迅速、功能多样、感染力强的优势，在很长一段时期内，民族地区都是通过广播获悉党的政策方针的。改革开放以来，我国少数民族语言广播的发展进入了一个崭新的历史阶段，形成了从中央到各民族自治地方和多民族省、民族聚居区的多层次的少数民族语言广播宣传体系。据不完全统计，截止到 2000 年，我国共有 165 个广播电台、站（含调频广播），办有蒙古、藏、维吾尔、苗、彝、壮、布依、侗、瑶、白、哈尼、哈萨克、傣、傈僳、拉祜、水、纳西、景颇、柯尔克孜、羌、土、锡伯等 24 种少数民族语言广播节目，全国从事少数民族语言广播电视事业的编辑、记者、翻译、播音员、主持人和技术人员已达 10 万余人，民族地区的广播电视发射台、转播台、调频台、差转台已有近万座。（张小平：《民族宣传散论》，北京，中国藏学出版社，2005 年，107 页。）

少数民族广播以其丰富的内容、多彩的风格和独特的魅力受到了各民族听众的热烈欢迎。它具有不受地域和文化水平制约、传播速度快、收听简便、收听工具便宜等优势，在交通不便、信息闭塞的少数民族地区是最佳的信息传播手段。藏族听众说："广播让我们了解了世界。我们离党中央更近了。"各民族听众把广播亲切地称作"空中课堂""生活伴侣""良师益友"。

千禧年诞生的新节目

新世纪到来之际，实施"边疆少数民族地区广播电视覆盖工程"，极大地促进了中国广播电视事业的发展。对于中央电台民族广播来说，这是国家电台所承担的光荣使命，更是时不再来的历史机遇。如何借助"边疆少数民族地区广播电视覆盖工程"的实施使得民族广播翻开新的篇章，成为中央电台领导和民族广播工作者认真思考的重要命题。

在江泽民总书记做出"9.16 批示"之后的第三天，杨波台长向民族广播中心主任肖玉林传达了江总书记这一重要批示。当天下午，民族广播中心召集各部主任开会，传达、学习江泽民总书记的重要指示。10 天后，杨波台长召集民族广播中心及各部主任开会，讨论如何落实江泽民总书记"9.16 批示"，并要求民族广播中心尽快拿出近期方案和中期方案。

2000 年的国庆节是《全国年节及纪念日放假办法》实施后的第一个"黄金周"。长假刚过，民族广播中心的同志又投入了紧张的准备工作中。10 月 13 日，时任中宣部副部长、国家广电总局局长的徐光春在总局召开的党组扩大会上提出，这一年年底，中央电台五种民族语言的广播必须延长播出时间。

10 月 14 日，台长杨波同志召集民族广播中心领导、中心所属各部主任传达、学习中央领导同志的重要批示，研究落实广电总局领导下达的"延长五种民族语言广播时间"的工作，听取民族广播中心及所属各部负责同志对落实工作的意见。在这次会议上，杨波台长提出，到年底之前，五种民族语言节目各增加 1 小时的新节目并重播一次，加上原有两小时节目，每个语言节目每天播出 4 小时，形成一套完整的中央电台民族语言广播。在随后的半个月里，从全台到民族广播中心，从中央电台到西藏、新疆、内蒙古和吉林延边等地方电台，民族广播战线上的同志召开了一次又一次的会议，不断商讨将于年底推出的中央电台第八套民族语言节目。10 月底，在经过多次的探讨、反馈和沟通之后，民族广播中心拿出了具体的节目方案。11 月 8 日，由台长杨波任组长、副台长王燕春和总会计师贾文增任副组长的中央电台第八套节目筹备领导小组成立并召开第一次会议。19 日，广电总局领导召集会议，研究中央电台第八套节目方案涉及的有关问题，中央电台领导和民族广播中心主任肖玉林参加了此次会议。会上，总局领导着重强调了民族广播的导向性和贴近性的问题。随后，针对落实中央电台第八套节目的覆盖和转播问题，总局领导在四天之内召开了两次会议，在技术层面为中央电台民族广播的新节目保驾护航。

2000 年 12 月 25 日，是中央电台第八套节目诞生的日子。这一天的凌晨 4：55，收音机里传出中央电台第八套节目的呼号，一套完整的民族语言广播节目开始播音。从这天起，中央电台对边疆民族地区广播的蒙、藏、维、哈、朝五种少数民族语言节目，播出时间由过去五种语言每天播出 10 小时延长到 20 小时，其中新节目 10 小时，重播 10 小时；同时，对首都北京每天播出 10 小时。

2000 年是中央电台民族广播成立的第 50 年，也是"边疆少数民族地区广播电视覆盖工程"启动元年。从西藏上空的第一声呼号，到第八套节目传出的第一句问候，隔了 50 年的距离；"9.16 批示"到第八套节目的开播，只用了 3 个月的时间。在 50 年的民族广播进程中，几代民族广播工作者把自己的青春和热血投入小小的收音机里；在 3 个月的奋战里，民族广播中心 100 多名职工在资金、设备、人员都不到位的情况下，仍然成功地完成了筹备工作。正是凭借 50 年的厚重积淀，才让 3 个月的准备游刃有余；而 3 个月换来的焕然一新，也让之前 50 年的历史更显珍贵。中央电台少数民族语言广播迎来了开播以来最好的发展时期。

"边疆少数民族地区广播电视覆盖工程"的顺利实施实现了国家声音的有效传达，拓展了少数民族语言广播施展拳脚的舞台。于是，围绕着工程的一系列改革举措也得以顺利展开。

一马当先踏征程

破冰带来更广阔舞台

"过去，我们的声音小，杂音又大。现在，咱们的广播响亮，办广播的人都觉得腰杆挺起来了。"

"过去，在车里只能听西藏电台的调频广播，别的台都听不清楚，现在，哪个台都收得到。"

这是"边疆少数民族地区广播电视覆盖工程"实施后，西藏电台台长和拉萨一名出租车司机的真实感受。"边疆少数民族地区广播电视覆盖工程"启动 100 多天后，西藏各地收听广播的效果明显改善。在第一期和第二期建设中，国家投入专项经费，新建、扩建多个发射台，从根本上改善了中央电台及省级电台的覆盖效果，初步实现了"让党和国家的声音传入千家万户"的目标。

在广播覆盖能力增强和覆盖质量提高的形势下，民族广播中心踏上了新的征程。2001 年被中央电台民族语言广播称为"巩固年、完善年、提高年和发展年"。在一鼓作气推出新的节目之后，民族广播中心要继续"破冰"，为自己探索出更广阔的舞台。肖玉林主任带领王连西、赵泽新、李春楠等几位中心领导，在中心各部门的积极配合下，这年 2 月，对中 4 频率即 101.8 兆赫进行大幅度改版，增加汉语节目的播出时间，由过去的每天 8 小时 30 分钟增加到每天 13 小时。紧接着，4 月 24 日，广电总局召开"边疆少数民族地区广播电视覆盖工程"专题会议，专门研究中央电台民族语言广播问题。会议决定，从 9 月 1 日起，中央电台五种少数民族语言节目要在中 4 频率各增加 1 小时新节目，并重播 1 小时，这件事被确定为 2001 年中央电台落实"边疆少数民族地区广播电视覆盖工程"的首要任务。

2001 年注定是忙碌的一年，为了这个看似简单的任务，在接下来的四个月里，民族广播中心的同志们又开始了新的筹备工作。到了 9 月 1 日这天，根据广电总局"边疆少数民族地区广播电视覆盖工程"指挥部及台领导指示精神，民族中心中4频率推出新节目：五种民族语言每天各增播1小时新节目，并重播1小时，民族语言节目由原先每天播音6小时增加到10小时；汉语节目由每天播音13小时缩短为9小时。

覆盖效果得到改善，节目时长大幅增加，下一步的任务，就是研究如何提高节目质量，让听众更爱听、更想听、更需要听。在"边疆少数民族地区广播电视覆盖工程"启动之初，时间紧、人员少、任务重，节目量的增加和节目时间的延长让各语言节目部门承受了很大的压力。第一步任务完成后，各语言部根据实际情况进行了有针对性的改革，重新设计、编排节目时间表，在新闻节目的选编、翻译、播出等各个环节狠下功夫，确保及时播出国内外重要时政新闻，同时加强新闻报道的时效性和针对性；根据对象听众的需求，调整、充实已有的栏目，创办服务性、娱乐性、知识性强的栏目；过去的节目构成过于简单，主要是翻译加播音，很少有其他元素，通过各语言部的努力，增加了很多新元素，如策划、采访、编辑、主持、监听、调研、反馈等。这些元素，看似老生常谈，然而对于之前发展相对滞后的民族广播来说，每一个改变都牵涉着节目的理念、内涵和品质，也饱含着每个员工的心血和汗水。

回想"边疆少数民族地区广播电视覆盖工程"实施前，民族广播在内合外联、加强节目覆盖等方面多是心有余而力不足。"边疆少数民族地区广播电视覆盖工程"实施后，领导的关怀、政策的帮扶、外界的支持、队伍的成熟，让民族广播中心抓住了最好的发展机遇。之前在经费方面一直捉襟见肘，既缺少去对象地区采访的经费，又没有先进的设备。当时，整个民族广播中心只有两部背包式采访机，各语言节目翻译稿件只能用手写。经费的短缺更是制约着外出采访、举办活动、增设栏目、增加人员编制等工作的开展，在这样的条件下，节目的质量无法得到较大的提升。

2000年以后，随着经费的增加，民族广播中心实现了办公自动化，硬件设施的改善使翻译、采访、节目制作等工作更为快捷，很多好的选题得到落实。节目的质量随之提升，节目定位更准确，个性更突出，针对性和服务性更强，内容更丰富，形式更灵活，新闻的时效性也大大增强。各语言部记者具备了参与或直接报道全国性各种重大活动的条件，活动空间也进一步扩大，采访机会也增多了；过去以翻译、播音为主的单一局面被打破，采、编、译、播合一的局面逐渐形成。

从2000年开始，民族广播中心五个语言节目部每年均派出记者参加全国人大和全国政协召开的重要会议的报道，实现了中央电台民族广播工作者多年的梦想。中央电台少数民族语言广播节目的两会报道，锻炼提高了少数民族语言广播编辑记者的新闻采访能力和水平，同时也拓宽了两会的报道渠道，为两会报道增添了新亮点，从而受到社会各界的广泛欢迎。

2002 年，党的十六大召开，中央电台少数民族语言广播记者也出现在会议报道现场。从这以后，无论是在人民大会堂，还是在边疆民族地区的山水村寨，都不会缺少民族广播记者的身影，他们的每一次出现，都为听众送去富有新闻现场感和生活气息的声音。这些新的实践经验使编播人员的政治、业务素质不断提高，各语言部都出现了一批集采、编、译、主持、播音能力于一身的综合素质较高的民族广播人才。这一时期的五个语言部犹如八仙过海，各显神通，在新搭建的舞台上尽情挥洒自己的才能。

在节目设计过程中，蒙古语部的做法是更强调准确定位和突出个性，加强新闻的时效性和节目的服务性，扩展记者的活动空间，为他们创造出更多的参与或直接报道各种全国性重大活动的条件。2001 年，蒙古语广播把重点放在节目改革上，形成了以新闻为主、专题为辅、文艺为补充的节目格局。这年 11 月，由蒙古语部主任诺日布、副主任毕力格牵头，蒙古语部组织实施了中央电台蒙古语广播有史以来规模空前的听众调查。此次调查采用发放问卷、到实地了解、举办座谈会、到边境地区考察等办法，较为系统、全面地了解了节目的收听或覆盖情况，以及听众对节目的评价、愿望和建议，解决了一些地区长期未解决的节目覆盖问题，并向台里提交了 7000 字的调查报告，为继续推进节目改革和扩大节目覆盖提供了依据。

藏语部在实践中探索出的经验是坚持正确的舆论导向，加强节目的新闻性、针对性、服务性，提高节目的可听性，争取更好的社会效益。在认真研究和分析听众要求的基础上，他们不断调整和创新节目，开设了一系列新闻性专题节目，听众来信和来电较之前大幅增多。

在"边疆少数民族地区广播电视覆盖工程"实施之初，人员、设备等还没到位，维吾尔语部面临着多重困难。即使在这样的情况下，维语部还是努力增加了 2 小时的新节目，在原有 7 个专题节目的基础上又开办了《一周访谈》等 7 个新专题栏目，并取得了不错的效果。在改进节目的同时，维语部开始思考关于人才培养的问题。2003 年 1 月，维吾尔语部的首位访问学者巴哈提亚尔赴乌兹别克斯坦首都塔什干的乌兹别克斯坦民族大学新闻系进行了为期一年的学习。在此期间，他重点研究了乌兹别克斯坦的广播节目制作和播音风格。乌兹别克斯坦国家广播电台第 4 套节目中的友谊频率类似于中央电台的"民族之声"，每天用俄语、维吾尔语、哈萨克语、塔塔尔语等当地的几种民族语言播音，收听并研究这些节目就成了巴哈提亚尔每天的功课。学习期间，他每天都会把节目录下来，反复听，反复想，把每小时的节目都做了"解剖"，从节目片头、片花时间和位置、主持时间、现场报道时长等各个环节仔细研究节目的构成和设置规律，找出每一个节目吸引人的要点。巴哈提亚尔回国后发表了两篇论文，对乌兹别克斯坦广播的节目设置、节目构造、栏目种类、制作和播音主持风格进行了介绍，文章中提到的一些建议都在维语部随后的改革中得到采纳。

哈语部的主要难题则是队伍青黄不接，缺乏骨干人员。老同志陆续退休，新同志一时半会儿还摸不清做节目的规律和方法，这让踌躇满志的哈语部主任尼克犯了难。最后，哈语部制定了"以老带新"的培养措施，先是返聘曾在哈语部工作的退休老同志回来，然后邀请新疆人民广播电台资深翻译到哈语部交流工作，给年轻人提供了最好、最多的学习机会，而新一代的哈语广播人也铆足了劲，用最短的时间提升自己。

朝语广播过去是以一种封闭式的传播模式在做节目，"边疆少数民族地区广播电视覆盖工程"实施后，朝语部把这当作一个自我审视、刮骨疗伤的契机。他们狠下心来打破和改变原有的广播结构，采用开放的传播模式，用新鲜血液传输能量，改造身体机能。朝语部将节目内容和样式以及播出形式都动了一番大手术，促进朝语广播一步步走向开放。

机构变革与队伍建设

中央电台五个语言部根据自身情况，以不同的方式拿起了"手术刀"准备对自己实施"手术"，让民族语言节目更符合新时期广播发展的方向。而作为其统领的民族广播中心，则重点为语言部的改革做好后勤工作，从队伍建设、团队管理、人才培养上为五个语言部的工作提供坚实的保障。

强大的民族广播队伍是做好少数民族语言广播工作的核心力量，一支优秀的团队离不开有效的管理和领导。领导班子在改革的实践中进一步健全和加强，组织管理能力有了较大的提高。根据中央电台及民族广播中心新的管理体制和五种少数民族语言广播的特殊情况，在加强中心管理职能的前提下，中心领导充分相信和依靠各部门领导班子的管理能力，加强中心所属各部处领导班子的建设和人才培养，一边耐心帮助、一边大胆放手让各部处领导班子充分施展对本部门工作的管理职能。"信任"两个字写起来笔画不多，说起来也是简简单单的两个字，但真要做到，就不是件容易的事。正是中心领导的充分信任，让各语言部的少数民族广播工作者感受到中心领导发自心底的嘱托，工作热情进一步高涨。没过多久，民族广播中心所属各部处领导班子基本能起到独当一面的作用，改变了过去大事小事都要中心解决的被动局面。

1998 年以前，中央电台民族部还只是一个处级单位，蒙、藏、维、哈、朝五种民族语言广播均是其旗下的一个组。1998 年之后，民族部升格为民族广播中心，成为副局级单位，蒙、藏、维、哈、朝五种民族语言广播成为五个处级部门。

2001 年劳动节这一天，中央电台民族语言节目监听组正式成立。4 位专家图门、焦凤芝、巴甫、金亨直分别负责对蒙古语、藏语、维语和哈语、朝语节目进行监听。通过专家的定期监听和意见反馈，民族广播中心能够用最短的时间了解节目的质量和收听效果，并做出相应的调整。专家监听组成为推动民族广播发展的"另一只手"。

2002 年 3 月，民族广播中心开办了新入台同志的新闻培训班，邀请台领导和有关专家授课，培训涉及的内容有：新闻的党性原则、新闻基本知识、民族广播新闻的编辑与采写、节目主持人的定位、现代新闻理念及实践、广播新闻现场报道、录音报道的录音技巧、广播新闻翻译等。同年 6 月，中央电台专门为民族广播中心全体人员办了安全播出培训班，提高了每一位工作者的安全播出意识。提高节目质量、扩大影响力，不仅需要每一个民族广播工作者的通力协作，还需要外部力量的帮助和支持。

2003 年 7 月，由民族广播中心主办的《民族广播》第一期出版，该刊主要刊载中央电台民族广播宣传的重要活动、重要选题及重要精神和宣传口径，并进行民族广播理论探讨，旨在成为有关领导和同行了解中央电台民族广播宣传工作的窗口。《民族广播》的创办进一步密切了与有关部门、领导以及同行之间的业务联系，加强了国内少数民族语言广播工作的交流与沟通。

2003 年 10 月，经中央电台分党组批准同意，民族广播中心所属各部处领导班子由过去的一正一副，增加到一正两副，进一步加强了民族广播中心各部门的领导力量。这对提高民族广播中心各部门的管理水平、保证民族广播队伍的稳定和节目的安全播出起到了重要作用。另一方面，中心领导在管理中强调"以人为本"，在坚持按规章制度办事的前提下，更多地关心全中心职工，增强内部凝聚力和向心力，调动工作积极性。仅在 2003 年，民族广播中心就发展了七名业务骨干加入党组织，还有十多名同志的职称晋升到副高或正高级。在中心分管行政的副主任赵泽新的大力推动和呼吁下，民族广播中心还采取了一系列措施从生活上给予员工真正的关心，考虑到在外租房的实际困难，就向台里建议提高民族语言广播工作人员在外租房的补贴。2003 春节前夕，中央电台领导和民族中心负责同志来到单身职工宿舍，看望住在地下室的青年职工，并同意提高少数民族无房职工的房租补贴标准，以使其租到条件更好的住房，让每一位奋战在民族广播第一线的同志，都能感受到浓浓的人情味。

用荣誉证明自己

2002 年 1 月，江泽民同志到国家广电总局视察"边疆少数民族地区广播电视覆盖工程"。民族广播中心的毕力格、尼珍、古力巴哈、巴赞、金红花等五位同志代表中央电台及民族广播中心受到江泽民总书记的接见，并认真聆听了他的重要讲话。江泽民在讲话中提到，经过一年多的努力，西藏、新疆等边远地区广播覆盖的局面发生了根本变化，实现了把党和国家的声音传入千家万户的目标。江泽民还强调，在新的形势下，要高度重视广播影视工作，充分利用广播影视等现代传媒手段进行思想政治工作和宣传教育工作。要适应形势发展的要求，深化改革，积极创新，努力从思想内容、表现形式、宣传方法等方面增强广播影视的影响力，用更多更好的广播影视作品凝聚人心、鼓舞干劲、促进改革开放和现代化建设。江泽民的讲话鼓舞了每一个为"边疆少数民族地区广播电视覆盖工程"不舍昼夜辛勤工作的广播人，中央电台民族广播中心在短时间内完成了节目时间大幅度延长、制作能力加强、听众满意度提高等几项任务，不仅得到了广电总局的肯定，也受到了听众的好评。

2002 年 8 月，广电总局开会部署"边疆少数民族地区广播电视覆盖工程"第三阶段的工作。会议上，一批在"边疆少数民族地区广播电视覆盖工程"第一、二期阶段工作中做出突出贡献的集体和个人受到表彰。其中，中央电台民族广播中心被广电总局评为"边疆少数民族地区广播电视覆盖工程"优秀集体，同时，蒙古语部的巴拉登、藏语部的贡布玉杰、维语部的帕尔哈提、哈语部的巴拉番、朝语部的金永勋等五人获得"先进个人"的称号。

同年 9 月 16 日，广电总局在乌鲁木齐召开加强"边疆少数民族地区广播电视覆盖工程"广播电视宣传会议。广电总局领导在会议上对中央电台民族广播的工作表示肯定，并提出第三阶段完成后的"边疆少数民族地区广播电视覆盖工程"，将是广播电视有史以来工程量最大的、效果最好的、能力最强的，甚至说是世界上少有的工程。它标志着我国广播影视事业进入一个新的发展阶段，我国广播影视事业的整体规模、实力和水平也将由此进入世界前列。

2003年8月，首都民族团结进步表彰大会召开。中央电台民族广播中心荣获"首都民族团结进步先进集体"的称号，藏语节目部的吉加荣获"首都民族团结进步先进个人"的称号。此前一个月，民族广播中心的斯琴和全锦花在中央电台召开的抗击"非典"先进个人先进集体表彰会上，也获得先进个人称号。

2003年的春天，北京出现了突如其来的"非典"疫情，民族中心一方面积极防疫，另一方面努力做好防治"非典"的宣传工作。肖玉林、王连西等中心领导同大家共同努力，在情况非常复杂的情况下，创造性地解决了维吾尔族、哈萨克族、回族等员工的吃饭困难等问题，全中心实现了台里提出的"零感染"的目标，抗"非典"宣传工作也取得了突出成效。"非典"期间，各语言节目都开办了防"非典"专题节目。这些节目结合对象地区的实际开展宣传工作，为对象地区防治"非典"起到了很好的舆论引导作用。比如哈语部开办的《防治"非典"》专题系列节目，引起了对象地区听众和媒体的关注。当时，对象地区还没有防治"非典"方面的专门渠道，群众不了解"非典"到底是什么样的病、怎样防治。中央电台哈语《防治"非典"》专题系列节目播出时，地方台专门安排人员把中央电台哈语节目录下来，复制成盒带，然后在基层电台播出。藏语节目则在《平安热线》栏目中连续介绍在内地的藏族学生的学习和生活情况，对安定西藏学生家长的情绪起到了很好的作用。

伴随着"边疆少数民族地区广播电视覆盖工程"第三阶段工作的深入推进，中央电台的民族广播继续扬帆远航，无论是"边疆少数民族地区广播电视覆盖工程"先进集体，还是"首都民族团结进步先进集体"，这些荣誉称号都是对奋战在一线的民族广播工作者的肯定和褒奖。这一时期的民族广播中心，在重新起步的过程中找到自己的方向，在提高节目质量的同时，加强管理工作和队伍建设，增强了民族广播的影响力和凝聚力。

党的阳光照边疆，边疆人民心向党

用阳光迎接十六大

2002 年，中国共产党第十六次全国代表大会在北京召开。此时距离党中央和国务院实施西部大开发战略，已经过去整整两年。在这两年间，西气东输、青藏铁路、西电东送等重大工程相继开工，西部地区逐步发展，经济状况得到改善。与此同时，"边疆少数民族地区广播电视覆盖工程"也顺利完成第一、第二阶段工作。两年间，中央电台民族广播中心更新技术设备、扩大覆盖范围、增强采编力量、提高节目质量，将民族语言广播办得有声有色。中共十六大的召开，对于民族广播中心来说，是检验两年间工作成果的一个好机会。

2002 年，民族广播中心为自己的工作制定了标准和目标。在民族广播节目里，紧密结合党中央、国务院西部大开发的战略部署，紧密结合党的民族宗教工作的方针政策，紧密结合西部地区经济建设和社会发展的实际情况，深入宣传西部地区广大干部群众的思想状况和精神需求，深入宣传西部地区各级党组织在推进新时期党的建设伟大工程中创造的新鲜经验，充分反映西部地区广大干部群众以优异成绩迎接党的十六大的实际行动和精神风貌，为党的十六大的召开营造良好的舆论氛围。

经过紧锣密鼓的策划，中央电台民族广播中心最终将党的十六大报道方案定为大型系列报道《在党的阳光下》。这组报道以歌颂共产党好、社会主义好、改革开放好及党的民族政策好、西部大开发好为主题，用五种民族语言采制，突出广播特点和民族特点。根据报道方案，民族广播中心组织人马奔赴边疆地区采访。早在 20 世纪 80 年代，根据中央关于准备开发大西北、大西南和加强边疆、民族地区四化建设的战略决策，当时的民族部在三年时间里先后组织 30 多人次深入海南岛、内蒙古、新疆、广西、云南等边疆山寨、牧区进行采访报道，开展了《边疆万里行》宣传活动。至活动结束，中央电台五种少数民族语言及《民族大家庭》节目先后播出《海南行》《内蒙古行》等380多篇稿件。时隔近20年，中央电台民族广播中心又一次组织大规模的采访活动，这也是"边疆少数民族地区广播电视覆盖工程"实施以后，对民族广播队伍的一次大检阅。

报道方案确定后，中央电台和民族广播中心的领导兵分三路，先后率记者奔赴延边和新疆、内蒙古、西藏等地进行采访。采访中，记者深入高山、草原、牧场、帐篷，记录下广大农牧民最朴实、最闪光的话语，报道基层最鲜活、最生动的事例，用事实说话，以真情感人，用少数民族语言广播充分展现出西部地区广大人民热爱党和国家，热爱美好生活，勤勤恳恳，扎扎实实，以实际行动创造优异成绩，信心百倍地迎接党的十六大的美好图景。这是中央电台民族广播自创办以来规模最大的一次赴边疆民族地区的采访活动。

经过大家的共同努力，《在党的阳光下》大型系列报道自2002年7月1日起分别在各语言部节目中连续播出，五种语言节目各播出100多集。这组系列报道内涵深厚，构思精巧，重在深度开发信息，视角与切入点多元，材料丰富，感染力强，既充分发挥了广播的优势，充分利用了声音的作用，可听性强，贴近实际、贴近生活、贴近群众，也展现出民族的特点，展示出各民族在党的领导下，在经济体制改革、理论创新、经济建设、对外开放、民主与法治建设、精神文明建设、国防建设、党的建设等方面取得的成绩。节目播出后深受少数民族听众的欢迎，也得到各对象地区党委、政府部门及同行的高度评价。国家广电总局领导评价《在党的阳光下》是民族广播史上"前所未有的"。根据听众的需要，各节目部还把稿件整理成册，分别编辑出版。

同一时间，汉语节目《民族大家庭》推出了50集系列报道《同在阳光下》。和《在党的阳光下》不同，《同在阳光下》将目光对准了中国22个人口较少的民族。根据2000年第五次全国人口普查结果，这22个少数民族总人口为63万人，主要分布在内蒙古、云南、黑龙江、新疆、西藏、甘肃、青海、贵州、广西、福建10个省、区中的85个县、237个乡镇、640个行政村。在2001年的全国扶持人口较少民族发展工作经验交流会上，就已经提出扶持人口较少民族发展，是新时期促进民族团结进步的民心工程，是推动各民族共同繁荣发展的德政工程，是造福人口较少民族群众的幸福工程。2001年和2002年，是实施扶持人口较少民族发展规划的攻坚阶段。因此，围绕国家民委的工作，《民族大家庭》节目组策划了系列报道《同在阳光下》，节目组的编辑分别奔赴云南、广西、贵州、青海、新疆等地，深入少数民族地区采访。

2002年7月1日，《民族大家庭》开始播出这组报道，向全国听众介绍毛南族、撒拉族、布朗族、基诺族、锡伯族、独龙族等 22 个人口较少的民族，介绍他们生产生活中所发生的巨大变化以及他们的精神面貌。节目播出后，听众反响热烈，纷纷写信或者打电话表示，通过中央电台的广播节目，他们了解到祖国大家庭里这些人数较少的兄弟民族的现状，看到了党的政策带给他们的温暖，增长了许多民族知识。一位内蒙古听众在收听《同在阳光下》后打来电话，称赞节目民族特色浓郁，记者深入采访，给听众身临其境之感，各组报道的标题也很有特色，起到画龙点睛的作用。最重要的是"节目通过大量典型事例说明，在我国不论人口多少，各民族一律平等。在党的民族政策的照耀下，各民族同胞与时俱进，安居乐业，幸福地生活在祖国民族大家庭里，我们可以自豪地说，在这些方面，世界上哪一个国家也比不上我们国家。"

当年，《同在阳光下》获得国家民委"民族好新闻"一等奖，同名图书也于 2002 年由民族出版社出版发行。

除了《在党的阳光下》与《同在阳光下》两档王牌节目，民族中心汉语节目还联合全国 30 家边疆民族地区广播电台共同策划制作了大型文艺系列专题节目《颂歌献给党》，结合各地少数民族群众生活中生动活泼的典型事例，充分运用广播的音效手段，歌颂党的领导，歌颂改革开放的新变化。该节目在覆盖北京的中波 1143 千赫、调频 101.8 兆赫播出，受到首都听众欢迎。可以说，民族广播中心通过《在党的阳光下》《同在阳光下》以及各民族语言部门制作的一系列节目，在对象地区为党的十六大的召开创造了良好的舆论氛围，接下来的工作，就是如何把十六大的会议报道做得出新、出彩。

沙场点兵，初露锋芒

2002 年 11 月 8 日至 14 日，党的十六大在北京召开。民族广播中心进行了紧锣密鼓的宣传报道，五种民族语言广播每天各编辑、采制、翻译、播发十六大新闻专题 2 万余字。十六大期间，民族中心五个语言部共播发十六大新闻专题超过百万字。其中有新闻 600 多条、专稿 120 多篇。五种民族语言广播充分发挥自己的优势，准确、及时、全面、充分地报道党的十六大会议，让十六大精神迅速传入雪域高原、内蒙古草原、天山南北和长白山区，传入边疆民族地区的千家万户。

十六大的宣传报道，是"边疆少数民族地区广播电视覆盖工程"实施后民族广播中心的第一次大规模重点报道活动，也是对自身实力的一次检验。此次报道活动呈现出以下几个特点：

第一，准确及时播发大会重要新闻。遵照广电总局和中央电台领导的部署与要求，民族广播中心充分发挥自己的独特优势，做到了在第一时间准确、及时、全面、充分报道会议的各项议程及其重要精神。11月8日上午9时，党的十六大在北京人民大会堂开幕，稍后，五种民族语言节目都及时报道了这一消息；下午，五种民族语言节目都分别制作了长达30至35分钟的录音新闻《党的十六大在北京隆重开幕，江泽民同志作重要报告》，还有30分钟的节目报道了朱镕基、胡锦涛、李岚清同志分别到代表团参加讨论的消息以及代表分组讨论的综合消息，整个节目内容与当天汉语《全国新闻联播》基本相同，让边疆少数民族听众以最快的速度通过本民族语言广播了解到会议召开的最新信息和重要精神。

第二，发稿量创民族广播开办52年来新高。会议开幕后，中央电台五种民族语言节目均开设了1小时的十六大专题节目。每天播发的节目共10小时（**各语言1小时首播，1小时重播**），每天翻译播出会议新闻和专题节目达12万余字。会议期间，五种语言共播发新闻和专稿超过100万字，达到了会议新闻以最快速度、最大容量播出的目标。

第三，语言翻译准确无误。新闻翻译是所有翻译工作中时效要求较高的。随着信息传播速度的加快，如何在最短时间内将新闻准确无误地翻译出来，成为民族广播翻译工作者必须练就的基本功。在十六大报道中，中央电台民族语言广播做到翻译准确无误，成为少数民族听众及时了解会议精神的窗口。

第四，派出记者驻会采访。在2000年的两会报道工作中，民族广播中心自开办50年来第一次派出记者直接采访两会代表委员，五名少数民族记者用本民族语言直接采访代表。在2002年的全国两会期间，民族广播中心派出的记者增加到六名。而在十六大中，分别来自藏族、维吾尔族和汉族的三名记者驻会采访了党代表，为中央电台十六大宣传做出了贡献。

第五，配合十六大新闻宣传，各语言部适量播出了最新录制的庆祝十六大召开的民族语言歌曲，为会议宣传增添了欢乐的气氛。

第六，重点突出。会议期间，民族语言广播重点宣传了江泽民同志代表十五届中央委员会向大会所作的报告《全面建设小康社会，开创中国特色社会主义事业新局面》。11月8日当天，五个民族语言部均制作播出了30多分钟的录音新闻，主要内容是江泽民同志的报告；随后几天，又连续分十个专题详细摘发了江泽民同志的报告，还重点宣传了十六届一中全会及新一届中央政治局常委与中外记者见面等重点新闻。

第七，民族特色和广播特色浓郁。会议期间，五个民族语言部各制作播出了两个十分重要的录音新闻，一个是《党的十六大在北京隆重开幕，江泽民同志作重要报告》，另一个是《以胡锦涛为总书记的新一届中央政治局常委与中外记者见面》。这两个录音新闻既保留了新闻现场的真情实感，又运用各少数民族的语言播出，可以说是民族特色和广播特色的有机结合。同时，各语言部还想尽各种办法直接用本民族语言采访本民族的会议代表和干部群众。如蒙古语部在会议期间开设了《十六大在人民心中》的专题，通过电话录音采访远在边疆的蒙古族干部群众对会议的反响。藏语部和维语部参加会议报道的两名记者吉加和帕尔哈提在完成台里的报道任务之外，还腾出时间为本部门的民族语言节目采制了一批很有民族特色和广播特色的十六大专题节目。哈语部虽然没有驻会记者，但通过电话采访边疆的农牧民，及时反映了听众对会议精神的拥护之情。朝语部在大会期间采访了一名朝鲜族代表，播出了一篇收听效果非常好的人物专访。

守在收音机旁的热心听众

中央电台民族语言广播对十六大的报道取得了非常好的宣传效果。来自新疆的十六大代表古丽再帕尔·马木提是当地家喻户晓的"天山雄鹰"艾买提·艾拉的妻子，在繁忙的工作和家务之外，她喜欢收听中央电台的维语广播了解信息，这次来北京开会，听说在北京也能听到中央电台的维语节目，当即就买了一台收音机。会议期间，她每天晚上都收听中央电台维语节目。

措如次郎是西藏藏医学院的院长，听到广播里传出来的十六大报道，这位藏语节目的忠实听众给藏语部打来电话说，自己每晚8：00都要守候在收音机旁收听节目。节目内容丰富，播音亲切，可听性强。尤其是会议开幕以来，中央电台藏语节目及时、准确、全面地报道了会议每天的新闻，有对代表的采访，有全国各地热烈庆祝会议召开的情况，也有国外友好政党对中国的祝福。特别是听了江泽民同志的报告，感到非常鼓舞，对党的改革开放政策和全面建设小康社会充满信心。

11月8日，十六大会议开幕1小时5分钟后，内蒙古东部的兴安盟听众哈斯巴根就给中央电台蒙古语部打来电话。这位热心的听众是一名医务工作者，在收听会议开幕的新闻和江泽民同志所做的报告后，心中升起一种兴奋的感觉。哈斯巴根在电话里说："十六大是我们党在新世纪初召开的一次非常重要的会议，它的意义非同寻常，作为一名医务工作者，我深感责任重大。我将加倍努力工作，为人民、为患者多做贡献，以实际行动报答党和人民的厚爱。"在哈斯巴根打来电话的 10 分钟后，呼伦贝尔草原的牧民宝音陶克陶呼站在自己家的羊群旁边用手机拨通了编辑部的电话。这位朴实的牧民掩饰不住对国家强盛的热望，他在电话里说："我正在从随身携带的收音机里听党的十六大胜利召开的消息，我认为这次会议的召开是我们党和国家政治生活中的一件大事。改革开放后我们牧民托党的好政策的福，的确富裕了，我相信我们的党今后会为老百姓制定更加开明、更加实惠的政策，我们牧民将以辛勤的劳动创造更加美好的明天。"

辽宁省新宾县广电局朝鲜语组给中央电台朝语部发来新闻说：11 月 8 日，新宾县 23 个朝鲜族村的 1.3 万多名朝鲜族听众，认真收听了中央电台的朝鲜语广播。江泽民同志的报告鼓舞了新宾朝鲜族听众，特别是关于小城镇建设和土地承包经营权等的论述，在朝鲜族村党员群众中引起热烈的讨论。

新疆伊宁县各界群众通过中央电台维吾尔语、哈萨克语广播收听到江泽民同志在十六大会上所做的报告后，广大干部群众表示，要按照江泽民同志报告中提出的全面建设小康社会的任务，高举邓小平理论伟大旗帜，全面贯彻"三个代表"重要思想，继往开来，与时俱进，在伊宁的各项工作中开创新局面。

无论是《在党的阳光下》《同在阳光下》的成功播出，还是在十六大报道中"既有声势，又有实效"的目标的实现，都离不开各语言部在大型活动和重点报道中所积累的大量经验。如民族广播中心在 2001 年建党 80 周年所推出的系列报道《为党旗增辉》。该节目体现了少数民族共产党员在社会主义物质文明和精神文明建设中的先锋模范作用和党支部所发挥的战斗堡垒作用。这组报道紧扣"建党八十周年"的报道主题，同时也具有浓郁的民族特色和广播特色，受到听众的喜爱。在中央电台召开的建党 80 周年宣传总结表彰大会上，《为党旗增辉》被评为中央电台优秀节目；毕力格、热德力、卡得尔、杨利明被评为中央电台先进个人。除此之外，蒙古语广播在 2001 年策划推出了纪念建党 80 周年宣传重点节目——21 集系列报道《党旗飘扬》；藏语广播在 2001 年时，派记者深入西藏日喀则、山南、林芝等地采访，在新闻节目中播出系列报道《雪域新貌》（共 12 篇），宣传西藏 50 年间所取得的辉煌成就；维语广播和哈语广播在 2002 年初根据听众的要求重新定位节目，正式开始大规模组织采访报道活动，改变了以前单纯靠翻译制作节目的状况；朝语广播则在 2002 年派四名记者采访延边朝鲜族自治州成立 50 周年的各项活动，一线记者深入庆祝活动场所，用电话连线的形式把现场音响效果和被采访者的声音直接传到后方，制作了3期每期30分钟的专题节目。

十六大的宣传报道活动也为接下来民族广播中心大型活动和重点报道开启了新的起点。2003年，为了报道在全国开展的学习贯彻"三个代表"重要思想活动，各语言部分别采访制作了系列节目。如：蒙古语部推出了以《学习贯彻"三个代表"重要思想》为题的大型系列专题，以具体事例宣传学习贯彻"三个代表"重要思想的重大意义，介绍了模范地实践"三个代表"重要思想的一些先进典型；藏语部组织采访了《在世界屋脊实践"三个代表"》系列广播节目，藏语部记者先后赴西藏、青海、四川藏区，深入基层，分别制作播出了"西藏篇""青海篇""四川篇"，共50集节目，还举办了《在世界屋脊实践"三个代表"》征文活动，收到西藏、青海、四川、甘肃等地的征文50多篇；维语部派出记者在新疆采访制作了30集《"三个代表"在基层》系列专题节目，在维语媒体里引起了关注；哈语部组织制作了《"三个代表"在基层》系列报道，宣传了对象地区学习贯彻"三个代表"重要思想所取得的成绩和经验。

立足中央，辐射地方

首届民族广播协作会的召开

伊宁市是新疆伊犁哈萨克自治州的首府。在这片675.5平方公里的土地上，居住着哈萨克、汉、维吾尔、回、蒙古、锡伯、乌兹别克、俄罗斯等35个民族。2002年7月4日，来自中央人民广播电台、内蒙古人民广播电台、西藏人民广播电台、新疆人民广播电台、四川人民广播电台、乌鲁木齐人民广播电台、延边人民广播电台、黑龙江人民广播电台朝语台、赤峰人民广播电台、新疆伊犁人民广播电台、新疆阿图什人民广播电台、新疆阿克苏人民广播电台、新疆吐鲁番人民广播电台、新疆奎屯市广播电视局、新疆库车县广播电视局的有关领导，以及中央人民广播电台驻少数民族地区记者站站长等共40余人齐聚这个被称为"塞外江南"的西北城市，参加由中央人民广播电台主办，新疆伊犁人民广播电台承办的首届民族广播协作会。

除了中央电台蒙、藏、维、哈、朝5种语言节目，地方广播电台的民族语言广播也有着悠久的历史。早在解放战争时期，各地党委就在刚刚获得解放的民族地区开办了少数民族语言广播。1946年7月1日，吉林省延吉新华广播电台朝鲜语广播正式播音，这是中国解放区内第一个用少数民族语言广播的节目。全国解放后，新疆、内蒙古、云南、西藏、青海、四川等省、自治区也陆续开办了少数民族语言广播节目。

与中央电台相比，地方台的少数民族语言广播具有地方特色突出、宣传内容因地制宜、科普宣传针对性强、文艺节目丰富多彩的特点。在几十年的发展中，我国逐步形成了从中央到民族区域自治地方的民族语言广播宣传网。在1984年广播电视部党组批转的《中央电台改进民族广播座谈会纪要》中，中央和地方电台的民族语言广播确立了"各有侧重，分工协作，发挥各自的优势"的办节目原则。

"边疆少数民族地区广播电视覆盖工程"实施后，中央和地方电台的民族语言广播播音时间大幅延长，覆盖范围明显扩大，覆盖人口得到增加，覆盖效果大大改善，从根本上扭转了我国西部上空电波战"西强我弱"的态势。至2002年7月，各电台民族语言节目套数从14套增加到23套，增长64%；开办的少数民族语言广播栏目由287个增加到447个，增长56%。到2002年，中央电台的少数民族语言广播从原来的每天10小时增加到每天30小时，各有关省区的电台也都增加了节目套数，延长了播出时间。节目套数、栏目的增加和播出时间的延长，极大地满足了民族地区广大干部群众的收听需求。除技术、设备条件等硬件设施的改善外，从事少数民族语言广播工作的人员数量也大大增加，队伍素质不断提高，队伍实力不断增强，为进一步的发展打下了良好的基础。

在此背景下，中央电台组织召开了第一届民族广播协作会。会议的主题是：在"边疆少数民族地区广播电视覆盖工程"取得决定性胜利的新形势下，加强全国相关民族广播宣传单位的协作，全面提高民族语言节目质量，开创我国民族广播宣传的新局面。

当时的国家广电总局党组成员、中国广播影视集团管委会副主任、中央电台台长杨波在会议开幕式上发表了题为《加强协作，促进发展，进一步办好民族语言广播》的讲话。中央电台副总编辑张小平在会上做了题为《与时俱进，做好民族语言广播宣传工作》的主题报告。在这次会议上，与会代表达成共识：加强协作，优势互补，形成合力。这是全面提高我国民族语言广播节目舆论引导水平、扩大民族广播节目的有效覆盖、增强收听效果、提高民族广播队伍素质的重要途径。全国各相关民族语言广播宣传单位要从讲政治的高度，充分认识加强协作的重要性和必要性。

在接下来的一段时间里，民族广播战线从四个方面加强了协作。

一是节目资源方面的协作。根据各台的优势和特点，地方台与中央电台、地方台之间，可以交换稿件和节目，或有组织地进行易地采访报道，实现资源共享，优势互补，从而丰富各台的节目内容，更好地为民族地区听众服务。地方台要积极创造条件与中国广播网链接，中央电台要采取积极措施早日搭建少数民族文字网站平台。

二是人员交流和培训方面的协作。各台之间可进行专业人员的对等交流。今后，中央电台与各兄弟台、中央电台编辑部与驻民族地区记者站，以及地方台之间，要有计划地开展这项工作。

三是理论研究方面的协作。各台之间可以定期组织经验交流，可以围绕一个时期民族广播的某一重大理论或现实问题进行探讨，以利于民族广播的理论创新，从而推动民族广播整体水平的提高。

四是节目播出和覆盖方面的协作。按照国家广电总局的有关规定和要求，各地方台要完整转播中央电台的民族语言节目，这是一项重要的政治任务，必须落到实处。地方台在转播中央电台节目方面存在的困难和问题，中央电台要及时反映，并协助总局和有关部门积极解决。为了加强民族地区的新闻报道力量，会议还建议，在中央电台驻民族地区记者站中配备民族语言记者或在少数民族聚居地区设立分站。

我国的少数民族聚居地一般都在西南、西北、东北等较为偏远的地区。在这些区域内，由于地理环境的影响，他们有的居住在山区，有的居住在高原、草原，交通不便。比如 20 世纪 90 年代的西藏阿里地区，一年有一半时间大雪封山，自然条件的恶劣和闭塞导致报纸、杂志等投递困难，加上文化教育水平的限制，收听广播便成为藏民了解外界信息的首选。在协作会召开期间，时任新疆维吾尔自治区党委书记王乐泉在乌鲁木齐会见了杨波台长。王乐泉自称"中央电台的忠实听众"，四十年如一日坚持听中央电台的广播节目，还把很多收音机送给投身基层工作的青年同志，鼓励他们通过收听中央电台的新闻了解党的重要政策。正是在像王乐泉一样关心广播事业的地方领导的支持下，在与地方台民族广播工作从业者的通力协作中，中央电台的民族广播才能不断提高影响力，受到听众好评。

首届民族广播协作会的举行让民族广播工作者感受到肩上的重担和责任，也看到了民族广播发展的机遇。通过加强全国相关民族广播宣传单位的协作来发挥整体优势，是全面提高我国民族语言广播节目舆论引导水平和节目质量的重要途径。全国各相关民族语言广播单位从国家统一、民族团结的政治高度，从全局的高度充分认识到，通过协作，既能提高我国民族广播的整体水平，又有利于各台的发展与进步，体会到加强协作的重要性和必要性。

新形势下，形成合力

在此共识下，第二届民族广播协作会于 2003 年在拉萨举行。比起首届协作会，此次会议的参会队伍更加庞大，来自中央人民广播电台、西藏人民广播电台、内蒙古人民广播电台、青海人民广播电台、云南人民广播电台、新疆乌鲁木齐人民广播电台、新疆伊犁人民广播电台、吉林延边人民广播电台、黑龙江人民广播电台朝语台、吉林延吉人民广播电台、内蒙古赤峰人民广播电台、新疆克孜勒苏柯尔克孜自治州广播电视局、新疆吐鲁番广播电视局、新疆奎屯市广播电视局、新疆塔城市广播电视局、内蒙古鄂尔多斯市广播电视局、内蒙古二连浩特市广播电视局的有关领导，以及中央人民广播电台驻西藏、新疆、内蒙古、吉林、云南、贵州、甘肃、海南、广西等民族地区记者站站长，共 50 余人参加了此次协作会。

此次会议的主题是：交流各地民族广播一年来改革和发展的新经验，探讨民族广播如何贯彻"三个代表"重要思想，加快改革步伐，研究如何进一步增强民族宣传的凝聚力和影响力。中央电台副总编辑张小平在会上做了题为《实践"三个代表"，办好民族广播》的主题报告，会议由中央电台民族中心主任肖玉林主持，内蒙古、西藏、延边、延吉广播电台的代表分别介绍了各自的改革经验。

会议认为，在民族宣传中认真贯彻"三个代表"重要思想，增强民族宣传的凝聚力、感染力和影响力，就要做到：宣传上贴近实际、贴近群众、贴近生活；编辑部要树立政治意识、开放意识和民族大家庭意识；民族广播节目要突出共性，重视个性，实现主旋律与多样化的统一。在新形势下，各地的民族广播应积极调整节目方针，更新节目形态，特别要重视民族广播节目的落地工作，做好听众工作，加强协作，形成合力，这样，中国的民族广播就一定会在民族地区赢得更多的听众。

会议认为，"边疆少数民族地区广播电视覆盖工程"的实施，使我国的民族广播事业进入了最好的发展时期。它是体现"三个代表"重要思想的民心工程，是直接为民族广播落地服务的工程，是为最基层的各民族农牧民服务的工程。实施"边疆少数民族地区广播电视覆盖工程"绝不能只满足于省、自治区或地区电台技术设备的更新和工作条件的改善，而是要落实到最基层的老百姓家里，让他们真正能听到党和国家的声音。

与会代表认为，中央电台与地方电台之间、地方电台与地方电台之间要加强协作、优势互补、形成合力，发扬各民族语言广播电台的优势，汇聚全国民族语言节目的精华。使用同一少数民族语言的广播电台之间应加强横向联合，在过去长时期合作的基础上，进一步加强节目交换、人员交流，同时还可以相互走动，开展深层次的调研工作。整个民族广播战线要加强信息交流，加强对改革思路、改革方法的交流，加强对节目创优、经营名牌栏目经验的交流。可以在条件成熟时举办中国少数民族语言广播节目交易会，把目前分散的交流活动提升为具有一定规模、一定档次的大型对外开放的民族广播文化交流活动，还可以在条件成熟时召开中国少数民族广播理论与实践研讨会，为最终建立中国少数民族广播电视学构筑框架。

在这次会议期间，与会代表提出了以下重要的具有建设性的意见：

其一，中央电台的民族广播应起到全国民族宣传的龙头作用。从事民族广播宣传，不能仅仅把目光放在节目本身，更重要的是要把它当作一种事业和产业来开发和经营。编辑部前移要以记者站和具备条件的地方台为依托，可以在不同地区逐步培育出几个有一定权威性的民族语言宣传中心。与会代表认为，正在进行改革的中央电台第一套节目应加大民族宣传的力度，增加民族宣传时间，设置专门的民族板块节目。

其二，在新形势下，民族广播应形成合力，努力做强做大。代表们建议尽快恢复中国少数民族广播电视研究会的工作，尽快建立相关的民族语言分会，由研究会统一组织、协调，定期进行民族广播理论的研讨、民族节目的交流和大型活动的策划。代表们还提出，应建立不同地区同一民族的广播协作网和不同民族的文艺节目的交流机制，真正做到资源共享。为提高民族广播队伍的整体素质，各台之间还应该进行人员的交流。

其三，代表们认为，"边疆少数民族地区广播电视覆盖工程"的核心内容就是让党和国家的声音传入千家万户，让中国的民族广播走向世界。但目前有些地区资金不到位、人员培训不到位，影响了"边疆少数民族地区广播电视覆盖工程"的进展。代表们认为，民族语言广播是一个政治性、政策性、公益性的事业，国家应该出台优惠政策，全额投入，全力扶持。

其四，与会代表一致认为，参加这次协作会，对于民族宣传的重要地位和导向作用有了进一步的认识。今后的民族报道必须与时俱进，要准确、生动地反映各个民族发展进步的状况，捕捉他们与时代同步前进中的闪光点。

把全国民族广播合作的平台搭建起来

由中央电台牵头召开的全国民族广播协作会议，是在"边疆少数民族地区广播电视覆盖工程"取得决定性胜利的新形势下，为了加强全国相关民族广播宣传单位的协作，全面提高民族语言节目的质量，开创我国民族广播宣传的新局面而举办的。两届民族协作会召开之后，经过中央电台和地方电台的共同努力，一个全国民族广播合作的平台搭建起来了，多种形式的合作互助促进了中国民族广播宣传事业的发展，提高了民族广播节目的质量和从业者素质。通过沟通与协作，民族广播各局、台、站之间的合作渠道通畅、距离拉近，民族广播的节目质量提高、影响力增强，具体表现在以下几个方面：

第一，在节目制作和调研方面上马了一系列合作项目。2002 年，中央电台民族中心为迎接中共十六大的召开组织的大型系列报道《在党的阳光下》和 2003 年组织的《"三个代表"在基层》系列报道，先后得到西藏电台、新疆广电局、新疆电台、乌鲁木齐电台、内蒙古广电局、内蒙古电台、青海电台、四川电台、吉林延边广电局、延边电台，以及中央电台驻西藏、新疆、内蒙古、吉林记者站的大力支持与合作。这些报道，有的是联合采访、分头制作节目播出；有的是各地电台协助中央电台记者采访，这确保了这两项重大采访报道活动圆满成功。这两个系列报道播出后，受到社会各界和听众的广泛好评。2003 年，民族广播调研课题组的工作人员到吉林延边、内蒙古、新疆调研，得到各地方广电局、台、记者站的鼎力支持。中央电台与地方电台之间、地方电台与地方电台之间、节目部门与地方站之间相互合作、相互支持，有效地提高了民族广播的整体宣传效果。

2003 年春天，"非典"疫情包围北京，中央电台民族广播的一些外出工作不能进行，在各地广电局、台和驻民族地区记者站同志的大力帮助和支持下，中央电台民族广播的宣传任务仍然圆满完成。在此期间，中央电台驻西藏记者站与藏语部密切合作，发挥各自优势，共同采访制作播出了许多针对性、时效性、实用性非常强的防控"非典"的专题节目，受到听众的广泛好评。

第二，在人员培训方面的协作得到了加强。首届协作会结束后，地方电台到中央电台工作的业务人员明显增加，中央电台民族广播中心到地方台工作的人数也开始增加。朝语部把新入台的年轻工作人员送到延边电台工作一段时间，他们通过和地方电台工作人员的交流、沟通，不仅业务上得到很大的锻炼和提高，也培养了良好的工作作风。

第三，加强交流民族广播的工作经验。协作会本身就是经验的交流，通过对民族广播的相关议题进行专题交流，无论是中央电台还是地方电台，都基本上掌握了我国民族广播的状况，对日后民族广播的发展前景有了新认识，这对我国民族广播的理论创新和整体水平的提高起到了十分重要的推动作用。

第四，在节目播出方面开展协作。按照广电总局的有关规定和要求，各地方相关广播电台要适时完整转播中央电台的民族语言节目，让中央电台的民族语言节目更好地进入千家万户。近年来，不少地方电台认真贯彻落实广电总局的这一要求，认真做好中央电台节目的转播工作，一些电台增加了中央电台民族语言节目的转播时间，有些过去从未转播过中央电台节目的地方电台也开始转播，如青海电台从 2003 年 10 月 1 日起开始每天用 30 分钟的时间转播中央电台的藏语新闻节目，受到了青海藏族同胞的欢迎。地方电台转播中央电台的节目，在设备技术方面存在的问题和困难，也得到中央电台的帮助。

中央电台与地方电台的广播节目，在节目方针、政策口径和宣传内容上有所区别。中央电台的民族广播在编发新闻、栏目设置以及节目品位上立足中央，具有国家电台的水平；地方电台的民族节目立足地方，放眼全国，放眼世界，发挥接近实际、接近群众、接近生活的优势，突出实效性、针对性、信息性和服务性，在地方新闻上有着自己独特的优势。中央和地方电台在各有分工、发挥优势的前提下，通过在节目制作、人才培养、节目播出和覆盖、理论研究等各方面的协作，形成合力，共同推动了中国少数民族语言广播的发展。此后，又于 2004 年在内蒙古海拉尔、2006 年在云南昆明、2010 年在北京、2012 年在湖北恩施召开了四届民族广播协作会，各地的协作和联系更加紧密，民族广播的质量越来越高了。

全国民族广播平台的搭建真正实现了立足中央、辐射地方的工作指导方针，也彻底打通了从中央到地方上令下达、从地方到中央下情上达的通道，互通有无的格局开创了新的民族广播工作态势，为改变以往单向传播的局面，实现科学调研、分析，有的放矢地开展节目改革敲响了前奏。

改革的前奏

广播想活，就要改革

作为一种传播媒介，广播诞生于 20 世纪 20 年代的美国。1922 年，中国第一家广播电台在上海开播。1940 年，中央人民广播电台的前身——延安新华广播电台创立，中国人民广播事业由此创建。21 世纪以来，互联网的迅速发展给传统媒体带来冲击，在媒体格局"重新洗牌"的形势下，广播媒体想要"冲出重围"，就需要通过改革增强竞争力。中央电台民族广播依托国家电台，具备品牌优势、人才优势和资源优势，通过改革，革除不适应时代的旧观念，从体制、节目、技术等各个层面提高民族广播工作的质量和层次。进入 21 世纪，中央电台启动"频率专业化、管理频率化"改革，2002 年先后推出了"经济之声"，当年就取得社会和经济两个效益双丰收的良好效果。这一年的年末，第八套节目的改革也被提上日程。

对民族广播中心的广播工作者来说，2002 年是一个鼓舞人心的年份。这年 1 月，江泽民总书记在国家广电总局视察"边疆少数民族地区广播电视覆盖工程"时接见了民族广播中心的五名少数民族代表；12 月，上任不久的中共中央政治局常委李长春视察了中央电台并发表重要讲话。李长春同志来到民族广播中心，与五个语言部的民族广播工作者进行了交谈。李长春提出，"中央新闻单位要不断改革创新，体现时代性，把握规律性，富于创造性。同时广大新闻工作者必须高度重视反映人民群众的心声，使党的主张和人民的利益更好地统一起来。衡量精神文化产品，最终要看人民满意不满意、人民喜欢不喜欢"。年头岁尾，领导人的两次视察，让民族广播的同志充分感受到党和国家对"边疆少数民族地区广播电视覆盖工程"的重视，对民族广播事业的无限期望。

"边疆少数民族地区广播电视覆盖工程"的实施为民族广播的改革奠定了基础，中央电台民族广播在民族地区的覆盖状况有了根本改观，收听效果大为好转。在这一新形势下，中央领导同志对新闻改革的重视和人民群众对新闻媒体的期待，让中央电台领导和民族广播工作者开始深入思考如何通过改革，让少数民族听众不仅能听到节目，而且还爱听中央电台的节目，使得中央电台的民族语言广播真正做到"国家电台水准，权威新闻发布，边疆民族风格"；让"边疆少数民族地区广播电视覆盖工程"所提出的"让党和国家的声音进入千家万户"这一号召真正落到实处；实现"强化喉舌意识，增强服务功能，更新节目形态"的目标。

李长春同志视察结束后，民族广播中心主任肖玉林撰写了一篇学习体会，题目为《立足中央，服务对象地区和听众——对中央电台民族广播节目方针的再思考》。文章提到，20年来，中央电台民族广播在"立足中央、面向对象地区"的节目方针指导下，正确把握舆论导向，积极宣传党和国家的各项方针政策，及时播发国内外重要新闻，为对象地区的经济发展、社会进步、民族团结起到了积极的舆论引导作用。然而，随着社会的发展和时代的变迁，这一节目方针已经不能完全适应听众的需要。这一方针的弊端主要表现在三方面：一是单向传播，效果不佳，作为大众传播的广播应该采取双向传播的有效传播方式，确保传者和受者之间信息和情感的交流；二是目标不明，容易走样，传播目的不明确，容易出现对象地区和听众需要的东西报道少的误区；三是缺乏激情，不利于竞争，缺少经营意识，不适应市场经济条件下媒体竞争激烈的新局面。

肖玉林在文章里提到，广播频率专业化改革的核心是树立服务观念，改革就是要改变或革除现存的种种不合时宜的缺陷，树立体现时代性、把握规律性、富于创造性的新观念、新思路、新做法。第八套节目改革的根本目的是要进一步提高节目质量，更好地为对象地区听众服务。其他一切工作都应该围绕这一根本任务来展开，来落实。因此要尽快确定"立足中央，服务对象地区和听众"的新的节目方针。这篇文章是一线民族广播工作者对自身发展状况的一个审视，看到了民族广播相对于其他广播节目的落后之处，更因为存在的问题，而看到民族广播需要一场深入的改革。这篇文章为民族广播今后的改革工作，打下了良好的理论基础。接下来需要做的，就是从现实中寻找依据，探寻解决之道。

万字调研报告的出炉

2003年伊始，中央电台第八套节目改革就被确立为当年的重点工作之一。春节刚过，中央电台召开全台各调研组工作人员全体会议，传达部署中央宣传部组织的调研任务，民族广播中心在中央电台负责的 7 个调研课题中分得一个，即《中央人民广播电台如何增强民族广播的凝聚力、影响力》。这一课题组由中央电台副总编辑张小平任组长，民族广播中心肖玉林、陈述森、兰汝生为组员。杨波台长在会上讲话指出，这项工作是宣传思想战线如何贯彻落实党的十六大精神的一项具体措施，要求各课题组根据所调研的内容，明确现状，提出问题，找出思路。接下来，民族广播中心调研组召开第一次会议，强调民族广播此次的调研活动是民族新闻改革工作的一个重要部分，要为改革提供科学依据和基本思路。

3 月 23 日，民族广播宣传朝语调研组一行四人在朝语部主任朴日善同志的陪同下来到此次调研活动的第一个目的地吉林延边。调研组先后来到延吉、和龙、龙井、图们等地，与听众和广电同行一起座谈 6 次，了解中央电台朝鲜语广播的发展状况。

随后，调研组一行到吉林省长春市，征求省委宣传部负责同志对中央电台朝语广播的意见和建议。朝语广播的对象地区包括吉林、黑龙江、辽宁等省，其中以吉林省延边朝鲜族自治州（以下简称"延边州"）的听众最为集中，全国近半数的朝鲜族群众居住在延边。延边州与朝鲜、俄罗斯交界，紧邻韩国、日本，与朝鲜、韩国使用同种语言。据延边州广电局收测，延边地区能收到境外 20 个朝语电台，其中一些电台的广播内容涉及民族、宗教、领土等问题，引起了少部分群众的思想混乱。

4 月 3 日，蒙古语部调研组一行在主任诺日布的陪同下来到内蒙古，进行了为期一周的调研。他们先后来到锡林郭勒盟、二连浩特、呼和浩特、鄂尔多斯等地，与当地广电同行、听众代表座谈。中央电台蒙古语广播的主要对象地区有内蒙古自治区、新疆博尔塔拉蒙古自治州和巴音郭楞蒙古自治州以及全国许多地方的蒙古族聚居区。调查发现，国内蒙古语广播的收听率不容乐观。比如内蒙古自治区锡林郭勒盟是蒙古族人口比较集中的一个地区，该盟的北部与蒙古国相邻，边境线长 1096 公里。由于边境地区国内广播覆盖力量薄弱，俄罗斯和蒙古国的广播电台功率大，收听效果好，牧民们都收听这两国的广播。再如，内蒙古自治区鄂尔多斯市鄂托克前旗位于内蒙古、陕西、宁夏三省区交界处，蒙古族占全旗总人口的 31.4%，很多农牧民经常收听美国自由亚洲电台、我国台湾自由中国之声电台以及蒙古、俄罗斯电台的节目。

4 月 11 日，维语部调研组在古力巴哈和哈语部主任哈那提等同志的陪同下，先后到乌鲁木齐、塔城、喀什、克孜勒苏柯尔克孜自治州（以下简称"克州"）调研，与各族听众、广电同行及中央电台驻新疆记者站同志座谈，广泛了解情况、征求意见。新疆喀什地区与巴基斯坦、阿富汗、塔吉克斯坦接壤，边境线长388公里，聚居着维吾尔、汉、回、塔吉克、柯尔克孜、乌孜别克等31个民族，其中少数民族人口占总人口的90.9%，大多信仰伊斯兰教。近些年来，一些民族分裂主义分子和非法宗教活动分子利用广播等手段，在意识形态领域加紧对我方边民进行分裂主义、非法宗教和人权等问题的宣传说教，争夺人心、争夺群众，因此，加强这里的民族广播宣传变得更加必要。

"现在边境地区的牧民对蒙古国的情况了解得很及时，哪个领导人更替了，他们都特别清楚，而对国内的政治时事却知之甚少。"

"绝大多数听众希望中央电台民族语言广播多播一些国内外重要新闻和致富信息，多播一些与民族地区相关的政策法规，多播一些其他地方在'两个文明'建设方面的好经验。"

这一条条宝贵的建议，都来自民族广播调研组此次的调研活动，这也是中央电台开办民族广播以来规模最大、范围最广、投入力量最多、效果最好的一次，1.3万多公里的行程，30余次的座谈会，调查宣传、广电同行和少数民族干部群众800余人次。由于"非典"影响，西藏之行推迟，调研组查阅了西藏人民广播电台2002年的受众调研报告；与此同时，民族广播中心五种民族语言广播节目在听众中开展调查，广泛征求各地听众对中央电台民族广播节目的意见和建议，共收到听众调查来信数千件。

6月19日，1万多字的《中央电台如何增强民族广播的凝聚力和影响力》定稿。这份调研报告在立足一手材料的基础上，紧扣中央电台的调研课题，从三个方面对调研组的研究结果进行了整合，还在报告后面附上了《中央电台民族广播对象地区境外广播渗透情况》和新疆、吉林、内蒙古等地民族广播的收听情况、收听效果统计表等。通过此次调研，民族广播中心基本掌握了中央电台民族广播的覆盖情况和听众收听情况；对中央电台增强民族广播的凝聚力、影响力有了新的认识和思考，为民族广播的改革提供了科学依据。西藏、新疆、内蒙古、吉林延边等边疆民族地区的少数民族听众非常需要收听中央电台民族语言广播节目，广播是他们获取信息的首选媒体；绝大多数听众希望中央电台民族语言广播多播一些国内外重要新闻和致富信息，多播一些与民族地区相关的政策法规，多播一些其他地方在两个文明建设方面的好经验。这些要求都在民族广播节目改革方案中得到了体现。

另一方面，在"边疆少数民族地区广播电视覆盖工程"实施后，各语言部和综合编辑部新闻组也陆续开始改革，比如各语言部在过去办节目时照抄、照搬、照转的多，考虑听众需求的少。听众评价中央电台的民族广播节目是念给支部书记听的，离他们比较远。"边疆少数民族地区广播电视覆盖工程"实施后，民族广播自采自办的节目逐渐增多，考虑听众需求的越来越多，节目离听众越来越近，努力由"我播你听"的单向灌输式向平等交流的双向互动式转变。

除了五个语言部，民族广播中心还对新闻工作进行改革。长期以来，为民族语言节目提供汉语新闻稿件的工作由综合编辑部新闻组承担。综合编辑部的专稿组承担汉语《民族大家庭》节目以及覆盖北京的调频101.8兆赫的《民族音乐官》《都市生活》《健康新概念》三个节目。民族广播工作者在对新闻工作进行改革时，主要方面是理顺民族新闻的共性与个性的关系，在新闻稿件的选择、编辑等方面进行调整。"边疆少数民族地区广播电视覆盖工程"实施后，硬件条件的改善从客观上提升了新闻组的工作效率和工作质量，他们告别了过去半手工作业的落后状态，圆满完成两会、党的十六大、防治"非典"等重大报道以及日常新闻稿件的编发工作。民族广播的新闻改革工作虽然颇见成效，但体制不顺、职责不明、力量投入不够等因素依然制约着民族广播整体改革工作的纵深发展。因此，2003年8月，中央电台分党组研究决定，民族广播中心撤销综合编辑部，设立新闻部，蒙建亚为新闻部主任，12月，兰汝生被任命为新闻部副主任。新闻部的职责是：在中心的领导下负责民族广播中心重大选题的策划和具体实施；负责蒙、藏、维、哈、朝五个民族语言节目的日常新闻和新闻性专题节目的编辑、采访和发稿工作；负责为中央电台其他新闻节目和中国广播网提供有关民族方面的重要新闻；负责《民族大家庭》节目的采编、制作等工作；负责中国广播网民族分网的网管工作等。

新闻部的成立，表明了新闻报道在民族语言广播中具有不可替代的地位，也从体制上理顺了民族广播中心内部的业务关系，这也是中央电台民族广播新时期发展史上的一件大事，为下一步的棋该怎么走指明了道路。

贯穿全年的改版工作

在民族广播中心通过讨论节目方针、调研考察等形式为改革提供思路和依据之外，由台领导组织的"民族之声"改版工作贯穿2003年一整年。

7月10日上午，杨波台长在中央电台2003年年中工作会议上讲话时指出，根据我国文化体制改革的精神，中央电台1、5、6、8套节目属公益性事业，要按照文化体制改革的精神，加快节目改革步伐。

7月14日，在中央电台全台例会召开后，杨波台长按计划召集民族中心班子成员及各部主任会议，传达了中央有关文化体制改革的精神，重点谈了民族广播中心下一步的改革任务：要及时准确传达中央的声音，要增强中央电台民族广播的权威性和贴近性。第二天下午，副总编辑张小平召开由民族广播中心班子成员及各部主任参加的会议，学习贯彻落实杨波台长的谈话精神。

7月30日下午，民族中心负责同志到杨波台长办公室汇报工作，杨波台长又谈到了第八套节目改革之事。他说，关于第八套节目改革，涉及节目定位问题，要以传达中央政策、法令为主；要服务对象地区听众；要充分发挥各语言部的作用，加强新闻报道，提高时效，创新栏目，提高整套节目的质量。

9月29日上午，中央电台领导向总局领导汇报一、五、六、八套节目改革方案。杨波台长在汇报中，正式将中央电台第八套节目方针确定为"立足中央，服务对象听众"。总局领导赞同节目方针的调整，认为由"面向"改为"服务"，由"地区"变为"听众"，既体现了广播的特点和服务意识，也符合以人为本的理念。改版后，第八套节目将命名为"民族之声"，这一名称也得到了总局领导的认可。

12月15日，杨波台长主持台编委会专题研究并通过了"民族之声"改版方案，多名台领导和编委会成员出席会议。杨波在肯定中央电台民族广播所取得的成绩的同时，对接下来的工作提出三点要求：一要坚持正确导向，充分发挥中央电台民族语言广播的政治优势，及时用民族语言把党中央的声音传到民族地区，促进民族团结；二要突出广播特点，增强服务意识，发挥民族广播覆盖面广、传播速度快的优势，同时加强新闻报道，提高可听性，让人乐意听；三要加强内部管理，提高队伍素质，从内部建章立制，把关系理顺。会议召开密集，会上却没有空话套话，有的是大家聚在一起，从一点一滴的小事开始，商量怎么才能把"民族之声"这张牌漂漂亮亮地打出去。一年到头，大家做的事儿不少，奔着的目标却只有那一个，就是第八套的节目的改版。这次能否旧貌换新颜，大家都铆着劲儿努力着、期待着。

2003年的最后一天，中央电台"民族之声"开播仪式在北京举行，台长杨波致辞，中央统战部、国家民委、国家宗教局等代表出席"民族之声"开播仪式，中央电台五种语言广播主持人齐声祝贺，民族广播中心主任肖玉林向来宾介绍"民族之声"的相关情况，并把"民族之声"的开播称为"民族广播改革迈出的第一步"。

2000 年 12 月，中央电台第八套节目开播，交出了"边疆少数民族地区广播电视覆盖工程"实施后的第一张答卷；时隔三年，在 2003 年的 12 月，民族广播中心再次推出"民族之声"新版节目，这既是对三年间发展状况的总结，也写下了对美好未来的期望。中央电台的民族广播，由此走入承上启下的新阶段。

4∶58 响起的呼号

召唤来了"民族之声"

2004 年是农历甲申年，也是一个四年才轮到一次的闰年。在上一个闰年庚辰年，刚刚过完 50 岁生日的中央电台民族广播恰逢"边疆少数民族地区广播电视覆盖工程"的发展良机，成功推出中央电台第八套节目，增加了节目时长，提高了节目的覆盖率，并在 2003 年对节目进行改革，于年底推出全新的"民族之声"。

2004 年的第一天，在晨曦还未洒向大地之际，中央电台民族广播已经向听众送去了新年的问候与祝福。在这天的凌晨 4∶58，中央电台的呼号再一次飘荡在祖国的边疆地区，收音机里第一次传出改版后的第八套节目——"民族之声"。这一天是周四，第一个节目是用朝鲜语播出的新闻。时值寒冬，夜长昼短，鸭绿江边的城市犹如冰雪王国，长白山白雪皑皑，冬之歌在天地间奏响。无线电波穿山越岭，在黎明到来之前把千里之外的暖意传递给冰天雪地里的朝鲜族同胞。

推陈出新三步走

改版后的民族广播突出"以新闻性节目为主体的五种民族语言广播，权威、及时的新闻报道，丰富多彩的专题文艺"的节目特色，强化"播报与主持相结合，传者与受众相互动；权威、大气而不失亲和力，好听、有用而不失引导功能"的节目形态，并将目标听众定为"能听懂蒙古、藏、维吾尔、哈萨克、朝鲜五种民族语言的所有人群，重点是边疆对象地区听众群体，兼顾首都北京以及周边相关国家听众"。

从整体上来讲，"民族之声"具备以下三个方面的特点：

第一个特点是改进新闻报道。新闻是广播节目的核心，发布新闻，是中央电台开办民族语言广播的初衷，也是中央电台民族语言广播作为国家电台节目的主要优势所在。越是在信息浪潮大量涌来的时候，越是要保证新闻内容的质量。为此，"民族之声"开播之前，就已经将新闻作为重点来强化，比如在2003年12月设立了新闻部，以从体制上加强新闻节目的制作。中央电台民族语言节目虽说每天播音20小时，但平均每种民族语言节目的播音时间只有4小时。在非常有限的节目时间内，如何更好地把党和政府的声音传入民族地区的千家万户，如何更好地满足边疆少数民族听众对信息的需求？最好的办法就是增加新闻的时长、增加信息量。新推出的"民族之声"的主要内容为用蒙古、藏、维吾尔、哈萨克和朝鲜5种民族语言播出的新闻性节目。各语种在每次1小时的节目中，新闻占30分钟，新闻性专题占20分钟，文艺节目穿插于节目之中，改变了过去文艺节目所占比例过多的局面。同时，"民族之声"的新闻发稿工作也面目一新，发稿质量和数量明显提高。主要表现在四个方面：一是精选精编新闻稿件，在相同节目时间内，新闻数量大幅提升。过去，30分钟的新闻节目一般只有20多条新闻，现在增加到了40多条；二是新闻报道面扩大了，除了时政、经济、国际新闻外，增加了文化、体育、社会新闻等；三是新闻的时效性有所提高，加强了新闻值班工作，重要新闻及时赶发，力争在第一时间播出；四是新闻的知识含量增加，可听性明显增强。这和"民族之声"推出之前新闻编辑力量薄弱、发稿质量和数量都不能很好地满足各语言节目部要求的局面相比，有着很大的转变。

　　"民族之声"的第二个鲜明特点就是专题节目新闻性强。早在2002年年底，民族广播中心就对五个语言节目部的专题节目进行过一次调整。调整的指导思想是：发挥优势，精办专题，改变各语言节目专题过多、缺乏特色、质量不高的状况。经过认真反复的研究和调整，基本达到了目的。每个语言节目的专题数量从十多个减少到七个，专题节目的质量有了提高。民族广播中心在设计"民族之声"的专题节目时，对各个语言节目逐一进行专题分析、研究和调整，根据"强化喉舌意识，强化新闻比重，强化服务功能"的主要思路从两个层面对专题节目进行了调整。一个层面是从中央电台办民族语言节目的优势重新审视各个专题节目。地方台的优势在于举办一般性的科技卫生专题节目和文艺专题节目，因此，各语言部对其专题节目进行一次清理，去掉一些应该由地方台办的专题节目，以避免资源的重复和浪费；同时，发挥中央电台的优势，开办地方电台想办又办不了的专题节目。因此，改版后的"民族之声"推出《论坛》和《视野》两个新的专题节目：《论坛》负责及时、准确地发布或阐释党和国家及有关部委颁布的与对象地区关系密切的政策法规与重要信息，而《视野》主要报道国内外各民族的最新发展态势，开阔听众视野，增强中华民族大家庭意识。另一个层面，则是要从新闻的角度出发办好每一个专题节目。中央电台的民族语言广播主要为新闻性广播，其专题节目也属于新闻性专题。专题节目的选题来自新闻，是新闻的延伸、展开和深化，而不是与新闻无关的一般性内容。按照这一思路，各语言部对保留的专题节目进行重新设计，增强了专题的新闻性。如：蒙古语节目增加了《今日访谈》，藏语节目增加了《走遍神州》；维吾尔语节目增加了《神州风采》，哈萨克语节目增加了《神州新貌》，朝鲜语节目在自办的专题节目中增加了《地方新闻》《经济动态》《文教信息》，等等。这些专题可以让对象地区听众获取更多、更新的信息，从而增长知识，拓宽视野。

"民族之声"的第三个鲜明特点就是节目形态多样，现场感和互动性强。随着社会的发展变化，听众对新闻媒体的要求越来越高，不仅对传播内容求新求广，对传播方式也有着新的需要。因此，既要强调内容为王，用优秀的节目内容打动听众，也要用创新的形式吸引听众，因此，"民族之声"在节目设计中努力将内容与形式统一起来。

实施"边疆少数民族地区广播电视覆盖工程"后，中央电台民族语言广播的节目形态已经发生了一些变化，主要表现是增设了主持人节目，这使过去单一的播音方式有了改变，拉近了节目与听众的距离，增进了节目主持人与听众的交流和互动。在此基础上，"民族之声"首次明确提出：播报要与主持相结合，传者要与受众实现互动，使节目做到权威、大气而不失亲和力，好听、有用而不失引导功能。因此，"民族之声"的重要新闻还是采取播报的方式，但播音的语调和速度与过去有相当大的区别：语调更趋自然、平和、亲切，语速更加明快。除新闻节目外，其他专题节目全都采取主持人节目形式，一批年轻的民族语言节目主持人在话筒前一展风采，大显身手。在节目与听众的交流互动方面，一是在节目中经常播出来自听众的要求和建议；二是在节目中欢迎听众以打电话或写信的形式，发表对节目或某一事件的看法，参与节目，分享节目。"民族之声"播出一段时间后，就收到听众的各种意见反馈，其中不乏赞扬的声音。比如：内蒙古锡林郭勒盟一位牧民在电话中提到，"民族之声"的两会报道时效性很强，从广播中最先听到了会议开幕等重要新闻，现场感很强，新闻翻译准确，声音清晰，能够亲耳听到少数民族代表和委员们参政议政的情况，比听播音员念稿子更过瘾；新疆维吾尔族听众伊德里斯则称赞新节目的权威性，在他的印象中，以往节目在制作上过于地方化，显示不出中央新闻机构的特色。而改版后的节目站在全国的高度编排节目，特别显示出国家电台的风范。

五个语言部妙招迭出

对于蒙、藏、维、哈、朝五个语言部来说，每种语言每天只播放四小时的节目，如何利用好每天宝贵的四小时将本民族听众拉到收音机前，是对五个语言部的重要考验。时任副总编辑李国君要求民族广播中心认真规划好各个语言的节目，尽快形成品牌影响力。

为落实台领导的要求，五个语言部各出高招，在加强节目吸引力方面下足功夫。蒙古语广播撤销了之前一些针对性不强的栏目，保留、充实和增办了一些能够体现中央电台特色的优秀栏目。对文艺节目，也重新设计与思考，充分研究听众心理，从内容选择、编辑手法、美化包装、主持形式等多个方面大胆设想，突出个性，增强节目的欣赏性。为了得到听众的反馈，2004 年 8 月底，蒙古语部在内蒙古呼伦贝尔市的四个牧业旗县进行了听众调查工作，并组织召开了由 70 多名听众代表参加的座谈会。

位于呼伦贝尔大草原西部、呼伦湖和贝尔湖边的新巴尔虎右旗、新巴尔虎左旗、陈巴尔虎旗和鄂温克旗是中央电台蒙古语广播听众较多的地区。调查结果显示，听众对新改版的蒙古语广播节目的内容和形式都很满意，普遍认为节目内容新颖，信息量大，针对性较强，文艺节目富有时代感和民族特色。但有一点还不满意，就是每次节目才 50 多分钟，怎么听都不过瘾。这种不满，让蒙古语部的同志既幸福又烦恼。

藏语广播在实践中把国家电台和民族广播的特色结合在一起，一方面重新组织栏目结构，增加了适合新时期党和国家工作全局要求的内容，加大了《论坛》《环球博览》《文艺园地》等栏目的内容。西藏、青海的一些藏族听众写信表示最喜欢《藏语新闻》《新闻背景》《走遍神州》《论坛》等栏目，收听这些节目可以了解党和国家的方针政策，了解国内外重大事件，了解世界的变化。

另一方面，藏语部在宣传报道中充分挖掘西藏的地方特色，让节目更能贴近和打动藏族听众。2004 年 6 月，为纪念江孜抗英 100 周年，弘扬中华民族的伟大精神，藏语部派记者赴西藏拉萨、日喀则、江孜、亚东等地采访，前后行程1500 多公里，采访制作并播出了《纪念江孜抗英 100 周年》10 集系列广播节目。

为检验节目效果，藏语广播在8月开设"有奖问答"听众调查活动，平均每天收到38次（封）听众来电、来信，听众在调查活动中讲出了自己的心里话。一位西北民族大学的学生在信中写道，他的家乡在闭塞的西藏农牧区，那里的人们看不到电视，于是收听广播就成了和外界交流的最好工具。日喀则的一位个体劳动者不无感慨地说，他最喜欢《空中信箱》和《新闻背景》两个节目，前者沟通着千万家长和学生的心，后者则让他们了解世界上其他地方所发生的事情，得知一些国家的人民仍生活在战乱和恐惧的环境中，便更感觉中国的和平、稳定、团结是那么来之不易和值得珍惜。拉萨的一位普通村民来信表示感谢，他在读小学的时候被汽车撞伤，失去了上学的机会，每日待在家中非常苦闷，而民族广播为他打开了世界的另一扇大门，让单调的生活多了一些色彩。

维吾尔语广播也努力走出自己的路。在"民族之声"推出后，维语广播全天播出4次，每次一小时。在每次一小时的节目中，新闻占30分钟，新闻性专题占20分钟，新闻数量增加的同时报道面扩大了，自采新闻的播出量也增多了。文艺节目穿插于新闻节目中，改变了过去文艺节目所占比例过多的局面。除此之外，调整专题节目，分为《午间世界报道》和《晚间中国报道》两大板块及周六、周日的特别节目，增加了专题节目的新闻性、时效性和连贯性。之后的时间里，维语部一直没有停下探索的脚步，在"民族之声"推出整整一年后，再次对节目进行改革：成立策划组，设立总主持人制度，整合节目资源，对全天的节目进行统一策划、统一制作；重新为节目定位，将以往的新闻、专题、文艺综合性节目改为新闻性节目。此次改革不仅受到广大听众的欢迎，还得到地方兄弟电台的赞赏。当地的基层干部告诉中央电台的同志，农牧民听了"民族之声"后，政策水平比以前提高一大截，如果干部不按政策办事，农牧民就会找他们论理。

哈萨克语广播是五个民族部中最年轻的一个，在"边疆少数民族地区广播电视覆盖工程"实施之初，曾饱受人才短缺之苦，几年过去了，哈语部不仅顺利从青黄不接中"挺"了过来，还努力追赶着四个"兄长"的步伐。和其他几个语言部一样，哈语广播的改革重心也在新闻和专题节目上，并相继完成了一系列重点宣传工作。在两会报道中，除及时编发中央电台统一部署的有关两会的新闻稿件和专题外，还努力推出了一批两会专栏，既强调民族特点，如《少数民族代表委员风采》专栏，也突出知识性，向听众介绍两会的基本常识。不仅如此，哈语部特别注意选编涉及民族地区和少数民族群众的内容，如代表委员谈"三农"、西部大开发、环境保护、民族地区如何进行科学发展、民族宗教政策的贯彻落实、民族教育、民族文化的继承和发展、退耕还林、退牧还草、农牧区医疗卫生等话题。这些具有侧重性的专栏一改过去的死板面目，受到听众的追捧。

在中央电台民族广播所涉及的五个少数民族中，只有朝鲜族聚居在祖国的东北部地区。新版节目推出后，一些朝鲜族听众反映，通过节目可以及时了解党的方针政策，了解国内外重要新闻，还可以获取很多贴近群众的信息。比如当时曾有延边的听众反馈，从节目中听到了温家宝总理在《政府工作报告》中提出的减轻农牧民负担、改善人民生活、发展义务教育等方面的一些政策措施，深深感到以胡锦涛同志为总书记的党中央处处为人民群众特别是农牧民着想，虽然自己远在边疆，但心与北京贴得更近了。

中央电台和民族广播中心统筹，新闻部和五个语言部发力，大家恨不得把心思都锁在"民族之声"上。这样所形成的合力，使"民族之声"受到从民间到官方的双重点赞。听众处江湖之远，却因有民族广播节目而听到国家的声音，拉近了和中央的距离；官方从大局把关，也称赞这些节目让少数民族同胞的呼吁、声音、诉求被更多的人了解。节目推出后，中宣部《新闻阅评》在第187期刊登了新闻阅评小组的文章《中央电台"民族之声"受少数民族群众欢迎》。阅评员认为，改版后的节目强化了喉舌意识和服务功能，既体现了国家电台的权威性，也体现出内容的"三贴近"。20世纪以来，在广播媒体频率化和类型化的发展趋势下，作为中央电台整体改革的重要组成部分，"民族之声"的问世使民族广播翻开了新的一页，也为中央电台的改革接力传了精彩的一棒。新颖的内容、丰富的信息、针对性强的专题节目、富有时代特色和民族特色的文艺节目，这些因素大大增强了中央电台民族语言广播的凝聚力和影响力，成为维护民族团结和边境地区稳定的助力器。

我辈上下而求索

李长春同志提出了新命题

2004年11月30日，时任中共中央政治局常委的李长春同志，对民族广播工作做出批示。两年前，他曾在视察中央电台工作的时候来到民族广播中心，与少数民族广播工作者交谈，那时候"边疆少数民族地区广播电视覆盖工程"进入第三阶段，民族中心的软件和硬件条件逐渐改善，工作人员刚刚开始人手配备一台电脑；10个月前，他在视察中央电台的时候，又一次和民族广播中心的同志合影，当时新版"民族之声"刚刚开播，中心的工作人员正满怀憧憬地开始新的航程。

在李长春心中，办好少数民族语言广播是一件极其重要的事情，促使他做出批示的则是《广播影视简报》上刊登的一篇文章。2004年1月1日，"民族之声"新版节目推出。8月，"民族之声"在五种民族语言节目中进行听众调查，征求听众对节目的意见和建议，后收到大量听众来信、来电，在11月的《广播影视简报》上，刊登出由民族广播中心主任肖玉林执笔的文章——《中央人民广播电台少数民族语言广播凝聚力、影响力明显增强》。文章从节目改版状况、国内听众反映、在周边国家影响力扩大三个方面介绍了"民族之声"改版后的一些情况："民族之声"推出后，迅速成为边疆少数民族了解党和国家方针政策的重要渠道；权威、及时的报道体现出国家电台的水平和优势，让少数民族同胞感受到国家的重视和关怀；内容丰富、形式多样的节目始终坚持"三贴近"的原则，通过和听众的双向交流拉近距离，受到听众的喜爱。李长春同志看到这篇文章后，当即做出有关批示。第二天，时任中央宣传部副部长、国家广播电影电视总局局长、党组书记的徐光春写下批示，要求按照长春同志批示，进一步搞好少数民族语言广播。紧接着，台长杨波主持召开民族中心处级以上干部会议，传达学习李长春同志的重要批示。杨波指出，"边疆少数民族地区广播电视覆盖工程"实施以来，中央电台民族广播硬件建设加强、播出时间延长、覆盖效果提升，通过对节目内容进行改革，在增强凝聚力、影响力方面取得了一定的成绩。在未来的一段时间里，民族广播中心要抓好以下三个方面的工作。

第一，要坚持正确的舆论导向，及时传达中央的声音，为少数民族听众服务，以党和国家的声音凝聚边疆民族地区听众。

第二，按照"三贴近"的要求，不断改革，使民族广播在内容上、形式上更加贴近少数民族听众，使节目更生动活泼、富于感染力，更适合少数民族地区听众的收听特点，让他们想听爱听，入耳入脑。

第三，不断推进民族广播事业的发展。加强队伍建设，提高技术水平和管理水平，出人才、出作品，还要积极扩大民族语言广播覆盖面。

12月3日，副台长赵忠颖组织召开民族广播中心全体人员大会，传达李长春同志对民族广播的重要批示精神。按照杨波台长的要求，民族广播中心部署了自己的发展战略：对内建立节目创优机制，鼓励优胜劣汰，同时加强群众调研工作，及时了解听众需求，努力使节目更加贴近民族听众；对外则是加强全国民族广播系统的交流合作，组织有民族广播特点的社会活动，进一步扩大中央电台民族广播的社会影响力。

民族广播中心主任肖玉林当即表示，中央领导对民族广播做出重要批示，肯定了中央电台的民族广播工作，提出了新的要求，这让每一位民族广播工作者都备受鼓舞和鞭策。在台领导和全台各部门的帮助与支持，以及民族广播中心全体工作人员的共同努力下，民族广播工作取得了进步和成绩；在接下来的工作里，更要坚持以"三个代表"重要思想为指针，以"三贴近"为基本原则，以"三力"（凝聚力、影响力、感染力）为追求目标，积极努力，扎实工作，进一步搞好民族广播节目的改革和创新，不辜负中央领导的殷切希望。

刘云山同志的贺信

2000年，正是由于江泽民总书记的批示，"边疆少数民族地区广播电视覆盖工程"启动，民族广播迎来有史以来最好的发展机遇。在2004年的开端，民族广播中心推出改版的"民族之声"，在探索民族广播的凝聚力与影响力上迈出了关键的一步。带着中央领导的关怀，锐意进取的民族广播迈入了2005年。这一年是民族广播开播55周年，也是"边疆少数民族地区广播电视覆盖工程"实施后的第五年。在这两个逢五的时间点，民族广播在对过去工作进行总结的同时，也对未来充满着期望。

5月20日，中央人民广播电台少数民族语言广播55周年座谈会在人民大会堂举行，在此两天前，时任中共中央政治局委员、书记处书记、中央宣传部部长的刘云山写信祝贺，他在信中写道：

> 值此中央人民广播电台开办少数民族语言广播55周年之际，谨向在民族广播宣传工作岗位上辛勤工作、默默耕耘、无私奉献的各民族的编辑、记者、播音员、主持人等全体工作人员表示亲切慰问，向为我国民族广播事业做出贡献的老一辈民族广播工作者致以崇高的敬意！
>
> 民族广播宣传是党的新闻宣传事业的重要组成部分，也是党的民族工作的重要组成部分。做好民族广播宣传，向民族地区宣传党的方针政策、传播先进的思想观念、提供健康的文化娱乐，对促进边疆民族地区经济社会发展、增进民族团结、维护祖国统一和社会和谐稳定，具有其他媒体不可替代的作用和十分重要的意义。希望中央电台民族广播发扬光荣传统、开拓创新、再接再厉，始终坚持正确舆论导向，坚持"三贴近"原则，切实加强队伍建设，不断丰富节目内容，使我们的宣传既富有民族特色又注重时代特点，既加强引导又增强吸引力、感染力，通过我们的工作来鼓舞、激励全国各族人民共同团结奋斗、共同繁荣发展，为构建社会主义和谐社会、为实现中华民族的伟大复兴做出新的贡献。

刘云山同志的贺信再一次传递了中央领导对民族广播事业的热切关注和深厚期望。座谈会上，时任全国政协副主席阿不来提·阿不都热西提，中宣部副部长、国家广电总局局长的王太华，国家民委、国务院新闻办、国家宗教局，西藏、新疆、内蒙古广电部门的领导和代表，中央电台各中心（室）主任和频率单位总监，民族广播中心处级及以上干部和业务骨干等出席了座谈会。新华社在当天的报道里写道：开播55周年的中央电台少数民族语言广播目前覆盖的领域可为国内2500万、国外近1亿听众提供新闻信息服务。

在这次座谈会上，与会同志围绕李长春同志和刘云山同志的重要批示和贺信，主要讨论如何在实际工作中增强民族广播的影响力、凝聚力和感染力。王太华在讲话里提到，做好民族广播工作，加大改革创新的力度，除了要在思想里牢固树立政治意识、大局意识和阵地意识，切实增强做好民族广播宣传工作的责任感、使命感，还要牢牢把握正确的舆论导向，深入贯彻"三贴近"原则，坚持"立足中央，服务对象听众"的方针，认真宣传好中央的各项路线方针政策，宣传好中央关于民族地区经济发展的重大决策和重要措施，宣传好民族地区经济社会的重要发展，宣传好党中央实施西部大开发战略以来所取得的成就，以及民族地区在落实科学发展观、构建和谐社会方面的新进展、新经验。

在如何增强凝聚力、影响力、感染力的问题上，杨波台长在讲话中指出，总结民族广播55年的发展历程，中央电台少数民族语言广播始终是促进少数民族和民族地区加快发展的舆论信息工具，是少数民族同胞获取国内外重要新闻的首选渠道，是了解党和国家方针政策的主要窗口，是增长知识、丰富生活的良师益友。而接下来的很长一段时间内的任务就是实现"不断增强节目的凝聚力、影响力和感染力"的目标。实现这个目标，首先要坚持正确的舆论导向。正确的舆论导向，决定凝聚力、影响力、感染力的方向和性质。导向正确，凝聚力、影响力、感染力就可以向着积极、健康、有益的方向发展；导向错误，凝聚力、影响力、感染力就可能背道而驰。正确的舆论导向，以马列主义、毛泽东思想、邓小平理论、"三个代表"重要思想和科学发展观为理论基础和价值取向，具有强大的生命力。其次要以"三贴近"的内容和形式增强凝聚力、影响力、感染力。少数民族语言广播只有贴近实际、贴近生活、贴近群众，才能在少数民族听众中和民族地区具有凝聚力、影响力、感染力。否则，就是空中楼阁。长期以来，中央电台民族语言广播在解决"三贴近"问题上下了不少功夫。一是从思想上内容上"三贴近"，尽量根据对象地区听众的思想和生活实际需要选取报道内容；二是经常派出编辑记者到对象地区采访调研，保持与对象地区广大听众的密切联系，在节目中反映他们的愿望和要求；三是开设《听众信箱》专栏，专门播出听众来信，回答听众提问，为听众服务。由于采取了这些措施，中央电台少数民族语言广播编辑部虽然远离边疆对象地区，但边疆地区少数民族干部群众反映：收听中央电台的民族语言广播，使他们的心与首都北京贴得更近了，与党和政府的联系更紧密了。

杨波台长的讲话道出了民族广播工作者的心声。不论是中央电台民族广播在55年里筚路蓝缕、创业维艰，还是"边疆少数民族地区广播电视覆盖工程"实施五年以来所经历的提升和跨越，亲身经历者有满腹的话想要表达出来。为此，民族广播中心把从1950年藏语开播以来的点点滴滴汇聚成文，结集出版，书名叫《实践与思考》。这是一部展示中央电台少数民族广播事业理论与实践成果的文集，它以"节目定位""选题策划""编辑守则""采访甘苦""翻译春秋""播音创作""主持心路"等为题记录了民族广播的历程,记录了民族编辑、记者、播音员、主持人在风雨之中的感悟与解读。这其中,既有老一辈民族广播工作者对往昔的记忆与怀念,也有新的一代对新闻宣传工作的思考与探索;既有对加强舆论引导和舆论监督等层面的探讨和分析,也有对节目体系、互动交流、翻译工作、播音主持等各个环节的研究与争鸣;既从宏观层面把握民族广播工作的方向,也从微观层面探测其深度和广度。这本书的出版,是对光荣岁月的缅怀,更是对美好未来的展望。

求解新命题

开播55年中,中央电台民族广播所取得的每一项成绩,都离不开中央领导集体的亲切关怀。尤其是"边疆少数民族地区广播电视覆盖工程"实施后,中央电台民族广播迈入新的历史发展阶段,中央领导几次对民族广播工作做出批示,可见对民族广播宣传事业的支持和关心。中央人民广播电台少数民族语言广播55周年座谈会结束后,民族广播中心投入到落实中央领导重要批示的学习中。大的命题给出了,接下来就是围绕这个目标,从方方面面开始探索答案。

6月14日,杨波台长出席民族广播中心"落实中央领导重要批示学习班"并讲话。学习班是对中央领导重要批示和总局领导讲话的再学习、再理解,是总结经验、激发热情、推动民族广播深入发展的有效措施,也是民族中心领导班子落实先进性教育的整改措施之一。贯彻落实中央领导重要批示,需要从以下三个层面入手:

第一,要认识民族广播。民族广播是党的新闻事业的重要组成部分,也是中央电台不可或缺的重要组成部分,有着其他媒体不可替代的作用。中央电台民族广播有着悠久的历史和光荣的传统,有成功的经验,并具有深刻广泛的影响力和强大的号召力,少数民族听众认为中央电台民族广播代表党和国家的声音,这是一种凝聚时间的品牌力量。

第二,要了解服务对象。"民族之声"改版后,节目方针从"立足中央,面向对象地区"变为"立足中央,服务对象听众",从"面向"到"服务",变换的不仅是两个字,更是一种理念的更新,姿态的改变。只有清楚地了解听众的收听需求,才能更好地服务听众;只有掌握了听众的收听需求,才能更好地增强节目的针对性。听众的收听需求是随着社会发展不断变化的,所以对听众需求的了解不能停留在某一阶段，要经常深入了解，才能办出入耳入脑、受听众欢迎的好节目。

第三，要提高服务质量。民族广播宣传工作者是通过节目来为听众服务的，因此，提高节目质量是民族广播工作者永无止境的主题。这几年，中央电台民族广播已经积累了很多改革经验，思路变了，视野宽了，精心选题，精心翻译，取得了很好的成绩。总体而言，中央电台民族广播在改革中要始终把正确的舆论导向放在第一位，及时、准确地把党中央的声音传下去，这是提高节目质量的根本前提，也是提高节目权威性的基本途径。同时，还要进一步活跃节目，增强节目的可听性。

新闻部和五个语言部的编播人员都参加了这次学习班，并且结合自己的实际探讨今后的发展方向。

2005年，民族广播的工作重点从"民族之声"推出之前的栏目建设转移到频率建设上面，在通力合作的前提下，各个部门开始"八仙过海，各显神通"，努力吸引本民族听众，在实践中探索中央领导所提出的"增强民族广播的影响力、凝聚力、感染力"这个大的命题。众人拾柴火焰高。中央电台想要求解，不仅需要自己对工作进行部署，也需要从地方台的同志们身上吸取经验和知识。2006年，第四届全国民族广播协作会在云南召开。这也是李长春同志对中央电台民族广播工作做出批示后第一次召开民族广播协作会。这次会议的主题是：以科学发展观为指针，进一步加强全国民族广播宣传单位的协作，充分发挥民族广播的独特优势，不断增强民族广播的凝聚力、影响力、感染力。

这次会议认为：中央电台民族广播与各地方电台的民族广播构成了我国民族广播的整体。中央电台民族广播与地方电台民族广播各有分工，各有侧重，各有优势，这些内容在前几届的协作会上已多次提及；如今想要增强民族广播整体的凝聚力、影响力和感染力，需要中央电台和地方电台通力合作；中央电台民族广播要不断总结协作经验，不断思考协作内涵。会议达成如下共识：第一，加强节目覆盖方面的协作，是增强民族广播凝聚力、影响力、感染力的基本前提。随着民族广播协作关系的不断加强，许多过去不转播中央电台民族广播的电台也开始转播了。第二，加强民族广播人才交流、培养方面的协作，是增强民族广播凝聚力、影响力、感染力的重要条件。自从首届民族广播协作会召开以来，中央电台和地方电台不断在人才交流培养方面加强协作。通过人才交流，中央电台和地方电台相互学习，共同提高，努力培养和造就了一大批名记者、名编辑、名翻译、名播音员和名主持人，为增强民族广播的凝聚力、影响力、感染力奠定了人才基础。第三，加强民族广播业务研究方面的协作与沟通，是增强民族广播凝聚力、影响力、感染力的必要途径。

我国民族广播历史悠久，实践丰富，而办好民族广播离不开业务、理论的指导。自李长春同志做出批示之后，"不断增强民族广播的凝聚力、影响力和感染力"就成为民族广播在新时期的新航标，从"民族之声"的推出和改革，到第四届民族广播协作会的召开，民族广播中心从工作的各个环节出发，牢记中央领导的关怀，不断探索民族广播工作的新境界。"怕什么真理无穷，进一寸有进一寸的欢喜"，并不是迈出的每一步都能带来颠覆性的进展，但围绕着时代给出的大命题，民族广播人走的每一步都是对答案的求解。

蒙语广播：草原上的天籁

新闻为主、专题为辅、文艺为补充的节目格局

　　1951 年国庆节前夕的一天，23 岁的中央音乐学院蒙古族学生美丽其格把自己关在房间里，一遍遍拉着马头琴。悠扬的琴声把他的思绪带回家乡，带回骏马奔腾的广阔草原，不知不觉中，美丽其格哼唱出"蓝蓝的天上白云飘，白云下面马儿跑，挥动鞭儿响四方，百鸟齐飞翔"，这就是他的成名作《草原上升起不落的太阳》。歌曲写出来后，就在学校里口口相传，后来传唱到祖国的大江南北，成为全国人民都能哼唱得出的民歌。2007 年 11 月，"嫦娥一号"发射成功，搭载播放的 30 首歌曲中，除了蒙古语歌《美丽富饶的阿拉善》之外，还有这首传唱了半个世纪的《草原上升起不落的太阳》。

　　提起内蒙古，很多人首先想到的都是一望无际的大草原。"敕勒川，阴山下，天似穹庐，笼盖四野。天苍苍，野茫茫，风吹草低见牛羊。"这首北朝年间敕勒人唱的民歌，由鲜卑语翻译成汉语后在中原地区广为流传，成为内蒙古大草原旅游业的最佳广告语。苍茫阔达的草原和草长莺飞的江南水乡有着截然不同的景致，使得国内外大量的游客都想亲自来这里看一看，感受那股原始的力量和野性。

　　中央电台蒙古语广播生来就带着草原儿女磅礴大气的性格。作为国内以蒙古语言文字为载体的各种传媒中传播速度最快、最权威的中央级媒体，蒙古语广播诞生于 1950 年 8 月 15 日，是继藏语广播之后中央电台开办的又一种少数民族语言广播。

　　70 年来，在特古斯宝音（肖懋华）、铁梨、宝音都仁、图门吉日嘎拉、哈尔套高、仁钦、诺日布、额日德尼毕力格、格日勒图等历任领导带领下，蒙古语广播不断成长进步。

　　"边疆少数民族地区广播电视覆盖工程"启动后，蒙古语广播也开始了自己

的改革历程，增加新闻量，调整部分栏目，增办新栏目，逐渐形成了以新闻为主、专题为辅、文艺为补充的节目格局。

2004年"民族之声"推出后，蒙古语部加快了对节目的整体改造进度。他们精心打造新版节目，强化新闻报道，延长了新闻节目时间，增加了信息量，及时赶发重要新闻，增加了对象听众地区新闻、其他民族地区新闻、社会新闻等，大大增强了新闻的可听性。从此，蒙古语部在历届主任的领导和组织下，在制定发展战略之时，就把突出国家电台的特色放在首位，在做新闻时更加关注热点、难点问题，以及和百姓切身利益相关的问题，注重抓典型事例做深度报道。蒙古语部把办好节目的出发点和落脚点归为"更好地发挥蒙古语广播在同类媒体中不可替代的作用"。要做到这一点，就要在"中央"两个字上做好文章，把国家电台的地位和优势用到日常节目制作中，充分体现国家电台的权威性。

三个方面重点突破

"边疆少数民族地区广播电视覆盖工程"实施后，蒙古语广播的工作，主要从三个方面实现了重点突破：第一个方面是提高新闻采制能力，提高新闻报道的时效性，提高报道重大活动的能力；第二个方面是推出一批具有吸引力的专题节目，切实从为听众服务的角度出发做节目；第三个方面则是加强与地方电台的协作，使国内蒙古语广播形成合力。

"用最快的速度把国内外的信息送到蒙古包里"，是听众对中央电台蒙古语广播的称赞，也是蒙古语部全体工作人员所遵循的业务信条。要做到这一点，就要通过加强新闻的时效性提高节目的收听率，争取更多的听众。为此，蒙古语部不断对新闻节目进行调整，更加突出新闻的龙头地位，增加新闻信息量，及时汇总国内外重要新闻、简讯、对象地区新闻以及重大新闻的背景资料等，形成一个新闻汇总和信息库，大大增强了时效性、针对性和贴近性。蒙古语部工作人员还努力做到重要新闻的速译、速审、速播，以最快的速度把最新的新闻传达给对象听众，满足他们获得信息的迫切需要。

在新闻报道和专题节目增强时效性的同时，蒙古语部还注意提高队伍在重大活动和重点报道方面的节目制作能力。2004年，蒙古语节目设专栏纪念邓小平同志100周年诞辰，通过录音报道、专访、广播谈话等形式，介绍邓小平理论，并采访组织和参加翻译《邓小平文选》的有关领导、专家，反映蒙古族人民对伟人邓小平的深切怀念。2005年，蒙古语部相继推出以保持共产党员先进性教育为主题的10集系列报道《楷模颂》，以介绍我国沿海发达地区新变化、新发展、新经验为主题的15集系列报道《新角度新眼光看东部》，以反映青海蒙古族以及其他民族经济文化发展、和睦相处的8集系列报道《青海巡礼》。

2006年，蒙古语部先后组织精兵强将到内蒙古、新疆、青海、辽宁、吉林、黑龙江等蒙古语广播对象地区采制播出了反映新农村建设成就的25集大型系列专题《新的腾飞》；推出了报道两会的15集特别专题《两会与百姓》，播出了促进民族地区和谐社会建设的10集专题论坛《"和谐"之我见》，采制了介绍兄弟民族风采和文化的7集系列专题《南国巡礼》。这些报道与时代主旋律紧紧相联系，以独特的视角体察生活，以鲜活的事例突出主题，以翔实的内容吸引听众，以新颖的手法包装节目，以独特的形式感染受众。这一年的12月23日，是中华人民共和国原副主席乌兰夫同志100周年诞辰的纪念日，蒙古语部派出记者采访在北京和乌兰夫同志共同奋斗过的一些老同志和在他身边工作过的人员，在短时间内制作了4篇报道。

在乌兰夫同志身边工作20年之久的秘书、原国家民委外事司司长高瑞的录音报道在《多彩中国》栏目中播出后的第二天，蒙古族著名歌唱家宝音德力格尔给蒙古语部打来电话说："我在你们的广播里收听到曾经长期担任乌兰夫同志秘书的高瑞同志的录音采访后非常感动，节目里高瑞同志所谈到的一些乌兰夫同志40多年前就呼吁保护我国草原生态，防止脆弱的草原大面积沙漠化以及沙尘对北京、天津等北方大中型城市的侵害一事，对我的震撼很大。"

除了强化新闻，蒙古语部另一个工作重点就是推出一批优秀的专题节目，以提高服务听众的能力，适应"立足中央，服务对象听众"的新要求。关于在"服务"两个字上出新出彩的问题，蒙古语部给出了自己的答案。2004年，26名内蒙古牧民被骗到北京市房山区的一个砖瓦厂，每天干12小时以上的重体力活，稍不如意，还要遭到谩骂和毒打，有的已经被打得浑身是伤。雇主原先承诺的每月1000元的工资更是没有踪影。在绝望之际，这些蒙古族牧民想到了自己熟悉的中央电台蒙古语广播节目，便向编辑部发出了求救的声音。蒙古语部迅速派出记者与当地派出所联系，救出了这26名从未出过远门的牧民，并亲自把他们送上返乡的列车。临别前，这些纯朴的牧民对着记者的话筒说："感谢你们给了我们第二次生命。"为了让更多的农牧民增强自我保护意识，不再上当受骗，蒙古语部在《法制园地》栏目中播出了相关法律法规知识，揭露了一些不法分子的欺骗手段，使广大听众可以增强防范之心和辨别能力。

每年春节，蒙古语部推出的春节特别文艺节目都别有风采。2004 年，蒙古语部与祖国各地蒙古族聚居区的电台合作，制作了长达 210 分钟的特别文艺节目《大拜年》，邀请蒙古族听众喜爱的著名歌唱家德德玛、拉苏荣，青年歌手冬花、孟根其其格来台录制歌曲。我国的蒙古族主要分布在内蒙古自治区、东北三省、新疆、河北、青海，其余散布于河南、四川、贵州、北京和云南等地，《大拜年》节目努力展现了不同地区蒙古族的风土人情、山水地貌、歌舞艺术和建设成就。

2005 年，蒙古语广播迎来了自己 55 岁的生日。这年春节，蒙古语广播推出 12 集特别文艺节目《欢乐新春》，其中有与内蒙古呼伦贝尔电台和呼伦贝尔电视台合办的《巴尔虎骏马赞》春节文艺晚会，还有与锡林郭勒电台、通辽电台、鄂尔多斯电台、青海海西电台、新疆电台、辽宁阜新电台等地方台合办的特别节目，内容丰富，形式活泼，地方特色浓厚。《巴尔虎骏马赞》晚会通过赞美马，展现了蒙古族的历史文化发展历程，歌颂了现代牧民的幸福生活，歌颂了党的民族政策，歌颂了改革开放的伟大成就。有的节目以蒙古族人民自古经营的牛、羊、骆驼等牲畜为题，介绍传统的牧业文化、丰富的节日习俗，集知识性、趣味性为一体，深受广大听众特别是牧民的喜爱。蒙古语广播用熟悉的语言陪伴蒙古族同胞过年，让电波中传出的声音变得更加温暖与亲切。

经过 2004 年和 2005 年的推陈出新，蒙古语广播覆盖范围继续扩大、收听率不断提高、听众需求趋于多元化。基于这种状况，蒙古语部在春节除夕前精心策划、组织节目，先后在深圳举办了"特区牧马人"2006 年春节文艺晚会，在北京举办了"献给家乡人民的美好祝福"文艺晚会，并在呼和浩特等地采访了一些听众喜爱的文艺工作者，在蒙古国乌兰巴托市采访了一些华人、留学生和蒙古国文艺工作者。从除夕到正月初八，蒙古语广播在《春节特别文艺节目》《金桥》《休闲时刻》等栏目中陆续播出了以上内容。一位听众打来电话说："春节期间，从中央电台蒙古语广播中听到了远在深圳工作的儿子的歌声，听到他对家人的祝福，我们犹如看到了孩子的身影，感动得流下了眼泪。中央电台蒙古语广播给我们送上的特别'礼物'，比其他什么礼物都珍贵。"另一位听众，一位 85 岁高龄的老人，在大年初三那天，从收音机里听到在北京工作的孙女对家人的祝福，顿时热泪盈眶，逢人便说："我和我的宝贝孙女在中央电台蒙古语广播中团圆了。"每逢佳节倍思亲，蒙古语广播用无线电波为不能回家过年的人筑起一座桥，用声音将家乡和异乡的亲人连在了一起。

为了制作出听众喜欢又有针对性的专题节目，蒙古语部经常深入民族地区，到听众中采制节目。2004 年，内蒙古锡林郭勒盟太仆寺旗贡宝力格苏木与蒙古语部共同举办了"牧民歌曲和诗朗诵比赛"，当地38位选手参赛，最大的43岁，最小的9岁，蒙古语部《金桥》节目对此做了采录，播出后受到听众欢迎。2006年，蒙古语部根据听众分布情况，在内蒙古的乌兰察布市、锡林郭勒盟和赤峰市等地先后组织了听众座谈会，调查了解节目的覆盖情况和听众对节目的意见。

从2006年起，蒙古语部又对节目进行了几次大的改革和调整，在不断充实原有栏目的同时，又先后创办了《记者话筒》《时代·思想》《精品展播》《简讯汇总》《广播周刊》《五支箭》等新栏目，进一步强化了节目的针对性、贴近性和服务性。《记者话筒》是2006年推出的新节目，该节目采用蒙古语部记者与8省、市、区的电台记者连线的方式，把各地新近发生、与老百姓的生产生活密切相关、群众关注的新闻事件通过口播的形式即时报道，力争做到重要新闻及时播出、重大事件跟踪报道、相关背景进行说明。在节目形态方面，把所有节目都由专门播音员播报的单一播报形式改为除了新闻节目以外绝大部分栏目由主持人播报的形式，此外还采用记者连线、记者访谈、现场口播等形式，增强了节目的贴近性、互动性和感染力，受到听众的欢迎。

《记者话筒》栏目的这种即时播报，得到各方好评。广播听评专家认为，《记者话筒》栏目由中央电台记者连线地方台记者，以中央电台的视角看问题、提问题、分析问题，把全国蒙古族同胞聚居的8个省、市、区的新闻事件及时传达给全国听众。该栏目形式上有创新，有全国各地记者的声音，报道内容丰富且有深度，充分发挥了中央电台的优势，同时与地方台共享新闻资源，充分发挥广播特色，使可听性大大增强。许多听众觉得这种口述新闻的形式比听播音员念稿子要生动得多，很多听众主动打电话来要求当义务通讯员，为这个栏目提供新闻线索。

这些栏目贴近对象听众，增强了服务性，受到了听众的普遍欢迎。一位听众在来信里把中央电台蒙古语广播《法制时空》比作"从首都北京送来的贴身律师"；一封来自某影视教育机构的感谢信则提到，该校在北京、广东和呼和浩特等地建有校区，通过蒙古语广播的《金桥》栏目发布招生信息后，接到了很多来自新疆、辽宁、青海、甘肃、宁夏等地听众的咨询电话，蒙古语广播为"那些寻找学习影视相关专业的、希望考入大学的、有天赋、有理想、有抱负的年轻人与我校之间牵线搭桥，使我校全心全意为广大农牧民服务的宗旨得以传播"。《电波送报》栏目中播出"中国教育发展基金会成立，并资助贫困地区学生完成学业"的信息后，有牧民写信告诉蒙古语部，正是从《电波送报》栏目中听到有关中国教育发展基金会资助贫困学生的信息后，自己这个特困家庭的孩子才能幸运地得到该基金会的资助，才有了继续上学的机会。

2007年1月19日，两名内蒙古牧民的女儿图门其其格和宾德日嘎给蒙古语部送来写有"中央电台的声音，牧民的福音"的锦旗。两个女孩都是唇腭裂患者，做过手术却都没成功，一直为面容上的疾病而痛苦，半个月前在蒙古语广播《金桥》栏目中听到关于中华慈善总会指定医院——内蒙古赤峰市220医院为唇腭裂患者做修复手术获得成功的信息，根据广播里告知的联系方式联系上医院，在做了唇腭裂修复手术后，两个女孩的病情得到控制，于是她俩向蒙古语节目赠送了锦旗表示感谢。

蒙古语部发展壮大的第三大法宝就是做好龙头，加强与地方台的广播协作。这一时期的蒙古语部主要从四个方面加强了与地方电台的协作。

第一，与地方台合作完成一系列有特点的大型宣传报道任务。2007年6月下旬青藏铁路通车一周年之际，中央电台蒙古语部与内蒙古电台蒙古语频率合作，组织联合采访组，到西藏拉萨等地进行采访，并且在拉萨和呼和浩特两地之间组织了一小时的异地直播节目，受到听众的好评。11月，蒙古语部又与内蒙古电台合作，组成联合采访组，到河南省郑州、洛阳、南阳等地了解当地蒙古族的生产生活状况，采制了一些有特点的节目，反映了在祖国大家庭中工作和生活的蒙古族同胞的生存状态与精神面貌。

第二，开办特色栏目，拓宽合作领域，取得显著成效。中央电台蒙古语广播对象地区的范围相对来说比较广，听众既集中又比较分散，除了内蒙古自治区全境之外，在新疆、青海、辽宁、吉林、黑龙江、北京等地也有不少听众。蒙古语部根据这个实际，推出《记者话筒》栏目，利用中央电台这个平台，在"以我为主"的前提下，以特定记者主持的形式，从国家电台民族广播的角度与各个对象地区电台、报社等媒体的记者连线，把各地的最新信息资源及时进行汇总播报，全面反映各地政治、经济的最新动态，分析、点评、解读有关新闻，给各个对象地区之间架起了一座信息沟通的桥梁，受到了各个地方台和广大对象地区听众的欢迎，提升了蒙古语广播的社会影响力，取得了很好的宣传效果。

第三，组织全国蒙古语广播编播人员业务培训班，为提高广播从业人员的业务素质做出了贡献。为加强全国蒙古语广播界的交流，拓展合作领域，进一步提高广播编播人员的业务素质，增强全国蒙古语广播的凝聚力和影响力，中央电台蒙古语节目部在2007年开办了广播编播人员业务培训班。中央电台蒙古语部、内蒙古电台以及内蒙古各盟市旗县电台（站）、新疆电台、新疆巴音郭楞蒙古自治州电台、新疆和布克赛尔蒙古自治县电台、青海省海西蒙古族藏族自治州电台、辽宁省阜新蒙古语广播电台、吉林省前郭尔罗斯蒙古族自治县电台等全国20家蒙古语电台的50多名代表参加了培训班。两期培训班邀请了台内外广播界著名专家学者和在广播一线工作的具有相当影响力的编辑、记者、播音员、主持人授课，并安排了现场交流环节。

第四，加强人员交流，取长补短，锻炼了队伍。中央电台蒙古语部采取多种形式，与内蒙古电台、新疆电台、通辽电台、阿拉善电台、呼伦贝尔电台进行人员交流，把一线编播人员派到对方电台工作、学习，交流经验，锻炼队伍，共同提高业务水平。

通过与蒙古族听众聚居的内蒙古、新疆、青海、甘肃、辽宁、吉林、黑龙江、河北等8个省、区的广播电台的联系，蒙古语部发挥了大台的优势，凝聚了各级蒙古语电台的力量，拓展了活动空间，扩大了节目影响。像《记者话筒》这个栏目，就成为各地电台共同参与和配合的平台，在完成一些重大选题时，蒙古语部与十几个地方台成功合作，从组织策划、研究选题到实地采访等，都得到了地方电台的积极协助。随着蒙古语节目合作范围的扩大，节目的影响力大大增强，听众不断增多，新疆巴音郭楞蒙古自治州蒙古语电台和青海省海西蒙古族藏族自治州的蒙古语电台先后转播了中央电台的蒙古语节目，其他一些有关单位或媒体也主动转播蒙古语部的节目。

写好命题作文

2007年，内蒙古人民迎来一场欢乐的聚会。8月8日那天，呼和浩特5万群众聚集在一起，庆祝内蒙古自治区成立60周年。1947年4月23日至5月1日，内蒙古人民代表大会在大兴安岭脚下的乌兰浩特召开，与会的392名代表一致拥护在内蒙古地区实行中国共产党领导下的民族区域自治，经过投票，选举乌兰夫、哈丰阿为内蒙古自治区政府正、副主席。这是我国第一个民族自治区，内蒙古人民的命运从此改写。5月19日，毛泽东主席、朱德总司令来电祝贺内蒙古自治区政府成立。内蒙古自治区的成立，为我国建立民族区域自治制度积累了成功的经验。

60年中，在党的政策指导下，内蒙古自治区凭借丰富的旅游资源和矿产资源，从昔日那个荒凉的大草原变成今天富饶的内蒙古。2006年，全区生产总值达到4790亿元，比1947年的5.37亿元增长了196倍。在60年的发展进程中，达到第一个千亿元用了 50 年的时间，第二个千亿元用了六年的时间，第三、第四个千亿元只用了一年。

作为中央级蒙古语媒体，民族广播中心蒙古语部自然不会轻视这个大显身手的机会。面对这次的命题作文，如何展现 60 年的变化，描述走过的历程，抒发内蒙古自治区各族人民的感怀，全面展示我国第一个少数民族自治区——内蒙古自治区的经济社会发展成就，向国内外对象听众重点介绍内蒙古的独特魅力、前进步伐、为国家做出的贡献和民族团结、边疆稳定、社会和谐的大好局面，已经成为民族广播中心这一年宣传报道的一大任务。

作为此次宣传活动的主力，蒙古语部早已摩拳擦掌。此前一年，蒙古语部采制的纪念乌兰夫同志 100 周年诞辰的专题报道受到听众好评，尤其是当老一辈听到节目里讲述的乌兰夫的故事时，就会想起那个平易近人、扎根群众的草原人民的儿子。

2007 年 1 月，构筑欧亚新通道战略论坛和内蒙古锡林郭勒盟东乌珠穆沁旗第三届草原冰雪节在东乌旗乌里雅斯太镇隆重举行，蒙古语部出色地完成了这次的报道任务。记者有声有色、富有感染力的采访，让许多由于放牧而未能亲自参加活动的牧民通过广播也能感受到活动的气氛。打头阵的蒙古语部在 2007 年 4月初就启动了有关内蒙古自治区成立 60 周年宣传报道的准备工作，专门成立了前方报道组和后方编辑组，由他们具体负责这项活动的宣传报道事宜。4 月 29日，内蒙古自治区主席来到中央电台民族广播的话筒前，接受蒙古语部记者格日乐图雅的专访，从内蒙古实行民族区域自治政策的经验、自治区的经济与文化发展状况及特色等方面详细回答了记者的提问，也让收音机前的蒙古族听众加深了对自己生活的地方的了解。

中央电台蒙古语部与内蒙古电台、各盟市电台密切合作，派记者到内蒙古各地进行采访，还在庆典活动前期参与了中央电台民族广播中心和内蒙古电台联合组织的"走进内蒙古"全国少数民族广播记者联合采访团，采制了很多有特点、有深度的报道，并推出 60 集大型系列报道《孕育希望的草原和谐腾飞的内蒙古——献给内蒙古自治区成立 60 周年》，全面反映 60 年间内蒙古自治区在经济、文化、社会等方面发生的巨大变化，以鲜活的事例，从多角度、多侧面展现了我国第一个少数民族自治区——内蒙古自治区的发展成就和和谐稳定的大好局面。

这组 60 集的大型系列报道分回忆篇、盟市篇、经济篇、文化篇、社会篇、人物篇、互动篇、庆典篇等，从 5 月 1 日开始播出，历时四个月，及时、全面、充分地报道了内蒙古自治区 60 年间在各方面取得的辉煌成就和相关庆祝活动。

报道既从宏观层面展现了内蒙古60年发展的成就，也挖掘了很多埋没在历史角落里的细节。

蒙古语部记者布仁乌力吉来到五一会议旧址，还采访了曾在五一大会召开时站岗的乌力吉图。老当益壮的乌力吉图虽已满头银发，却仍能令人想到他年轻时英武的身影。他向记者讲述了改变内蒙古命运那一周发生的故事，在记忆中埋藏已久的点点滴滴好似发生在昨天。除了他，诸如鄂尔多斯市杭锦旗民间艺人、民族精品店经理"八字胡"这些生活中的普通人物，也成为蒙古语部记者采访的对象。正是发生在平凡百姓身上的故事，更全面地展现了内蒙古的过去和现在。春末夏初，报道组成员奔赴内蒙古最西部的阿拉善盟，深入该盟的阿拉善左旗、阿拉善右旗和额济纳旗等旗的农村牧区进行采访。阿拉善盟位于内蒙古自治区西部，西南接甘肃省，东南毗邻宁夏回族自治区，东北邻巴彦淖尔市、乌海市、鄂尔多斯市，北为蒙古国，总人口近20万，居住着蒙、汉、回等28个民族，是内蒙古自治区面积最大、人口最少的盟市。阿拉善盟以沙漠为代表的景点，乃世界独有。从沙漠深处到神舟六号升空的地方，蒙古语部的报道组成员跑遍了阿拉善盟各旗最偏最远的地方，从工业经济发展情况，最低生活保障、城镇居民医疗保险、农村牧区合作医疗机制落实情况，民族教育，文学、旅游业发展情况等多个方面介绍了阿拉善盟各旗的发展状况。

除在新闻节目中重点报道内蒙古的相关新闻外，在《记者话筒》《多彩中国》《综合文艺》等栏目中设专题进行全方位报道，对我国第一个实行民族区域自治制度的地区——内蒙古进行了集中的宣传报道，介绍了我国民族区域自治制度的成功经验，扩大了内蒙古的国内外影响。

联合采访，齐聚内蒙古

2007年7月，全国广播记者"走进内蒙古"大型采访活动把整个内蒙古自治区成立60周年的宣传报道推向高潮。2007年7月2日，中央人民广播电台民族广播中心的蒙古语部、藏语部、维语部、哈语部、朝语部、新闻部，以及内蒙古、新疆、青海海西、辽宁阜新等地广播电台的20多名广播记者齐聚锡林浩特，在为期10天的采访活动中，记者们深入内蒙古自治区的锡林郭勒盟、鄂尔多斯市、包头市、呼和浩特市的牧区、厂矿进行了采访，切身感受了内蒙古自治区成立60年来发生的巨大变化。民族广播中心组织策划此次采访报道的主题为：

6 种语言讲述内蒙古 60 年变迁，不同视角报道大草原神奇风采。

锡林浩特位于北京的正北方，是锡林郭勒盟政府的驻地，有"草原明珠"的美誉。采访中，"全国少数民族广播电台记者走进内蒙古大型新闻采访活动"采访团来到位于内蒙古自治区锡林郭勒盟东乌珠穆沁旗境内的珠恩嘎达布其口岸。珠恩嘎达布其口岸与蒙古国毕其格图口岸对应，2006 年 8 月 1 日被国务院批准为内蒙古自治区继满洲里、二连浩特口岸之后的第三个国际性常年开放口岸。该口岸对内辐射东北、华北，对外辐射矿产资源和动植物资源都十分丰富的蒙古国苏赫巴托省、东方省等近 30 万平方公里的区域，成为内蒙古自治区中北部向北开放的重要窗口，为蒙古国、俄罗斯提供了一个最便捷的出海口，也是连接欧亚的新的最便捷的陆路通道之一。记者采访时，这里一片如火如荼的建设场面，一座繁华的口岸新城仿佛在未来的图景中展现。

位于内蒙古自治区中西部的呼和浩特、包头和鄂尔多斯三座城市相邻，在 2003 年 10 月召开的内蒙古自治区党委七届五次全委会议上，正式做出了"呼包鄂三个优势地区率先发展"的决策，因此这三座城市被冠以内蒙古"金三角"的美称。呼和浩特是内蒙古自治区的省会，在蒙古语里是"青色的城"的意思，拥有伊利和蒙牛两大乳制品业巨头，被称为"中国乳都"。"十五"期间，呼和浩特财政收入翻了两番，各项主要经济指标在全国 27 个省会城市中始终属于上游，GDP 年均增速达到 24%。

鄂尔多斯本为"众多的宫殿"之意，地处鄂尔多斯高原腹地，因拥有丰富的矿产资源被称为"气都煤海"，近些年来经济发展迅速。在外地人眼里，鄂尔多斯是富人聚集区。民族广播的记者在"走进内蒙古"大型采访活动中，向各民族的听众描述了一个不一样的鄂尔多斯，一个实现经济发展和生态环境双赢的新兴城市。从鄂尔多斯一路北行，采访团的记者来到"金三角"的最后一座城市——包头。包头有"鹿城"之称，是中国重要的基础工业基地，因为盛产稀土，也有"稀土之都"的美称。包头是内蒙古的工业中心，人均收入居内蒙古之首，拥有中国重要的钢铁生产企业——包头钢铁（集团）有限公司。新中国成立后，重工业基础薄弱，包钢公司是 1949 年之后最早建设的钢铁工业基地之一，1954 年开始建设，1959 年投产，为新中国的工业生产做出了坚实的贡献。内蒙古"金三角"的城市新貌和经济增长让民族广播中心各部门的记者充分感受到内蒙古近几年的发展活力。可是应该从哪个角度出发呈现呼包鄂经济圈，才能既有说服力又别出心裁呢？最后，记者选取了内蒙古名牌建设这个角度，详细叙述了内蒙古依靠名牌产品打造新名片和名牌推进战略，让听众了解到一座现代化的、充满生机的城市——包头。

丰富的矿产资源也是内蒙古自治区的名片之一。过去，土地大量开垦，草原过度放牧，自然植被破坏，导致内蒙古生态环境恶化，成为沙尘暴天气的多发地。因此，"走进内蒙古"报道组成员在采访过程中结合"可持续发展"这一热点话题，详细记述了内蒙古自治区推行节能减排、合理开发利用资源、打造生态绿原的新做法。

恩格贝，在蒙古语里是"平安、吉祥"的意思。在历史上，这里是一块水草肥美、风景秀丽的地方。恩格贝南靠鄂尔多斯高原、北临黄河，山洪在这一带也成为一种凶猛的自然灾害。采访团来到这里，看到如今的恩格贝仿佛一片沙漠中的绿洲，正在逐步恢复着它原有的风姿。从1989年鄂尔多斯羊绒集团副总裁王明海和一批志愿者来到这里开始整治沙漠，到1990年日本鸟取大学名誉教授、沙漠绿化实践协会会长远山正英先生在耄耋之年带领他的协力队来恩格贝植树，使恩格贝的建设在国际上具有了知名度。1991年，鄂尔多斯市委、市政府将恩格贝列为沙漠综合开发示范区。经过志愿者十多年的开发建设，已治理沙漠10万多亩。在治沙的同时，畜牧业、养殖业也得到了发展。恩格贝示范区坚持把生态建设与旅游资源开发紧密结合起来，坚持走以生态建设带动旅游业、以旅游业促进生态建设的路子。

东乌旗民族幼儿园的小朋友、讲述自己五年发展计划的牧民、正蓝旗桑根达来镇的生态移民、中蒙边境线上的战士、介绍鄂尔多斯市乌兰木伦镇煤液化气项目的负责人、讲解浑善达克沙漠南沿生态防护体系沙地治理工程沙地治理情况的主任……一个个平凡的人物在采访团记者的笔和话筒下闪现出不平凡的一面；一个个微不足道的瞬间在60年的沧桑巨变中打下了历史的烙印。全国少数民族广播电台记者"走进内蒙古"大型新闻采访活动在7月11日结束，经济腾飞的内蒙古、充满民族风情的内蒙古、苍茫浩瀚的沙漠、广阔万里的大草原，内蒙古的形象不是简简单单就能描绘出来的。来自中央人民广播电台民族广播中心5个语言部和新闻部的记者，用6种语言忠实地记录了自己的所见、朴实传达了自己的所感，以不同视角报道了内蒙古60年的变迁和大草原的神奇风采。

时任民族广播中心副主任的诺日布，是这次"走进内蒙古"联合采访活动的组织者之一。长期以来，他一直有一个想法，就是希望各语言部的采访活动跳出对象地区，延伸到其他民族地区，这样既可以改变采访视角，推陈出新，也容易加深各部门工作人员之间的情感交流。在"边疆少数民族地区广播电视覆盖工程"实施的第七年，诺日布的心愿得以完成："走进内蒙古"采访活动驰骋大草原，做客蒙古包，访问边防哨所，渡黄河，穿大漠，采访现代企业等共同经历，不仅为同一单位不同部门的工作人员创造了一同采访、加深彼此了解的机会，也让记者的采访活动变成各民族同胞相互了解的活动。有位牧民说："我们知道中国有56个民族，但从来没有像今天一样坐在一起面对面互谈各自家乡的风貌、习俗和未来的发展，我们感到非常亲切、温暖。"

内合外联，早有演练

中央电台民族广播中心五个语言节目部和新闻部的记者到内蒙古自治区进行联合采访，既利用了中央电台"民族之声"各语言节目的资源，也发挥了全国蒙古语广播电台的平台优势，对我国第一个实行民族区域自治制度的省区——内蒙古进行集中宣传报道，介绍了我国民族区域自治制度的成功经验，扩大了内蒙古的国内外影响。

对于中央电台民族广播来说，此次联合采访不仅提升了自身的工作能力，更重要的是在联合采访中再一次加强了与地方民族广播电台的协作。作为民族广播的龙头，中央电台更是肩负着提高中国少数民族语言广播整体实力的重担。2007年，中央电台台长王求提出"世界眼光、开放胸怀，内合外联、多元发展"的战略，这也是新时代民族广播发展的新思路。"走进内蒙古"活动就是民族广播中心对内合外联的一次不错的演练。

其实，早在2007年之前，蒙古语部已然开始有意识地在工作中实践内合外联，2004年9月，蒙古语部与内蒙古人民广播电台合作，各自派记者到新疆蒙古族聚居的地区联合采访，去了解我国西北边陲蒙古族以及其他民族的生活情况和当地的风土人情，采制了许多感人的报道，反映了各民族优势互补、相互学习、团结和睦、共同进步的精神风貌和新型民族关系。节目播出后，受到了听众的好评。听众称赞该报道内容充实，采写制作手法独特，形式新颖。

2005年7月，蒙古语部又与内蒙古人民广播电台合作，各自派记者到云南采访，介绍云南蒙古族的历史渊源和发展状况，报道该省独特的民族经济文化和风土人情，把云南多民族的风采展现给了听众。两台记者当时发挥各自节目的优势，从云南发来特别报道，同时联合内蒙古电台进行异地直播，收到了良好的宣传效果。这个角度很新颖。之前提到蒙古族，很多人就会想到大草原和蒙古包，而在距离遥远、风景瑰丽的云南省，也居住着蒙古族同胞。他们的秉性和生活与草原儿女有什么不同和相似？这让听众很是好奇。这些报道受到了听众的广泛好评，不少作品被评为各自电台的优秀节目或在全国蒙古语广播优秀节目评奖中获奖。

内合外联战略是增强民族广播凝聚力、影响力和吸引力的一项有力措施。"走进内蒙古"不仅是民族广播中心六个部门的一次合练，更是全国民族广播战线的一次成功的集体实践。以此为起点，此后的蒙古语部展开了一系列联合采访报道活动，借助各个地方电台的力量，将蒙古语广播拧成一股绳，扩展节目的深度和广度，为国内外的听众奉献更精彩的节目，增强内蒙古同胞的民族自豪感和对祖国大家庭的认同感，也为提高中央电台民族广播中心的影响力做出了自己的贡献。

立足国内，蒙古语广播影响周边国家

在中央电台蒙古语部和地方电台蒙古语广播的通力合作下，我国蒙古语广播形成了以短波、中波、调频组成的无线覆盖网，综合覆盖率达到 92.64%；电视人口覆盖率达到 90.15%；有线电视光缆干线 39737 公里，微波干线长 5814.2公里，有线电视入户率为 29.85%。内蒙古蒙古语广播、电视均已上卫星播出，覆盖亚太 53 个国家和地区，因为蒙古语广播、电视具有浓郁的时代特点、地区特色和民族风格，深受内蒙古、新疆、青海、甘肃、辽宁、吉林、黑龙江等省区蒙古族聚居区和蒙古国，以及俄罗斯的布里亚特、图瓦等地使用蒙古语的受众的欢迎。

美国、德国、日本等国家投入资金，开发蒙古国及俄罗斯的媒体市场，以大功率发射机用蒙古语播出节目，使我蒙古语广播电视面临严峻的挑战。为此，蒙古语广播按照中央电台民族广播中心"内外并重"的原则下，一手抓内宣，一手抓外宣，有力地影响周边国家。截止到 2006 年，中央电台蒙古语广播覆盖了蒙古国 1/3 的人口。乌兰巴托市的一个年轻听众写了一封信寄到蒙古语部，信中说道："你们的广播在我们这儿听得很清楚，乌兰巴托的很多居民都爱听你们的节目。你们把节目办得很好，很活泼，也很及时，尤其是介绍中国改革开放先进经验方面的报道很吸引我们。"除了中国和蒙古国，蒙古族的另一个重要聚居地在俄罗斯，俄罗斯有大约 90 万蒙古族人，其中布里亚特大概有 40 万人，卫拉特约有 50 万人。布里亚特师范大学学生阿茹娜接受中央电台记者采访时表示，中国贯彻民族政策，尊重各民族语言文字方面做得很好。中央电台蒙古语广播在俄罗斯远东地区、西伯利亚地区和伊尔库斯市听得很清楚，生活在这些地区的布里亚特蒙古人都喜欢听。

　　"蒙古"这个词汇最早出现在《旧唐书》里，是"永恒之火"的意思。在1000多年的历史中，这个马背上的民族不仅骁勇善战，还创造出丰富多彩的文化艺术形式。蒙古长调字少腔长，高亢悠远，被视为草原音乐的"活化石"；呼麦独特的声音被赞为"高如登苍穹之巅，低如下瀚海之底，宽如于大地之边"；马头琴形状独特，和它相关古老的传说让这种乐器更显神奇。对于中央电台蒙古语广播来说，做节目要像唱起蒙古长调一样，宜于叙事，讲好草原上的故事；也要像发出呼麦一样，悠远深邃，用独特的民族形式演唱出大草原上的"天籁"；要像拉起马头琴一样，粗犷中带着亘古不变的豪情，唤起蒙古族人民内心的共鸣。

藏语广播：世界屋脊上的电波

最美的抒情诗

我国海拔最高的省级行政单位西藏自治区，拥有着许许多多的世界之最。这里有世界上最大的山系喜马拉雅山系，有世界第一高峰珠穆朗玛峰，有世界海拔最高、被誉为"世界屋脊"的高原青藏高原。瑰丽的自然景色，更为这片神圣的土地增添神秘而独特的色彩。在悠久的历史中，西藏人民还创造了巧夺天工的建筑和独具特色的文化瑰宝，如世界上海拔最高的宫殿布达拉宫和寺庙绒布寺，以及世界上最长的史诗《格萨尔王传》。

西藏自治区是藏族同胞的主要居住地，也是藏传佛教最主要的分布地区。在藏传佛教格鲁派中，达赖和班禅是两大宗教领袖，著名的六世达赖喇嘛仓央嘉措具有较高的文学素养，他的抒情诗歌不仅在西藏地区广为流传，也深受其他民族群众的喜爱。曾经为中央电台藏语广播筹备工作做出突出贡献的藏学家于道泉，于 20 世纪 30 年代曾将仓央嘉措所写的抒情诗歌译成汉语和英语，这是世界上最早的用藏文以外的文字介绍藏族文学的专著。"从东边的山尖上，白亮的月儿出来了。'未生娘'的脸儿，在心中已渐渐地显现。"这优美的诗句让神秘圣洁的雪域高原平添几分柔情和浪漫。1988 年，诗人海子来到这片土地，留下了《黑翅膀》《西藏》《珠穆朗玛》等数篇诗歌。1990 年代之后的流行音乐中，也出现了许多和西藏相关的歌曲，如《回到拉萨》《青藏高原》等，并在内地的大街小巷中广为传唱。回想 1950 年中央电台藏语广播开办之时，对于多数人来讲，西藏还是一个神秘遥远的地方，而近些年，西藏已经成为一个热门的文化符号，独特的自然风光和历史文化，使得西藏成为内地群众尤其是年轻人所向往的旅游胜地。另一方面，藏族同胞也越来越希望能多了解祖国的其他区域。在此背景下，借助"民族之声"的推出，藏语广播努力探索出一片大有作为的广阔天地。

70 年来，在江安西（洛桑顿珠）、索朗班觉、杨群培、罗永东（洛桑贡觉）、索朗多吉、桑吉诺布、泽嘎、米玛加布等历任领导的带领下，藏语广播取得了一个又一个进步。

僧人听众也打来了电话

2004 年，根据"贴近生活、贴近实际、贴近群众"的三贴近原则和民族广播中心的要求和部署，藏语部对节目进行了调整，首先是加强了节目的新闻性、针对性和服务性，在宣传党的方针政策的同时，及时报道国内外大事，传播知识和信息。

2004 年 5 月 23 日，国务院新闻办公室发表《西藏的民族区域自治》白皮书，藏语节目分五次摘播，受到听众关注。6 月，为纪念江孜抗英 100 周年，弘扬中华民族的伟大精神，藏语部派记者赴西藏拉萨、日喀则、英雄城江孜、亚东等地采访，行程 1500 多公里，采访、制作并播出了《纪念江孜抗英 100 周年》10 集系列广播节目。

8 月，藏语部派记者采访报道了四川省甘孜藏族自治州举行的康巴艺术节、青海省果洛藏族自治州和海西蒙古族藏族自治州成立 50 周年的大庆活动，制作了《50 年的辉煌成就》系列专题节目和几组文艺节目。在邓小平同志诞辰 100 周年之际，制作播出了《邓小平与西藏》《邓小平关心西藏民族干部队伍的培养》《邓小平与班禅大师》等 6 集系列专题节目，回顾邓小平同志对西藏的关心和支持，表达了藏族人民对邓小平同志的永远怀念。

在强化新闻报道的同时，藏语部还对节目进行了调整。在保留《新闻背景》《空中信箱》《雪域访谈》《乡音荟萃》《环球博览》等栏目的基础上，调整和增加了《走遍神州》《论坛》《欢乐周末》《歌声传情》等栏目。新栏目，尤其是《走遍神州》和《论坛》广受好评。在《走遍神州》这个栏目里，编辑、记者、主持人不再蜗居在演播室的方寸天地，而是走出大楼，走向全国各地，通过藏族记者的视角和所见所闻，以口播的形式介绍全国各个城市的经济、文化、历史和群众的生活状况，介绍各地名胜古迹的历史和现状，介绍比较著名的旅游景点，以帮助藏族听众了解祖国大家庭的每个角落。为了做好这个节目，每次采访前，记者都要查阅大量的资料，了解当地的情况，然后再到这个地方进行深入采访，既挖掘当地的历史文化内涵，又充分发挥了广播的特点。这些节目真实、亲切、自然，感染力很强，入耳入心，自然增强了节目的感染力和说服力。一位叫平措罗布的西藏阿里听众在来信中写道:"每次听《走遍神州》节目,我们这些偏僻山沟里的人也像到了外面精彩的世界,仿佛被节目带到了天安门广场、佛教圣地五台山,真是太好了。"新栏目出彩的同时,王牌节目也不甘示弱。开播八年的《空中信箱》"牵一发而动全身"带动整个藏语部的改革,还被评为2004年"中央电台十佳栏目"。

另一个王牌栏目《雪域访谈》则发挥自己的优势,强化新闻性和权威性。记者在首都北京采访了一系列与西藏及四省涉藏州县有关的活动,如西藏文化周赴泰国学术交流与文艺演出团、民族区域自治在西藏的实践等,采制了诸如《北京学者谈〈西藏的民族区域自治〉白皮书》等内容丰富、真实生动、可听性较强的好节目,得到了听众的好评。

长期以来,由于藏语方言的差别和通信条件的制约,中央电台藏语广播的听众群主要集中在拉萨、日喀则、江孜、山南等卫藏方言区,而西藏东部的昌都地区(现昌都市)以及四川藏区的康巴方言区和青海、甘肃的安多方言区听众则相对较少,来信和来电话的更少。"边疆少数民族地区广播电视覆盖工程"实施后,尤其是"民族之声"开播后,藏语广播的收听效果得以改善,节目质量不断提高,节目覆盖面进一步扩大,听众的来信来电也不断增多,有反映收听情况的,有谈收听感受的,还有为亲友点播歌曲的。这些听众不仅有西藏拉萨、日喀则、山南等卫藏地区的老听众,也有四川、青海、云南的藏族听众和在成都等地学习和生活的藏族青年。最令藏语部惊喜的是,西藏东部昌都地区的昌都县(现昌都市卡若区)、江达县、贡觉县、洛隆县、察雅县、边坝县、丁青县以及四川甘孜藏族自治州州府康定和德格县、白玉县、理塘县、色达县、巴塘县等康巴地区的藏族听众打来电话的也越来越多,这在过去是从没出现过的。值得一提的是,在来信来电的听众中,寺院僧人逐渐增多。昌都江达县瓦然寺听众拨打热线电话为寺院的全体僧人点歌,他说:"我们每天都在收听中央电台的藏语节目,你们节目办得好,我们很喜欢听。"西藏山南地区扎朗县吉汝乡顶布钦寺的僧人说:"我每天早上7:00和中午12:00都按时收听中央电台藏语节目。通过你们的节目能知道许多国内外信息。我尤其喜欢听《走遍神州》栏目,每次主持人的现场介绍,真是有身临其境的感觉。"青海果洛听众在藏历年期间打电话说:"我从很早就开始收听中央电台藏语节目。你们现在的节目内容丰富多彩,尤其是翻译和播音标准。我把收听中央电台藏语节目作为学习标准藏语、了解国内外信息的重要渠道之一。"

55 华诞后是新的征程

2004 年年初"民族之声"的推出以及年末李长春同志对中央电台少数民族语言广播做出的重要批示，为藏语广播这一阶段的发展开了个好头。

2005 年是藏语广播开播的第 55 个年头。为此，藏语部举办了"我和中央电台藏语广播"征文活动。在一个多月的时间里共收到征文 380 多篇，部分征文在藏语节目中进行了选播。在过去 55 年的发展历程中，中央电台藏语广播逐步形成了自己的宣传体系，拥有了一支引人注目的藏语广播宣传队伍，为藏区的社会稳定和经济发展，以及西部大开发的顺利实施发挥了不可替代的作用。借民族广播开播 55 周年和西藏自治区成立 40 周年的机会，藏语部接下来的目标是把中央电台的藏语广播打造成藏族听众喜爱和欢迎的传播媒体，为西藏及涉藏重点工作省的稳定、和谐、繁荣、发展和进步做出贡献。

从 2005 年开始，藏语部从三个方面展开工作，加强改革创新、提高队伍的整体素质。

第一是充分发挥中央电台和首都的优势，办出中央电台藏语广播的特色。时任中共中央宣传部副部长、广电总局党组书记和局长的王太华在中央人民广播电台少数民族语言广播 55 周年座谈会的讲话中提到："民族广播宣传是党的新闻宣传事业的重要组成部分，也是党的民族工作的重要组成部分。办好民族广播，关系到民族地区的稳定和发展，关系到边疆安全，关系到民族的团结和祖国统一，关系到全面建设小康社会、构建社会主义和谐社会的大局。"中央电台作为国家电台，在民族广播宣传中具备其他媒体不可替代的作用和优势。和西藏台、青海台、四川台等众多地方电台的藏语广播相比，中央电台要具有自己鲜明、浓郁的个性。凸显中央电台的特色，是办好中央电台藏语广播节目的又一个需要重视的要素，也是在与地方台竞争中取得优势地位的重要保证。藏语广播在办节目中坚持"地方台有优势的节目我们不办"的原则，将目光放在地方台办不了的节目上。他们充分发挥身处内地信息渠道多、采访方便条件多、活动范围大的优势，着力获取藏族听众所关心的独家新闻。如 2005 年 6 月 7 日，十一世班禅额尔德尼·确吉杰布在北京雍和宫举行了上师供大法会。这是十一世班禅在坐床 10 周年之际举行的第一场重要佛事活动，藏族听众非常关注。藏语部记者及时采访了这场活动，并在当天的新闻节目中以录音报道的形式播出，引起了藏族听众的关注。

2006年，藏语部充分准备了两会、中共十六届六中全会等重要会议和纪念红军长征70周年、首届世界佛教论坛、藏学研究中心成立20周年、中国西藏论坛等重要活动的报道。在两会专题节目中，藏语部共采访西藏和其他藏区的代表、委员18人次，播出录音通讯、人物专访等15集，取得了很好的收听效果。4月，在浙江省杭州市和舟山市举行了首届世界佛教论坛，藏语部副主任贡布玉杰前往采访，及时发回《贾庆林会见参加首届世界佛教论坛的代表》《首届世界佛教论坛在杭州开幕》《首届世界佛教论坛发表普陀山宣言》等消息，并制作了专题节目。

2006年是中国藏学研究中心成立20周年，藏语广播充分报道了贾庆林考察中国藏学研究中心、第二次藏学工作协调会、中国藏学研究中心成立20周年成果展等各项重要活动。藏语记者扎西旺久、米玛加布采访制作了10集系列专题节目《藏学研究硕果累累》，全面展示了二十年间中国藏学研究事业的发展成就，充分反映了中国藏学研究中心为西藏及涉藏重点工作省的两个文明建设和社会稳定、民族团结、维护国家统一所发挥的巨大作用。这一年10月，中国西藏文化论坛在北京举行，藏语部成功报道了这次论坛活动，《雪域访谈》节目制作了5期专题节目。藏语部泽嘎、米玛加布、拉巴承担了论坛全部论文及文件的翻译任务和论坛同声传译任务，受到中央统战部的表扬。

第二是进一步提高节目质量，不断增强藏语广播的凝聚力、影响力和感染力。

2006年7月1日，青藏铁路全线运营通车，这是举世瞩目的一件大事。青藏铁路被誉为"天路"，东起青海省省会西宁市，南至"日光城"拉萨，全长1956公里，其中格尔木至拉萨这一地段中的大部分海拔超过4000米以上，是世界上海拔最高、线路最长的高原冻土铁路，也是我国西部大开发的标志性工程。无论是在建设施工还是运营管理上，都面临着多年冻土、高寒缺氧、生态脆弱三大世界性工程难题。在青藏铁路全线运营通车之前，西藏自治区是我国唯一不通火车的省级行政区。青藏铁路的开通，对于促进西藏和青海的经济、社会发展有着重大的意义。

为了见证青藏铁路全线运营开通的这一历史时刻，藏语部记者来到设在首趟出藏列车上的"中国之声"第一个列车直播间，用电话连线的形式向收音机前的听众进行实时报道。不仅如此，从6月20日起，藏语部在新闻节目中播出系列节目《吉祥之路》。节目采用后方主持人提问，前方记者介绍的方式，先后从拉萨市区、拉萨火车站、火车车厢、格尔木车站四个地方，介绍了铁路开通前的准备情况、青藏铁路的历史背景和拉萨火车站的建筑特点，还介绍了 7 月 1 日上午的发车仪式和火车正式出发的情景、火车的造型及功能等。乘坐首趟列车的藏族同胞在藏语部记者的话筒前谈了自己的感受。曾获得 2005 年"全国十大优秀农民"称号的拉萨市堆龙德庆县（现堆龙德庆区）羊达乡农民阿努说："能够乘坐首趟列车，得益于党中央对西藏人民的亲切关怀。"

青藏铁路全线通车后的第一次两会，也成为藏语部记者精心策划的一个报道内容。2007 年 2 月 28 日，来自西藏的部分代表和委员乘坐火车抵达北京，这是西藏的代表和委员第一次乘坐火车参加全国两会。藏语部的记者早早来到北京西站等候，请代表、委员谈乘坐青藏铁路列车的感受，让听众在第一时间就听到藏族代表、委员抵达首都北京的声音。

2006 年，为了纪念红军长征胜利 70 周年，藏语部派记者吉加前往长征出发地瑞金、于都等地，制作出《长征从这里开始》《湘西北的红色箭头》《皎平渡的九天九夜》等 10 篇专题报道，讲述了长征出发、四渡赤水战役、红军巧渡金沙江等激动人心的故事，带着听众再一次回顾那段步履维艰但充满精神力量的历史岁月。

藏语部在这一阶段的第三个重点工作就是与其他单位尤其是地方台加强交流，协同作战。注重协作是中央电台民族广播的良好传统。2005 年 5 月 1 日，藏语部与中国西藏信息中心联合推出了"藏语语音频道"，中国西藏信息中心全程转播中央电台的藏语节目，受众可通过网络收听节目，进一步扩大了中央电台藏语广播的覆盖面，争取到了更多的藏语广播受众。

在 2005 年 5 月 18 日召开的中央人民广播电台藏语广播创办 55 周年座谈会上，藏语部和来自西藏人民广播电台、青海人民广播电台、西藏昌都人民广播电台等单位的代表一起交流了各个单位藏语广播编排、节目设置、节目制作等方面的情况，交流了各单位节目改革的成功经验。加强协作，优势互补，形成合力，是全面提高我国藏语广播节目舆论引导水平、扩大藏语广播有效覆盖、增强收听效果、提高队伍素质的重要途径，也是贯彻落实"三个代表"重要思想的具体实践。藏语部和地方电台通过有计划的交流人员、联手进行各种大型系列报道或异地采访，开展了包括交换文艺节目、规范新词术语、研讨播音主持等各种形式的业务交流活动，开展节目资源、人员交流和培训、节目播出和覆盖等一系列的协作。如 2005 年，中央电台藏语部与西藏电台藏语频率之间进行人员交流，真正做到锻炼人才、扩大视野、开发思路、形成合力。2006 年 6 月，藏语部与西藏人民广播电台再次为翻译和播音员提供了交流学习的机会，还与青海人民广播电台和四川人民广播电台等地方继续加强节目合作。

经过以上三个方面的努力，藏语广播在2007年的工作中取得了长足的进步。首先是安全播出工作得到加强。这年年初，藏语部通过召开会议、重新修订工作制度和奖惩制度等办法，进一步完善了节目在审听、发送等方面的制度管理，调动了藏语部工作人员的积极性，同时提高了节目质量。其次是打好每一场大的宣传战役。除了在两会报道中继续发挥中央电台藏语广播的首都优势、独家优势以外，藏语部还推出了十七大系列专题节目《科学发展在藏区》。从2007年5月起，藏语部记者深入青海，西藏的拉萨、那曲、昌都，四川的甘孜藏族自治州，甘肃的甘南藏族自治州等地进行采访，以访谈、通讯、沿途见闻、记者述评、采访感受等多种形式，向听众介绍相关省区在科学发展观的指导下各项事业所取得的成就和发生的变化。整个专题节目分西藏篇、四川篇、青海篇、甘南篇，共45集。在《走进甘南》中，藏语部记者次增旺姆和格桑德吉向听众叙述了此次前往甘肃省甘南藏族自治州采访的全过程，并详细地介绍了甘南的地理环境、经济发展、文化风俗等方面的情况；在《发展中的青海省同仁县》这一集中，记者对时任青海省黄南藏族自治州委常委、同仁县（现同仁市）县委书记马海瑛进行了专访，让听众对同仁县的基本状况和发展思路有了大致的了解。在45集的系列报道中，记者将自己的所见所闻转化成声音，通过无线电波分享给每一位听众，让十七大报道更加入耳入心。

藏语部在提高节目质量、做好宣传报道的同时，还努力提高服务听众的水平。有一位青海的听众通过中央电台藏语节目为失去联系的儿子点播歌曲，在节目播出后，与家里失去联系长达12年之久的儿子迅速与家人取得联系。这位听众为此特意给藏语部打来电话表示感谢。除了听众好评，同行也把藏语部当作学习的标杆。2007年年末，西藏人民广播电台开展"对照中央电台藏语广播找差距"的相关活动，康巴语频率的甲措平措在体会文章中提到，中央电台藏语节目在两会报道中下了很大功夫，选题明了，切入点好，声音清晰，将广播的氛围与特点体现得淋漓尽致。

打响一场新的舆论战

历史文化名城拉萨是西藏自治区的政治、文化、经济中心，也是藏传佛教的圣地。近年来，拉萨以浓厚的宗教色彩、雄伟的民族建筑、壮丽的雪域景色、厚重的历史文化，吸引着大批游客前往。然而，2008年3月14日，在这座美丽的城市发生了骇人听闻的打砸抢烧严重暴力犯罪事件，继而在青海、甘肃、四川等地的藏区也相继发生了此类事件。

事件发生后，包括中央电台藏语广播在内的涉藏宣传报道引起高层和各方人士的高度重视与关注，一场新的舆论战旋即展开。在西藏，由于中央电台藏语广播收听清晰，反映良好，已经是藏区听众的主要信息来源之一。不同于其他媒介，藏语广播直接面对的是藏区不懂汉语普通话的藏族群众，同时具有对内宣传和对外宣传的效果，是不可替代的，处在反分裂舆论战的第一线。在此情况下，民族广播中心采取了一系列行动加强对涉藏节目的舆论引导。

4月9日起，藏语部对广播节目进行了调整，将原先分散的各类专题节目统一调整为《特别关注》，并设置"百姓声音""名人访谈""西藏今昔""媒体摘要""奥运圣火"五个子栏目，全力以赴搞好涉藏宣传。

4月12日，民族广播中心召开藏语广播宣传专家策划会，专题研究拉萨"3·14"打砸抢烧暴力事件发生以后，如何进一步做好中央电台藏语广播宣传工作。来自中国藏学研究中心、中国民族语文翻译局、中国传媒大学等单位的专家学者和中央电台的相关领导出席了策划会。与会专家肯定了事件发生后中央电台藏语广播对节目的调整，并普遍建议通过增加节目时长来增强节目的宣传效果。

4月18日，藏语广播时间增加到每天8小时，并推出3个新节目《特别关注》《西藏传统文化》和《歌声传情》，一方面宣传党和政府对西藏的政策方针，揭批达赖分裂集团的反动本质和政治阴谋，报道西藏及涉藏重点工作省的建设成就，介绍西藏的历史与现实；另一方面则选播藏族的民间传统文化，展现在党的领导下藏族文化的传承和发展，揭批达赖集团散布的"藏族文化毁灭论"，用藏族歌曲等丰富听众的文化生活，传递电台与听众、听众与听众之间的友好情谊。

4月19日，"民族之声"蒙、藏、维、哈、朝5个语言部和新闻部组成的联合报道组抵达拉萨，进藏采访。在采访的日子里，报道组深入西藏农牧民家庭，走寺庙，访市民，与地方党政机关、公司企业举行多次座谈，如约请扎什伦布寺高僧萨龙·平拉谈党和国家民族宗教政策的贯彻实施；约请布达拉宫的相关负责人谈国家对西藏文物保护的重视和投入；约请西藏藏医学院院长尼玛次仁谈藏医事业的发展，充分发扬了中央媒体引导舆论的作用。报道组所采制的节目，除了用五种少数民族语言播出外，还用汉语在《民族大家庭》中播出，并在中国广播网民族分网展示了此次采访之行。另一方面，五个语言部通过五个少数民族不同的视角来展示西藏的发展和成就。蒙古语部记者采制的《藏医药的绿色呼唤》，既介绍了藏医事业的发展，也介绍了包括蒙医在内的中国少数民族医药业的发展；朝语部记者采访了拉萨的阿里郎餐厅经理；而维语部和哈语部的记者则专门访问了拉萨清真寺的阿訇，向听众介绍了西藏各民族、各宗教和谐共存、共同发展的客观事实。

藏语部的一系列举措得到了听众的强烈反响。在一个月内，藏语部就收到100多封来信和上百个电话。听众普遍表示，他们通过中央电台藏语广播了解了事件的真相，日喀则商人达珍为了让更多的人听到中央电台的节目，在自家商店门口立了一个大音响播放藏语广播。山南地区的一位同胞用藏语写了一封长信，他在信中提到，在他所居住的那个与不丹接壤的小村庄里，农牧民们非常喜欢中央电台的藏语节目。每天早上7：00，他都会准时打开收音机，准时收听中央电台的藏语节目。"3·14事件"发生后，中央电台藏语节目针对西方个别媒体颠倒黑白、听信达赖集团的言论并制造毫无根据的报道等情况，通过《特别关注》等节目，用一个个不争的事实来反驳不实的报道，从而让听众了解到事实真相。

在紧随而来的第29届北京奥运会中，藏语广播将"维稳"放在首位，将奥运宣传与西藏传统文化宣传相结合，从五个方面入手，用事实驳斥了达赖集团散布的"藏族文化毁灭论"。

第一，详细介绍了党和政府高度重视藏语文使用方面的情况。藏文是全西藏通用的语言文字，西藏自治区人大通过的决议、法规、法令，人民政府下达的正式文件、发布的布告，都用藏汉两种文字。各种新闻媒介如报纸、广播电视也都使用藏汉两种语言文字。西藏自治区在招工、招干、招生时对使用不同语言文字者平等对待，且优先照顾藏语文使用者。群众参加各种集会、活动都使用藏语文。西藏自治区所有单位、街道、路标和公共设施一律使用藏汉两种文字标记。

第二，详细介绍了党和政府十分重视民族传统医学事业的情况，宣传介绍了藏医的卫生法律法规建设、增设和完善医疗机构、藏医队伍不断壮大，以及藏医如何为老百姓服务等方面的内容。

第三，详细报道了西藏自治区抢救维修文物工作所取得的举世瞩目的成就。西藏修建博物馆保护西藏历史珍贵文物。国家拨款先后维修了昌珠寺、雍布拉康、大昭寺、小昭寺、甘丹寺、扎什伦布寺、桑耶寺、萨迦寺、白居寺、夏鲁寺、强巴林寺、热振寺、止贡寺、敏珠林寺、热拉雍仲林寺等一批重点著名寺庙建筑和古格王国遗址、江孜宗山抗英遗址、藏王墓等文化古迹。特别是1989年10月至1994年8月，历时5年，国家对布达拉宫进行全面维修，使雄伟壮丽的布达拉官稳固如初，辉煌依旧，并于 1994 年 12 月被列入世界遗产名录。

第四，介绍了国家校勘出版《大藏经》的情况。

第五，及时播发了十一世班禅额尔德尼·确吉杰布参观《迎奥运"格萨尔千幅唐卡展"》、中国佛教界举办专场法会为奥运祈福的新闻，并以《迎奥运"格萨尔千幅唐卡展"》为线索，采访了著名格学专家降边嘉措和著名格萨尔说唱艺人阿尼等，制作播出了把奥运会与藏族传统文化保护和发展相结合的 5 期专题节目。

藏语广播的奥运宣传充分体现了民族广播中心对症下药的战术。藏语广播的壮大发展得益于已经实施八年的"边疆少数民族地区广播电视覆盖工程"，2008 年下半年，"边疆少数民族地区广播电视覆盖工程"新一阶段即将上马。11 月 17 日，国家广电总局召开了关于加强藏区广播电视工程的报告会。（*中央人民广播电台民族节目中心著，《新世纪的交响》，2016 年 11 月，民族出版社，165 页。*）

11 月 18 日，中央电台召开台务会，时任台长王求在会上宣布：明年 3 月 1 日，藏语整频率节目开播，原有的中 8 频率随之调整。

随后的一个月，中央电台召开多次会议，在肯定民族广播中心在 2008 年取得的成绩之时，也对"边疆少数民族地区广播电视覆盖工程"新一阶段工程的实施进行动员并提出要求。

正如王求台长在讲话中提到的那样，"把'边疆少数民族地区广播电视覆盖工程'落实好，就要前方与后方兼顾，对敌斗争与当地广播需要兼顾，传统与现代兼顾，自办节目与引进节目相结合，应急与长远相结合"。对于民族广播中心来说，新的任务就是开办藏语广播新节目，从内容、技术、财物、人员等方面把筹建藏语频率的相关事宜落实好。

藏语频率正式开播

2009 年 2 月的最后一天，藏族人民还沉浸在藏历土牛新年的节日气氛中，远在北京的中央电台在中国藏学研究中心召开了新闻发布会。时任国家广电总局党组成员、中央电台台长王求在会上宣布：经国家广电总局批准，从 2009 年 3 月 1 日凌晨 5 点 55 分开始，中央电台藏语广播将从原来分段 8 小时播出改为全频率全天 18 小时播出。这天出席新闻发布会的还有西藏自治区原党委第一书记阴法唐、国家民委副主任丹珠昂奔、国家广电总局副局长胡占凡、中国藏学研究中心党组书记朱晓明、中央统战部七局副局长姚茂臣、国务院新闻办七局副局长王丕君等相关单位的领导。时任全国人大常委会副委员长的热地和全国政协副主席阿沛·阿旺晋美、帕巴拉·格列朗杰发来贺信。9年前，在民族广播开播50周年的座谈会上，阿沛·阿旺晋美亲赴会场，向从事民族广播30年以上的老同志表示问候。这次藏语频率开播，这位一直关心少数民族语言广播的百岁老人更是向中央人民广播电台表达了自己的喜悦。他在信中这样写道：

> 喜闻中央人民广播电台藏语节目实现18小时播出，这是西藏各族人民政治生活中的一件喜事，首先向你们表示最热烈的祝贺和亲切的问候！中央人民广播电台藏语节目实现18小时播出，使更多的藏族群众能更加及时了解党和国家的各项方针政策，了解国际国内多方信息、学习各种科学文化技能，丰富藏族人民的文化生活，促进经济文化发展，促进西藏的稳定和发展，增进民族团结进步，同时对继承和发扬藏民族优秀文化艺术将起到很好的促进作用。希望你们继续发扬优良传统，以科学发展观为指导，坚持正确的舆论导向，发挥自身优势，为西藏的经济建设和社会稳定做出积极贡献。

王求台长在讲话中提到，将从四个方面加强软硬件建设，建好藏语频率。一是将中央电台藏语节目编辑部前移，加大在当地制作节目的力度，以增强中央电台藏语节目的贴近性、针对性、可听性。二是加大有效覆盖。争取在两年内，实现调频、中波和短波的混合覆盖，满足藏语听众的信息需求。三是在整合台内资源的基础上，加大与省区市广播电台的合作力度，努力提供更丰富的具有藏族地方特色及针对性强的广播专题和文艺节目。四是发展新媒体，让传统媒体与现代媒体融合，增强藏语广播的影响力。中央电台正在积极筹备包括藏语网站在内的五种少数民族语言文字网站，尽快实现台网联动，努力丰富传播手段，使中央电台民族广播实现新的跨越。

2009年3月1日，中央电台藏语频率正式开播。6：00，《文艺园地》栏目在收音机里率先向听众问好。长期以来，中央电台少数民族语言广播一直在党和国家领导人的关怀下发展。改革开放以来，尤其是"边疆少数民族地区广播电视覆盖工程"实施后，领导人的几次相关批示，都为中央电台少数民族语言广播的发展指明了方向。中央电台第11套节目藏语频率的开播，不仅是藏族人民的好消息，更是我国民族语言发展史上具有里程碑意义的大事。新的藏语节目以藏语卫藏方言播出，在拉萨的播出频率是调频 105.7 兆赫，在西藏和四川、青海、甘肃、云南等省区有 7 个短波频率发射覆盖。

为满足北京地区藏语听众的需求，在首都设立了中波覆盖，收听频率是 1098 千赫。

藏语频率为新闻综合频率，主要任务是：传播国内外重大新闻，报道西藏和其他藏区农牧民生活水平提高和现代化建设的发展成就，宣传西藏的历史文化，为听众提供生活信息、文化娱乐等方面的服务。开设的主要栏目有：《新闻和报纸摘要》《全国新闻联播》《特别关注》《西藏传统文化》《来自雪域的报道》《文艺园地》等。

藏语频率在藏历新年期间开播，为沉浸在节日气氛中的藏族群众增添了一道亮丽的风景线。西藏自治区党委原第一书记阴法唐的夫人李国柱是中央电台藏语广播的忠实听众，她对新节目的评价是："收听效果不错，很清楚。原来由于时间短，听得断断续续，这次延长时间后，节目整体感觉不错。"中央民族大学土登平措老师特意给中央电台打来电话，他认为这是党中央、国务院保护西藏文化、关心人民群众利益，尤其是关心广大藏族农牧民群众的具体体现。他的观点得到拉萨听众索朗丹增的赞同。索朗丹增是中央电台藏语节目的忠实听众，他在电话里说，藏语广播是农牧民生活的一部分，也是他们了解党的政策、了解国内外大事的重要工具。藏语频率使大家随时都能听到北京的声音，拉近了听众同祖国心脏的距离。

类似的电话和信件在藏语频率开播后纷至沓来，这让藏语频率的同志们更加不敢懈怠，努力拿出更精彩的节目来回报听众，尤其在"3·14"事件发生一年的时间节点上，民族中心更是高度重视涉藏宣传。藏语频率更加关注西藏，开设了《名人访谈》《百姓心声》《西藏今昔》等栏目，通过藏族专家学者、普通群众的亲身体验和亲口讲述，反映西藏一个家庭、一座村庄、一座城镇的变化，体现西藏民主改革 50 年西藏和藏区各项事业的发展；为配合庆祝西藏民主改革 50 周年的活动，藏语频率先后开办《藏语关注》《西藏传统文化》《走遍神州》等栏目，还参与并组织实施了大型专题报道《雪域高原格桑花》、系列报道《今日西藏》等，每个专题的报道篇数都在 50 篇以上。进入 3 月，涉藏报道进入高潮，藏语广播发挥了国家电台的主流媒体作用，涉藏报道内容全面、及时准确、严谨规范；既关注藏区 50 年间的巨变，西藏文化、宗教以及环境的保护状况，揭露达赖集团反动真面目，还突出重点，突出一些重大的纪念活动，例如西藏民主改革 50 年大型展览及胡锦涛等党和国家领导人的参观情况、西藏举行百万农奴解放纪念日庆祝大会等。

在重视新闻和专题节目的同时，藏语频率还增强了评论的分量，《达赖没资格谈人权》《西藏的现实与达赖的"历史观"》《看达赖喇嘛如何下这个台阶》等一系列有理有据的评论文章，借助广播平台播发，既有力地驳斥了敌对势力对事实的歪曲，也充分展示了广播的语言魅力，给听众奉献了一道道酣畅淋漓的听觉大餐。

国庆 60 周年现场直播

2009 年 10 月 1 日，是藏语频率历史上值得铭记的一天。这一天是中华人民共和国成立 60 周年纪念日，也是中央电台历史上第一次用民族语言直播国庆庆典的日子。拉萨姑娘达瓦玉珍是中央电台藏语部的一名播音员，2009 年 7 月的一天，她和同事边巴旦增接到一个特殊的任务，在 10 月 1 日的国庆 60 周年庆典上，他们两位年轻的播音员将站在天安门城楼上，用藏语直播国庆庆典。两年多前，达瓦玉珍还是中央民族大学一名普通的研究生，从小就喜欢听藏语广播的她，没有想到自己将来会以这种方式被写进藏语广播的历史中。

为了圆满完成这次直播任务，中央电台国庆报道组多次研究藏语直播方案，并组织相关工作人员进行演练。直播稿件要从汉语翻译成藏语，从初稿到最后定稿，前后修改了五次，对藏语部来讲，反复修改稿件意味着要重新翻译、重新校对，每次修改都增加成倍的工作量。为了让两位年轻的播音员更好地完成任务，藏语部安排藏语播音经验丰富的主任播音员扎西罗布对他们进行业务指导和培训。

直播那天，扎西罗布与后方报道组的工作人员一起在后方直播间监听指导。站在天安门城楼上的两名藏语年轻播音员，完成了人生中最难忘的一次直播。这次直播节目，得到西藏电台藏语频率、青海电台藏语频率的全程转播，海内外最大的涉藏网站中国西藏信息中心的藏文版、英文版和人民网的藏文版设了藏语直播节目的链接。中国西藏信息中心藏文版、汉文版、英文版还以《国庆庆典首次实现藏语直播》为标题，在头条位置进行了报道。藏语频率 10 月 1 日国庆 60 周年庆典现场直播的圆满成功，为少数民族语言广播现场直播积累了经验。青海电台时任副台长多杰仁青在直播刚一结束就来电话表示祝贺。他说："国庆盛典实现藏语广播直播与普通话广播直播同步，非常成功，藏族群众听了非常激动、振奋，许多家庭都是看着电视听藏语广播直播，没有了语言障碍，听起来亲切自然，拉近了民族间的感情，心中自然涌起一种作为中华民族一员的自豪感。"庄严的天安门城楼、振翅高飞的鸽群、威武整齐的解放军方阵、气势磅礴的飞机……这些美好的景象让许多藏族孩子无限向往祖国的心脏。中学生索朗次仁说，因为这是藏语广播第一次现场直播国庆活动，所以学校里有很多同学拿着收音机在收听，纷纷表示自己要好好学习，将来一定要到北京看看天安门城楼，看看藏语直播机房。两位年轻的播音员也成为藏族人民的骄傲。农民达瓦顿珠的女儿告诉全家人，等到自己长大了，也要去北京当一名藏语播音员，也要到天安门城楼上报道国庆。这些从普通听众嘴里说出的单纯话语，就是对藏语频率和整个民族广播工作最好的嘉奖。

玉树地震报道

2010年，藏语广播迎来自己60岁的生日。在这一年，藏语频率完成了两件大事。第一件大事，是在玉树藏族自治州发生7.1级强烈地震之后立即启动应急方案，制作特别节目，并选派两名年轻的业务骨干拉巴和米玛加布赶赴青海玉树地震灾区进行报道。藏语分成三大方言：卫藏方言、康巴方言和安多方言，中央电台藏语频率的播音以卫藏方言为主，而青海玉树90%的群众是使用康巴方言的藏族同胞。

4月17日17时，玉树地震发生之后约83小时，中央电台以康巴方言播出的消息在玉树上空响起。灾区的广大藏族同胞在中央电台广播中通过自己熟悉的语言，了解了抗震救灾的具体情况，及时听到了党中央、国务院和全国各族同胞对地震灾区的关怀和援助，增强了抗震救灾、自强不息的信心和决心。

藏语频率的第二件大事，就是从12月1日起对广播节目进行全面改版。改版的宗旨是：根据中央电台"世界眼光，开放胸怀，内合外联，多元发展"的整体思路，在坚持正确舆论导向的前提下，巩固中央电台藏语广播的独特地位，扩大中央电台藏语广播的独家优势。进一步从整体上加强对藏语频率的规划，充实节目内容，提升节目质量，扩大节目覆盖面，增强影响力。

改版主要从两个方面进行。一是增办安多方言节目，保留康巴方言节目，使中央电台藏语频率形成以卫藏方言为主，兼有康巴方言、安多方言的新格局，有效扩大藏语广播的内容覆盖，增加藏语广播的地域特色，提升藏语广播的贴近性和针对性。二是调整西藏电台拉萨语频率向中央电台提供的部分节目内容。改版后，西藏电台向中央电台藏语频率提供的节目由过去的每天 4 小时改为 3 小时。其中，2 小时卫藏方言节目、1 小时康巴方言节目。新增青海电台每天向中央电台藏语频率提供的 1 小时安多方言节目。三是理顺内部机制，加快频率整体化运转。频率专业化的运作模式，有利于增强藏语广播队伍建设，对接新媒体，提升藏语广播宣传水平，为中央电台藏语广播的未来拓展更大的空间。

前方编辑部的成立

改革永无止境。在"边疆少数民族地区广播电视覆盖工程"启动的第十个年头，藏语频率用节目改版的形式告别过去，迎接崭新的 2011 年。2011 年是"十二五"计划的开局之年，也是中国共产党建党 90 周年和西藏和平解放 60 周年。围绕这三大主题，藏语广播充分利用自己的独特优势，举办了一系列重大涉藏宣传活动。年初，藏语广播开辟专栏，播出系列录音报道《基层新声音》，以"十一五"期间西藏经济社会取得的成就为主线，以基层农牧民群众生产、生活变化为重点，反映"十一五"计划期间西藏经济社会变化和民生改善取得的成绩。报道组成员跑遍那曲、日喀则、山南、林芝等地，先后采写并播出了大量反映基层新变化的系列录音报道。

1951 年的 5 月 23 日，中央人民政府的全权代表和西藏地方政府的全权代表在北京签订《中央人民政府和西藏地方政府关于和平解放西藏办法的协议》，宣告了西藏的和平解放。当初，应时而生的藏语广播为西藏的和平解放做出了自己的贡献。

60 年后，藏语广播在维护民族团结和国家稳定方面，仍然发挥着不可替代的作用。为了纪念中国共产党成立 90 周年和西藏和平解放 60 周年，藏语频率推出系列广播节目《阳光雪域 60 年》，从藏北草原到林芝秘境，从藏南谷地到神奇昌都，报道组成员行走近万公里，亲身感受了西藏和平解放 60 年间方方面面发生的深刻变化，用手中的话筒记录了西藏人民对新生活的热爱和对党对国家的感恩之情，先后制作并播出 60 篇录音报道，还在藏语广播网开设专栏进行图片和文字报道。

2011 年 7 月 19 日清晨，拉萨下起了小雨，这天上午，西藏和平解放 60 周年庆祝大会在雪域高原举行，习近平同志代表党中央在向西藏自治区赠送了胡锦涛总书记亲笔题写的"祝贺西藏和平解放60周年"贺匾后发表了讲话。随后，盛大的群众游行开始，22个不同特色、不同表演形式的群众游行方阵和15辆游行彩车在欢快的音乐中依次行进。这天，在泽嘎总监的指挥下，中央电台藏语频率与西藏人民广播电台在拉萨圆满完成西藏和平解放60周年庆祝大会的特别直播，藏语频率实现了两个突破：第一次在京外直播，第一次在高海拔地区直播。一周后的7月26日，中央电台西藏民族语言广播中心拉萨编辑部在西藏自治区首府拉萨市揭牌。新成立的拉萨编辑部每天播发一小时的藏语节目《来自雪域的报道》，该节目由新闻、新闻解读、开心一刻、家乡专题、文艺节目等栏目组成。

藏语频率前方编辑部的成立，实现了藏语广播的采编前移，进一步扩大了藏语广播信息源、节目源，增强了节目采编能力。2012年4月，藏语频率策划推出了大型主题报道《走基层，看西藏》，这是藏语广播史上持续时间最长、参与人数最多、采访线路最长、所经县域最多的一次采访报道活动。整个报道活动历时三个月，行程5.2万多公里，足迹涉及西藏的50个县（市、区）、300多个乡镇，先后参与采访报道活动的编辑、记者达50人次，共采制了60集录音报道，从9月1日起在藏语频率《特别关注》栏目播出。

次仁曲珍自1965年西藏自治区成立时期开始，每天在自家院中升国旗，直到她生命的最后一刻；今年85岁高龄的索朗老人，一辈子都居住那曲地区（现那曲市）的雪巴村，他是西藏自治区级非物质文化遗产——雪热巴的传承人之一，从他的爷爷到他的父亲再到他，祖孙三代都在雪热巴队当演员；曾经辉煌的古格文明，在沧桑万变的岁月里只剩下一座荒凉的土山，古格王朝遗址管理站的站长在20多年里一个人孤单地守护着古格王朝的遗迹……类似的故事，大多数都埋没在雪山和林区之中，埋没在琐碎的日常生活中。《走基层，看西藏》的采访组，在时空的荒芜之处打捞这些动人的事迹，记录那些平凡的人物，用接地气的报道吸引人气，正如藏语频率拉萨编辑部记者旦增旺久所说，"最美的声音在基层"。

"中央电台的藏语广播节目就像酥油茶一样必不可少。"一位听众曾经这样形容藏语广播。藏族人用酥油茶招待客人，并创造了酥油茶文化，围绕茶文化，形成了贯穿交友、节庆等场合的茶会，茶文化成为藏文化的有机组成部分。中央电台的藏语广播节目，就要像酥油茶一样，形成自己鲜明的风格和文化特色，成为藏族群众日常生活中不可缺少的一部分。

维语广播：不停歇的改革路

摒弃小而全，追求专业化

提起维吾尔族，许多人想到的都是能歌善舞。早在唐朝时期，高僧玄奘的《大唐西域记》中就有西域地区的龟兹乐"特善诸国"的记载。除了这种古老的音乐，维吾尔族人民在漫长的历史中还创造出木卡姆、麦西来甫等艺术形式，创造出热情欢快、朗朗上口的民歌。汉族作家王蒙曾经在新疆度过 16 年的时光，即使离开新疆 30 多年后，他的脑海里仍然回旋着一首伊犁维吾尔族民歌《黑黑的眼睛》，在名作《新疆的歌》里，他深情地写道："你为什么那么忧郁？由于干旱的戈壁沙漠吗？你的绿洲滋润着心田。由于道路遥远音信难传吗？你的好马和你的耐性使你们的交往并不困难。由于得不到心上人的呼应、得不到知音吗？你的歌、你的舞、你的饮酒又是那样酣畅淋漓！而你的幽默更是超凡入圣！快乐的阿凡提的乡亲们，却又有唱不完的'黑眼睛'的苦恋。"这位曾担任过国家文化部部长的著名作家，在 20 世纪 60 年代曾先后在新疆乌鲁木齐、伊犁巴彦岱乡工作生活，在和维吾尔族同胞同吃同住的岁月里，他学会了维吾尔族语言，"文革"结束后，又创作出许多以新疆为背景的文学作品。王蒙说，在艰难的岁月里，是维吾尔族朋友随遇而安的生活智慧影响并保护了他。就像维吾尔族最著名的民间人物形象阿凡提一样，这个能歌善舞的民族天性善良幽默又乐观豁达。

64 年来，斯依托夫、伊明·阿孜、穆罕默德·伊明、于肃因、帕尔哈提、艾司哈尔等历任领导，带领维语广播不断扩大影响力。

带有这种民族性格的中央电台维语部度过了"边疆少数民族地区广播电视覆盖工程"实施后较为困难的一段时间，顺利通过人员不足、工作量骤增的两大考验。站稳脚跟后，他们又开始对节目进行改革，通过了解对象地区听众收听中央电台节目的需求，不断调整节目的内容、形式，初步形成了以新闻为主导的专业化办节目模式，在维吾尔族听众中树立起口碑。2004 年，借"民族之声"的开播之机，维语部也开始了新一轮改革。在前期调研、征求对象地区听众意见的基础上，他们重新对节目进行定位和调整；在突出节目权威性的基础上，按照"民族之声"所提出的"立足中央，服务对象听众"的办节目方针，在"贴近性"上狠下功夫，一切以听众的需要出发制作节目。在节假日期间，维语部一改往年始终播放民间歌曲的做法，精心制作知识性、趣味性较强的专题节目；为了解答高考考生和家长所关心的问题，《科教园地》栏目特地邀请有关教育专家谈自己的见解和看法；为了满足少数民族文艺爱好者的需要，《神州大地》节目邀请新疆的一些著名艺术家就维吾尔族歌剧的现状发表看法。除此之外，《世界瞭望》节目特地邀请刚从乌兹别克斯坦归来的维语部副主任古力巴哈畅谈乌兹别克斯坦的风土人情。没等节目播完，维语节目的忠实听众、原新疆维吾尔自治区副主席米吉提·纳斯尔就连夜打来电话，称赞这期节目是"前所未有的好节目"。

2005年是中央电台维语广播历史上改革力度最大的一年。在广播频率专业化已成为业内共识的新阶段，过去那种小而全的办节目模式很难适应听众日益提高的节目收听要求，节目重播量过大也造成了节目资源的极大浪费。在中心主任的领导下，中央电台维语新闻综合广播于2005年元旦这天正式与听众见面，新节目主要从四个方面进行了改革。

第一，整合资源、统一节目。通过成立策划组、设立制作人制度，对全天的节目进行统一策划和统一制作，整合节目资源，打破原有新闻和专题节目各自为政的局面。对节目进行崭新的定位，统一制作各类节目的开始曲、间奏和片花。

第二，在整个民族中心强化新闻报道的同时，维语部也加强了新闻节目的时效性，要求每个专题节目制作人员必须围绕最新的国际国内新闻选稿，做深度报道，而且专题节目制作必须当天进行，最新内容要在第一时间播发；增加自采新闻稿件的播出量，对新闻的播出时间进行规定。为了加强新闻的现场感，维语部规定记者必须口播新闻；为了增加新闻量，要求播音员加快语速。诸如这样的细节，在维语广播此次的改革中随处可见。

第三，丰富专题。在改革之前，维语部的专题节目由互不关联的7个节目组成，算上重播，每个专题节目每天播出4次，既无法满足听众对信息量的需求，也造成了资源的浪费；受节目内容的限制，对一些突发事件的深度报道因不能及时播发而失去了时效性。因此，维语部首先增设了专题节目，将每周原有的7个专题节目增加到14个，保证每天都有两档新专题节目；同时，把整个专题节目分成《午间世界报道》和《晚间中国报道》两大板块及周六、周日的特别节目，再细分每天的播出内容，增强了专题节目的连贯性。《晚间中国报道》专题节目推出 10 集特别节目《作家访谈》，选取 10 位在新疆很有影响力的老中青作家，从不同侧面介绍他们的写作生涯、代表作品，同时对文学事业的未来做出展望；为了增强节目的感染力，访谈之后，节目特意以配乐朗诵的形式播出该作家的代表作。

第四，加强与听众交流互动。维语部在每天的节目中都会反复播报节目组的联系方式以及收听渠道，以便可以第一时间得到听众的反馈意见，并在节目中对听众提出的各类问题进行解答。

在节目设置中，维语部充分突出以人为本的基本原则，既充分考虑了听众的收听习惯，也为听众选择节目提供了方便。在新节目一开始就把一小时节目的整体安排情况按时间顺序交代清楚，使听众对整个节目先有个大概的了解；在节目播出期间不时播报节目进度，对上一节已播完的节目进行回顾，对下一节节目进行预告，使听众不至于错过想要收听的内容。这样的设计很快收到效果。新节目开播一个月后，就收到听众来信、来电 300 封（次）；开播半年，这个数字就达到了 1 万封（次）。在新节目播出不久，新疆维吾尔自治区人大常委会副主任买买提明·扎克尔和新疆维吾尔自治区政府原副主席米吉提·纳斯尔，分别打来电话，祝贺节目改版成功，并希望中央电台维语部全体工作人员发扬连续作战的精神，再接再厉，把最好的精神食粮奉献给广大边疆听众，为新疆的社会稳定、经济发展做出贡献。也有听众在来信中写道："因为各种原因，我们这里的信息很闭塞，我们渴望更加及时、全面地了解更多的信息，广播是我们了解外部世界的主要手段。你们新推出的节目满足了我们的需求，从你们的节目中我们不仅能及时获得最新新闻事件，而且还能了解整个事件的来龙去脉，我们一些经常听广播的人，对一些时事问题都能说得头头是道，连城里来的人都感到很惊奇。我们需要这样的节目。"在新疆喀什自由市场做生意的一位听众打电话说："每天中午 12：00，我们这个嘈杂的市场，立刻会安静许多，因为你们的节目开始了，各个摊位传来的广播声，近来已成为我们这个市场的新风景。"而在阿克陶县皮拉力乡广播站的买买提艾力在电话里提到这么一个场景：帕米尔高原的大山深处，一些穷得可能一年半载都吃不上一顿肉的村民家里，都拥有一个还算先进的短波收音机，一到中央电台维语节目的播出时间，就把收音机摆放到最佳的位置，聚在一起收听节目。这些听众口中、信中讲出的朴实话语是对维语部每一位工作人员辛苦付出的最好慰藉，也激励着民族广播人不断把听众的需求摆在更重要的位置，他们努力思考、策划、准备更符合听众需求的新节目。

宣传重点着眼于全国

随着节目的调整，维语部采访报道的重点也从对象地区扩展到了内地。维语部曾以"你们最希望听到什么样的内容"为题做过一次调查，大部分答题者都希望听到在内地学习、工作、经商的人的情况以及他们所在城市的发展情况。为此，从2005年5月1日起，维语部推出30集《高校巡礼》系列专题节目，记者兵分五路，前往北京、上海、南京、成都、西安、大连、兰州等城市，采访了为培养少数民族人才做出很大贡献的30所著名高校。在节目里，记者向广大维吾尔族听众介绍了每所高校的地理位置、学科计划、培养新疆学生计划、在校新疆籍学生的学习生活情况等内容。这是维语广播第一次大规模集中报道内地高校，《高校巡礼》受欢迎的程度也超过了以往维语部所播出的节目。

艾斯卡尔·艾尔肯是新疆电视台的一名记者，也是中央电台维语广播的忠实听众。在喀什采访的时候，艾斯卡尔·艾尔肯遇到过一位超过上中学年龄的中学生。几年前，由于家庭生活困难，这位学生辍学去一家超市打工，经过奋斗，已经拥有一份收入不错的工作。一个偶然的机会，他收听了维语广播的《高校巡礼》节目，决定辞去工作，重返校园，圆自己的大学梦，并且一定要考到《高校巡礼》节目中介绍的高校上学。

《高校巡礼》受到的好评让维语部的同志认识到，"把宣传的重点放到全国"的办节目路子是成功的，接下来要在继续关照对象地区宣传需要的同时，适当调整宣传角度，发挥在北京的优势，不断增强维语广播的凝聚力、影响力、感染力，更好地服务听众。这一年恰好是新疆维吾尔自治区成立50周年，维语部与《新疆日报》合作，在专题节目《晚间中国报道》中推出50集专题报道《辉煌50年》，全面、真实、客观地反映新疆社会和经济方面发生的变化。

维语部2005年的改革工作得到中央电台领导和民族广播中心的充分肯定，并被要求在新的一年里"好好总结，继续提高"。

2006年是维语广播开办的第50个年头。这一年伊始，维语部把巩固、提高定为新的工作重点，对节目的制作形式、内容、流程进行了进一步的细化。从年初的两会开始，对社会主义新农村建设、落实科学发展观、社会主义荣辱观、构建和谐社会等台里统一布置的重点报道都进行了细致的策划，在突出对象地区、本民族特点上狠下功夫，在派出记者实地采访的基础上，充分发挥中央电台作为国家电台的优势，联合地方电台及有关媒体进行电话连线采访，以最大限度贴近听众的方式制作节目，达到了预期的宣传效果。在完成"规定动作"的同时，维语部继续在优势项目——独家报道上下功夫，采制了几组反响不错的系列节目。如2006年5月开播的《维吾尔族第二故乡行》，介绍了素有"维吾尔族第二故乡"之称的湖南省常德市桃源县。当时这里居住着约8000名维吾尔族人，是我国除新疆维吾尔自治区外，维吾尔族人最多的聚居地。我国著名历史学家、北京大学原副校长翦伯赞和原农工民主党中央副主席、华中理工大学著名教授翦天聪，都是湖南维吾尔族人的杰出代表。

尽管维吾尔族人在这里居住了600多年，但因为此前媒体报道很少，外界对此了解也很有限。为了向听众全面介绍湖南维吾尔族人的历史和现状，中央电台维语部记者赶赴湖南，实地采访制作了《维吾尔族第二故乡行》系列节目。这组报道播出后，新疆维吾尔自治区原副主席米吉提·纳斯尔打来电话说，原本他在新疆大学参加维吾尔文学方面的一个研讨会，因为维语广播的系列节目，研讨会的主题最后变成湖南维吾尔族历史文化。米吉提·纳斯尔称赞道，正是独家报道的魅力使对节目内容的讨论超越了研讨会本身的议题，这是维语部做的一件非常有意义的事情。也有听众告诉维语部的工作人员，听了节目之后，很想去湖南看一看。

2006年，维语部还针对维语广播开办50周年开展了一系列的纪念活动。6月底，维语部启动了"我与广播"有奖征文活动，共收到各类征文稿件700余篇。听众在来稿中从不同层面介绍了在各个时期收听中央电台维语节目的感受，广播对他们生活、工作、学习产生的影响，以及他们对中央电台维语广播的感情。新疆社会科学院研究员马哈茂德坚持收听维语节目50年，写下了20余本收听笔记。他说："翻看这些笔记，能清楚地感受到中央电台维语广播在各个历史时期所发挥的重要作用以及它的发展历程。中央电台维语广播历经波折，发展到现在这个地步，实属不易。希望维语部珍惜现在的大好机会，为听众奉献更多、更好的精神食粮。"维语广播历史上第一本画册《声波万里五十载》和文集《广播在我心中》也在这一年出版。维语广播日渐增强的影响力使维语广播开办50周年也成了对象地区关心的一件大事。新疆人民广播电台、新疆电视台制作了专题节目介绍中央电台的维语节目，新疆日报用整版篇幅回顾了中央电台维语广播的发展历程，各界人士也纷纷在各类媒体上发表纪念文章，对中央电台维语广播赞不绝口。

2006年12月8日，中央人民广播电台维吾尔语广播50周年纪念大会在人民大会堂举行。时任全国人大常委会副委员长的司马义·艾买提，全国政协副主席阿不来提·阿不都热西提，全国人大常委会原副委员长铁木尔·达瓦买提，新疆维吾尔自治区党委副书记、自治区主席司马义·铁力瓦尔地，以及广电总局领导、中央电台领导出席了会议。时任中共中央政治局委员、新疆维吾尔自治区党委书记的王乐泉专门为此次纪念大会写了"声波万里五十载"的题词。

在会上，杨波台长向来宾介绍了中央电台维语广播创办 50 年尤其是近年的发展状况。维语广播以把党和国家的声音传入维语民族地区千家万户为己任，积极宣传党的路线、方针、政策，报道维语民族地区建设发展的成就，传递信息、引导舆论、传播文化、普及知识，努力加强维吾尔族同全国各族人民的联系。新时期的维语广播在改革创新的道路上，不断加强维语广播的服务功能，增加新闻比重，强化新闻时效，得到了当地党委、政府的大力支持和充分肯定，受到了广大维语听众的热烈欢迎。根据新疆大学主持的中央电台维语广播听众抽样调查结果显示，在新疆，73.64％的维吾尔族人经常收听中央电台维语广播，柯尔克孜族的比例为 72％，塔吉克族为 61.87％，乌孜别克族为 55％。维语广播在增强民族团结、维护祖国统一和社会和谐稳定、促进当地经济发展、扩大中国在周边国家的影响上，发挥了重要作用，唱响了不同民族间的和谐之声。

在开办 50 周年的时间节点上，维语部还收获了一个令人振奋的信息：经过几年的努力，维语部在对象地区的号召力显著提高。以前，中央电台维语广播处于可有可无的尴尬状况，2006 年，这种状况得到彻底改变，中央电台维语广播的重要性日益突出。过去，维语部的主要听众是生活在边远地区、没有能力接触别的媒体的农牧民，而根据这一年的反馈，维语广播听众中，机关工作人员、在校大学生、中学生的比例逐步提高，城市里的很多有车族都喜欢在开车的时候收听中央电台的维语节目。除了听众，地方电台也称赞中央电台维语广播的品牌效益，如县级广播电台新疆库车人民广播电台通过完整转播中央电台的维语节目，每年增收几十万元。新疆最有名的期刊之一《天尔塔格》专门发表署名文章，对中央电台维语节目受听众欢迎的原因进行了分析，并号召有关媒体向中央电台学习。随着节目关注度的提高，一大批专家、学者、作家成为中央电台维语广播的固定供稿者，这也在很大程度上提高了中央电台维语节目的层次。

品牌推广不落伍

在紧随而来的 2007 年，维语节目把重点放在品牌的推广上，继续提升中央电台维语广播在对象地区的知名度。在这一年中，维语部圆满完成了两会和中共十七大报道任务。在节目内容上有所创新，增加了录音特写、侧记、花絮等内容，在网上编发了大量照片。为迎接中共十七大的召开，维语部举行"家乡的变化"有奖征文活动，共收到 600 余篇稿件，从中选播了 30 篇获奖作品。这次活动通过基层听众最朴实的语言，为中共十七大的召开创造了良好的舆论氛围。会议召开期间，维语部联合地方近十家电台，通过电话连线等方式报道会议进程及地方的反映，取得了良好的宣传效果。为使听众更有现场感和新鲜感，维语部在报道党代会方面又有了创新——邀请党代表到维语部演播室接受采访。

在重点报道方面，如内蒙古自治区成立 60 周年、第八届全国少数民族传统体育运动会等活动，维语部记者亲赴第一线采访，努力挖掘适合对象地区听众收听习惯的报道点进行采访，使节目更具可听性，受到了听众的好评。在五一、十一等长假期间，取消以往播出大量文艺节目的做法，联合地方台推出了《发展中的乌鲁木齐》《发展中的吐鲁番》系列专题节目，用地方的成绩烘托节日气氛，取得了很好的效果。

在队伍建设方面，维语部加强人员培训，通过建立业务学习制度，对有争议的业务问题及时讨论、及时解决，提高了工作人员的积极性。在八一建军节前夕，组织党员赴军事博物馆参观国防和军队建设成就展并召开座谈会，探讨党员增强党性、履行义务、增强创新意识等主题。与此同时，维语部把安全播出作为重要的工作来抓，做到了经常强调、时时督促、天天检查，把安全播出工作的重要性深深嵌入了每一个人的脑海中。在这一年，维语部全年播音实现零差错。

在品牌推广方面，2007 年上半年，《语言与翻译》杂志、《当代传播》杂志用大幅版面配发彩色图片介绍维语广播 50 年光辉历程及取得的成绩，在知识界引起了很大反响；维语部委托库车人民广播电台、喀什人民广播电台、吐鲁番日报社等单位组织召开的《广播在我心中》纪念文集、《声波万里 50 载》纪念画册出版发行座谈会，更是在基层听众中扩大了中央电台维语广播的影响。除此之外，中央电台维语部还委托有关单位向基层贫困听众赠送收音机，拉近了基层听众与中央电台之间的距离。在这一年的年底，维语部与中国作家协会《民族文学》杂志社、新疆作家协会联合在北京主办了维吾尔文学最高奖项——第十六届汗腾格里文学奖颁奖活动，并展播了部分获奖作品。

2007年，《中央人民广播电台维吾尔语广播听众调查报告》一书由新疆大学出版社公开出版。调查结果显示，自2000年实施"边疆少数民族地区广播电视覆盖工程"以来，中央电台维语广播在新疆的覆盖率已经达到93.14%。报告中提出，中央电台维语广播作为国家的新闻媒体，在边疆群众中享有很高的声誉，其信任度为98%，新疆农牧民把维语广播当作党的声音、国家的声音。维语广播以自己的付出，为新疆的社会稳定和经济发展做出了贡献。

尔后，在维吾尔语广播对外宣传空白的状况下，中央电台维语广播责无旁贷地又担负起对外宣传的重任。

早在2004年，新疆克拉玛依油田的工作人员去伊朗考察合作项目，对方一听是来自克拉玛依的人，当即表示对中国的这个大油田有一定了解，很愿意合作。中方人员问其原因，回答是从中国中央人民广播电台"民族之声"维语广播知道的。原来，中央电台维语节目曾系统介绍过克拉玛依油田的建设发展成就，在乌兹别克斯坦等中亚国家中也有着不少的潜在听众。

改革没有完成时。2004年至2007年的维语广播，在明确发展方向的前提下，依靠不断的创新和永不满足的工作态度取得了不小的成就。面对下一阶段，踌躇满志的维语部迈出了更加稳健的步伐。

北京奥运会报道

2008年的夏天，是中国人民记忆中最绚烂的季节。8月8日，第29届夏季奥运会在北京开幕，中国人盼望已久的奥运会终于能在自己家门口举行了，多少人为了这一天而摩拳擦掌，想为奥运奉献一分力量。而对于媒体人来说，庆典就像一场战役，要提前做好准备，要时时刻刻打起精神，受众看到了、听到了，记住了播发的内容，那就是了不起的胜利。

这一年的1月1日，维语部正式启动了奥运报道工作：增设奥运专题节目，全面介绍关于奥运方方面面的情况；举办《我与奥运》有奖征文活动，激发对象地区各族人民参与奥运的热情，以达到对对象地区听众进行爱国主义教育的目的。征文活动共收到600余篇各类体裁的文章，维语部从中选播了52篇征文。参加征文活动的听众通过自身感受，充分表达了各自对奥运会在中国举办的自豪感、对祖国强大的认同感和对北京奥运会的祝福。

当时受到西藏"3·14"事件的影响，民族之间出现了一些隔阂和不理解的状况。因此，维语广播把奥运报道和维稳联系在一起，针对"为什么在中国举办的奥运会会受到反对"这类问题，在节目中介绍别的国家举办奥运会所遇到的问题，表明无论哪个国家举行奥运会，都难免会受到政治环境的影响。这些节目较好地消除了一些听众的疑惑；针对新疆地区发生的暴力袭击案件，维语节目结合奥运宣传，特地制作了来自不稳定地区，如伊拉克、阿富汗、巴勒斯坦等地的运动员的报道，用他们准备和参加北京奥运会所遇到的艰辛过程告诉听众，和平稳定对于一个国家、一个民族乃至一个公民是多么重要。节目播出后很快收到成效，有听众打来电话说，对这些国家运动员在那么危险的环境下准备奥运会比赛深表敬佩和同情，同时也深深地感觉到要极度珍惜现在安定祥和的生活；针对"奥运期间维吾尔人不能来北京"的谣言，维语部专门采访了一些自费到北京观看奥运会的同胞，采访报道了新疆志愿者在京的情况，用事实驳斥了这些谣言；有针对性地报道了北京各清真寺为各国参赛穆斯林提供服务的情况和维吾尔族飞行员保障奥运期间飞行安全的情况。

维语广播的宣传不仅驳斥了各种不实传言，更激发了听众的爱国热情以及奥运会在中国举办的自豪感，也有听众表达了希望为奥运会尽一分力的热情。新疆喀什听众阿不力米提打电话说，他家养的一头牛市场估价2500元，为了表达自己对北京奥运会的支持，他准备把这头牛捐给北京奥组委。在特设的听众互动栏目《我的奥运》中，主持人提出了这样一个问题："你心中的奥林匹克精神是什么？"很多新疆听众在回答时选择了同一个词汇：和平。

"7·5"事件报道

2009年7月5日，一起打砸抢烧严重暴力犯罪事件发生在乌鲁木齐这个美丽的西北城市，造成197人死亡，1700多人受伤，事件被定性为"一起典型境外指挥、境内行动，有预谋、有组织的打砸抢事件"。无辜伤亡的群众、街边被烧毁的汽车、遭受损坏的公共设施，"三股势力"的罪恶煽动，让乌鲁木齐的这个夜晚飘荡着血腥和悲愤。"7·5"事件发生之时，维语部正在紧张筹备新中国成立60周年的宣传报道。事件发生后，维语部及时传达中央指示精神，统一思想认识，制定了应急预案，并设立了宣传例会制度，每天早晨召开编前会议，分析形势，策划专题，适时调整节目，确保导向正确和安全播出。维语部取消了所有娱乐性节目，加大了新闻报道力度，在专题节目上狠下功夫。特别是从 7 月 14 日起维语节目播出时间延长到了 8 小时之后，维语部增设了《特别关注》《今日新疆》等专题节目。除了在新闻节目中摘发有关新疆乌鲁木齐"7·5"事件最新情况以外，还在《世界报道》《中国报道》《特别关注》《今日新疆》等栏目中充分报道关于"7·5"事件的内容，形成了强大的舆论攻势。中央电台维语广播立足中央，拥有作为主流媒体的独特优势，在报道中十分注重及时准确、严谨规范、不错报、不漏报，正确引导舆论，既有各族人民谴责暴力罪行、希望生活安定和谐等内容，又有各族群众互帮互爱和谐相处的内容；既有新疆各地生产生活秩序井然等方面的内容，也有海外媒体报道的情况。比如在《晚间中国报道》栏目中，报道了新疆一些民族团结先进模范的事迹，"7·5"事件中出现的维吾尔族帮助汉族、汉族帮助维吾尔族的典型事例，以及新疆在社会、经济和文化等方面发生的翻天覆地的变化。在《午间世界报道》栏目里，重点播发国外社会和谐安定、人民团结和睦、经济兴旺发达的典型事例，国外与中国经济、文化方面的往来，以及外国人眼里的中国和新疆等方面的内容，着重报道了海外新疆籍人员在发展两国经贸、文化等方面做出的贡献，还重点关注了海外民众及媒体对乌鲁木齐"7·5"事件的反映，让维吾尔族群众在第一时间了解海外民众、媒体的真实看法，也有利于维吾尔族群众甄别各种流言、明辨是非。

维语部在节目中增加了相当分量的自采节目。"7·5"事件的导火索是广东韶关事件，2009 年 6 月 26 日广东省韶关市一家玩具厂部分新疆籍员工与该厂其他员工发生冲突，数百人参与斗殴，导致两名新疆籍员工死亡。境外"三股势力"借助韶关事件大肆炒作，给 7 月 5 日那天晚上的惨案埋下伏笔。对此，维语部一致认为，在此背景下，更有必要派出自己的记者到韶关，用本民族语言采访报道韶关事件的前后经过、处理过程以及新疆籍员工工作、生活的情况，这对新疆的听众会更有说服力。中央电台领导对此非常重视，当即指示广东记者站予以全力配合。维语部两名记者当天就抵达广州并在广东记者站的安排下立即驱车赶到韶关开始采访，两天时间里连续发回《韶关旭日玩具厂恢复正常生产、生活秩序》等 3 篇报道。记者从多角度对韶关事件的起因进行了了解，接受采访的工厂负责人、新疆工作组同志、维吾尔族和汉族员工均表示，这只是一起普通的社会治安案件；记者通过走访了解到新疆籍员工受到各方面的关心，生活、生产秩序井然，人心稳定等情况。这是中央级媒体第一篇用维吾尔语对韶关事件进行采访并播出的报道，对批驳谣言、让维吾尔族听众了解真相和稳定情绪起到了很大的作用。随后，维语部又向新疆派出两名记者，从乌鲁木齐、喀什、和田等地发回了21篇报道，内容涉及乌鲁木齐"7·5"事件的最新情况及其对新疆经济的影响、各族群众期盼安定、各地社会秩序井然、各界严厉谴责暴力罪行等内容，报道中尽可能多地采用采访对象的维语同期声和记者的维语现场报道，通过鲜活、具体的事实和民族语言的宣传，增强了节目的贴近性和说服力。

一场特殊的婚礼

"7·5"事件才过去一周，很多人还心有余悸地生活在恐慌的状态下。7月的一天，在乌鲁木齐的一家星级酒店里，两场婚礼正在同一个宴会厅举行。这边的新人是一对汉族小伙和姑娘，那边的新郎和新娘则是蒙古族人。两场婚礼被宴会厅中间的屏风隔开，两对新人分立屏风两边，接受各自亲朋好友的祝福。然而，过了没多久，经汉族的婚礼主持人提议，双方一致同意撤掉屏风，共同举行婚礼。在场的客人除了汉族、蒙古族人，还有维吾尔族和哈萨克族人。双方在维吾尔族音乐的伴奏下翩翩起舞，两场不同风俗的婚礼变成一场约200人的民族大联欢。

汉族新娘周爱美说的一番话则更具有代表性。她说："在咱中国，新疆现在毕竟是已经发展起来的一个地方，我希望大家能够消除紧张心理，该干什么干什么，还像往常一样过得开心愉快。越是关键的时候大家越要团结，各民族兄弟姐妹越是要站在一起！"原本携女儿返回新疆塔城探亲的维语部记者伊丽娜接到台里任务后主动放弃一年仅有一次的休假，将女儿丢给哥哥，准备奔赴新闻战场展开采访报道时意外发现了这场特殊的婚礼。新闻触觉敏感的她立刻召集两位同事，现场展开节目录音采制，将这桩意外收获作成了广播特写《一场特殊的婚礼》，通过海事卫星把稿件发回中央电台。

7月13日，《一场特殊的婚礼》在维语节目中播出。选题的新颖和记者对婚礼现场音响的巧妙运用，使得听众特别喜欢这个报道。居住国外的维吾尔族听众当时无法与新疆的亲戚联系，就通过中央电台的中国广播网点播维语广播节目，来了解新疆的最新消息和动态。一位居住英国的听众给编辑部打电话说："听了《一场特殊的婚礼》后，我们消除了对住在乌鲁木齐亲戚朋友的担心。我们居住在国外的维吾尔族几乎都是靠收听你们的节目来及时了解国内的情况，包括新疆的发展变化情况。在我们的心目中，你们就是我们的特使。"2010年，《一场特殊的婚礼》荣获第二十届"中国新闻奖"一等奖，这是民族广播开办 60 年以来第一次获奖。评委们一致认为："《一场特殊的婚礼》充分体现了一个全天候的记者，没有空闲，吃饭也是获取新闻线索的好时机，记者需要 24 小时打开新闻眼。"

维语部对"7·5"事件的系列报道，在听众中引起热烈的反响。新疆喀什疏勒县听众买买提祖农说："乌鲁木齐'7·5'事件发生以后，我们很紧张，几乎每天通过收听中央电台维语节目了解事件的经过、乌鲁木齐秩序日趋恢复正常的情况以及韶关事件的真相，维语部记者从各处发回的报道也使我们了解到新疆各地稳定的局面，我们紧张的心情有所缓和。正是在这种时候，我们充分感受到了宣传、正确舆论导向的重要性。"

和田县的一位听众感慨颇多。"7·5"事件后，他和周围的朋友心情都很沉重，为极少数人的所作所为感到耻辱。直到听了中央电台的报道，听到一位受伤害的教师在广播里说"打我们的只有七八个人，而救我们的达到七八十人"后，紧张的心情才有所缓解。他们想通过广播对全国各族人民说，制造暴行的一小撮暴徒代表不了我们整个民族，境内外敌对势力制造民族分裂、破坏民族团结的图谋注定会以失败告终。

节目时长延长至 8 小时的做法更是得到听众的好评。长久以来，因为从中能得到所需要的信息，中央电台的维语节目被维语听众视为良师益友。节目时间的延长能更多地满足听众的需求。很多听众还在电话里向中央电台表示祝贺，因为他们听从国外回来的人说，哈萨克斯坦、乌兹别克斯坦、巴基斯坦等国家都能非常清晰地收听中央电台的维语节目。可以说，在周边国家居住的维吾尔族人以及能听懂维吾尔语的民族也可以通过中央电台维语广播这个大平台了解中国以及世界的信息。

李长春同志就维语广播做出批示

在收获听众的表扬同时，维语部的工作也得到了党和国家领导人的认可。2009 年 8 月 1 日，时任中共中央政治局常委李长春在《中央电台充分发挥维吾尔语广播优势，乌鲁木齐'7·5'事件报道成效显著》一文上批示，希望中央人民广播电台继续努力，为落实党的民族政策，促进中华民族大家庭大团结做出新的贡献。这是"边疆少数民族地区广播电视覆盖工程"启动后，李长春同志第三次针对少数民族语言广播做出批示，充分表明了以胡锦涛为核心的党中央对民族广播宣传工作的高度重视。

紧接着，民族广播中心组织各部门主任集体学习李长春同志关于搞好少数民族语言广播的重要批示精神。民族广播中心主任肖玉林传达了李长春同志的重要批示，参加集体学习的各部门主任把这次批示当作民族广播发展的一个重要机遇，同时也从李长春的批示里进一步领悟了办好民族广播的重大意义和具体要求。在接下来的时间里，各部门组织全体职工进行认真学习，调动大家办好民族广播的积极性，认真做好民族广播的宣传工作，把握正确舆论导向，丰富节目内容，创新节目形态，整合节目资源，通过不懈的努力，提高节目的影响力和感染力，把中央的声音及时、准确、全面地传入少数民族千家万户，为促进各民族的团结、维护祖国统一和社会稳定，做出新的更大贡献。

维语频率开播

经过"7·5"事件的考验和新中国成立60周年报道的洗礼，维语部迎来了2010年。从这一年起，"维吾尔语节目部"成为历史名词，取而代之的是崭新的维吾尔语广播频率。2010年12月17日，中央人民广播电台第13套节目——维吾尔语广播频率正式开播。维语频率是一套新闻综合频率，全天播音18小时，将使用7个调频频率、10个中波频率覆盖新疆维吾尔自治区全境。时任中共中央政治局委员、书记处书记、中宣部部长刘云山，中共中央政治局委员、国务委员刘延东，十一届全国人大常委会副委员长司马义·铁力瓦尔地等领导同志为中央人民广播电台维吾尔语频率和藏语多方言广播频率开播、中国民族广播网上线剪彩。

维语频率是中央电台继藏语频率之后推出的第二个单一民族语言的广播频率，主要报道国内外重大新闻，反映新疆各族群众的生活状况和现代化建设成就，传播新疆各民族的历史文化，提供生活信息、文化娱乐服务等。新疆维吾尔自治区地处我国西北边陲，位于亚欧大陆中部，周边与8个国家接壤，陆地边境线长达5600多公里，占全国陆地边境线的1/4，是中国面积最大、陆地边境线最长、毗邻国家最多的省区。新疆的维吾尔族同胞和海外的维吾尔族同胞是维语频率主要的服务对象。考虑到时差问题，维语频率的播出时间为北京时间每天早上8：00到次日凌晨2：00。除了用收音机收听之外，听众还可以通过互联网、移动互联网等形式获取中央电台的维语节目。

维语频率节目，主要包含三个部分。

第一，新闻节目。依托中央电台中国之声《全国新闻联播》《新闻和报纸摘要》《新闻纵横》《央广新闻》等名牌节目资源，维语频率以在北京的编播人员为主，开办了《维语全国新闻联播》《维语新闻和报纸摘要》《中国报道》《世界报道》4档新闻节目，每天播出4小时（包括重播）。这几档节目是党和政府的路线、方针、政策的发布平台，也确立了维语频率在对象地区听众中的权威地位。

第二，专题节目。以新组建的维语频率乌鲁木齐编辑部为主打造的自办节目主要有：综艺专题《走遍天下》、财经栏目《天下财经》、普法栏目《法制在线》、文化信息栏目《广播杂志》、知识系列《名家讲坛》，这五档节目每天播出5小时（包括重播）。这批节目形式新颖，风格大气，内容丰富，贴近生活，一经推出，迅速赢得受众认可，有些节目的内容和形式还被地方台效仿。

第三，文艺节目。维语频率的文艺节目采用制播分离的方式运作，维语频率负责出创意、提要求，台外公司负责制作，维语频率对节目终审发播。至2012年先后策划了《生活导航》（综合知识）《经典音乐故事》（西方古典音乐）、《环球音乐风》（全球流行音乐）、《乐韵悠扬》（维吾尔族音乐）《小说联播》等多档文艺节目，全天播出9小时（包括重播）。

维语频率的文艺节目涵盖中外音乐、文学作品、童话故事、生活故事、历史人物、影视录音等，由于新疆当地的维语文艺广播大多只播放本民族音乐，因此中央电台维语频率的文艺节目独具特色，辨识度很高，赢得了大批听众，也走出了节约成本、制播分离的创新之路。

策划大型主题采访报道

2010年3月，全国对口支援新疆工作会议在北京闭幕，会议确定北京、天津、上海、广东、辽宁、深圳等19个省市承担对口支援新疆的任务。5月，新中国成立以来的第一次中央新疆工作座谈会在北京召开，胡锦涛总书记在发表讲话时提到，做好新形势下的新疆工作，是提高新疆各族群众生活水平、实现全面建设小康社会目标的必然要求，是深入实施西部大开发战略、培育新的经济增长点、拓展我国经济发展空间的战略选择，是我国实施互利共赢开放战略、发展全方位对外开放格局的重要部署，是加强民族团结、维护祖国统一、确保边疆长治久安的迫切要求。中央新疆工作座谈会结束后，19省市对口援疆工作也相继启动。

2011年，为全面展现中央新疆工作座谈会召开一年来新疆的变化以及新一轮援疆工作的成果，维语频率策划组织了以"促进民生改善，推进跨越式发展——十九省市援疆报道"为主题的大型采访报道活动。此次活动是维语频率自成立以来投入人力、物力最多的一次采访活动，也创造了几个第一：是维语频率第一次主动策划牵头组织中央电台其他中心、频率合作进行报道的大型联合采访活动，是维语频率第一次组织遍访全新疆十四个地州，是维语频率第一次进入哈萨克族、蒙古族聚居地采访。

由民族广播中心维语频率、记者中心、网络中心和平面媒体中心组成的七个报道小组，历时50天、先后派出35人次，分赴新疆各地采访。报道组走访了对口支援新疆的19个省市在新疆各地的援疆指挥部和部分援疆项目；深入援疆工作第一线、深入基层农牧民家中，全面反映了援疆一年间新疆的变化、特别是对口援疆在改善当地人民居住条件、就业条件、提升教育水平等方面取得的成果。报道组充分利用维语频率、维语广播网、中国之声、中国广播网、中国广播杂志搭建的广播、网络、杂志多媒体平台进行全媒体报道，提升了传播效果，扩大了报道的影响力。

第三届全国道德模范阿里木，是一名烤羊肉串的普通小商贩，因为家里没什么钱，只上到高中就离开新疆四处谋生。在艰辛的生活里，他曾被人打伤了腿。阿里木认为，自己是因为没有文化才导致生活贫穷的。2001年，阿里木在贵州毕节扎根，他开始给那些贫困的学生捐款，希望他们能做有文化的人，不再重复自己的命运。维语频率根据他的事迹制作的公益广告《感动中国的慈善家·阿里木篇》在第四届全国优秀广播广告作品创优评析活动中获得三等奖。

刘勇是深圳残友集团副董事长、喀什残友董事长。他幼时因伤致残，靠钢板支撑起身体。2010年，他带领自己的团队跟随深圳援疆队伍来到新疆喀什，通过开设培训课程、教授实际技能，帮助60多名残疾的维吾尔族青年解决了就业问题。维语频率记者从2011年10月起一直关注这个团队，多次赴喀什采访，报道喀什残友从一无所有到建立起网站、开办起电子商务，从因自身残疾而自卑无助到如今自强自立并带动他人创业的艰难过程；见证了喀什残友坚守"越是残疾越要美丽"的信念，践行"只有努力才能改变，只要努力就一定能改变"的精神；讲述了刘勇等援疆志愿者与当地残友、喀什民众建立起的深厚情谊。

在此前，维语广播在取得进步和发展的同时，也有一些做得不够好的地方。

比如因为忽视听众的收听需求，所开办的一些节目与地方台过分重叠，这些节目虽然受到了部分听众的欢迎，但这种为了迎合某些听众的需求从而模糊中央电台与地方电台区别的做法，不但使中央电台的权威性受到质疑，也流失了很多听众。在新节目和听众见面之前，维语频率首先在内部统一了自身的思想认识，针对"7·5"事件，大家都认为，造成悲剧的深层次原因是某些人对中华民族缺乏文化认同感，容易被敌对势力蛊惑和利用。维语频率的很多目标受众身处偏远的乡村，与外界隔绝、语言不通，如果中央电台的节目无法影响他们，他们很难对统一的中华民族产生文化认同感。因此维语频率确定了引导而不是迎合听众的审美取向的原则，努力帮助对象地区听众了解中华民族大家庭的多元文化和全世界的优秀文化。

因此，维语频率在2011年初策划了春节特别节目，介绍中华民族的传统节日——春节，这让维语听众甚至让一些编播人员第一次对春节有了深入的了解，从而拉近了维汉同胞的情感距离。同样，在诺鲁孜节、肉孜节、古尔邦节等维吾尔族的重大节日时，维语频率也精心准备丰富多彩的文艺节目，并连续两年派主持人参与新疆电视台诺鲁孜节大型晚会的主持和演出。上海世博会、西安世界园艺博览会、第九届全国少数民族传统体育运动会、新疆亚欧博览会、全国少数民族文艺会演等重大活动，维语频率同样不会漏掉，向对象地区听众介绍我国各民族的灿烂文化，把维语听众的目光引向更广阔的文化视野，让听众不仅感受到新疆之美，还了解了中国之美、世界之美。在播出作品的选择上，既有维吾尔族的经典作品《福乐智慧》，也有汉语的文化典籍《论语》；既连载维吾尔族经典文学作品，也播出《水浒传》《三国演义》《西游记》等汉语经典作品。

维语频率开播12个月后，乌鲁木齐编辑部正式挂牌成立。在2012年初新春走基层的活动中，前方编辑部记者到养老院、SOS儿童村、民族连队等一个个地方采访，鲜活的案例和沾满"热气"的报道对象，既提升了维语节目的可听性，也为这一年"民族之声"的"走、转、改"活动打响了第一枪。随后，维语频率历时5个月，制作了8集系列专题节目《传承》，对十二木卡姆、和田桑皮纸制作、艾特莱斯绸、喀什土陶工艺、塔吉克族婚礼与服饰等新疆非物质文化遗产项目的传承人、制作现场进行了采访和报道。节目并非就事论事地介绍这些非物质文化遗产项目，而是宣传国家对各民族优秀文化的保护与扶持政策，讲解文化传承的意义。维语频率相信通过这种把单一民族文化项目放在中华民族文化的大背景下加以关照解读的做法，将有助于把维语受众的文化境界从"各美其美"上升到"美人之美"，最终实现"美美与共，天下大同"。

在开办之初，听众对维语频率的节目设置和内容设置并非全盘接受，有人质疑："为什么要播我们听不懂的音乐？为什么要讲和我们不相干的故事？"面对这些质问，维语频率改"迎合"为"引导"，通过自己的努力，一点点打消疑问，用节目的实际效果来说话，拥有的听众也越来越多，收听率一直稳中有升、市场占有率不断扩大。在节目开播一周年的时候，乌鲁木齐的一位维吾尔族老人告诉自己的儿孙，"听一年中央电台维语广播等于上一年大学"，库尔勒一位毕业 3 年的大学生来电话说："如果我早点听你们的节目，我现在的收入就不是年薪 10 万，而是更多！"

在融媒体到来的时代，维语频率主动跟随时代进步的潮流。2010 年 12 月，维语频率开播、维语广播网同时上线，维语广播进入了台网一体的新媒体时代，借助网络的力量，每次重大宣传都能得到更好的传播。2012 年 7 月，经过两年的研发调试后，维语频率与乌鲁木齐市纳福办公自动化网络工程有限公司合作开发的卡尔万在线手机客户终端投入使用，基于维语频率播出内容的维文手机广播和手机报上线，维语频率成为国内首个拥有手机广播和手机报的民族语言媒体。2012 年末，时任中央电台副台长赵铁骑在《中央人民广播电台新疆民族语言广播中心乌鲁木齐编辑部 2012 年总结报告》上做出批示，肯定了维语频率乌鲁木齐编辑部在过去一年中所做的各项工作和取得的成绩，并对 2013 年民族宣传工作做出重要部署。赵铁骑在批示中写道："希望新的一年继续以十八大精神为宣传主线，以增进民族团结为宣传主题，抓住特色、聚合资源、贴近听众、深入基层，把维语节目做得更好听！"

维语频率有一句口号是"每一次聆听都有价值"。在未来，这个致力于开拓创新的团队，会继续用声音挖掘无穷的宝藏。

哈语广播：年轻而充满活力

令人揪心的传销案

自开播 49 年来，哈萨克语广播在沙哈提、朱保权、尼格买提以及现任领导班子的带领下，不断茁壮成长。

伊犁河发源于天山西段，是一条宽广而平静美丽的大河。20 世纪 60 年代，诗人郭小川来到伊犁，曾用"两岸煦风，一川好意"这八个字来描绘它。在上游的伊犁河谷内，有一个全国唯一的既辖地级行政区又辖县级行政区的自治州——伊犁哈萨克自治州（*以下简称"伊犁州"*）。伊犁州是我国哈萨克民族的主要聚居地，境内 1/4 的人口为哈萨克族。"不到新疆不知中国之大，不到伊犁不知新疆之美"。伊犁州西部与哈萨克斯坦接壤，有着长达 2000 多公里的边境线，是中国对外开放的一个重要窗口。怡人的环境、丰饶的物产为伊犁赢得了"塞外江南""中亚湿岛"的美称。

2004 年，伊犁州公安局接到一个棘手的案件。这年年初，内地的一些不法分子在各地进行非法传销活动。犯罪嫌疑人在东北、河北等地以中哈合资企业招工的名义，将新疆籍哈萨克族青年骗至上述各地，骗取受害人钱财。根据办案人员掌握的情况，受骗群众多达 1000 余人，大多数人年龄不到 25 岁，涉案金额达 200 余万元。中央电台民族广播中心哈语部得到这个消息后，迅速与新疆维吾尔自治区公安厅和伊犁州公安局、北京市公安局联系，派出两个记者跟随联合侦破组先后深入北京、湖北、湖南、吉林、辽宁等地进行跟踪报道，介绍公安部门对非法传销案件的侦破进度和解救受骗者的情况，协助公安部门成功解救了被骗到内地的 1000 多名哈萨克族青年。

哈语部制作播出《揭穿传销背后的骗局》的系列报道，在节目中连续播放七天，数十名被解救出来的受骗者在节目中痛陈被骗经历，希望听到节目的朋友能够避免上当。为了让哈萨克族的青年对传销这种非法活动有更深入的认识，节目还对传销的概念、性质、国家相关法律法规做了详尽解读，让听众对传销的危害有了大致的了解。报道播出后，在对象地区引起了很大的反响，许多受害者的家长打电话或者写信，向哈语广播表示感谢。那段时间，每当电话响起，工作人员听到最多的一句话就是"如果没有中央电台哈语广播的这组及时报道，我们或者我们的亲戚、朋友还会被骗"。

为了感谢中央电台哈语部在这次打击非法传销、解救受骗人员行动中的出色工作，新疆伊犁州人民政府专门送来一面锦旗，上面写着："救孩童于危难之时，传佳音至千里家乡"。

对于中央电台民族广播中心哈语部来说，这是一次值得铭记的荣誉。作为五个民族语言部中最年轻的一员，哈语部的历程始于1971年。在从开播后到1984年，哈语广播的节目时间每天只有一小时，包括30分钟的新闻和30分钟的文艺节目。1984年以后，包括重播在内，节目时间为2小时。2000年12月25日，按照"边疆少数民族地区广播电视覆盖工程"的部署，包括哈萨克语节目的中央电台五种少数民族语言节目各自增加了2小时的新节目。至此，哈语节目播出时间确定为每天4小时。其电波主要覆盖我国北京、新疆、内蒙古等地，哈萨克斯坦、乌兹别克斯坦、俄罗斯、土耳其、阿富汗、伊朗、土库曼斯坦、法国、瑞士等国家也能听到中央电台的哈萨克语节目。

克服人才青黄不接的困难

2004年"民族之声"推出后，在节目的创新方面进行了探索，重新组织栏目结构，增加了适合新时期党和国家工作全局要求的内容，充实了《论坛》《环球焦点》《文艺天地》等栏目的内容，重视新闻和评论，用对国际国内最新事件的分析抓住听众。在节目改革过程中，哈语广播把新闻节目放在首要位置，不断增加新闻节目的比重，在每次一小时的节目中，新闻占30分钟，新闻专题占20分钟，文艺节目穿插其中。强化新闻报道符合整个中央电台和民族广播中心的改革方向，也是其他几个语言部共同的策略。哈语节目不仅致力于传播与哈萨克族相关的信息，还努力促进各民族之间的文化交流，一些节目经常介绍蒙古族、藏族、壮族的风土人情和民俗习惯。

在2004年的两会报道中，哈语部牢牢抓住新闻的及时性、翻译的准确性、专题节目的丰富性三个方面，打了一场成功的战役。相继有哈萨克族的听众打来电话表示，从两会召开的那天起，收音机就没有离身，中央电台的哈语节目像一座桥梁，把自己和北京拉得更近。同是这一年，在中央电台领导的批准和大力支持下，哈语部邀请《新疆画报》吐苏普别克等三位著名摄影师负责摄影，出版了《今日北京哈萨克》一书，向全中国、全世界介绍了哈萨克族同胞在北京的工作和生活，介绍了北京的民族单位和党的民族政策的优越性。

在两会报道后，为落实"立足中央，服务对象听众"的节目方针，哈语部继续对栏目进行调整。在内容方面，摆脱原先的理论说教腔，开始用群众的、生活的语言来做节目，报刊文摘大大减少，自己的采访报道越来越多。也是在这次改革中，电话连线采访的方式出现在哈语部的新闻报道中，节目的收听效果较之前明显提高。

这一年恰逢新疆维吾尔自治区成立50周年，哈语部派记者走遍伊犁、塔城、阿勒泰等哈萨克族聚居区，采制了系列节目《辉煌50年》。此系列节目共有50集，每一集都对应自治区在过去经历的每一个历史坐标。此外，哈语部的记者还采集了20首原声优秀民族歌曲。此前，为了结合保持共产党员先进性教育活动，哈语部采访、报道了对象地区的广大共产党员和基层党组织的先进事迹，制作播出了《红色的曙光》系列报道，加大了宣传效果。

2006年，哈语部这个中央电台民族广播中心最年轻的团队，迎来了自己35岁的生日。弹指一挥间，1971年5月1日埋下的光荣与梦想的种子已经在岁月的流逝中结出丰硕的果实。35年前，从新疆调到北京还不到一年的哈语部播音员哈布克什第一次用哈语呼出"中央人民广播电台"的台号，筹备哈语广播的半年时光，和这声台号一起融入了民族广播的历史深处。每当后来者追溯那段创业维艰的时光，都逃不开这些用激情和热血刻下的符号。

几年前，"边疆少数民族地区广播电视覆盖工程"刚启动时的那段青黄不接的岁月，曾让哈语部在前进的过程中遇到不小的困难。但是，在披荆斩棘的道路上，年轻人逐渐长成顶梁柱，哈语广播的旗帜，就这样一代代地薪火相传。2004年5月25日哈语部召开成立35周年纪念大会，时任全国政协副主席阿不来提·阿不都热西提出席了会议。新疆维吾尔自治区党委副书记、政协主席艾斯海提·克力木拜、广电总局领导、中央电台台长杨波出席会议并讲话。国家实施"村村通工程"和"边疆少数民族地区广播电视覆盖工程"以来，新疆的广播覆盖率已经达到93.1%。中央电台哈语广播节目不仅覆盖全新疆，也覆盖了哈萨克斯坦等相邻国家。

在李长春和刘云山同志相继对民族广播工作做出批示之后，中央电台民族广播始终把增强节目的凝聚力、影响力、感染力当作最重要的目标。作为民族中心五个语言部的重要组成部分，哈语部主要注重两个方面的提升，一是节目质量的提升，连续三年对节目进行改版和创新，并受到了听众的认可；二是人员素质的提升，立足"人才"这个关键因素，加强队伍建设。

哈语部的骨干人员在工作中努力探索，汲取营养。如2004年晋升为主任播音员的阿尔达克，从1993年成为中央电台哈语广播的播音员起，就没有停止过对广播业务的探索。在高效完成播音任务的同时，她努力扩大自己的知识面，主动学习翻译技巧，积极参加日常的新闻翻译和各种采访活动，撰写新闻报道。其中，《猫和夜莺》《和谐家园和幸福儿女》和《沙漠记忆》分别荣获第十二届、第十四届和第十五届全国少数民族语言（维、哈、柯语）优秀广播电视节目广播播音一等奖。再如曾获得"边疆少数民族地区广播电视覆盖工程"先进个人称号的巴拉番，最初进台时，他从事的是播音工作，但在几十年的实践中，独立制作出哈语的名牌栏目《文艺天地》，他创作的大量诗歌、歌词、歌曲受到广大群众的好评，他的诗集《雪山》《岁月的烦恼》《戴耳环的姑娘》，论文集《天才与悲剧》，长诗《雅典神火》，小说《108号房间》，译著《生活秀》《西藏读本》《艾多斯与舒丽凡》等也先后发表或出版。在中央电台哈语部工作几十年的合孜尔别克曾经参与和录制了大量的文艺节目，其中包括与哈萨克著名军人歌唱家哈米提等50多名艺术家一起录制的民谣歌曲和冬不拉曲。这些节目丰富了哈语部的文艺节目库。2004年5月，他受邀在哈萨克斯坦国立电视台接受采访，录制了专题节目《民间艺人合孜尔别克》。"边疆少数民族地区广播电视覆盖工程"实施后，哈语部因一批老同志相继退休，面临着人员青黄不接、骨干人员缺乏等困难。这种境况从2000年一直持续到2005年，也就是说在很长一段时间里，哈语部的工作面临着许多压力，尤其是翻译人才的缺少，可能影响哈语广播的节目质量与数量。为了突破这种困境，哈语部制定了"调动和发挥好骨干翻译人员的积极性和热情，努力培养年轻翻译人员"的工作方针，采取多种有效措施加强队伍建设。

第一步是返聘老同志，采用"老新结对，以老带新"的模式培养新人。在人才缺乏的情况下，哈语部把精力放在培养翻译队伍、提高节目质量上。先后返聘一批老同志，用他们的力量带动年轻一代的业务学习；老同志返聘期满后，又让职称为副高以上的同志与年轻同志结成一帮一对子，帮助年轻新同志提高翻译水平；除此之外，还要求带班的工作人员认真记录每天稿件翻译中遇到的翻译难度较大的语句，不定期地组织讨论，确定译法，处理语法难题。

第二步是邀请专家讲课。哈语部曾经邀请新疆人民广播电台的两位翻译专家到哈语部讲课。两位专家结合自己多年的工作实践，就翻译、采访、编辑、主持、播音、节目制作等方面的问题，与哈语部的全体同志进行了深入广泛的交流，给大家上了生动的一课。

第三步是与新疆地方电台进行人员交流和协作。哈语部派出年轻翻译到新疆人民广播电台学习，他们参与到对方的采访、翻译、编辑、节目制作和现场直播等工作中，学习他们的经验和优点。在进行交流的同时，哈语部也没忘加强与地方电台的协作。为提高节目的可听性，哈语部与伊犁人民广播电台、塔城广电局和阿勒泰广电局等建立合作关系，并积极组织当地通讯员投稿，对一些重要话题以电话采访等形式进行连续报道，节目生动，形式活泼，受到听众欢迎。

第四步，哈语部派年轻人出去采访，在实践中打造队伍。哈语部让年轻一代在采访中提升业务能力、增长经验，使他们有机会将理论与实践相结合，加快了打造精品队伍的进程。

2006 年年末，哈语部以边疆民族地区的经济社会发展和提高民族整体素质为主线，播出 8 集系列节目《时代在召唤着我们》。节目播出后，在民族地区社会各界引起强烈反响。在节目采访制作过程中，哈语部派出的年轻记者深入新疆，采访了自治区教育厅、新疆社会科学院、伊犁师范学院、自治区党校政治研究所等单位的领导、教授、专家和权威人士，用典型问题、权威对象、生动表达这三大要素吸引了大批听众。中学生、大学生、公务员、退休干部等均来电来信表示，《时代在召唤着我们》谈论的是自己所关注的热点问题，对平时所不太理解或者不清楚的社会问题给出了比较明确的答复，使自己很受启发。

通过四步走的战略，中央电台哈语部在实践中锻炼了队伍，顺利渡过青黄不接的人才紧缺难关，不少年轻同志不仅成为翻译工作的骨干，而且在采访、播音主持等方面也走在前列，一批集采、编、译、播、主持能力于一身，一专多能的哈语广播工作者在这个大舞台上成长起来。

用乡音抚平乡愁

"加强队伍建设，提高节目质量"是哈语部发展的"两条腿"。在此基础上，哈语广播也不断发挥国家电台的优势，在"服务对象听众"上做足了文章。

2006 年 4 月，新疆阿勒泰、塔城和伊犁牧区遭受雪灾，民族广播中心哈语部组织地方通讯员从 4 月 8 日起在第一时间报道各族军民抗雪救灾的情况。在这次雪灾中，哈语广播充分发挥了其他媒体无法替代的优势，把电波传送到受灾群众的耳朵里，在关键时刻，疏通了地方政府和灾民的关系，稳定了灾民的情绪，坚定了他们战胜灾情的信心。

在紧接着到来的 5 月，哈语部开始播出《我与中央电台哈语广播》专题节目。节目开播后，每天都有听众通过打电话、发传真、写信等形式积极参与其中。在制作节目的过程中，哈语部也收获了许多充满温情的故事。一位听众说，自己从 1975 年就开始收听中央电台的哈语节目，通过节目了解国内国际的重大信息，也了解关于文化、教育、科技、法制方面的常识；这次哈语广播开办《我与中央电台哈语广播》节目，介绍历史，采访老广播工作者，让卧病在床的他回想起许多往事。正是因为有听众一路相伴相随，漫长的岁月里遇到的一个又一个困难才变得微不足道，艰辛苦涩的创业史在回忆中散发的才始终都是甘甜的味道。

哈语广播收获了一大批忠实的听众，也受到了高层领导和国外听众的认可。那时，新疆维吾尔自治区副主席努尔兰在接受哈语部记者采访时提到，自己的手提包随时带着收音机，因为中央电台的哈语节目非常受欢迎，新疆维吾尔自治区政协原主席贾那布尔说："近年来，中央电台哈语节目内容更新得快，宣传党和国家的方针政策时效性高，自办节目更加贴近新疆的听众和实际。"随着"边疆少数民族地区广播电视覆盖工程"的实施，中央电台民族广播的覆盖范围不断扩大，哈语节目的收听效果和影响力大大提高，受到一些境外高层领导和听众的好评。

2005 年夏天，哈萨克斯坦文化部的一位官员到北京访问时，对中央电台哈语部的同志说："我经常收听你们的节目，原因是：其一，你们的播音员播的好，咬字清楚，语音纯正，借词少；其二，信息量大；其三，真实准确。现在哈、中两国的关系越来越好了，我们想了解的东西越来越多，我现在就是从你们的广播里获得很多信息的。"

朝语广播：迸发的生长力量

他们讲的故事在国际上得了奖

从 1956 年起到 2020 年，64 年来，朝语广播在金杨滢、朴千均、权基洪、郑相铉、李春楠、朴日善、金光永等历任领导的带领下，节目影响力不断提升。

在辽宁省沈阳市苏家屯区，居住着一位朝鲜族老人，她叫申玉花，出生在韩国仁川，14 岁的时候跟随家人来到中国东北。此后的 70 多年里，她当过延边歌舞团的演员，也做过延边艺校的教师，退休后居住在苏家屯区，是为数不多的朝鲜族传统说唱艺术的传承人。申玉花擅长的这种说唱艺术起源于 18 世纪的朝鲜半岛，以说唱为主，用长鼓伴奏，以舞蹈相辅来讲述一个长篇故事。在表演的时候，演员身穿朝鲜族传统服饰，一人饰演多个角色，把说、唱、舞这三种形式融合在一起。几十年来，申玉花老人一直致力于朝鲜族传统说唱艺术的研究与传承，耄耋之年仍能登台为观众表演《春香传》。洪亮的声音、婉转的曲调，让这个在朝鲜族家喻户晓的故事更加凄婉动人。

2005 年，中央电台朝鲜语广播的记者见到了这位具有传奇色彩的老人。历经 80 多载的风雨，走过坎坷不平的人生道路，申玉花心底依然保持着对艺术的执着和忠诚。小人物的艺术生涯，大时代的悲欢离合，两者交相融会，恰好是朝鲜族人民一段生活的轨迹。朝语部的两位记者朴日善和李美兰把申玉花老人的故事制作成了广播特写《一个老艺人的人生独白》。

2005 年，在由韩国广播公司 (KBS) 组织的一年一度的世界级大奖赛中，这部作品获得广播优秀奖。评委们认为这部来自中国的广播特写作品，把老艺人坎坷的一生与朝鲜族传统文化巧妙而自然地结合在一起，突破了时空的局限，既具有民族特点，也有很强的时代感。

除了在世界级的广播作品大赛上载誉而归，中央电台朝语广播也赢得了海外许多听众的支持。曾几何时，在延边只要一打开收音机，听到的就是日本、韩国、朝鲜甚至英美的声音，而想要收听中央电台的节目，尤其是下午的节目，反而非常困难，即使某天在收音机里找到了中央电台的节目，也会因受到干扰而根本听不清。发射功率小、收转设备陈旧老化等问题制约着朝语广播的转播质量。在东北部绵延的边防线上，根本听不到中国的声音。得益于"边疆少数民族地区广播电视覆盖工程"的实施与推进，中央电台朝鲜语广播不仅逐渐满足了国内朝鲜族同胞的需求，在国际上也崭露头角。日本的一位热心听众给朝语部写了多封信件，说收听中央电台的朝语广播已然是生活中必不可少的事情，朝语广播不仅收听质量好，没有杂音，而且内容丰富生动。在所有的栏目里，他最喜欢的是每周二播出的《可爱的家乡》。这个栏目介绍了分布在各地的朝鲜族人民的最新动态，让身在他乡的人也可以了解家乡同胞的生活现状。韩国、朝鲜的听众也来信来电，讲述自己对中央电台朝语广播的喜爱之情。

今非昔比，让人欣慰。打破故步自封的状态并不是一件容易的事。借助实施"边疆少数民族地区广播电视覆盖工程"的契机，经费增加、人员增加、传播模式逐步从封闭式转为开放式，中央电台朝语广播不断吸收新鲜血液，不断调整和改变自身结构，其社会功能、传播方式、节目内容及样式都有变化。

朝语部走的第一步就是以新闻为主。中央电台朝语广播新闻信息源是新华社和《人民日报》，受播出时间的限制，大部分新闻由于不能及时播报而变成旧闻。这种状况已经不能适应新时期广播的发展要求，更不能满足听众的需要。要实现以新闻为主，一是要进行新闻改革，解放思想、转变观念，拓宽新闻信息渠道，加强针对性、时新性、实效性，增加本民族地区的消息，以新取胜，以特色求发展；二是要充分认识中央电台朝语广播的特殊地位和作用，树立办"民族大广播"的思想，要争取更多的播出时间，采用正点新闻、滚动新闻等方式，提高时效；三是要打破偏重于新闻翻译、忽视自采自编的局面，加强采访，掌握第一手材料，及时报道对象地区的最新消息和最新动态。"民族之声"频率推出后，5个语言部相继开始改革，不甘落后的朝语部首先拿旧有的节目制作方式开刀，用优秀作品打动听众的心。

慢工出细活的广播匠人

2004年4月6日，中央电台朝语广播与延边人民广播电台联合推出200集大型系列报道《中国朝鲜族农村巡礼》，每周播出2集，每集15分钟，内容涉及朝鲜族农村社会、经济、文教和人口状况，采访地区包括辽宁、吉林、黑龙江、内蒙古等地。

在2002年延边朝鲜族自治州成立50周年的时候，朝语部曾派了四名记者到现场采访各项活动。为了及时、生动地报道50年间延边各族人民在各条战线上取得的辉煌成果和纪念活动的热烈气氛，一线记者们深入纪念活动场所，用电话采访形式把现场音响效果和被采访者的声音直接传到后方，制作了3期每期30分钟的专题节目，当天的活动当天播出，保证了节目的时效性。这次的采访活动为日后朝语部组织大型报道积累了经验，尤其是为2003年启动的《中国朝鲜族农村巡礼》及时练了兵。

《中国朝鲜族农村巡礼》的采访工作启动后，记者们走访了辽宁省的40多个朝鲜族农村，与农民同吃同住，了解农村和农民及农业问题。在记者走访的村落里，有一个特别引人注目的"华夏朝鲜族第一村"满融村。满融村始建于1934年，位于沈阳满融经济区，名字的意思为"五业皆满民乐交融"。这个村吸引了许多韩国商人来投资甚至定居。整个村落里既有传统的朝鲜族民族文化基因，也弥漫着现代韩国商业文化的气息，两者相互融合，既有历史累积的风俗传统，又不乏现代社会的摩登时尚。朝语部的记者记录了满融村的一点一滴，把这里传奇的故事讲给更多的朝鲜族同胞听。

结束了对辽宁地区的采访，采访组又先后深入吉林、黑龙江、内蒙古等地的朝鲜族农村，和村民生活在一起，感受他们的喜怒哀乐，了解新时期朝鲜族农村发生的改变，考察这些地方的经济结构和生产生活方式。

《中国朝鲜族农村巡礼》播出后，在农村听众心中荡起涟漪。"三农"问题是中国改革的焦点问题，在2003年1月7日的中央农村工作会议上，时任国务院总理温家宝发表题为《为推进农村小康建设而奋斗》的讲话，解决"三农"问题的新思路和施政理念悄然形成；2006年1月1日起，作为政府解决"三农"问题的重要举措，我国全面取消农业税，这项有着2000多年历史的传统税收正式宣告结束。《中国朝鲜族农村巡礼》系列报道恰逢其时，既坚持了正确的舆论导向，坚持"三贴近"原则，加强新闻信息服务的职责和功能，也实地考察了朝鲜族农村的发展状况，为中央制订和调整政策提供了现实依据。节目播出不久就成为朝语部的拳头产品，中央电台朝语广播监听专家也多次撰文给予肯定。在2005年举行的相关座谈会上，来自中央民族大学的黄有福教授、金炳镐教授，中国社会科学院民族学与人类学研究所的郑信哲研究员以及中央电台朝语广播监听专家金亨直建言献策，给节目的进展和后续报道提供了思路。

《中国朝鲜族农村巡礼》为朝语部制作专题报道开了个好头。在此之前，朝语广播的历史上从未出现如此规模的系列报道。2004 年的下半年，朝语部亮出另一把"利剑"：100 集大型系列报道《不朽的足迹》。1919 年朝鲜爆发"三一反日运动"后，大批朝鲜爱国人士流亡到中国继续开展反日斗争。在中国共产党的领导下，朝鲜革命志士与中国人民一道抗日，共同为取得抗日斗争的胜利做出了贡献。《不朽的足迹》以此为背景，在充分研究史料、重视考察京、津、沪、粤、陕等地战斗遗址的基础上，着重记述了朝鲜族革命先烈参加广州起义、南昌起义、长征、太行山抗战等可歌可泣的历程。2003 年，采访组的记者们即开始沿着当年朝鲜族革命家的足迹，克服交通不便、水土不服等种种困难，走遍了 18 个省市，还访问了当年参加东征的老红军、知情人以及革命者的家属、资料馆的员工。

节目播出后，朝语部先后收到 200 多封来信还有很多电话。时任吉林省委副书记全哲洙为该节目的电视片制作特批经费；吉林省人大常委会副主任、历史学学者李政文说：该作品可以成为中国共产党党史的参考资料；延边历史研究所所长、历史学者权立先生收听节目后来信说："该节目讲的是历史，知识性强。该节目讲得深入浅出，又配上音乐和音响效果，使听众觉得很新鲜、很轻松、很生动。就知识性而言，由于采访了许多当事人和当地人以及当事人的家属及同事、朋友，发掘了学术界没有掌握的、在旧档案里无法查找到的许多内容，大大提高了该节目的分量和层次。"

《不朽的足迹》收到的好评鼓励朝语部一鼓作气，开始挖掘本民族革命史上更多的感人故事。据资料记载，解放战争时期，在中国共产党的领导下，翻身解放的广大朝鲜族群众为了捍卫新生的革命政权、捍卫胜利果实，踊跃参军，先后有 6 万多人扛枪上前线。他们参加了辽沈战役、平津战役、渡江战役、海南岛战役、湘西剿匪等重大战役，转战了大半个中国，用鲜血染红了共和国的国旗。据统计，当时每 20 名朝鲜族青壮年中就有 1 人参军，按人口比例，在全国 56 个民族中，朝鲜族的烈士最多。著名诗人贺敬之在访问延边后留下了"山山金达莱，村村纪念碑"的诗句。2000 年 3 月，朝语部先后在沈阳、长春、延边等地召开了有部分老战士参加的座谈会，进行了采访前的摸底工作。10 月，采访小组赴延边、梅河口、长春、沈阳、哈尔滨等地，采访了 40 多名老战士和历史学家，取得了很多宝贵的第一手材料。

三年后，朝语部推出《不朽的足迹》的后续之作《永恒的丰碑》，作为共和国成立 60 周年的献礼。中国人民解放军朝鲜族上将、全国政协原副主席赵南起称之为"抢救性的工作"，很多濒于失传的珍贵资料得以在历经三年的采访活动中被发现、挖掘和整理。常言道，"板凳要坐十年冷"，传媒行业越来越强调"快"的速度和冲击，而忽视了"慢"的细致和积累。朝语部做节目，像老手艺人那样讲求规矩与耐心，常常花几年时间来完成一个专题。

《中国朝鲜族农村巡礼》的采制历经三年，记者走访了200多个朝鲜族乡村，访问了500多名干部和群众；《不朽的足迹》从2004年6月播放到2006年10月；而2009年才打磨成功的《永恒的丰碑》，从2007年就开始生根发芽。正是有了这种耐心和意志，朝语部做出的节目才会有一种踏踏实实的泥土的芳香。

花时间研制专题，不代表朝语部漠视现实生活中的选题，更不代表不懂得时效性的重要。和其他语言部一样，朝语部也紧扣着社会热点为听众做有新意的节目。

在知识经济时代全社会高度重视人才和科学，重视知识、崇尚科学的热潮中，朝语部与中国朝鲜族科学家协会合作，组织了《中国朝鲜族科学家》系列报道。采访组先后采访了中国工程院院士姜景山、为胜利油田建设提供关键理论依据的安泰祥教授、长征4号火箭的总设计师和总指挥李向荣等国内外有一定影响力的朝鲜族科学工作者29人，从他们的成长过程和奋斗历程及科学态度和科学精神着手，写出了很有教育意义和宣传价值的作品。

朝语部走的第二步就是举办品牌活动，以社会活动提高知名度，增强影响力和向心力。在2001年和2003年，朝语部在京举办朝鲜族音乐会，组织在京朝鲜族各界人士观看。

2005年，由朝语部主办的"金达莱作文比赛"在延边和龙市东城镇举行。金达莱，别名映山红，既是延边朝鲜族自治州的州花，也是延吉市的市花。这里的人们倘若看到金达莱在漫山遍野怒放，便知萧瑟的冬天已经过去。这次作文比赛，共有来自农村的50多名文学爱好者参加，其中有中小学生，也有70多岁的退休人员。比赛规定在90分钟的时间里写出关于家乡和农民新生活的文章，64岁的文化站老干部李龙七写的《我的家乡》和青年妇女黄永顺的作品《"地主"老婆和"苦力"老公》荣获一等奖，中央电台朝语部在广播节目中播出了全部获奖作品。

2006年，由中央电台朝语部联合其他单位举办的全国朝鲜族企业界经验交流会在北京举行。会议以宣传优秀民族企业、弘扬先进企业文化、加强媒体与企业界合作、推动民族经济发展为主题。北京、天津、黑龙江、吉林、山东、上海、广东等地的100多名朝鲜族企业界人士出席了会议。对于朝语部来说，这次交流会活动加强了中央电台朝语广播与朝鲜族企业界人士的互相了解与支持，为朝鲜族企业界提供了交流与合作的平台，为促进民族经济发展做了一件好事，也为展现中央电台朝语广播搭建了舞台。

第三步则是广开门路，广交朋友，在发展中提出"开门办广播"的思路，各栏目根据自己的特点，在对象地区建立联系点。如《老年世界》栏目，深入朝鲜族聚居地的老年活动站和社会福利院，与老年听众结成忘年之交。各地听众自发地组织听评小组，定期组织听评会议，用书面形式及时反馈每个成员的意见和建议。

2007年3月，朝语部历时一年举办的"夕阳红2006年风采老人"评选活动揭晓。活动旨在选出克服年龄的限制发挥余热为社会做出贡献、用热情和执着谱写人生第二乐章的老人。这项活动从2006年1月启动，每周播出一位老人的事迹。评选活动激发了对象地区听众的参与热情，很多听众被这些老人的故事感动，纷纷来电来信评选自己所喜爱的风采老人。编辑部共接到100多个电话和300多封信件。根据听众的选票和节目制作人的推荐，最后选出了3名"夕阳红2006年风采老人"，并给他们颁发了奖杯和奖金。

朝语部的第四步是组建"联合舰队"。中央电台和地方电台既是竞争对手，又是合作伙伴。增强民族广播的凝聚力、影响力、感染力，就需要加强全国民族广播宣传单位的协作，充分发挥民族广播的独特优势。

从2004年起，朝语部牵头先后与延边电台共同采制了大型系列报道《在党的阳光下》和《中国朝鲜族农村巡礼》，与延边电视台共同采制了《关内朝鲜族革命家的足迹》。双方加强联合采访，推出精品工程，受到听众好评。朝语部每年都与延边电台合作举办全国朝鲜族儿童歌唱大奖赛，2006年又与延边电台共同主办了全国朝鲜族民歌大赛。在合作的过程中，朝语部注重和地方台优势互补，扬长避短，以使民族广播节目的形式更加活泼，推出了很多富有民族特色、高质量、有新意的民族广播栏目和节目。

朝语部坚持每两年组织一次面向民族地区市、县电台通讯员开办的学习班，还与延边电台和延边电视台合作，召开听众座谈会和节目研讨会，加强业务研究，提高业务素质，在人员交流的过程中密切了与地方台的合作，也扩大了在中央电台在基层的影响。

第五步的迈出则体现在对新媒体的运用上。从2003年开始，朝语部着手网站建设。在没有资金、没有技术、没有专门人员的情况下，朝语部自力更生，建立了中央电台朝语广播网站。2005年的两会期间，朝语部用广播和网站同时播出当天的新闻和专题。因为错过收听时间或者收听不到朝语广播的听众利用朝语广播网站仍可收听到两会的消息和参加两会的朝鲜族代表的声音，很受鼓舞。

朝语部的最后一步落脚在对人才的使用上。人才，是办好节目的关键。得人才者得天下，失人才者失天下。要促进朝语广播的发展，既要具备硬件条件，如好的设备和工作环境，也要抓紧人才队伍的建设，培养集采、编、译、播等多方面本领为一体的高素质广播人才和管理人才。培养人才，一靠实践，二靠环境。2000年8月，朝语部播音员金红花在韩国举行的国际朝鲜语演讲比赛中荣获一等奖。2004年以后，朝语部先后安排多名工作人员到大学研究生班深造，还通过相关渠道，派人到国外深造或者到朝鲜中央电台或韩国放送公社（KBS）、韩国文化广播公司（MBC）进修。

听得到、听得好的广播

20世纪70年代，中央电台民族广播确立了"以新闻为主，专题为辅，文艺为补充"的原则，2002年，中央电台明确了"频率专业化，管理频率化"的改革思路，开始着力于实现听众目标化和服务对象化。在这种情况下，中央电台把第八套节目定位为少数民族语言广播频率。民族广播的特色是"民族性"，在新的时期，更需要重新发现和认识"以听众为中心，为听众服务"的理念。曾经的朝语广播不重视传播信息流程中的反馈环节，忽略了听众调查，往往闭门造车，节目的安排上主观的、指令性因素较多，对听众的需求考虑得少，政治性、政策性解读的内容多，反映听众呼声的少。"边疆少数民族地区广播电视覆盖工程"实施后，中央电台朝语广播在改革之路上重视对听众市场的调查，优化听众反馈系统，根据听众的意见和不同要求，把对节目的指令性安排变成市场化的调整。

2006年9月9日，朝鲜语广播在国家广电总局广播剧场度过了自己50岁的生日。在纪念大会上，朝鲜族听众朱在宪发表了感言。他把中央电台朝语广播比作"学习的向导、事业的良师、生活的益友"。在过去的50年，朝语广播从无到有、从小到大，有获得国际奖项的辉煌，也有不知道怎么才能适应听众的苦闷期。朝语广播人爱说，要办"听得到、听得好"的广播。这朴实简单的六个字，想做到不容易。

这支团队能够沉得下心做事情，也能够狠得下心对着自己开刀。当一切都成为过去，迸发的生命力却源源不断，支撑着这个能歌善舞的民族在新的舞台上继续奉献更好的节目。

新闻部的两张名片

《论坛》开播两年成十佳

2007 年 4 月，中央电台十佳栏目评选结果揭晓，民族广播中心的《论坛》再一次出现在获奖名单中。一年前的这个时候，开播仅两年多的《论坛》节目也曾赢得这个称号。

《论坛》是一个年轻的栏目，诞生于 2004 年。随着以互联网为标志的信息时代的到来，各类媒体的竞争日趋白热化。如何在新的形势下保持和增强民族广播的凝聚力、影响力、感染力，不断改革，不断创新，就成为民族广播顺应时代潮流、迈上新台阶的必然选择。《论坛》就是在这一思想指导下的产物。《论坛》是时事政治阐释性节目，是新闻的延伸、补充、展开和深化。开办《论坛》的宗旨是：充分发挥中央电台位居北京，可以随时与中央各部委近距离接触的优势，为民族地区的听众提供一个发布与他们密切相关的权威信息的平台；充分发挥中央电台作为国家电台的优势，聘请长期研究民族宗教问题或从事民族宗教工作的领导、专家和学者宣讲党和国家重要的民族宗教政策，对民族工作的热点问题、与民族地区息息相关的重大新闻事件、突发事件等进行背景分析、深度报道，进一步增强民族广播的政策性、理论性和权威性。

《论坛》由中央电台的分管领导和民族广播中心策划，选题和编辑工作由改革后的新闻部负责，节目内容经中心领导审定后，由蒙、藏、维、哈、朝五个语言部翻译播出，每周一期。"民族之声"推出后，新闻部身上的担子又加重了，在自身改革中，始终坚持"立足中央，服务对象听众"的办节目方针，顺应时代潮流，努力用发展的眼光来准确地把握民族地区听众的脉搏，加强"两头"研究：一方面了解、领会中央的指示精神，把党和国家的方针政策传达给少数民族听众；一方面以"三贴近"思想为指导，了解听众的需求，做到节目内容适销对路。在稿件的取舍上，注意选取民族地区听众关注的热点问题，报道内容注意加强针对性和服务性，要广泛深入、贴近听众，凸显"立足中央、服务对象"的宗旨，如代表委员谈"三农"、西部大开发、振兴东北老工业基地、环境保护、民族地区如何进行科学发展、民族宗教政策的贯彻落实、民族教育、民族文化的继承和发展、退耕还林、退牧还草、农牧区医疗卫生等话题。

广播节目能否吸引住听众，关键在于节目内容是不是符合听众的需求，节目内容只有"贴近实际、贴近生活、贴近群众"，才会受到听众的欢迎。《论坛》栏目自开播之日起，就把内容创新放在非常突出的位置。中央电台的广播节目，与各对象地区地方台节目一个显著的区别就是它有更强的政策性、理论性和权威性。《论坛》栏目把这几个方面作为内容创新的重点。在政策性方面，《论坛》把发布、阐释党和国家重要的政策法规，特别是有关民族工作的政策、法规作为一项重要任务，每当重大政策、法规出台，节目就及时把其主要内容和精神实质传播给各民族听众，并对相关背景进行综合评介。如《国家扶持粮食生产政策解读》，对中央制定的促进粮食生产、增加农民收入的一系列政策进行了及时宣讲，直接把中央的政策交到群众手里。《国务院〈关于贯彻实施民族区域自治法若干问题的规定〉》发布之后，将这个规定的主要内容，尤其是在促进民族地区经济发展方面具有突破性的内容逐条予以介绍，并对起草该规定的背景进行了深度透视。《话新法新规，聊百姓冷暖》，把国家刚刚正式实施、涉及老百姓日常生活方方面面的一批法规（如《兽药管理条例》《进境肉类产品检验检疫管理规定》《针织保暖内衣行业标准》《收费公路管理条例》《农业机械化促进法》等）中与民族地区听众密切相关的内容逐一加以解读，使群众及时了解这些法规。在理论性方面，《论坛》栏目注重从理论层面对党和国家方针政策，特别是民族政策和民族工作加以阐释及解读，改变了民族广播没有理论性专栏的局面。

新闻部主任兰汝生、副主任陈述森要求每月召开一次节目研讨会，邀请有关专家就加强栏目的理论性进行探讨，使《论坛》在理论层面有了新的突破。如《加强党的执政能力建设的深刻内涵》，邀请中共中央党史研究室的教授从执政能力包含的内容、影响和决定执政能力的因素等方面剖析执政能力的内涵，分析透彻、中肯。《坚定不移地坚持和完善民族区域自治制度》，从制订《民族区域自治法》的意义、《民族区域自治法》和《宪法》的关系、实施《民族区域自治法》以来民族地区的变化、今后怎样更好地贯彻实施民族区域自治法等方面进行阐述，具有很强的指导作用。在权威性方面，《论坛》充分利用编辑部在首都北京的优势，采访中央有关部委负责人，请他们解读党和国家的方针政策。同时，还邀请国家级专家学者对党和国家的方针政策，重点是民族政策、民族工作进行阐释、评述，使节目的权威性明显增强。《论坛》开播伊始，即采访了国家民委有关领导，制作了一组报道，由专家谈我国少数民族政策法规、经济、文化、教育、对外交流以及民族干部的培养等工作的成就、经验和问题，这组报道受到了听众的欢迎。还有很多内容，如《专家解读一号文件》《认真贯彻执行〈草原法〉，依法保护草原生态》、有关计划生育的政策解读等，都是经过采访有关的专家和领导制作出来的、独家的具有一定权威性的报道。

由于采取了许多创新的做法，《论坛》栏目以它的权威性、针对性和指导性，为民族地区听众提供高层次的服务，吸引了对象地区听众，从而成为民族语言广播中最具权威性的栏目之一，受到了有关专家和广大听众的喜爱和欢迎。一些地方的媒体还对《论坛》的节目进行了转播、转载。《论坛》开办一年，涉及的选题有宣传《民族区域自治法》、西部大开发、"三农"问题、环境保护、艾滋病防治、中法文化年等。

栏目设置增强了中央电台民族语言广播的权威性和理论色彩，也贴近听众的需要。栏目刚开始时播出的《2003年我国民族工作取得的成就及今后的工作重点》，结合西部大开发论述党的民族政策在具体工作中的体现和其长远影响，权威的解读让少数民族同胞直接了解了党的大政方针；栏目也时常邀请相关领域专家进行访谈，如由国务院政策研究室副研究员谈增加农牧民收入问题，这也是当时农牧民最关心的问题。《论坛》节目的优势就在于注重理论联系实际，从实际效果出发，从听众需求出发。

2004年年末，民族中心组织了由民族广播监听专家、中心所属各语言节目部负责同志和《论坛》栏目编辑、翻译人员参加的《论坛》栏目研讨会。在这次研讨会上，民族广播中心主任肖玉林对《论坛》提的要求就是早日成为中央电台的名牌栏目。

2004年的积累，让《论坛》在随后的两年里厚积薄发。2005年的第一期《论坛》节目，主题是关于我国中小学民族团结教育的，从2005年春季学期开学时起，全国中小学将开设民族团结教育课程。节目介绍了已经开设中小学民族团结教育课程十年的试点城市——天津的经验，并从民族教育课程的重要性、使用教材、开展形式等几个方面采访了教育部的领导。

2005年是西部大开发政策实施的第五个年头，如何展现这一主题也是民族广播宣传的一个重点。西部大开发政策实施后，西部地区的发展速度加快，人民生活水平普遍提高，但一些令人担忧的问题也随之出现，如破坏良田、占用耕地。为此，全国人大代表、内蒙古自治区乌兰察布市农业局植保站站长侯翠荣递交议案，提到西部引资要重视保护良田。这一议案引起了很多人的关注。《论坛》栏目连续采制两期节目，从落实和树立科学发展观的角度出发，对西部大开发的前景和规划进行探讨。在第一期节目中，中央电台的记者采访了几位来自民族地区的全国人大代表，通过介绍西藏阿里、新疆伊犁哈萨克自治州、新疆巴音郭楞蒙古自治州、云南迪庆藏族自治州等地的经验，把科学发展观中所提到的"全面、协调、可持续"的要求普及给普通听众。在第二期节目中，记者采访了全国政协民族和宗教委员会时任副主任李晋有和中共中央政策研究室副主任郑新立，请他们谈民族地区如何按照科学发展观的要求，搞好西部大开发的工作。我国是一个人口众多、资源相对不足、生态先天脆弱的发展中国家。随着经济快速的增长和人口的不断增加，努力缓解资源不足的矛盾，不断改善生态环境，实现可持续发展，已经成为十分紧迫的任务。西部是我国各种重要资源的主要后备基地，是长江、黄河等大江大河的源头，也是全国生态环境的保护屏障。然而，广袤的西部各省区一度被称作"资源浪费重灾区"，西部地区要实现可持续发展，必须大大降低资源的破坏性开发和浪费，保护已经十分脆弱的生态环境。《论坛》盯住"科学发展"这个时代主题不放，先后通过《加紧防沙治沙，构建和谐社会》《建设节约型社会》《从战略高度认识节约能源资源的重要性》《建设节约型社会，西部刻不容缓》四期节目，向听众详细讲解我国在资源和环境方面的基本国情，让环保和节约的理念在普通的群众心中逐渐建立起来。

除了宣传党的民族政策，《论坛》无形中承担的另一个工作就是普及法律。在《公务员法》颁布后，《论坛》在第一时间制作了节目，详细向听众讲解《公务员法》与此前颁发的《公务员暂行条例》的区别、变化以及制定《公务员法》的重要性与意义。

2005年7月10日，备受关注的《物权法》草案向社会公布，以征求广大群众对草案的意见。对于普通百姓，尤其是长期生活在西部的百姓来讲，"物权"和"物权法"两个词汇多少有点陌生。为了向听众讲解《物权法》的具体含义，《论坛》栏目先后采制三期节目，第一期从国家为什么要制定《物权法》、制定《物权法》的出发点是什么、制定《物权法》的意义三个方面详细解疑释惑；第二期节目，编辑把重点拉回到现实生活中，从身边事讲起，通过《物权法》涉及的两个重点问题：相邻关系和拾金不昧的补偿，加深了听众对《物权法》的理解；在此系列的最后一期节目中，《论坛》介绍了群众最关心的征地拆迁与宅基地使用权转让问题，通过现实案例，进一步普及了法律知识。

前文提到，2004年哈语部记者和公安机关合作，解救了大批被困在内地传销陷阱中的哈萨克族年轻人。传销是社会的毒瘤，是我国法律所明令禁止的。然而，在2005年前后，传销活动在我国再次猖獗，并向少数民族地区蔓延。为此，《论坛》专门制作了一期节目，详细讲解了直销和传销之间的区别，以提高少数民族同胞对传销的辨别力和警惕性，增强其抵制传销的意识。

除了上述这些选题外，《论坛》还选取了一些贴近实际的问题和听众探讨。2005年12月，一期名为《关注大学生就业问题》的节目在《论坛》播出。节目分析了大学生"就业难"的原因，并呼吁大学生到基层工作，在更广阔的天地中寻找自己大有可为的舞台。节目播出后，一名蒙古族毕业生打来电话，表示自己的就业观被这期节目改变，已经决心去农村工作，实现自己的理想。

《论坛》以及时、准确发布或阐述党和国家及有关部委颁布的与对象地区关系密切的政策法规、重要信息为宗旨，为广大对象地区的听众提供通俗易懂、扎实有用的信息服务和政策服务，受到听众的广泛欢迎。

2006年，蒙古语部工作人员接到一个电话，内蒙古赤峰市巴林右旗退休干部包照日格图说，春天以来，在我国北方地区，特别是在内蒙古多次出现严重的沙尘天气，这说明建设环境友好型社会的任务艰巨。过去在发展中的一些做法不太符合自然规律，比如一些基层领导为了引进资金、引进项目，不顾环境保护，急功近利，盲目追求政绩，在本来就非常脆弱的草原上建起了高消耗、高污染、低效率的造纸厂、味精厂等企业，当地百姓对此意见非常大，有的牧民的草场被污染后已无法放牧，与这些企业打起了官司。包照日格图说，在中央电台蒙古语广播栏目《论坛》中收听《坚持科学发展观，努力建设环境友好型社会》节目后，身边很多人都对这期节目印象深刻，因为其中所提的问题非常贴近基层的实际情况，而谈到的怎样建设环境友好型社会的一些思路和具体措施也对当地基层领导干部具有非常重要的参考和借鉴价值。

除了普通的听众，一些领导干部也表达了对《论坛》的喜爱。当时的内蒙古呼伦贝尔市新巴尔虎右旗副旗长赛汗吉日嘎拉曾特地来到蒙古语部。在他看来，《论坛》栏目中播出的有关政策、法规的权威阐述对他的工作很有帮助，与基层干部和群众打交道时都能用上。由于草原严重退化等种种原因，牧场产权、草原管理、土地征用等方面的纠纷日益增多。2005年，由于政府投资新建边境公路，需要征用一位牧民的一部分草场，但是，双方在草场征用费、人员安置等细节方面有分歧，谈不下来，最后他们跟这位牧民说，他们拟订协议的时候也参考了中央电台蒙古语广播《论坛》栏目中所解释的原则和标准，双方终于达成了谅解。"节目很有说服力，老百姓就认中央电台"，这句朴实的话最能表明民族广播工作者的追求目标。

边疆少数民族干部群众收听中央电台少数民族语言广播，目的主要是及时了解国内外重要新闻，了解党和国家颁布的与他们切身利益密切相关的方针政策、法律法规，使自己跟上时代的步伐，维护自身的合法权益。根据这一实际情况，中央电台少数民族语言广播节目，尤其是《论坛》栏目，不断强化自身的新闻宣传功能，强化对党和国家方针政策、法律法规的解读、传播功能，使自身成为沟通党和政府与边疆少数民族干部群众联系的桥梁。

老牌节目《民族大家庭》完成历史使命

除了年轻的《论坛》，新闻部打造的另一个名牌就是有着20多年历史的《民族大家庭》。1983年1月1日，汉语节目《民族大家庭》正式播出，2005年由录播改成直播，由张克清、李燧川担任节目主持人，在中央电台第一套节目中国之声中播出。在选题上，《民族大家庭》节目遵循"围绕中心，服务大局"的原则，配合不同时期民族工作经济、社会各个方面的重点推出访谈节目，如《民族区域自治法》颁布20周年专题、关注兴边富民行动、青藏铁路建设、"十一五"计划、关注走进城市的少数民族农民工、保护民族民间文化等，节目组请嘉宾来到直播间发表权威的看法，还配合共产党员先进性教育活动在节目中介绍了一批少数民族先进人物如牛玉儒、李素芝等。2005年1月20日，《民族大家庭》播出了《为了藏族孤残儿童的明天》，讲述的是民政部实施残疾孤儿手术康复明天计划，来自青海的5个藏族孤儿在天津某医院接受了免费的手术治疗。这期节目制作播出后，一些听众来电来信反映说，他们被各民族同胞之间深厚的情谊所打动，同时也对民政部的相关政策加深了了解。

2006年的《民族大家庭》节目在直播的基础上，以小通讯、特写、见闻、录音报道等不同形式的版块，力求扩大信息量，使听众在30分钟的时间里，能够接受丰富多彩的民族资讯，增长民族知识，从而使节目成为一个有浓郁民族特色的整体。建设社会主义新农村是2006年的一个重大宣传主题。《民族大家庭》节目紧紧围绕这一主题，着力反映民族地区在新农村建设方面的新做法、新经验、新成果。新闻部派出记者分别奔赴西藏、新疆、内蒙古、湖南、广西、贵州等地区，深入农村田间地头、草原山寨，深入各族群众的生产生活中，撷取他们的心声，了解他们的需求，以真实鲜活的语言、丰富的广播元素反映了各地在建设社会主义新农村的过程中采取的举措和农民得到的实惠。经过深入采访,《民族大家庭》节目播出了系列报道《建设社会主义新农村——民族地区纪行》。《民族大家庭》节目结合民族地区建设社会主义新农村、共建和谐社会等话题制作专题节目,展示了中国共产党在解决中国民族问题上的成功经验。

2006年7月1日,青藏铁路建成通车。新闻部派出记者乘坐火车进藏,在《民族大家庭》节目中制作了两期节目,通过记者的话筒,把铁路沿线的情况及记者的感受传给听众,把今天西藏的新面貌展现给全国的听众。此外,为了纪念红军长征胜利70周年,《民族大家庭》制作了两期特别节目,通过对史实的深入研究,发掘了长征途中红军关心、爱护、帮助少数民族同胞,少数民族同胞爱戴、拥护红军并给予红军有力支援的感人故事。

2007年,是内蒙古自治区成立60周年大庆。《民族大家庭》节目派记者深入内蒙古的企业厂矿、城市牧区,采访了各民族的职工、牧民和城市居民,推出了4集系列报道,充分反映了内蒙古自治区成立60年间发生的巨大变化。同年,为迎接中共十七大的召开、营造良好的舆论氛围,9、10月份,《民族大家庭》节目陆续推出了《说发展、看变化——从五大自治区看民族地区的发展变化》《科学发展在贵州》《散杂居地区民族团结进步经验谈》等系列报道,充分展示了十六大后民族地区发生的巨大变化。

2008年5月1日,《民族大家庭》节目停止播出。

名牌背后的新闻部

《论坛》代表着中央电台民族广播的新锐力量,作为民族广播改革的成果脱颖而出,而《民族大家庭》则是中央电台民族广播的传统王牌节目。它们一老一新,能成为新闻部乃至民族广播中心的两张名片,这背后离不开一支强大的队伍。

新闻部的工作人员由六个不同民族的同胞构成,新闻部工作的好坏,直接影响着"民族之声"在中央电台的地位和在对象地区的声誉。"民族之声"频率推出后,新闻部迎来了新的发展契机。对于民族新闻工作者来说,他们所提供的稿件直接关系到国家电台五种民族语言广播的舆论导向,关系到五种民族语言广播新闻节目的质量和效果。对于新闻部的编辑记者来说,"服务者"的意识一刻都不能丢,他们和五个语言部的同志们一起,努力把中央电台民族语言新闻节目办成少数民族听众获取国内外新闻的重要渠道与了解党和国家方针政策的主要窗口。在这段时间里，新闻部主要从四个方面展开工作。

第一，坚持"立足中央，服务对象听众"的节目方针，顺应时代潮流，用发展的眼光来准确地把握对象地区听众的脉搏，加强"两头"研究：一方面了解、领会中央的指示精神，把党和国家的方针政策传达给少数民族听众；另一方面，以"三个代表"重要思想为指导，了解听众的需求，力争做到节目内容适应听众需要，不断满足听众需求，使民族新闻节目永葆勃勃生机和旺盛活力。

第二，调整节目结构，精选精编，增加新闻信息量。改革后，新闻部每天编发约2万字的国内外新闻稿件及国际专稿，新闻板块主要由国内外重要新闻、国内外新闻简讯（偏重于科教、文化、社会新闻）组成；每天编发一篇国际热点新闻综述专稿；每周采制、编发近4000字的《论坛》稿件。由于进一步拓宽了新闻稿源，以"三贴近"原则选稿，因此所发新闻稿件更具针对性和可听性。改革后的民族新闻信息量大大增加，每次编发由原来的3000字增加到6000字，条数由原来的约20条增加到40余条，报道面不断扩大。

第三，加强新闻值班制度，提高新闻时效。为了改变民族广播新闻时效性不强的被动局面，新闻部加强了与台内其他部门的协调，特别是与时政部建立了合作制度，保证了重大新闻、独家新闻能在第一时间获得、在第一时间编发，使民族广播中心五种民族语言节目的新闻时效性大大提高。

第四，加强对重点新闻的采访报道。2005年，是西藏自治区成立40周年、新疆维吾尔自治区成立50周年，新闻部分别派出记者赴西藏和新疆采访，通过记者的话筒，把西藏、新疆的新面貌展现给全国的听众；2006年，是红军长征胜利70周年，新闻部策划了《长征路上》系列专题报道，记者分赴红军当年经过的云南、贵州、四川等民族地区，深入采访，制作了一组专题报道，在《民族大家庭》节目和民族新闻节目中播出。

无论在熙熙攘攘的闹市街道，还是在条件艰苦的田间地头，抑或在人迹罕至的雪山高原，都留有新闻部记者的足迹，也正是因为他们努力，才挖出了许多藏在巷子里、藏在深山中的不为人所知的故事。辛勤的汗水换来了丰硕的成果。多年来，新闻部的编辑记者在全国和中央电台及地方电台评选中获得的各类奖项不计其数，其中有中国广播奖、中央电台的好新闻奖、国家民委的民族好新闻奖、首都女记协好新闻奖，以及地方电台的各类奖项。这批业务素质较高、集采、编、播于一体的人才队伍，是《论坛》和《民族大家庭》两个品牌成功的重要原因。

话筒后的团队

"不懂少数民族语言，怎么把握导向？"

2006 年，中央电台开展了"首届十佳播音员主持人"评选活动。经过无记名投票，民族广播中心选出五名候选人，蒙古语部的乌仁、藏语部的曲珍、维语部的阿依夏木、哈语部的热德力、朝语部的朴青竹代表民族广播中心参与这一次的角逐。五位候选人在平日的工作里爱岗敬业、业务素质高、社会形象好、深受听众喜爱。从 10 月起，各语言部在节目中播出中央电台举办评选"十佳播音员主持人"活动的消息，以及各语言节目的"十佳候选人"情况，中国广播网民族网页也登出相关情况，供听众和网友参考。消息传出后，少数民族听众积极为自己喜欢的播音员和主持人投票。一些边疆地区的农牧民没有电脑，无法从网上参与评选活动，只能通过写信或打电话表达意愿；一些听众不会说汉语，就自发组织起来，集体向民族语言节目部门发表意见；北京地区的民族同胞也热情高涨，比如北京的维吾尔族和哈萨克族聚会，见面第一句话常常会互问："给中央电台投票了吗？"就连境外的一些听众和网民都参加了投票活动。

2007 年，评选结果揭晓，被誉为"维吾尔族人民的百灵鸟"的阿依夏木和中央电台其他频率的九位候选人荣获了这一殊荣。阿依夏木是中央电台维吾尔语广播恢复时期的创始人之一。在 40 余年的播音实践中，她形成了亲切自然、庄重朴实、为听众喜闻乐见的独特的播音风格，得到同行的赞誉和广大维吾尔族听众的好评，曾获得"全国三八红旗手"称号，1993 年起开始享受国务院颁发的政府特殊津贴。她主持的节目和撰写的论文曾在中国播音与主持作品评选和首届维、哈语优秀广播电视节目及论文评选中获奖。

阿依夏木是民族广播工作者中的普通一员，和她的大多数同事一样，从遥远的家乡来到北京，克服生活上的不便，一心一意投入到民族新闻宣传的事业中。他们中有人历经风霜，一路见证中央电台民族广播的悲欢与振兴；有人初出茅庐，热血沸腾，怀抱新闻梦想，把年轻的生命投入无线电波中。在民族广播中心里，像阿依夏木这样几十年如一日的工作人员很多，如时任蒙古语部主任的额日德尼毕力格，1983 年就进入中央电台工作，和"文革"后的民族广播一起成长，完成了大量国内外新闻的翻译和审定工作，并采制了很多专题节目。毕力格任蒙古语部主任后，对蒙古语节目进行不断的改革和调整，增强了节目的针对性、贴近性和服务性，提升了节目质量，扩大了节目的社会影响力，使中央电台蒙古语广播的面貌焕然一新。他认真研究广播业务，所采制的节目曾获得各种奖项，由他策划并组织完成的蒙古语广播大型报道、特别节目和各项活动多达几十个，如"边疆少数民族地区广播电视覆盖工程"实施之初采制的《在党的阳光下》《党旗飘扬》《伟人邓小平》与《孕育希望的草原，和谐腾飞的内蒙古》等。在很多人眼里，民族广播中心的工作并不是一份轻松的差事，如何把这些来自不同民族、生活习惯迥异的同志拧成一条绳，是极其考验领导者智慧的事情。面对记者"不懂少数民族语言，怎么把握导向"的提问，分管民族中心工作的电台副总编辑李国君给出"信任、尊重和依靠民族同志"的答案。在他看来，最重要的是信任，如果没有信任，节目一天也办不下去。第一步要把好选人、进人关，把政治、业务素质好的同志选进来；第二步是有计划、有针对性地开展各项教育培训工作，让每一个工作人员都明白"为什么要办民族语言广播"以及"怎样办好民族语言广播"这两个方向性的问题；前两项工作做好了，只要给民族同志充分的信任和尊重，导向就不会出问题，节目也会越来越好听。

2006 年至 2007 年，民族广播中心在队伍建设中始终坚持以发展为核心，以改革为动力，逐渐培养了一支政治过关、业务过硬的队伍，促使中央电台民族广播的宣传质量和队伍素质不断提高。

政治素质、业务能力，一个都不能少

带领民族队伍，就要始终坚持团结稳定的方针，形成各民族团结协作的亲密关系和稳定局面。民族广播中心既是新闻宣传单位，也是少数民族同胞比较集中的民族单位。搞好各民族的团结，保持内部稳定，是民族中心有别于中央电台其他部门的一项特别又重要的工作。为此，民族广播中心不断加强马克思主义民族观、党的民族政策和民族团结方面的教育，尊重各个民族的风俗习惯，巩固和发展了民族广播中心内部各民族平等、团结、互助的社会主义民族关系。在这种工作环境和团队氛围下，民族广播中心的领导通过一系列活动不断加强整个队伍的政治素质。

2004年10月21日，中共中央政治局召开会议，讨论并决定从2005年1月开始在全党开展以实践"三个代表"重要思想为主要内容的保持共产党员先进性教育活动。1月25日，民族广播中心积极动员部署保持共产党员先进性教育的活动，召开了党总支及所属各党支部书记会议，及时传达了中央电台先进性教育领导小组会议精神，全面动员落实《中央人民广播电台保持共产党员先进性教育活动实施方案》，并认真学习了胡锦涛总书记在新时期保持共产党员先进性专题报告会上的讲话。对于民族广播来说，开展先进性教育活动的目的就在于以提高党员素质，推进民族广播工作，不断增强民族广播的凝聚力、影响力、感染力。

除了开座谈会、集体学习等传统教育形式，民族广播中心还在专职副书记李春楠的带动下，通过多种方式来配合保持共产党员先进性教育活动，如与中央电台军事中心一道，邀请原总装备部北京航天医学工程研究所政委吴川生到中央电台做航天精神报告。2003年神舟五号载人飞船在酒泉卫星发射中心发射成功，航天员杨利伟成为中国太空第一人，中国成为继苏联和美国之后，第三个有能力将人送上太空的国家。"特别能吃苦、特别能战斗、特别能攻关、特别能奉献"的载人航天精神成为新时代民族精神的象征。航天工作者承载着古老民族飞天梦的荣光，也背负着极大的压力，吴川生所讲述的"飞天"背后的故事，让民族广播工作者在精神上感受到共鸣。航天工作者设计宇宙飞船送到浩渺的太空，民族广播工作者把声波传到祖国最遥远的地方，两者虽然性质不同，但同样需要对国家的忠诚、对人民的奉献和对意志的坚守。

与此同时，各个支部也不甘落后。随后的时间里，民族广播中心党总支及所属蒙、藏、维、哈、朝、新闻各支部陆续召开了专题组织生活会。在每场专题会上，党员同志都进行了自我剖析，并根据本支部、本部门的具体情况提出整改措施。在开展第二批保持共产党员先进性教育的活动中，维语部联合新疆十几家广播电台、报纸、杂志，设置专题报道，在新闻节目中挂牌播出《实践"三个代表"重要思想，保持共产党员先进性》系列节目，重点介绍新疆第一批开展保持共产党员先进性教育活动的经验、做法和取得的实效。蒙古语部党支部和藏语部党支部则组织党员参观了革命圣地西柏坡。

十七大召开前夕，民族广播中心按照中央电台机关党委关于召开中央电台思想政治工作座谈会的通知要求，用了六个半天分别召开了有民族广播中心蒙、藏、维、哈、朝、新闻等六个部门代表参加的在职老同志座谈会、处以上干部座谈会、中青年代表座谈会。自从"民族之声"推出后，整个民族广播队伍各方面的素质明显提高，节目做得越来越好，也树立起民族广播的良好形象。他们在做好广播节目的本职工作外，也不忘帮助本民族的听众。如哈语部哈那提热心帮助出走的新疆男孩回到家中，维语部的古力巴哈向第一次走出新疆来北京打工的维吾尔族工人伸出了援手。民族广播在维护民族团结和社会稳定方面，发挥着其他媒体无法替代的作用。

2006年7月19日，中国广播网"民族之声"分网刊发了《侗族特困生石龙无钱上北大》的新闻，介绍了贵州省黎平县一中高中毕业生石龙在高考中以641分全县文科第一、黔东南州第二的好成绩被北京大学中文系录取，却因为家贫，为挣路费和学费到处打工的事情。该条新闻刊发后，引起社会各界好心人的关注。他们有的给石龙寄钱，有的打电话或写信鼓励。不到一个月，石龙共收到300多笔汇款，共计人民币2.3万元。这顺利解决了他的入学问题，让这个好苗子得以踏入那所多少学子魂牵梦萦的最高学府。随后，贵州省黎平县委宣传部陆书明同志受石龙的委托，打电话到民族广播中心新闻部感谢中国广播网"民族之声"分网帮助这个侗族孩子实现了北大梦。

由于国家民族广播事业的需要，中央电台少数民族语言广播从创办以来，编播人员大多来自对象地区。中央电台经常派人到对象地区挑选民族广播编播人员，对象地区的党委、政府都非常重视和支持这项工作。只要中央电台民族广播宣传工作需要，他们都舍得将当地最优秀、最符合条件的人才送到中央电台。中央电台蒙、藏、维、哈、朝五种民族语言广播节目的采访、翻译、播音主持、制作工作分别由这五个民族的人员组成。他们来自边疆少数民族地区，非常熟悉这些地区少数民族群众的工作生活以及对新闻信息的需求，并与少数民族干部群众有着天然的联系。他们既精通本民族的语言和文化，又熟练掌握汉语普通话，有的还掌握一门甚至几门外语。他们绝大多数受过高等教育，有的是硕士研究生毕业，在广播新闻采访、编辑、翻译、播音主持等方面具有较多的专业知识。这些优秀的民族广播人才，是提高民族广播质量、提升民族广播水平的重要保证。

"民族之声"频率推出后不久，蒙古语部就节目如何进一步贴近生活、贴近实际、贴近群众举办了业务研讨会。在"边疆少数民族地区广播电视覆盖工程"实施后，蒙古语部的业务基础建设一直如火如荼地进行，比如藏书达到100多种1000多册，并且由专人专管，形成了小型图书室的规模。最近几年在内蒙古等地出版发行的蒙汉两种文字的工具书、文献资料，蒙古语部基本配齐。每一位编播人员都配备了《汉蒙大词典》《蒙古语辞典》等业务工作不可缺少的工具书。为了提升业务能力，民族广播中心各语言部召开多次座谈会，把听取听众的意见放在第一位；与此同时，通过组织业务培训活动加强专业知识的学习。在2005年的落实中央领导重要批示学习班上，中心邀请了中央电台优秀记者和主持人到会传授经验；2007年，中央电台人事办公室与民族广播中心联合开办了民族广播业务培训班，中国传媒大学教授曹璐和中央电台的播音指导付成励、研究室主任李宏等应邀授课。中心100多名员工分两批参加了培训学习。除此之外，还发挥"边疆少数民族地区广播电视覆盖工程"实施以来的优良传统，选派员工在国内外的高校进行学习。

安全播出是广播工作的生命线

由于工作的特殊性质，在强调政治素养和业务能力之外，民族广播在队伍建设中始终坚持把安全播出工作放在重要位置，确保民族广播的安全播出。

安全播出不是一般的技术问题，它同正确的舆论导向一样，是广播工作的生命线。在中央电台，民族广播较早实现了自动化播出。在日常工作中，民族广播中心不断提高工作人员对安全播出工作的认识。首先，要从讲政治、讲大局的高度，做好采访、编辑、翻译、播音、制作和发播等各个环节的工作。其次，通过加强学习，不断提高政治思想水平和业务能力。这是确保舆论导向正确和安全播出的基础条件。

早在2002年6月，民族广播中心就请中央电台技术人员专门为中心办了两期安全播出培训班，请台领导和有关部门的同志结合民族广播的实际讲安全播出的重要性和操作要求。在随后的几年时间里，在日常管理方面，民族广播把安全播出放在首位，强化了编辑、翻译、审稿、播音和机房管理等方面的制度，进一步明确了各个环节上的具体责任，确保了全年安全播出。再次，加强管理，按规程操作。最后，实行科学合理的激励机制，奖罚分明，既有充满人情味的轻松氛围，也有不可动摇的底线。

2005年，民族广播中心进行班子调整，进一步明确了中心和各部的工作责任，完善了各项规章制度，组织协调和为编播一线服务的能力明显增强。各部门在实践中继续完善了《部门工作守则》，对各项规章制度进行了完善，使其更有针对性和可操作性，各部门的工作进一步制度化、规范化。

打造一支强有力的人才队伍，是从"软件"上为民族广播保驾护航；同样，硬件条件也不能被忽视。2007年4月，民族广播中心五个机房安全平稳地由LINK2000系统过渡到PROLINK系统。此套新系统容量大，信号稳定，软件先进。随后，技术管理中心在最短时间内完成了系统更新和对民族中心五个语言部业务人员的技术培训工作。

民族广播工作复杂，每一个语言部都像一个小电台。科学的管理是做好一切工作的基础。一方面要坚持正确的舆论导向，不断加强和改进工作作风，提高每一位工作人员的政治素质和业务素质，加强对民族语言节目的管理；另一方面要充分相信民族语言广播工作者，努力为他们解决生活中诸如饮食、住房等后勤保障问题。这一切，目的都是一个，办好中央电台民族语言广播节目，更好地把党和国家的声音传入边疆民族地区的千家万户，更好地为少数民族听众服务。这是几年前民族广播对国家、对人民的庄严承诺。无论到何时，这个承诺都不会改变。

应急广播：吹响集结号

以汶川地震为起点

2008 年是新中国成立 59 周年，也是改革开放的第 30 个年头。这是悲喜交加的一年，汶川特大地震让 13 亿人黯然神伤，也让中华民族在悲痛过后凝聚起不屈的力量；第 29 届北京奥运会的举办彰显大国崛起的雄风，让中国人的百年奥运梦成为那个夏天最隆重、最绚丽的回忆。对于中央电台民族广播来说，在此之前遇到突发事件、开展应急广播的经历都是零零散散的，并无系统的心得和经验。以汶川地震为起点，民族语言广播开始有目标、有体系地探寻民族语言应急广播的建设之路。

2008 年 5 月 12 日下午 14 时 28 分，四川汶川发生 8.0 级大地震，一时间举国悲恸。

"民族之声"在当天下午的新闻节目就播出地震发生、胡锦涛总书记做出重要指示、温家宝总理赶赴四川地震灾区指导抗震救灾等消息，随后又打破常规，调整节目，各民族语言部迅速推出《众志成城抗震救灾》专题节目，大量播出抗震救灾的相关报道。此次灾情涉及藏族和羌族两个少数民族。根据民族广播面向对象地区和少数民族听众的特点，民族广播将报道的视角集中在救援中的具体的人和事，播发了大量解放军、武警官兵、公安消防干警及各级基层党组织和政府救援的感人事迹；另一方面重点播发了民族地区支援灾区抗震救灾的内容，报道了周边国家对四川地震救灾工作的支援，特别强调各民族之间"一方有难，八方支援"的骨肉亲情。

各语言部的节目播出后，牵动了对象地区听众的心。一时间，广播中心接到数不清的电话，有的听众着急，恨不得从电话那头飞到灾区，看看有没有能帮得上忙的地方；有的听众泣不成声，想到灾区里变成孤儿的孩子，心就一阵阵地疼。80 岁的朝鲜族老人金凤淑卖掉丈夫留给她的金戒指，凑足了 1000 元钱，捐给了地震灾区，饱经风霜的老人说她懂得失去亲人的感受，从广播里听到全国上下都在为灾区人民捐款捐物，觉得自己也应该出一点力；一位哈萨克牧民骑马走了 200 公里走到捐献点，捐出了 3000 元；另一位生活困难的哈萨克族老人在家里煮了 60 个鸡蛋送到献血地点，给现场献血的人们吃；新疆听众打电话来咨询各种问题，有人想知道如何领养灾区孤儿，有大学生想去灾区当志愿者。在灾难面前，民族的界限和隔阂被打破，爱跨越空间的阻隔，成为所有人都能听得懂的语言。"民族之声"的抗震救灾报道在增进民族团结的同时，也扩大了民族广播的影响，加深了少数民族群众对地震灾害的了解。

2009 年 12 月下旬以来，新疆塔城、阿勒泰等地的大部分地区连续四次遭受强冷空气袭击，个别地方连续十多次遭受强冷空气袭击，出现 60 年一遇的寒潮暴雪灾害，新疆维吾尔自治区北部 12 个县市 90 个乡镇 141 万人受灾，发生人员死亡、房屋倒塌、交通受阻、电力中断等情况，给当地群众的生产生活造成了极大的损失。雪灾发生后，中央电台哈语部与地方相关领导和单位取得联系，推出《抗击雪灾》特别节目，派以哈语部副主任巴赞为组长的采访报道小组深入冰天雪地的北疆暴风雪和寒潮灾区第一线采访，在哈语节目中报道了北疆塔城、阿勒泰等地区受灾的真实情况和当地干部群众抗灾救灾的最新情况。自 2009 年 12 月 25 日起，哈语广播《记者连线》栏目在 29 天内累计播出 26 个电话采访报道。自 2010 年 1 月 23 日起，《抗击风雪》节目加大了对雪灾的报道力度，仅在 23 日到 25 日的 3 天内，就播出哈语部前方记者、新疆记者站发回来的 13 篇报道。哈语部的报道非常及时，据时任阿勒泰地区党委宣传部部长哈德勒别克、广电局局长恩特马克反映，大多数牧民都是通过中央电台的哈语广播节目了解到雪灾最新动态的。

同样遭受 60 年以来罕见雪灾的还有内蒙古大部分地区。为此，中央电台蒙古语广播《记者话筒》栏目依靠多年来与地方台建立起来的密切关系，与内蒙古自治区台、盟市台、旗县台记者连线，实时报道了内蒙古锡林郭勒盟、乌兰察布市、赤峰市、巴彦淖尔市、阿拉善盟等地区的灾情发展趋势，报道了国家及内蒙古自治区出台的抗灾救灾的政策措施。连线的记者深入灾区，让受灾牧民说出自己当下的困难和所望所需。与此同时，蒙古语广播其他栏目，如《金桥》《今日话题》等也开设了灾情专题，解读政策，传达信息，让灾民全面及时地了解灾情。很多群众听到中央电台广播里的消息后做好了防护措施，得以免受更大的损失。

火线开办的康巴方言节目

2010 年 4 月 14 日，青海省玉树藏族自治州发生了 7.1 级强烈地震。在得知地震的消息后，藏语频率立即启动应急方案，在编译人员非常紧张的情况下，于 4 月 14 日下午，选派拉巴、米玛加布两名年轻的业务骨干赶赴青海玉树地震灾区进行报道。15 日，藏语广播取消了文艺节目，增加了抗震救灾的新闻报道，迅速制作了《直通玉树灾区》特别节目。

青海玉树 90% 的群众是藏族，使用的是康巴方言，大部分藏族群众听不懂汉语，而中央电台藏语频率播音主要以卫藏方言为主。4 月 15 日上午，赵铁骑副台长要求民族广播中心藏语节目部尽快开办康巴方言专题节目。民族广播中心领导与藏语节目部负责同志当即请来了中国藏学研究中心玉树籍专家洛周同志，由他用康巴方言主持，紧急制作了 6 期特别专题节目《情系灾区携手抗灾》，每期 10 分钟。节目为灾区藏族群众讲述党和政府采取的救援措施，讲解抗震救灾的相关知识，向受灾群众提供及时准确的抗震救灾信息。

4 月 16 日下午，广电总局副局长张海涛紧急召集中央电台王求台长和民族广播中心负责同志，明确要求：为了提高青海玉树抗震救灾信息传播的有效性，中央电台藏语广播从 17 日 18 时起，每天开办 8 小时的康巴方言节目。

新办每天 8 小时的康巴方言节目，准备时间不足 24 小时，任务十分紧急。从张海涛同志办公室回台后，王求台长连夜落实这一重要宣传任务。民族广播中心藏语部提出了缺少康巴方言播音员的问题，台领导向张海涛同志做了汇报，张海涛同志当即给四川广电局领导打了电话，要求该局立即派两名（**男女各一名**）康巴方言播音员连夜赶赴中央电台，协助中央电台制作康巴方言节目。

4 月 16 日深夜至 17 日黎明，王求台长，赵铁骑副台长，民族广播中心的肖玉林主任、田山川副主任，藏语节目部的泽嘎主任、索多副主任、贡布玉杰副主任，以及相关职能部门特别是藏语部的全体同志和技术部门的有关同志，都在各自的岗位为玉树抗震救灾提供每天 8 小时康巴方言节目忙碌着。

17 日上午 8 时，民族广播中心主任肖玉林将连夜制定的《中央电台藏语节目时间表》送达中央电台总编室。总编室领导马上批示并下发相关部门执行。上午 10 时，在中央电台技术部门的努力下，制作康巴方言节目的机房基本准备就绪。藏语节目部在北京临时借调的中国社科院的甲央齐珍、中国藏学研究中心的洛周开始录制康巴方言节目。中午，四川康巴藏语卫视的两名播音员向巴多吉和启米翁姆来到中央电台，很快就投入到康巴方言节目的制作中。下午，技术部门配合民族广播中心新闻部修改了藏语节目发播模板。然后，藏语节目部将新制作的康巴方言节目发往节目库，再由民族广播中心新闻部负责节目发播的同志认真核对，确保康巴方言节目顺利安全播出。

4月17日17时，根据调整后的藏语节目时间表，以玉树抗震救灾为主要内容，用玉树多数群众日常交流的语言，来自北京中央人民广播电台的康巴方言节目的声音，在玉树上空响起。康巴方言节目时间大幅增加后，藏语广播及时对节目内容进行了充实调整。首先，继续大力宣传党和政府对地震灾区的高度重视和对受灾群众的亲切关怀，当地党政领导带领各族群众抗震救灾的情况，以及中央各部门、各省区、社会各界对灾区的大力救援，温暖人心；其次，第一时间播发了国家有关抗震救灾的指导精神，及时公开灾情，引导灾区群众接受权威部门发布的正确信息，稳定人心；再次，大力报道在救援、医疗、捐助等方面涌现出来的先进事迹和感人故事，鼓舞人心；最后，做好震后科学知识的宣传普及，安抚人心。比如：广播防范次生灾害、震后的卫生防疫等知识，引导群众通过各种努力减少次生灾害，在将地震所带来的损失降至最低的同时，做好卫生防疫工作，确保大灾之后无大疫；介绍了一些正确的逃生技巧，引导受灾群众加强震后自我保护和自救自助，在自救的同时帮助他人。

玉树地震发生后，一些心理学专家学者赶赴玉树宣讲心理康复知识。可惜当地群众听不懂汉语，没有办法交流。当这些专家得知中央电台有藏语康巴方言节目时，非常高兴。中央电台藏语部把他们的汉文稿件翻译成藏语，在康巴方言节目中推出了一组系列心理康复知识讲座《地震之后，我们如何康复》。这组讲座详细介绍了灾难过后人们如何面对灾难、如何解决心理问题、如何进行心理干预等内容，给灾区的藏族同胞送去了实实在在的帮助，彰显了广播媒体在突发事件报道中所秉持的人文关怀理念。

中央电台藏语频率在青海玉树地震中开办的康巴方言节目，主要以新闻报道为主，及时、准确、权威地发布抗震救灾信息。同时加大抗震救灾科普宣传，加强信息服务，提供心理咨询，引导受灾群众加强震后自我保护和自救自助，受到震区藏族群众广泛欢迎。玉树听众索南才仁用"我们不害怕"来形容在广播中清晰地听到熟悉的方言后自己的心情；其他藏区的藏族同胞也表示，看不懂汉语新闻，只有通过藏语频率的节目，才能了解灾区的最新动态。

中央电台藏语广播推出康巴方言节目后，4月19日、20日，《人民日报》、中央电视台、《光明日报》《经济日报》等中央主流媒体相继做了报道，认为中央电台藏语广播发挥了广播媒体应急的突出优势，向受灾群众提供了及时准确的抗震救灾新闻报道和切实有效的信息服务，有力地支持了青海玉树抗震救灾工作，取得了突出的社会效果。

第一时间吹响救援的号角

广播媒体具有传播迅速、覆盖广泛、接收便利、对受众文化程度要求低等特点，利用广播传播应急信息也是世界各国的普遍做法。和汉语应急广播相比，民族语言广播也有自己特殊的一面。除了应对自然灾害突发事件以外，在反对民族分裂、维护祖国统一上面承担着重要的政治任务。如在"3·14"事件和"7·5"事件中，民族广播迅速反应，积极制定应对措施，有力地传递党的声音，防止谣言的传播，维护民族团结和社会稳定。

2011年，中共十七届六中全会提出建立统一联动、安全可靠的国家应急广播体系，这一体系已经被纳入国家"十二五"规划中。国家应急广播体系统筹全国从中央到地方各级电台，建立与各种应急信息渠道的联通机制，实现在突发公共事件中第一时间发布民众所需应急信息的目标。作为我国广播事业的重要组成部分，以少数民族语言为传播载体的民族语言广播，也是国家应急广播体系的重要组成部分。

中央电台民族广播中心开办应急广播，有自身的独特优势所在。

第一，我国民族语言广播在其对象地区听众中的亲近感强、信任度高。一方面，相同的民族、相同的语言，有效拉近了民族语言广播和听众之间的距离，少数民族听众都喜欢收听本民族语言广播；另一方面，民族语言广播在听众中有着较高的信任度。2009年进行的听众调查显示，中央电台维语广播在新疆各族群众中享有很高的声誉，认为中央电台维语广播的声音就是党的声音，最可信赖。

第二，我国民族语言广播覆盖广泛、影响深远，中央电台民族语言广播是专门针对少数民族地区听众播音的对象性广播，以"立足中央，服务对象听众"为方针，承担着对广大少数民族地区（对象地区）宣传党和政府方针政策的政治任务，在广大少数民族地区有着良好的公信力和十分广泛的社会影响。

第三，我国民族语言广播在应急广播方面有着丰富的经验。玉树地震后，藏语频率的快速反应和康巴方言节目的迅速上线，充分体现了中央电台民族广播中心在处理与民族地区相关的重大突发事件时，已经具备了相当的经验。

第四，在对民族地区突发事件的应急报道中，民族语言广播从业者天然具有独特优势。一是长期从事民族语言广播工作，熟悉党的民族宗教政策，对少数民族的风俗习惯比较了解；二是绝大多数民族语言广播工作者都是本民族工作人员，相同的民族心理情结是取得少数民族群众信任和理解的基础，尤其是在突发事件的应急报道过程中，用当地民族语言采访的本民族工作人员和少数民族群众之间更是有着一种天然的亲近感，本民族工作人员的采访介入，也有助于问题的顺利解决。

因此，在积极构建国家应急广播体系的大背景下，面对民族地区突发事件日益增多的现实，中央电台民族广播一方面利用多媒体手段，努力建设立体化信息传播的集成平台，聚合中央和地方的力量，构筑成一个民族语言应急广播的集成平台；另一方面，中央电台民族广播中心致力于建立系统化的应急机制，使应急传播中的管理工作条理化，同时锻炼一支"召之即来，来之能战，战则必胜"的可以随时移动的应急广播队伍，保证在突发事件发生时做到人员充足、反应快速、资源调动合理。应急广播被誉为突发事件之中的集结号，在其他媒介无法及时到达的时候，广播第一时间吹响救援的号角、生命的号角、希望的号角。应急广播建设是大势所趋，也是中央电台民族语言广播体系建设的重要组成部分。在20世纪50年代，民族广播在和平解放西藏的工作中应运而生，从诞生之日就带有应急广播的色彩；到了21世纪，民族广播又在日常生活中组成应对突发事件的冲锋线。这既是它适应时代变化的结果，也是其自身探索和完善的重要步骤。

不断成长的广播人

特殊而又普通的专业队伍

2009 年，在中央电台第二届"十佳播音员主持人"的评选中，民族广播中心独中三元，曾获得中国播音主持"金话筒奖"的朝语部播音员朴青竹位列其中。1978 年，延边电台的朴青竹被调到中央电台后，给自己在业务上定下了一个目标，即在播音的过程中一字不停、一字不错地播完一万字，通过一万字大关。在随后的 30 年里，一万字大关无数次被朴青竹挑战成功。2002 年，这位学者型播音员总结自己 30 多年的从业经验，写下《播音通论》。很多留学生把这本书当作学习朝鲜语的教材。和朴青竹一起捧得奖杯的，还有蒙古语部的乌仁其木格和哈语部的哈布克什，前者从 20 岁就来到中央电台工作，在 30 余年的播音生涯中深受听众喜爱，被誉为"蒙古族的布谷鸟"；后者是中央电台哈语广播的第一任播音员，他的事迹被收录在《中国少数民族专家学者辞典》之中，是哈萨克族听众在中央电台哈语广播中最亲密的人。

维语部的伊丽娜身上承载着民族广播的"两个第一"。第一个是在 2010 年的第二十届"中国新闻奖"评选中，由她采写、帕尔哈提编辑的广播特写《一场特殊的婚礼》获得一等奖，这是中国新闻奖自设立 20 年以来，中央电台民族广播第一次获奖；另一个第一是，2011 年，她成为中央电台民族广播历史上第一个获得"全国优秀新闻工作者"称号的人。伊丽娜是"边疆少数民族地区广播电视覆盖工程"实施后首批进入民族广播中心工作的大学生，非科班出身的她为了提高采访、写作的技能，主动去中国之声学习三个月，每天参加选题会和编播新闻。在维语广播开展的一系列广播业务培训中，伊丽娜重点学习如何报道突发事件，将报道做得更鲜活、更吸引人。在当年的上海世博会，她所撰写的《通过节能创造美好生活——探访世博会阿联酋馆》的专题入选《中国 2010 年上海世博会新闻报道优秀作品集》，她也荣获"上海世博工作优秀个人"称号。2009 年

10月1日，是藏语播音员边巴旦增和达瓦玉珍生命中的完美一天，在这天，他们登上天安门城楼，为藏语频率的听众直播国庆大典。达瓦玉珍是个年轻的姑娘，研究生毕业不到三年就承担了这么重要的任务。她的搭档边巴旦增是个经常在路上的人，因为制作《走遍神州》节目，他几乎走遍了大江南北，每到一处，都会用他的眼睛、他的声音，向居住在雪域高原的藏族同胞介绍祖国灿烂的文化和美丽的风景。

五种少数民族语言广播，老、中、青三代，承担着翻译、采访、编辑、播音、主持等不同类型的工作，组成了一支特殊而普通的队伍。从汶川地震到玉树地震，从"3·14"事件再到"7·5"事件，突发事件考验这支队伍的应急能力；从践行"走基层、转作风、改文风"，看西藏、走边防，到携手全国32个频率推出《民族先锋》；从通过网络直播两会到登上天安门直播国庆大典。每一个任务的完成，每一次考验的通过，都是对这支队伍的锻炼和提升。

2009年5月，中央电台分党组决定，成立民族广播中心综合部。

2010年8月，经台分党组研究决定，民族广播中心增设副主任1名，领导职数增至1正4副（含党总支专职副书记1名）。综合部人员编制增加到6人，领导职数为1正1副，人员编制由民族广播中心内部调剂解决。撤销藏语节目部、维吾尔语节目部，分别设立藏语频率（对外称西藏民族语言广播中心，副局级）和维语频率（对外称新疆民族语言广播中心，副局级），均为民族广播中心内设机构，其中领导职数1正2副。两频率分设总监办公室、前方编辑部（拉萨编辑部、乌鲁木齐编辑部）、新闻部、专题部等4个处级机构，总监办公室、新闻部、专题部领导职数1正1副，拉萨编辑部、乌鲁木齐编辑部领导职数1正2副。

藏语频率、维语频率在民族广播中心的统一领导下，分别负责中央电台藏语维语广播节目的采编、翻译、制作、安全播出及民族语言广播网的内容建设工作。

2011年4月，民族广播中心领导机构进行重要调整。经台分党组研究决定，年过60的肖玉林主任正式退休，由赵连军同志任民族广播中心主任职务。

至此，民族广播中心负责"民族之声"与藏语、维语广播节目的制作和播出，内设：藏语频率、维吾尔语频率、蒙古语节目部、哈萨克语节目部、朝鲜语节目部、新闻部、综合部、网络部等8个部门，有蒙、藏、维、哈、朝、汉、回、彝、畲、满、土家等11个民族的编播人员共计180人，其中党员80名，占51.6%；具有副高专业职称以上的高级编播人员有58名，占37.4%。高于中央电台的平均水平。

建设民族广播的人力资源体系

　　新的历史时期，面对复杂的国际形势和国内的民族问题，民族语言广播担负着艰巨的历史使命，发挥着汉语节目无法替代的作用。建设民族语言广播体系，要从理论支撑、节目制作、节目传输、队伍建设等方面入手。作为支撑民族语言广播体系的重要组成部分，人力资源体系决定民族广播从业者的整体素质和面貌。"金话筒奖""中央电台十佳播音员主持人""中国新闻奖"等奖项，有力地证明了中央电台民族广播在队伍建设方面的努力和所取得的成绩。

　　在 2008 年之前，民族广播中心就开展过多次业务培训，请一线的工作人员和学者专家进行授课，取得了一定的成效。2009 年 5 月，中央电台人力资源办公室和民族广播中心共同举办了中央电台民族广播业务培训班，民族广播中心100 余名编译人员参加了培训。中央电台副总编杜嗣琨出席并做了开班动员讲话，中国之声的节目负责人就广播节目编辑、新闻策划与创新讲解了各自的经验体会。随着"边疆少数民族地区广播电视覆盖工程"的推进，民族广播事业发展迅速，面临着难得的发展机遇，如何抓住机遇、深化改革、推动民族广播全新发展，是摆在民族广播中心每个工作人员面前的一个重要课题。开办培训班使整个团队有了学习、思考和交流的机会。2010 年 6 月，民族广播中心与人力资源办公室再次合作，开展了为期四天的民族广播业务培训。这次培训具有很强的针对性，除了进一步强化业务技能外，还对新媒体的发展和应用进行了分析，很多工作人员表示，对新媒体有了更新、更深的认识，开阔了眼界，拓宽了办好民族广播节目的视野。同时大家表示，处在这样一个社会大发展、大竞争的时代，要有紧迫感、竞争意识，努力提高节目质量，努力打造中国民族广播宣传的国家队。

　　除了加强自身的业务能力建设，民族广播中心还组织一系列行业培训。由于语言的关系，全国各广播机构的民族语言广播都是自成系统，过去，台与台之间的横向交流也不多，而且，地方台从事民族语言广播的一线人员中，科班出身的比例不高，许多人没有上过大学。中央电台民族广播中心开始有意识地进行行业培训和交流。

　　2009 年 6 月 7 日至 12 日，由中央电台蒙古语部举办的全国蒙古语广播编播人员业务培训班在北京举办。这是 2007 年以后蒙古语部第二次举办全国性蒙古语广播编播人员业务培训班。中央电台分党组成员、副台长赵铁骑参加了开班动员仪式。共有来自内蒙古、新疆、青海、吉林、辽宁等全国20多家广播电台的人员参加了这一次的培训。广播界著名专家学者和中央电台在一线工作的具有相当影响力的编辑、记者、播音员、主持人参加了授课。课程内容涉及新形势下加强民族广播协作的重要性，直播中的联合优势，如何克服民族广播新闻翻译中普遍存在的弊病，新闻策划与创新，主持人的提问技巧，广播新闻写作及广播节目编辑。培训直面业务中存在的问题，有针对性地让编辑、记者、播音员、主持人找到"解渴"的办法。

2011年，中央电台哈语部分别在新疆阿勒泰地区、塔城地区、伊犁哈萨克自治州举办了中央电台第一届、第二届、第三届哈萨克语通讯员培训班，参加培训的人员超过200人。培训班在建立中央电台哈语广播通讯员队伍、丰富节目来源、扩大节目影响力、增强凝聚力方面，起了很大的推动作用。

举办行业培训，既是全国少数民族广播同仁互相交流学习的好机会，提高了全国少数民族语言队伍的整体素质，也树立了中央电台民族广播的权威形象。除了业务培训，中央电台在队伍建设上的另一个重点是搞好人才培养。在很长的一段时期，除了专门的调动之外，民族广播的干部和编辑记者几乎就在本部门工作，一直到退休。工作和语言的限制，导致工作人员眼界、视野不够开阔。民族语言广播要想健康发展，培养后备人才是根本。为此，经过几年的努力，中央电台建成了一套培养少数民族语言广播人才的长效机制，开拓了多种培养渠道。

2012年2月9日，王求台长批准了《中央电台民族广播人才培养方案》。从4月1日起，台内挂职交流人员正式到新部门报到，为期一年，2013年3月31日结束。这是中央电台民族广播中心首次在全台范围内开展民族广播人才交流工作，为民族广播中心的人才培养摸索经验。从7月份开始，蒙、藏、维、哈各语言部共派出四位部门领导在清华大学、北京大学进修管理课程。有些民族干部激动地说，从来没有想这辈子能坐到清华大学的教室里上课。这些培训和交流，使他们拓宽了视野，加强了汉语表达能力，结交了其他民族的同学和朋友，获益很多。

各部门的管理法宝

除了注重人才培养，民族广播中心一直努力做好管理工作。民族广播中心成立60多年，中央电台民族语言广播队伍从无到有，从小到大，从当初的二三十人，发展到 180 余人。随着人员数量的增加，队伍的整体素质也显著提高。在职员工 90% 以上具有大专及以上学历，还有不少人拥有硕士、博士学历。各语言各部门逐渐摸索出一套运行管理体制，编采、翻译、播音、审核、发播各个环节科学分工，有序协作。科学管理带来了巨大的生产力和执行力。2008 年奥运会时，"民族之声"每天播出时长 20 小时，但汇集着 5 种语言节目，相当于同时开办五个小电台。因为每种语言每天只有两次新节目，每次一小时，这就决定了"民族之声"不可能大篇幅、大量地报道奥运会各项比赛的详细情况，必须加强总体策划，树立整体、系统意识，在掌握报道节奏的基础上，综合地报道这一盛会，尽可能满足听众的信息需求。在强调各语言部发挥针对性的同时，民族广播中心还注重六个部门之间的通力合作与密切配合，使全中心如一盘棋一样，做好宣传报道的协调工作。重点新闻稿件是大餐，不漏发、不迟发；一般新闻稿件是分餐，针对各个语言部的特色，有侧重地发；其他新闻稿件是自助餐，根据需求决定是否采用。

安全播出是广播的生命，确保安全也是"民族之声"奥运宣传的生命。安全播出包括导向安全、播出安全、技术安全等各个方面。按照中央电台关于做好北京奥运会安全播出保障工作的相关要求，民族广播中心着重做好了两个方面的工作：一是坚持正确的舆论导向，维护好国家级媒体的良好形象，重点编发中央电台的评论、《人民日报》社论和新华时评；二是确保技术安全。

为了保证安全播出，民族广播中心与所属各部门主任签订了安全播出责任书。各部门强化了安全播出机制，做到将安全播出落实到岗、落实到人，形成紧张有序、各司其职的良好工作氛围。奥运会前夕，中央电台将各部门的节目编排站工作由统一管理改为各部门管理。为此，"民族之声"要求新闻部承担起五个民族语言节目的发播管理工作，通过全员培训和制定相关规定，确保节目编发运行安全。

五个语言部在科学管理方面也有自己独特的经验。蒙古语部的管理法宝体现在五个方面。第一，严格执行台里和中心制定的各项管理规章制度及《蒙古语部量化管理办法》，并对一些规章制度进行了完善、细化和改进，如对轮休制度进行调整。第二，强化各类稿件的审定制度，使责任更加明确，从而确保了导向的准确、内容的安全，保证词句准确、通俗易懂、语言流畅，使稿件的质量进一步提高。第三，严格规范预算的执行和项目管理，充分体现了管理与效益的关系。在形成相互监督和制约机制的基础上，做到合情、合理、合法使用资金。第四，在绩效工资方面，根据中央电台发放绩效工资的相关规定，充分体现了"各尽所能，按劳分配"的原则，综合考虑安全播出责任的落实情况、实际工作能力、本人的资历、职称的等次和任务的完成情况等，重新分配了绩效工资，对在安全播出方面出差错的员工实行了一票否决制度。第五，理顺三个关系：首先是搞好职工之间的关系，搞好团结，创造轻松、欢快、和谐的工作和学习的环境；其次是搞好与中心各部门及电台有关部门之间的关系，为今后开展各种活动和提高节目质量打好基础；最后是搞好与对象地区各级广播电台和相关部门之间的关系，为今后扩大节目影响、提高覆盖率创造条件。

与蒙古语部的经验相似，哈语部在2011年1月修改并发布了《哈语部内部安全播出管理条例》，明确领导班子、编播人员责任，明确奖惩办法，明确安全管理目标，把日常管理、节目管理、人员管理都纳入制度管理范围。维语频率从一个只有20人的节目部逐渐发展成一个有30多人的频率，依靠的法宝之一就是完善的制度。在频率总监帕尔哈提和副总监古力巴哈的带领下，维语频率狠抓制度建设，制定各种规章制度，完善部门的有效管理机制，考勤、节目制作、网络发稿、节目质量、听众反馈、超额完成任务、工作表现等情况与绩效工资挂钩，提高了采编人员的工作积极性。

在各部门的通力合作下，2011年，民族广播中心成立了以中心主任为组长的安全播出工作小组，制定了民族广播中心的安全播出管理办法，调整了奖惩制度，由中心办公室主任李清斌落实，开始实行安全播出月报制度。2012年，民族广播中心实现全年安全播出零差错，取得了多年来的最好成绩。

加强队伍建设，不仅需要内部工作人员的努力，也需要外部的监督力量。2011年，民族中心确立了季度节目听评制度，评委由中央电台领导、中央电台学会和民族广播中心的部门以上领导组成。各语言部把优秀节目拿到听评会上供大家品评，相互取长补短，促进了各部门的业务建设。

2012年2月28日，民族广播中心召开首次专家听评会，台领导赵铁骑、杜嗣琨向参会的13位听评员颁发了聘书。民族广播中心听评员采取固定收听和随机收听相结合的方式，每月把听评意见及时反馈给各部门，并刊发《听评月报》。民族广播中心通过建立节目创优评选制度、组织专家听评等多种形式提高节目制作能力和采编人员业务水平，拓宽办好民族广播节目的视野，在全中心形成了浓厚的业务氛围。

在民族广播中心的努力下，这支政治强、业务精、作风正、纪律严，同时又具有社会责任感的队伍取得了一个又一个的荣誉。蒙古语部的《记者话筒》栏目、藏语部的《来自雪域的报道》、维语频率的《走遍天下》分别在2008年、2010

年和 2012 年荣获中央电台"十佳栏目"称号。2008 年 8 月，民族广播中心荣获"首都民族团结进步先进集体"称号。2009 年 7 月，民族广播中心党总支被评为国家广电总局先进基层党组织；11 月，中央电台第二届"十佳播音员主持人"评选活动结束，民族广播中心荣获评选工作组织奖。2011 年 10 月，维语频率的阿不都卡得尔·阿西木和藏语频率的扎西罗布摘得中央电台第三届"十佳播音员主持人"桂冠；2012 年 12 月，朝语部获中央电台先进集体称号，朝语部李国虎获中央电台先进个人称号。与此同时，民族广播队伍也凭借高度的社会责任感赢得了听众的信任。2009 年 9 月 30 日，南开大学哈萨克族女生阿依努尔被确诊为急性淋巴细胞白血病。阿依努尔在哈萨克语里是"月光"的意思，因此她也被大家称为"月光女孩"。月光女孩患病的消息传开后，从渤海之滨到天山脚下，社会各界迅速行动起来，展开了一场生命大营救和旷日持久的爱心接力：南开大学师生四处组织募捐，社会各界纷纷解囊相助，医院投入最好的医疗救护力量……中央电台哈语部得知阿依努尔的病情和南开大学师生及社会各界纷纷行动起来帮助她的消息后，及时派出记者持续跟踪报道阿依努尔的治疗情况，南开大学及天津市各界给阿依努尔献爱心帮助她治病的情况，在哈语节目中推出《渤海—天山用爱心托起生命的彩虹》系列报道，以新闻和专题的方式，通过中央电台的电波和中国广播网民族网及时把消息转达给关心阿依努尔的父老乡亲，共同为阿依努尔的治疗献计出力。

系列报道推出后，引起了强烈反响。哈语部设立的阿依努尔热线电话每天都有几十个来电，既有城镇的爱心人士，也有偏远牧区的农牧民，大家以各种方式向正在与病魔斗争的阿依努尔送上祝福与鼓励。中宣部专门下发通知，要求国内媒体报道这一民族团结的鲜活典型。《人民日报》、新华社、中央电视台等多家中央媒体随后也纷纷对天津社会各界无私救助阿依努尔的感人事迹进行了集中报道，阿依努尔患病后渤海—天山共托生命飞虹的故事传遍了祖国各地。年轻的月光女孩没能战胜病魔，但哈语部的工作人员永远会记得 2010 年 3 月 3 日那天，在哈萨克族最隆重的传统节日——诺鲁孜节来临之际，月光女孩的亲属从天津赶来，向中央电台哈语部赠送了一面锦旗，上书"渤海天山佑月光，爱心接力遍八方，各族同唱团结颂，央广中国谱乐章。"无论是哈语节目，还是其他四个语言节目部，不忘记自己的服务功能，以高度的社会责任感，始终注视着最普通的人。

2011 年 8 月，中宣部、中央外宣办、国家广电总局、新闻出版总署、中国记协五部门召开视频会议，在全国新闻战线组织开展"走基层、转作风、改文风"

（以下简称"走转改"）活动，这是对全国新闻队伍的一次锻炼和改造。11月，民族广播中心主任赵连军率领5种少数民族语言广播的记者、播音员20余人深入内蒙古赤峰市巴林右旗进行采访报道活动，并把巴林右旗确立为中央电台民族广播中心在民族地区开展"走转改"活动的采访联系点。2012年，5个语言部门分别开展自己的"走转改"活动，如藏语频率推出大型报道《走基层看西藏》，蒙古语部策划《走边防看变化》，哈语部开播30集系列报道《走基层看哈族农牧民新生活》。

> 基层，是新闻报道永不枯竭的源头活水，我们的广播对象应该是大众，新闻工作的地点应该是在最基层。我们的脚印不仅要留在城市和乡村，而且还要留在雪山、草地、密林深处和戈壁沙漠，要毅然决然地与那些"隔窗看景的车轮记者""闭门造车的文件记者""粘贴复制的电脑记者"彻底说拜拜。

在一篇文章里，藏语频率的边巴旦增写下这段话，这是他在参加历时100天的《走基层看西藏》采访活动之后的感想。在开展"走转改"活动的视频会议上，刘云山指出，新闻战线开展"走转改"活动，是加强队伍建设、提高新闻工作者综合素养的有效举措。边巴旦增和其他民族广播从业者的感想，正是中央电台民族广播中心交出的答卷。

随着新世纪进入第二个十年，网络融媒体时代的来临再次令民族广播节目人绷紧了神经。失去对时代的敏感触觉便会失去掌握媒体话语权的最佳契机，能够对此提前做出预判，正是得益于此前管理水平的提升和广播从业人员业务能力的普遍提高。

第八章　奔跑吧，加入融媒体时代

传统媒体与新媒体的融合之路

民族广播的全媒体建设中国民族广播网正式上线

2010 年 12 月 17 日，经过半年的试运行，集蒙、藏、维、哈、朝、汉六种文字内容于一网的中国民族广播网正式上线，实现了五种民族语言广播节目音频、视频和图文的网络呈现。在这一天，中国民族广播网上线与维语频率和藏语频率安多方言广播正式开播仪式共同举行。刘云山、刘延东、司马义·铁力瓦尔地、王太华、王求等领导同志出席了开播仪式。民族广播中心为庆祝 70 岁生日的中央人民广播电台献上了三重大礼。

在中国民族广播网上线之前，中国广播网民族分网承担着以民族语言进行网络宣传的重要责任。1998 年，中央人民广播电台网站注册开通，2001 年 9 月实现全台 8 套节目全部上网，2002 年 1 月，改名为中国广播网。2005 年初，中国广播网民族分网由民族广播中心统一管理，并于 2005 年和 2006 年两次进行全面改版。改版后的民族分网充分发挥网络容量大、图文并茂、不受时间限制等特点，及时、充分地发布中央电台驻民族地区记者站发来的各种稿件以及民族地区电台的来稿，及时更新来自各地的民族新闻，有效地补充了中央电台民族新闻报道量受广播节目时间限制的不足，为拓宽民族新闻的报道面、增加民族新闻的报道量、增强民族广播的影响力开辟了一个新的平台。

中国广播网民族分网开设了《民族要闻》《国内要闻》《民族动态》《民族风情》《民族广播论坛》等 20 多个具有鲜明特色的栏目。这些栏目各具特色，既有最新的民族新闻消息，也有深度的追踪报道；既传达党的政策方针，也开辟专门的板块突出对地方的服务；既介绍党的民族理论和民族政策，也介绍各民族的风土人情，促进各民族之间的相互了解。改版后的民族分网以"提供丰富的民族资讯，展现多彩的民族世界"为宗旨，以加大加强中央电台民族宣传为根本目的，以"及时播发党中央、国务院有关民族政策、方针、措施和民族地区的重要新闻"为己任，大力宣传我国的民族政策、民族工作、民族进步。几年来，中央电台民族广播中心各部门积极利用每年的春节特别报道、两会、民族节日、民族地区重要节庆活动等报道机会，派出记者到全国各地采访，推出了不少独家系列专题报道，成为中央电台民族宣传的一大亮点。比如在历年的两会报道中，前方的记者在利用话筒采访代表、委员的同时，也用相机拍摄下他们参政议政的情况，将照片和所采写的文字稿件及时发送刊登到民族分网上，并推出《两会上的少数民族代表委员》等专题，以图片为主，反映了我国各民族人民享有参与讨论、决定国家大政方针的平等政治权利，向国内外介绍了我国的民族政策。

与此同时，民族分网积极配合蒙、藏、维、哈、朝五个语言节目部，推出一大批独具特色的专题节目。比如，蒙古语部推出的《改革开放在沿边》和《孕育希望的草原和谐腾飞的内蒙古》，藏语部制作的《科学发展在藏区》，维语部打造的《全国高校巡礼》和迎国庆60周年系列专题《福地巨变》，哈语部的大型报道《祝福祖国》和朝语部的系列报道《永恒的丰碑》。这些专题节目在各语言广播节目播出的同时，也图文并茂地发布在民族分网上。

在民族广播中心的努力下，民族分网的点击率不断提高，影响力也随之扩大。民族分网不仅成为中央电台民族广播宣传的重要补充，也成为首都主要媒体进行民族宣传的重要平台和中央媒体专门进行民族宣传的重要阵地之一，受到国家民委等民族工作部门领导的高度肯定和赞扬。2009年12月25日，在国家民族事务委员会主办的2009年民族新闻宣传优秀专题专栏颁奖大会暨2009年中国少数民族十大新闻发布会上，中国广播网民族分网的《民族新闻》和《民族风情》两个栏目，被评为2009年度民族宣传优秀专栏。

随着网络技术的发展，越来越多的人习惯从互联网获取信息，民族广播的受众获取信息的习惯已发生深刻变化。截至2009年，我国网民人数突破3亿大关，互联网在人们生活中产生越来越大的影响。全媒体时代的到来改变了传统媒体的生态环境，广播在受到互联网冲击的同时，也主动谋求与新媒体的融合。2009年2月，中央电台召开了加快新媒体发展工作会议，宣布将实施台网合一战略，以整合资源为核心，以加快新媒体与传统媒体在内容资源、人力资源、技术资源上的融合为主线，真正实现全台办网，促进新媒体与传统媒体全面协调可持续发展。另一方面，"3·14"事件和"7·5"事件的发生，也提醒民族广播工作要加强对网络舆论的引导，要把中央的声音通过网络传递给全国各族同胞。因此，党中央指示人民日报社、中央人民广播电台等中央媒体尽快开办少数民族语言文字网站，抢占国际话语权和我国民族地区舆论宣传制高点，更积极主动地宣传我国的民族政策、宗教政策以及改革开放事业在民族地区取得的巨大成就。

在此背景下，民族广播中心开始了中国民族广播网的筹备工作，构建国家民族广播的全媒体传播体系。2009年11月，国务院正式批准了中央电台提高民族语言广播节目制作能力和中国民族广播网站建设的方案，中国民族广播网的建设步伐随即加快。从2009年开始，蒙、藏、维、哈、朝、汉六个语言网站先后注册了55个域名。经过近一年的精心组织和准备，中国民族广播网终于在2010年12月正式上线。网站由中国蒙古语广播网、中国藏语广播网、中国维吾尔语广播网、中国哈萨克语广播网、中国朝鲜语广播网、中国民族广播汉文网组成。整个网站有独立域名，各语言网站也有独立域名。网站由民族广播中心负责管理，中心副主任原杰分管民族网工作，各语言部的编辑同时也是中国民族广播网的网络编辑。上线当天，蒙、藏、维、哈、朝、汉六种语言文字网站的点击量总计达到了20多万人次，随后，点击率呈每天上升的趋势。境外的点击占据一定比例，境外访问以美、日居多。

上线后的中国民族广播网以"传播中央声音，传承民族文化"为宗旨；以"适应民族广播事业发展需要，适应中央电台应急广播体系"的要求以及达到国际传播能力建设的标准，跻身国家重点网站行列。把中国民族广播网建成中国乃至世界规模最大、影响力最强、民族语言文字最多的多媒体网站是民族网的目标。在内容建设中，突出对时事、财经新闻、民族政策法规等信息的发布，彰显民族特色，弘扬民族文化。在栏目设置上，各语言网站除了共享"要闻""即时新闻""财经新闻""国家民族政策法规"等信息类板块外，还根据各民族的习惯和需求开设了专栏，如藏语的《格萨尔故事》《佛教》，蒙古语的《金桥》，维语的《维吾尔文化》《新疆新闻》，哈语的《哈萨克文苑》，朝语的《广播茶座》《今日话题》，充分显示了民族广播网的多元化特质。

民族广播网的上线，使得民族广播的内容资源能够以文本、图片、数据、音频、视频等多种形式呈现，最大限度地改善传播效果。早在2004年，朝语部就曾经利用中国广播网朝语网站加大两会报道力度，除了在网上发表两会新闻外，还发表了朝鲜族代表、委员的提案、议案。当时就有听众打电话说，因为工作错过了看温家宝总理作政府工作报告的直播，但是后来通过朝鲜语网站看到了，很受鼓舞。然而，如今的受众既不满足于只浏览文字和图片，也不满足单纯的新闻报道，如何综合运用文字、图片、音频、视频等方式，全方位、多角度、深层次地向受众提供别的媒体所不能提供的信息，才是民族广播网需深入思考的。

网络部的成立

2012 年 2 月，民族广播中心召开网络部成立大会，此后，民族广播网将由网络部负责管理。在随后的两会报道中，广播报道和网站宣传进一步结合在一起，形成合力。和 2011 年相比，2012 年的两会报道页面更富有吸引力，增加了"焦点评论"和"百姓心声"两个板块。前者收录了《人民日报》、新华社等权威主流媒体的评论文章；后者则刊登普通人所关注的、希望两会能讨论的问题，如加强食品安全管理、建立农村超市等。除了汉语页面，5 个民族语言的网站也根据本语言的特色把广播报道和网络报道结合在一起。

蒙古语网站在首页开展以"你最关注'两会'的哪项内容"为题的问答调查活动，收到很多网民的反馈；充分利用网络，以音频、文字、图片等形式报道两会的盛况和基层农牧民对两会的热烈反映。此外，结合当时正在进行的"走转改"活动，安排在内蒙古呼伦贝尔市、海拉尔市（现呼伦贝尔市海拉尔区）、满洲里市和陈巴尔虎旗等地基层进行采访的记者专门采制了网络报道节目。

哈语网站在两会报道中力图通过多种方式让网络的受众和广播的听众关注同一个焦点，把社会的舆论和关注真正引到两会上。全国政协委员、中国作家出版集团管委会副主任、《中国作家》杂志主编艾克拜尔称赞哈语网站"同步报道把两会宣传的覆盖范围扩大到了全国、全世界"。

藏语频率则在两会期间把全国人大代表、阿里地委书记达瓦扎西邀请到演播室，进行了广播和网络专访，产生了良好的宣传效果，提升了节目的影响力。

据统计，2012 年两会期间，各语言网站共发布稿件 2600 余篇，图片 1900多幅，创历年两会民族广播网站发稿之最。

在民族广播网上线的第一年，网站内容以转载其他网站的稿件为主，原创稿件和专题页面较少。网络部成立后，对网站进行了统一的管理，自此几乎每个月都有几个独家专题页面推出，原创稿件也较之前大幅增加。在诸如《民族记忆——中国少数民族非物质文化遗产巡礼》《民族先锋》等报道中，民族广播网除了将节目的文本上传到网络供受众阅读之外，还开辟了多个栏目，对报道形成了多层次的补充，使网络专题报道的内容更加丰富、形式更加多样。

2012 年 4 月，为了迎接中共十八大，藏语频率"走基层看西藏"大型报道活动在北京正式启动。整个活动持续了 3 个月零 10 天，是中央人民广播电台藏语广播史上持续时间最长、参与人数最多、采访路线最长、所经县域最多的一次采访报道活动，也是中央级媒体首次走遍整个西藏地区的报道活动。此次活动中，无论是前期策划，还是后期报道，民族广播网都发挥了重要的宣传作用。活动前期，广播网在了解报道主题、日程安排、采访路线等活动策划内容后，将网络宣传策略确定为"广播报道为主，兼顾网民关注"。一方面借助互联网的多媒体特性呈现"走基层看西藏"活动；另一方面，借助互联网这个平台，对西藏的人文地理、宗教习俗、自然风光、社会经济进行全方位的宣传。为期三个多月的报道活动树立了中央电台民族广播尤其是藏语广播的品牌形象。时任西藏索县县委常委、宣传部部长达珍对报道组成员说："这次中央电台的报道，我们既能听得到，又能看得到，这种报道形式非常好。"民族广播网延伸了民族广播的宣传阵地，将少数民族悠久的历史、灿烂的文化、独特的民俗和美丽的自然风光，通过更全面、更立体的形式展示出来，弥补了广播节目线性传播稍纵即逝的缺陷，无形中扩大了广播的潜在听众群，实现了广播的多元化发展；同时，也使得节目资料得以保存，并得到版权保护。

全媒体传播体系逐步成形

随着智能手机的普及，"移动互联网时代"的概念也呼之欲出，许多传统广播电台纷纷推出自己的手机客户端，如中央电台推出"央广新闻""中国广播"等四款手机客户端软件，满足不同类型手机用户的需求。2012年7月，经过两年的研发与调试，维语频率与乌鲁木齐市纳福办公自动化网络工程有限公司合作开发的卡尔万在线手机客户终端投入使用，基于维语频率播出内容的维文手机广播和手机报上线。维语频率成为国内首个拥有手机广播和手机报的民族语言媒体。

构建民族广播全媒体传播体系，离不开一支强大的人才队伍。新时期的广播人，应该是复合型人才，不仅拥有过硬的采、编、播、译功底，还要熟悉电脑和网络的使用，具备必要的信息素养。具体来说，包括必要的信息筛选、加工能力，新闻、专题稿件的原创能力，网页实现的能力等。除了传统的采编团队，同样需要复合型经营管理人才和全媒体技术应用型人才。2009年开始，民族广播中心在多次培训中加强新媒体知识的传授。很多工作人员表示，通过学习，改变了自己对新媒体的固有认知，更加了解业界的新动态和新趋势。

从民族广播网上线到网络部的成立，再到维语频率手机广播和手机报的上线，民族广播中心的全媒体传播体系逐步形成。在新媒体对传统媒体带来冲击的今天，广播的转型势在必行。与新媒体相比，广播在传播手段、表现形式、互动性方面仍有欠缺，受技术限制，无法提供多样性、个性化的服务功能。但广播有伴随性和便捷性强这一优势，恰好与互联网和移动互联网的优势相吻合。民族广播中心的全媒体建设，可以将广播的大众传播形式和新媒体人际传播、组织传播的形式结合起来，将微传播和巨传播结合起来，利用现代的传播手段，突破少数民族地区地域辽阔、交通不便的限制，打破时空界限，把党和政府及当地党委、政府的声音准确及时地传送给少数民族地区受众，实现信息传播的正向化和效果最大化。

民族广播中心虽然已在全媒体建设上起航，但仍存在缺乏新思路、新媒体手段利用不充分等弊端，如网站的内容还处于网络 1.0 时代简单稿件上传的低水平。对此，民族广播中心在接下来的发展战略中提出，要在广播队伍中提高对新媒体应用的自觉性，让每一个人主动学习新媒体新技术，了解和熟练掌握各种最新应用，想方设法把它们运用到民族广播节目的传播当中去。同时，针对移动互联网的发展趋势，开发新的应用和工具，高度重视网络访问数据，对其进行收集、存储和分析。通过开发智能终端 APP，使传统的民族广播真正潜入手机终端，实现广播人群的多层次覆盖，并通过后台系统分析手机听众群的特点，精确而充分地掌握网民对各个民族语言广播节目的喜爱程度、收听时段，及其上网习惯和喜好，以供中央电台民族广播改进节目、完善服务。

传媒行业瞬息万变，新的科学技术和传播手段层出不穷，互联网创新的周期在不断缩短。在全媒体建设的道路上，民族广播或许走得不算快，还有些颠簸，但好在一切已经上路，追赶已经开始。

"内外并重"的业务理念

从兼顾外宣到内外并重

随着"边疆少数民族地区广播电视覆盖工程"的推进，中央电台少数民族语言广播覆盖面扩大，收听效果明显增强，不但国内民族地区听众收听踊跃，我国周边的朝鲜、韩国、日本、蒙古、俄罗斯、哈萨克斯坦、吉尔吉斯斯坦、乌兹别克斯坦、塔吉克斯坦、巴基斯坦和阿富汗等十多个国家的听众也越来越多。与此同时，中央电台民族广播的对外交流活动也日益增多。

长期以来，中央电台少数民族语言广播在外宣方面实行的是"立足国内，兼顾外宣"的节目方针，在宣传党的方针政策、促进民族团结进步、维护国家统一等方面取得了一定的成绩。由于国际国内形势的发展变化，中央电台民族语言广播担负的外宣任务越来越重，在对外宣传西藏、新疆方面发挥的作用越来越明显。尤其是藏语、维吾尔语、哈萨克语在我国对外宣传方面有填补空白的作用。

同时，根据我国"睦邻友好"的周边外交政策，结合中央电台民族语言广播的新经验，2005年下半年，民族中心开始酝酿修订民族广播在外宣方面实行"立足国内，兼顾外宣"的节目指导方针，加大民族语言广播在外宣方面的比重，充分发挥民族语言广播在周边国家外宣方面的独特作用。2006年2月，民族中心向中央电台领导提交了《关于"民族之声"实施"内外并重"宣传方针的请示》和《"民族之声"实施"内外并重"方针的方案》，赵忠颖副台长和杨波台长均予以同意，并以中央电台的名义上报国家广电总局宣传管理司备案。

实施民族广播"内外并重"的方针，主要是调整传播理念、节目内容和播出形态，强调在新闻传播中努力寻找国内外听众关注的共同点，强化新闻传播力度；加大国际新闻特别是对象国的新闻报道；统筹规划，分类指导，结合蒙、藏、维、哈、朝五种语言广播各自不同的服务对象，做到既有共性，又有个性。

实施"内外并重"方针后，中央电台少数民族语言广播在做好内宣的基础上，外宣的作用越来越凸显，成为国家外宣队伍中一支有特色、有成效的生力军。许多国外听众也表现出对新闻节目和专题节目的兴趣。日本东京外国语大学哈斯美教授就曾说过，中国中央电台蒙古语节目办得很有特色，尤其是各专题节目办得非常好，这对巩固和提高自己的蒙古语水平大有好处。另一位日本教师则把中央电台网上播出的蒙古语节目比作生活中的良师益友。

除了蒙古语广播，其他四个语言部的广播也逐渐在国外赢得听众，其中不乏一些高级官员。当时的哈萨克斯坦驻莫斯科使馆参赞霍努斯别克在访问我国新疆时给民族广播中心打来电话说："虽然我离贵国很远，但经常通过中国广播网收听你们的哈语广播。你们节目的播出时间不算长，可节目信息量大，很受欢迎。我非常喜欢听你们的《文艺天地》《环球综述》等节目，你们播的一些民间歌曲也很好听。"在韩国首尔，不少出租车司机用中波收听中央电台的朝鲜语节目，他们通过收听这些节目，更好地了解了中国。

中央电台民族广播在外宣工作方面的稳步发展不仅为自己赢得越来越多的异域听众，也引起国外同行的瞩目。2006年，蒙古国家广播电台的布依达西在电话里对中央电台民族广播中心的编辑说："我经常在线收听你们的哈语广播。蒙古国巴颜省有30万哈萨克群众，他们当中很多人也和我一样在网上收听中央电台哈语广播。近几年来，你们不断更新节目内容，更新节目形式，提高了哈语广播的可听性。作为一名外国同行，希望中国的哈语广播越办越好。"2006年8月，由越南之声电台副台长黄明月率领的越南少数民族广播代表团一行10人到中央电台民族广播中心参观访问，在民族广播中心主任肖玉林的陪同下，参观了民族广播中心新闻部和蒙古语、藏语、维语、哈语、朝语节目部，与一线编播人员进行了业务交流，然后进行了座谈。肖玉林介绍了民族广播中心的人员构成、节目设置、节目覆盖等方面的基本情况，并回答了客人所提的问题。

三箭齐发"走出去"

国际形势的变化、中国参与的国际事务的增多，以及中央电台民族广播中心自身实力的提高，让民族广播"走出去"的条件越来越成熟。与此同时，境外对象听众呈现出人数多、增长快的特点。据不完全统计，2012年底，境外的藏族同胞在印度约有10万人，在尼泊尔约有3万人。而在北美地区，藏族和维吾尔族听众的人数也呈现出增速加快的态势，使得未来在北美地区的少数民族群体有扩大的趋势。而广播作为最便捷、高效的大众传播工具之一，无论是在印度、尼泊尔和中亚地区，还是在北美，都是家家户户必不可少的媒介。境外对象听众群体扩大的趋势和中国媒体声音的缺失，突显了民族广播"走出去"的紧迫性和必要性。

做好"走出去"工作，民族广播中心采取的是三箭齐发的战略。第一箭是突出国内的成就报道，更多地向国外的听众介绍民族地区建设的成就。2009年是新中国成立60周年，为了充分地向国内外的听众介绍60年来中国民族地区所取得的巨大成就，五个民族语言节目部从5月份起陆续派出记者深入对象地区采访，制作了大量的专题节目，开辟了迎接新中国成立60周年的专栏。民族广播中心的国庆60周年报道，以成就宣传促稳定、增团结，用一批稿件反映新中国在一个甲子的风雨中走过的历程、取得的成就和发生的变化，其中一个特点就是"以旁观者之声，明稳定团结之道"。如哈语部在《祝福祖国》专题中设置了与国外听众互动的环节，通过举办征文活动，以海外听众的视角反映新中国的发展变化，以旁观者的声音讲述民族团结对一个国家和谐发展的重要性。

2011年是中国共产党成立90周年。在年初举行的全国外宣工作会议上，时任中共中央对外宣传办公室主任、国务院新闻办公室主任王晨强调，国际社会对中国发展变化的关注程度越来越高，了解中国的愿望更加强烈，外宣工作要统筹国内国际两个大局，更加积极地传递中国信息。通过对外新闻报道工作，展现我国繁荣发展、民主进步、文明开放、和平和谐的良好国家形象。1921年7月，中国共产党的13名代表在嘉兴南湖的一艘游船上完成了第一次全国代表大会的最后议程，当时整个中国的中共党员只有50多名；1949年，450万党员和全国人民一同建立了中华人民共和国；2011年建党90周年之际，中国共产党已成为有着约8000万党员的世界第一大政党，中国也已发展成为全球第二大经济体。从50名到8000万名，从半殖民地半封建社会到世界第二大经济体，如何展现90年风雨兼程的沧桑巨变，让海外听众了解一个与时俱进的中国共产党，了解一个始终走和平发展道路的中国，消除外界对"中国威胁论"的偏见，就成为民族广播中心这一年外宣工作的重点。为此，民族广播中心"民族之声"和藏语频率、维语频率精心策划，推出一批精品专栏和专题节目。

民族广播中心"走出去"的第二箭是加大对外宣传的力量。民族广播中心在具体的节目选稿、编辑、制作等过程中，本着"宣传我国的和平外交政策，维护我国的主权和领土完整，促进我国边疆地区的稳定，促进中外人民友好交往，维护世界和平，为我国的长远发展营造良好的周边环境"的宗旨，在新闻节目中增加了关于中外友好交往方面的稿件，尤其是我国与周边国家人民友好往来，在经济、文化、卫生、体育等领域加强合作与交流的稿件，在原有的基础上，每天的新闻大大增加了对外宣传的分量。如藏语频率开播后，藏语广播节目按照"以我为主，对内对外充分报道"的原则，开设"西藏传统文化""走遍神州""今日西藏"等专栏，全面、充分地报道了西藏民主改革后在经济、文化、卫生、民族团结进步事业等方面所取得的巨大成就，同时在这些栏目里播发了外国记者深入西藏进行实地采访后撰写的文章，用大量鲜活的事实和外国记者的所见所闻，介绍了西藏民主改革后发生的巨大变化，有力地驳斥了一些反华势力和达赖集团的所谓"西藏文化灭绝论"，让国内外的广大藏语广播听众通过中央电台的广播来甄别各种流言，明辨是非。

2009年是中蒙、中朝建交60周年。蒙古语广播和朝语广播在播出中蒙、中朝建交60周年系列活动新闻的同时，两个节目部都制作专题介绍了中蒙、中朝建交60年来的发展情况。蒙古语节目部和国际台蒙古语部、人民网、蒙古国家公共广播电台等中蒙主流媒体联合，共同制作了一期长达120分钟的国际连线访谈节目《友谊之桥》，请中国原驻蒙古国大使黄家骕先生和蒙古驻中国大使巴图苏和先生等嘉宾到栏目做客，以访谈、听众连线、回答网友提问等互动形式，回顾中蒙两国建交60年的发展历程，介绍两国睦邻友好合作关系，展望共同发展的美好未来。该访谈节目分三集于10月15日、16日、17日播出后，受到了中外蒙古语广播听众的欢迎。朝语节目利用国家主席特使、国务委员戴秉国访朝，温家宝总理访朝等机会，制作了专题，回顾了中朝两国的传统友谊，介绍了我国在朝核问题上的原则立场，再一次阐明了我国希望朝核问题和平谈判解决的愿望，维护了我国作为一个负责任的发展中大国的形象。

民族广播中心"走出去"的第三箭是构建国际交流平台。2010年5月1日，上海世博会开幕，这是我国继2008年北京奥运会之后承办的又一次大型盛会。这次世博会是历史上规模最大、参展国最多的一次。通过对世博会的宣传，一是可以向少数民族地区的群众介绍这个国际上最负盛名的展览活动，介绍世界各国的风土人情；二是可以借助世博会构筑的大平台，与参展的国际友人交流互动，进一步推介中央电台的民族广播。5月30日，民族广播中心五个语言节目的第一批采访人员到达上海，维语部记者采访了阿联酋馆的工作人员、哈萨克斯坦馆的解说员、塔吉克斯坦和土库曼斯坦馆的商人、伊朗馆的新闻官、乌兹别克斯坦的游客，一方面请他们为中国的维吾尔族同胞介绍本国的物产和特点，另一方面也向他们介绍了中央电台的维语广播，树立了中国媒体的形象。

除了利用大型活动，民族广播中心在日常工作中还不断加强和国外的交流，如组织人员到哈萨克斯坦对听众进行调查研究，了解当地哈语广播听众的需求，提高哈语广播的针对性；蒙古语广播在蒙古国实地考察蒙古语广播在乌兰巴托的落地情况；民族广播中心已经着手研究民族语言广播在北美、欧洲等发达地区落地的可能性和方案。

用海外听众习惯的语言讲好中国故事

海外听众的价值观念和生活方式与中国人有着很大的不同。长期以来，受"冷战思维"影响，西方国家依仗舆论强势长期对我国进行大量负面报道，"中国威胁论"和"中国崩溃论"甚嚣尘上。"3·14"事件和"7·5"事件发生后，极少数敌对势力更是极力抹黑中国的民族政策。因此，海外听众难以了解真正的中国。民族广播要走出去，就要学会使用海外听众习惯的语言，打造外宣精品，用讲故事的方式讲述民族地区的发展和变化，描绘少数民族同胞的工作和生活，向世界讲述中国。我国有55个少数民族，每个民族都拥有自己历史悠久而丰富多彩的文化，流传至今的各种神话、歌谣、谚语、音乐、舞蹈、戏曲、曲艺、皮影、剪纸、绘画、雕刻、刺绣、印染等艺术和技艺以及各种礼仪、节日、民族体育活动，如百花争艳，似群星灿烂。它们蕴涵着中华民族特有的精神价值、思维方式、想象力和文化意识，体现着中华民族的生命力和创造力，是中华民族世代相传的文化财富，是连结民族情感的纽带，是国家和民族生存发展的根基和动力，是国家文化软实力的重要组成部分。在民族广播的"走出去"工程中，文化传播是重要的基石。

2010年，哈语部记者在乌鲁木齐阿肯弹唱会上采访了一个来自德国的哈萨克族人。新中国成立前，他的爷爷在阿勒泰被国民党杀害，于是全家人逃亡到德国。他在接受采访时说，希望能把阿肯弹唱推广到全世界，让分散在世界各地的哈萨克族听众都享受到这一民族艺术。这个故事令人欷歔，也让民族广播明白声音作为一种艺术，是没有国界的。"各美其美，美人之美，美美与共，天下大同"，费孝通先生曾用这16个字来形容不同民族文化相互交流、和谐共处的美好境界。从"以我为主"到"内外并重"，民族广播展现出国家电台的国际视野和胸怀。而在新时期，"走出去"的中央电台民族广播同样以费孝通先生的16字箴言为座右铭，与世界各民族友好、平等相处，良性交流，在讲好民族故事的同时，传递中国价值观，传播好中华民族的文化。

打好品牌战

一场没有硝烟的战争

2010年5月22日的《人民日报》在要闻第4版上刊登了《中央电台少数民族语言广播60周年座谈会举行》的新闻。报道里提到，经过60年的发展，中央电台5种民族语言广播覆盖近一半的国土面积，已经形成了以广播为主、多媒体联动的传播格局。到这一年，中央电台已经有3套民族语言广播频率，每天播音56小时，播音时长是"边疆少数民族地区广播电视覆盖工程"实施前的5.6倍。在此前一天，民族广播中心度过了一个忙碌而丰富的纪念日。21日上午，中央人民广播电台少数民族语言广播60周年座谈会在北京人民大会堂举行，时任中共中央政治局委员、书记处书记、中宣部部长刘云山写信祝贺，全国人大常委会副委员长司马义·铁力瓦尔地等领导同志出席；下午，全国四十多个地方广电局的领导和代表齐聚北京，参加由中央电台主办的第五届少数民族广播协作会；当天晚上，文艺晚会《吉祥彩虹》在民族文化宫剧场拉开帷幕，藏族歌唱家才旦卓玛、蒙古族歌唱家德德玛、新疆小歌手阿尔法等深受全国人民喜爱的演艺界人士登台演出，齐声庆贺中央电台民族广播的第60个生日。

2010年12月26日，时任国务院总理温家宝在视察中央电台时接见了民族广播中心的工作人员。在听取了中央电台有关负责人关于少数民族语言广播工作的汇报后，温家宝同志说，少数民族语言广播非常重要，是连接中央和各少数民族的纽带，这项事业要大力发展。10年前的12月25日，民族广播改版，中央电台第八套节目正式播出，彼时"边疆少数民族地区广播电视覆盖工程"刚刚上马，民族广播工作者踌躇满志；10年过去了，中央电台民族广播拥有三套频率和融蒙、藏、维、哈、朝、汉六种文字于一网的中国民族广播网，实现了五种民族语言广播节目音频、视频和图文的网络呈现。

在媒体竞争日趋激烈的情况下，广播品牌作为一种无形资产，其实质是媒体影响力和受众群的竞争。民族广播品牌建设不是一个孤立的部分，它与民族广播的政策环境、领导意识、人员水平、听众收听习惯、国内外竞争环境紧密相关。民族中心在做战略规划时，将民族广播的品牌塑造与宣传宗旨结合起来。一方面，不断提升业务能力，做好宣传报道工作，为塑造民族广播品牌打下基础，通过独家报道树立在听众中和潜在听众中的声誉，这是品牌建设中的硬实力；另一方面，通过广播协作和多种推广活动不断扩大民族广播的品牌影响力，这是品牌建设中的软实力。

2010年，整个中央人民广播电台加快了品牌建设的步伐。1月，中央电台广发英雄帖，向社会公开征集中央人民广播电台品牌形象推广口号，要求口号在16字以内，文字精练、朗朗上口，便于宣传和推广，同时要体现国家传媒特征，具有鲜明的时代精神。经过几个月的征稿，"朝夕相伴，声声不息"从众多方案中脱颖而出，成为中央电台的品牌形象推广口号。民族广播中心也把这条标语作为推广民族广播的宣传语。同时利用各种线下的活动进行品牌推广，在受众中赢得好的口碑，提升影响力。在这方面，五种语言广播都有自己独特的做法和经验。

2008年，蒙古语部编辑出版了具有自主版权的中央电台蒙古语广播的播音作品精选CD《北京之声》。2009年又组织内部力量和部分社会力量，录制了中央电台蒙古语广播历史上第一部广播剧《哈达呈祥的草原》，丰富了节目内容，填补了民族广播节目没有广播剧的空白。2010年是蒙古语广播开办60周年。这一年，蒙古语部组织相关人员第一次撰写出版《中央人民广播电台蒙古语广播发展史》，填补了中央电台蒙古语广播缺少史书的空白，还出版了优秀广播节目选集《广播论文集》及《阳光普照的祖国》，优秀广播文艺节目选集《歌声唱响60载》，蒙、汉、英三种文字的画册《金色电波传佳音声震长空60载》。为了充分利用"60周年"这个时间点来推广蒙古语广播，蒙古语部在筹备蒙古语广播创办60周年座谈会的同时，还举办了以"加强合作迎接挑战"为主题的业务研讨会和大型广播电视文艺晚会《和谐之音》，利用多种方式提升自己的社会影响力。2011年8月，蒙古语部受中央电台军事中心邀请，派两名记者采访报道了我国北部8000里边防线上发生的可歌可泣的事迹和新变化，丰富了节目内容、拓展了报道面。同时，为了克服文艺节目资源短缺的困难，蒙古语广播开展了与地方电台和文化公司的合作，从通辽电视台购置了具有浓厚地方特色的科尔沁民歌50首，和一些文化公司合作录制广播剧。三部广播剧《察哈尔婚礼》《爱的丰碑》《新房》播出后，受到了听众的广泛好评。

2012年，蒙古语部主任毕力格升任民族中心副主任，蒙古语部副主任格日勒图升任主任。早在"边疆少数民族地区广播电视覆盖工程"实施前，格日勒图就以访问学者的身份前往蒙古国国立大学深造，2011 年被评为中央电台第一届突出贡献员工。和他的同辈人一样，20 世纪 80 年代就从事民族广播工作的格日勒图是新时期民族广播中心的中流砥柱。上任伊始，格日勒图和副主任宝力德就开始思考中央电台蒙古语广播如何走出一条扩大影响、争夺听众、占领市场、引导舆论的路子。这年，为迎接中共十八大，蒙古语部策划了《唱草原赞歌，喜迎十八大——新创作歌曲征集比赛》活动。经过格日勒图等人的努力，决赛当天实现了现场直播，这也是蒙古语部首次对举办的活动进行直播，为这一活动画上了一个具有历史意义的句号。除了举办活动，蒙古语广播在对象地区分别举办了网络节目推介会和听众座谈会，对节目和网络进行宣传并推广，提升了节目的知名度和影响力。蒙古语部根据节目时间延长和网站开通的情况，进一步与蒙古语广播对象地区相关单位或相关公司合作录制和购买一些具有自主版权的节目。如在 4 月份与北京苏勒德文化发展有限公司合作，抢救性录制了具有几百年历史但几乎失传的非物质文化遗产蒙古族宫廷音乐 65 首，用自己的力量帮助这些具有浓厚民族特色、典雅优美的古典旋律重新回到公众的视野。

藏语频率的主要做法是在做好宣传报道、服务好听众的同时举办多种社会活动，如举办征文比赛和晚会，在高速公路上投放广告等。2010 年，中央电台藏语频率与西藏电视台联合举办了纪念藏语广播创办 60 周年大型文艺晚会《吉祥彩虹》。晚会节目在中央三台、西藏、青海、四川等藏语频率频道中播出，反响热烈。2011 年，为纪念建党 90 周年和西藏和平解放 60 周年，藏语频率联合多家地方电台、电视台举办《再唱山歌给党听——歌唱我们的幸福生活》2011 年全国藏族风格歌曲征集评选展播活动。从发布通知到截稿的一个月时间里，来自西藏、青海、四川、甘肃、云南以及广西、贵州、新疆、湖南、海南、上海、北京等地的各民族文艺工作者和音乐爱好者踊跃投稿，整个活动共收到近 300 首内容多样、风格鲜明、制作精良的歌曲作品。根据活动安排，入围的 100 首作品从 7 月 1 日开始在中央人民广播电台藏语频率及各地电台藏语广播进行展播。10 月 18 日，《再唱山歌给党听——歌唱我们的幸福生活》2011 全国藏族风格歌曲征集评选展播活动颁奖晚会在北京举行。邀请中央统战部、国家民委、中央外宣办的领导和在京藏族同胞及各界人士 400 余人观看了晚会。

2010 年的一天，乌鲁木齐的道路上车水马龙，华灯初上，忙碌的人们行驶在回家的路上。和往常不一样的是，一幅大大的广告出现在 63 路公交车上，维语频率主持人卡得尔的脸上挂着微笑，旁边写着硕大的"FM90.6"，仿佛在提醒人们：和你们朝夕相伴的声音，就是从这里发出的；丰富多彩的故事，就是在这里讲述的；这里有朋友，他们把便捷的信息第一时间告诉听众；这里有亲人，他们在突发事件发生的第一时间拥抱听众。听众的烦恼、困惑、疑问，在这里总是能得到最好的倾听。维语频率不仅登上了公交车，还在大巴扎的 LED 大屏幕上投放广告，让每个来逛街的人，都能看到广播里那些亲切的朋友究竟长啥样。

除了投放广告，维语频率在节目推广上也走出了自己的路子。2012 年 9 月第二届亚欧博览会上，维语频率与新疆最大的新闻门户网站天山网共同搭建了第二届亚欧博览会维吾尔语新闻信息共享平台，这是维语频率成立以来首次与地方民族语言媒体实现资源共享。2011 年前后，新疆台派出多名同志到中央电台维语频率交流学习，彼此间增进了了解，加强了合作，形成共赢的局面。另一方面，不断地把广播内容转化为出版资源，如与经济之声合作，在 2011 年 7 月出版了《中国经济转变 100 问》，并计划在未来和新疆的 10 家维文平面媒体签署战略合作协议，形成内容资源共享、共同扩大再传播能力的合作伙伴关系，争取为广大维语受众提供更优质的文化产品和内容服务。

维语频率还通过联合举办社会活动扩大影响。2011 年诺鲁孜节到来前夕，中央电台维语频率联合新疆电视台、中国维吾尔语历史文化研究会等单位，利用社会资金在北京举办了大型综艺晚会《诺鲁孜节麦西来普在北京》。晚会上，维语频率派出四位播音员、主持人参与晚会的主持、采访和节目演出，晚会获得巨大成功。这台晚会被称为 2011 年的新疆春晚，在新疆电视台被反复播放，许多维吾尔族观众观看后表达了对维语频率播音员、主持人的由衷喜爱和支持。这台晚会也成为中央电台维语广播自成立以来投入极少的一次品牌推广活动，宣传效果极佳。2013 年，维语频率再次与新疆电视台合作，联合主办了大型文艺晚会《幸福 2013》，这也是对成立两周年的维语频率的特别宣传活动。

维语频率注意利用多种方式推广节目。一是制作公益广告。在 2011 年维语频率共制作 50 多则公益广告，并在 2011 全国公益广告节目广播评析中获得佳绩。二是举办听众见面会。2012 年，维语频率在新疆伽师县、阿图什市和北京的中央民族大学举办了三场听众见面会，通过赠送收音机和带有维语频率 Logo 的 T 恤等方式，拉近与听众的距离，充分了解不同层面听众对维语广播节目的需求和意见。

和其他语言节目一样，哈萨克语广播在品牌推广的道路上也离不开和地方台以及其他社会力量的协作。2009 年，哈语部与新疆电台哈语部联合，在新疆阿勒泰地区的富蕴县、哈巴河县，伊犁州的特克斯县，塔城地区的托里县，成功完成了为迎接新中国成立60周年录制四场现场直播节目的任务，通过与地方台的合作增强了在基层的影响力。同时，哈语部牵头，与中央民族大学、民族出版社等单位联合主办有全国各地哈萨克族大学生20个代表队参加的第七届内地哈萨克族大学生"USHTAS"杯足球比赛，通过体育的魅力拉近与年轻人的距离。在甘肃省阿克塞县举办了听众座谈会，在介绍中央电台哈语节目的同时，听取农牧民对广播节目的意见，并向在场的听众赠送了收音机。

2011年，哈语部与新疆文联合作，在乌鲁木齐举办了改版创新中央电台哈萨克语广播文苑文艺节目研讨会，《新疆日报》、新疆人民出版社、新疆文联、新疆《木拉》杂志社等十多个文学报刊和出版社的专家及嘉宾参加了研讨会，为办好中央电台文艺节目提出了许多具有前瞻性的宝贵意见。同时与新疆文联、《木拉》杂志社、新疆人民广播电台合作，在乌鲁木齐举办首届哈萨克族青少年阿肯阿依特斯总决赛，打出中央电台哈萨克语节目非物质文化宣传品牌，增强节目吸引力，进一步提升了哈语节目的知名度。2011年是中央电台哈萨克语广播开播40周年，哈语部于6月29日在北京召开中央电台哈萨克语节目开播40周年研讨会，来自新疆、甘肃等地的领导、专家、听众等200多名代表齐赴北京。活动期间，哈语部与新疆8个广播电台联合召开了中国哈萨克语广播协作会，并就建立国内哈萨克语广播协作达成意向。紧接着，在7月，哈语部又在新疆阿勒泰地区哈巴河县、喀纳斯旅游区、阿勒泰市、乌鲁木齐等地召开了中央电台哈萨克语节目开播40周年研讨会及节目推介会，不遗余力地提高哈语广播的知名度和影响力。

2012年3月，中央电台哈语部与中国作家出版集团、民族出版社、中央民族语文翻译局、中央民族大学等单位共同承办了首都哈萨克族2012年诺鲁孜节活动的策划和主持工作，参加两会的哈萨克族代表、委员和其他兄弟民族的部分代表、委员，在中央党校进修的部分少数民族领导干部，在北京的各个民族单位工作的哈萨克族及其他兄弟民族同胞，参加了这次活动。

除此之外，哈语部多次与中央民族大学合作，开办新闻讲座，联合举办中国内地哈萨克族大学生就业与创新研讨会，向全国18个省市和新疆各地来的大学生介绍中央电台哈萨克语节目及其网站建设情况。研讨会消息当天在人民网、首都大学生网、中国哈萨克语广播网等国内外重要网站播出。这些措施让大学生对哈语广播的了解进一步加深。

2004年至2013年，朝语部的领导班子由朴日善、金光永、金永勋三人组成。他们在这一时期充分利用举办文艺活动提升品牌价值，对朝语广播进行宣传和推广。2008年10月，朝语部在山东省青岛市与韩国CBS广播电台联合组织了中韩歌会；2009年，为了迎接共和国60岁生日，朝语部在吉林省延吉市主办了以"忆红歌、颂祖国，唱新延边建设"为主题的大型演出。参加演出的演员有350多人，演出把思想性、艺术性和观赏性融合在一起，向外界充分展现了朝语部的实力；2011年10月，又在北京世纪剧院组织了大型歌舞晚会《峥嵘岁月》，北京各界人士1000多人观看了演出。

除了通过文艺晚会这一形式进行自我宣传以外，朝语部还发扬自己的优秀传统，举办和社会话题紧密相关的社会活动。如开办全国朝鲜族乡镇领导论坛，总结了新农村建设的成功经验，就如何加强朝鲜族地区农村基层组织建设，推动农业产业化，建设文明、富裕、民主、和谐的新农村等问题，进行了研究和探讨。同样，朝语部于2009年、2010年、2011年、2013年邀请政界、企业界、理论界的朝鲜族代表参加在北京、延吉、长白县、牡丹江等地召开的全国朝鲜族政企高层经济论坛。国务院研究室原主任袁木、对外贸易经济合作部原部长石广生、国家民委原主任李德洙等到会并讲话。《人民日报》《光明日报》《中国民族报》《工人日报》等多家媒体对论坛进行了跟踪报道。这些社会活动促进了朝语部在中国朝鲜族受众中社会影响力的提升，也体现了朝语部的社会责任感。这一时期，朝语部在世界朝鲜语媒体中的影响力也不断提升，从2009年到2012年，朝语部选送的作品连续四年获得韩国广播公司（KBS）所颁发的"首尔奖"（Seoul Prize）。

五个语言节目铆足了劲儿推广自己的品牌，作为总指挥的民族广播中心也没有闲着。推广品牌，渠道固然重要，但内容建设如果跟不上，也是空谈。反过来说，过去那种闷着头做节目的方式已经跟不上品牌战的需要，只讲内容不讲渠道，酒香也怕巷子深。在做节目的同时推广自身，才是事半功倍的选择。经过民族广播中心副主任田山川与新闻部的精心策划，民族广播中心决定在2012年推出两大王牌节目，《民族记忆——中国少数民族非物质文化遗产巡礼》和《民族先锋》，借助调查、采访、报道的机会，拓展推广的渠道。

《民族记忆》是民族广播中心联合中央电台文艺之声等频率推出的大型主题采访活动。记者分赴我国广西、云南、西藏、新疆、内蒙古和吉林延边等地深入采访，掌握了大量的第一手材料，制作了《我们的"遗产"》《用服饰述说记忆》《悠扬的旋律》《舌尖上的舞蹈》《解开民族医药的密码》《史诗：一个民族的百科全书》等20集系列报道，苗族的酸食、彝族的苦荞、朝鲜族的辣酱，不同民族的饮食造就不同的味蕾体验；藏族医药、蒙古族医药、苗族医药、维吾尔族医药、傣族医药、彝族医药，古老而神秘的少数民族医药在今天仍然延续着生命；藏戏、贵州侗戏、布依戏、白剧、傣剧、彝剧、壮剧，不同的戏剧形式演绎着不同民族千百年来的命运悲欢；柯尔克孜族的《玛纳斯》、蒙古族的《江格尔》、藏族的《格萨尔王》，流传至今的史诗赞颂勇敢的英雄和不屈的人民。

2012年6月9日，也就是我国的第七个文化遗产日这一天，"民族之声"、藏语频率、维吾尔语频率、文艺之声、中国民族广播网同步推出了《民族记忆》。这是对我国少数民族非物质文化遗产的全面梳理和总结，反映出我国近年来在非物质文化遗产保护方面所取得的成就，对于一些正在消失的非物质文化遗产进行了记录与抢救。中央民族大学副校长喜饶尼玛听了《民族记忆》后说，中央电台民族广播的报道本身，就是对中国少数民族非物质文化遗产的投入、抢救和保护。通过报道，可以让更多的少数民族听众认识和了解他们身边珍贵的非物质文化遗产，并自觉地传承与保护，从而增强民族自豪感，进一步增强少数民族文化的影响。

为了迎接中共十八大，民族广播中心推出的《民族先锋》，是民族中心第一次携手全国32家民族广播频率推出的大型系列报道。《民族先锋》宣传建党90多年来少数民族党史人物在中国革命和建设各个时期做出的重要贡献，弘扬各民族共同团结奋斗、共同繁荣发展的精神。这一系列报道共有150集，包括党和国家领导人、早期革命英烈、新中国成立前革命英烈、著名军事将领、新中国成立后杰出人物等。这是民族广播创办以来规模最大的一次系列报道，联合电台（频率）之众、报道集数之多、播出时间之长，都创造了纪录。和过去的王牌节目《论坛》《民族大家庭》相比，2012年推出的两档节目更注重和地方电台、其他单位的配合，更注重报道领域的拓宽。做节目的过程，也是把中央电台民族广播作为一种标识强化输出的过程。这是新时代下民族广播发展的新策略。

品牌战是一场没有硝烟的战争，硬实力是打赢这场战役的"骨"。在媒体竞争越来越激烈的今天，民族广播想要处于不败之地，就要在策划、采访、制作等业务的基本元素上狠下功夫，在品牌竞争中，通过有针对性、有深度、有新意、文字优美、接地气的报道形成自己的独家优势。软实力是打好这场战役的"魂"，要在做好宣传报道工作的同时，利用所占据的媒介资源进行自我宣传和推广，进一步提升自身的品牌价值。中央电台民族广播在60多年中树立了良好的声誉，具备品牌建设的先天优势，在接下来的路程上，民族广播将在紧跟国家政策和时代潮流、立足自身定位、了解听众需求的基础上，将自身所拥有的人才、技术、信息等优势转化成品牌开发优势，充分发挥品牌的作用，在促进自身各项能力提升的同时，取得更大的影响力和公信力，打造民族广播宣传中的中央舰队，驶向更美好的明天。

2013：放眼世界，逐梦中国

救灾重建树信心

无论是"非典"还是汶川、玉树，以及 2020 年初的新冠肺炎疫情，灾难从未使中华民族大家庭低头，灾难也最能考验一个民族的力量。中华民族是从无数灾难中走出的民族，灾难更能锤炼出一个生命力极强的民族。而每一场灾难的抗争，中央电台民族中心人从未缺席。

2013 年 1 月，内蒙古自治区多个市、旗、县遭到破 50 年以来有记录记载的特大雪灾，局部地区降雪达 70~80 厘米，导致锡林郭勒盟、赤峰市等东部 5 个盟市牧区受灾，局部地区灾情严重，受灾人口达 800 多万。灾情就是命令。特大雪灾发生后，民族中心蒙古语部第一时间派出报道组奔赴一线，推出蒙古语广播系列报道《风雪内蒙古》。蒙古语部记者走访灾区，将各受灾盟市采取的有效措施，干部包村包户，组织农牧、民政、交通、财政等部门深入灾区核查灾情，选派技术人员深入抗灾一线进行技术服务和指导等信息做出了全面、及时的报道，将内蒙古各地受灾情况和各级党政部门抗灾救灾工作情况，通过电波与网络传递给全国各民族同胞，令广大少数民族同胞坚信，在任何困难险阻面前，党中央和各级人民政府永远急少数民族同胞之所急。一系列的报道令广大蒙古族同胞吃了定心丸，有了主心骨，感受到了党和政府的关怀与温暖。报道播出后，当时的内蒙古锡林郭勒盟委宣传部副部长包文东高度评价民族中心的报道："中央人民广播电台民族节目中心蒙古语广播在这次 50 年一遇的特大雪灾报道中，不畏酷寒深入一线，将各级政府组织的救灾进展及时通过蒙古语传达给了广大蒙古族同胞。这针强心剂令广大蒙古族同胞建立了信心，一时的困难终将得到解决，报道十分有益于下一步的灾后经济恢复工作开展。"

2010 年 4 月 14 日 7 时 49 分，青海省玉树藏族自治州玉树县（现玉树市）发生 7.1 级地震，地震造成 2220 人遇难，70 人失踪，上万人在地震中受伤。玉树地震波及的范围约 3 万平方公里，造成玉树县和称多县 12 个乡镇，约 20 万人受灾。时间是丈量人情的温度计，虽已过去三年，但党中央始终牵挂着玉树。

2013 年 4 月 14 日，民族中心经过历时一个多月的采访和筹划，发挥少数民族语言网站独特优势，在中国民族广播网（汉语）、中国藏语广播网（藏语）首页头条位置联合推出"青海玉树震后重建三周年"网络专题，用汉、藏双语报道全面展现了灾后玉树浴火重生、焕发新机的重建新貌。专题一经推出，便受到民族地区网民的关注和好评。

> "这些报道让我感受到中华民族团结一致不惧任何灾难的精神。"
> "如今的玉树不仅恢复了生产生活，而且比过去更加繁华兴盛。这离不开党和国家的关怀，离不开全国各族同胞的支持，这让我身为一名中华民族大家庭的成员感到无比幸福。"
> "没有木头支不起帐房，没有国家过不好日子。"

来自西藏和青海涉藏州县的群众来信和网络评论潮水般袭来。民族中心藏语频率对每一封来信和每一条评论逐一做出回复，融化了悲伤，温暖了彼此，更重建了受灾民族同胞万众一心建设美好家园的信心。

谱写藏区和谐幸福主旋律

长久以来，素有"千山之巅、万水之源"美誉的青藏高原孕育了世代温良纯善的藏族同胞。但近年来，流窜境外的十四世达赖集团采取境外组织策划、境内实施的方法，恶意曲解一系列有关宗教的政策，煽动蛊惑无知者走向自焚的不归路，不仅受到藏区广大群众和宗教界人士的强烈谴责和一致反对，也引起国际社会的广泛质疑。

为正本清源，引领西藏及四省涉藏州县人民树立正确的世界观、价值观、是非观、生命观，藏语频率于 2013 年 3 月 18 日推出了以"追寻幸福生活——佛教生命观解读"为主题的反自焚系列报道，使用藏语卫藏、康巴、安多三大方言同时播出。报道中，众多西藏宗教界人士和权威宗教专家，特别是藏传佛教界高僧大德纷纷站出来宣讲佛法正见、反对自焚行为，倡导珍爱生命。报道从道德伦理角度切入，阐释自焚行为明显违背了"善是利他利己，恶是害他害己"的道德原则，是一种不道德的行为。从"佛法"视角看，自焚行为是一种严重违背佛教教义的行为。报道对佛教生命观深入浅出做出了正确、全面的诠释，对教育、引导信教群众认清达赖集团煽动自焚的反动性和违法性，支持政府依法施政，积极创造和保护自己的幸福美好生活起到了积极作用。

节目在西藏及四省涉藏州县群众中引发了广泛共鸣。收听节目的藏族民众表示：只有各族人民同心同德，追寻维护国家的统一和民族团结，和谐发展，实现中华民族伟大复兴的目标，才能实现安享幸福生活的夙愿。

这年5月24日，中央人民广播电台民族中心和青海台藏语广播联合推出的大型主题报道《和谐藏区行》（青海篇）在西宁启动。两台分成6个报道组，深入青海涉藏州县，全方位、多角度报道了青海涉藏州县新农村、新牧区建设带来的变化，包括生态保护、民生改善等方面的成就。报道活动通过记者连线、录音报道、网络报道等多种形式，在中央台藏语广播拉萨卫藏方言、青海广播电视台藏语广播和中央台藏语广播安多方言节目中同时播出。

报道展现出的和谐幸福青海涉藏州县新面貌令藏语地区的民族同胞感受到了安定团结、和谐共存为青海涉藏州县带来的巨大改变。采访报道组在当地每行至一处，均受到当地百姓的热烈欢迎，向报道组献上象征尊敬的哈达和寓意生活富足的藏族糕点。青海涉藏州县各地百姓纷纷主动上前讲述自己对和谐藏区的认识，对安定生活的珍惜，对新农村、新牧区丰硕成果的肯定。6个报道组用近四个月的时间，行程数千公里，用数十万文字对此次活动做了翔实、生动的报道。

为保持系列专题报道的热度不减，民族中心乘胜追击，又于同年8月13日在北京承办了由西藏自治区党委宣传部、中央人民广播电台主办的《倾听天籁》2013年西藏原生态民歌广播征集评选展播活动。这也是继《再唱山歌给党听——歌唱我们的幸福生活》2011年藏族风格各区征集评选展播活动后，又一项意义重大、有广泛参与性的西藏歌曲征集活动。活动收到了来自西藏及四省涉藏州县各界群众提供的上千首具有正能量、讴歌和弘扬西藏及四省涉藏州县人民幸福生活、歌颂党中央时刻为藏族同胞着想的歌曲，每一首歌曲都饱含着西藏及四省涉藏州县同胞对幸福生活的期许。活动结束后，多首获奖作品在西藏及四省涉藏州县广为流行传唱，受到了藏族听众的一致好评。

党和国家对西藏及四省涉藏州县的关怀体现在方方面面，挖掘和保护传统藏族医学文化遗产、提高西藏及四省涉藏州县人民生活质量是各级党组织和政府机构工作的重心。经过不懈努力，全国西藏及四省涉藏州县人口的平均寿命由1959年之前的35.5岁提高到2021年的71.1岁，可谓成果丰硕，真正体现了党中央时刻将藏族同胞身心健康挂心间，全心全意服务广大藏族同胞的伟大壮举。

基于此背景，民族中心藏语频率和电视节目中心"央广健康"频道于2013年8月26日联合举办了大型纪录式广播电视系列专题节目《藏医名家》采访活动。这也是中央人民广播电台民族中心和电视节目中心首次强强合作的全新项目，是广播和电视首次联手的全新尝试，更是对未来进入融媒体、新媒体节目制作开拓了道路，打开了视野。节目制作成广播版和电视版，在中央人民广播电台藏语频率和"央广健康"频道以藏、汉双语播出。节目以多种形式和表现手法呈现了藏医对西藏及四省涉藏州县人民日常生活的重要性、现代中西医与传统藏医的融合，以及西藏及四省涉藏州县人民关心的日常生活中的藏医保健和理疗等内容，为藏区人民增添了更多的健康福祉。

我从新疆来，追逐中国梦

2013年3月18日，全国两会接近尾声。此前一天，习近平总书记在两会中用"三个必须"来指明实现"中国梦"的路径：中国梦是民族的梦，也是每个中国人的梦。实现中国梦必须走中国道路；实现中国梦必须弘扬中国精神；实现中国梦必须凝聚中国力量。随后，习总书记又提出了将于7年后全面建成小康社会的目标。

《尚书·周官》中说："功崇惟志，业广惟勤。"有梦敢追、有志必达、有业必勤是民族中心全体始终如一的信念。对于如何在民族语言节目中践行中国梦，执行"三个必须"，民族中心有着清晰的规划和缜密的实施步骤。

当日，民族中心新疆民族语言广播与《新疆日报》等10家平面媒体签署战略合作协议，未来双方不仅将在新闻信息、资源等领域实现共享，同时，也将开展形式多样的专题报道合作，力求将中国梦和全面建成小康社会的核心要义传达给2400万自治区各民族同胞。

同月19日，新疆大学新闻与传播学院教学科研实习基地在新疆民族语言广播中心乌鲁木齐编辑部挂牌。基地的建成对民族中心储备维吾尔语、哈萨克语等后备人才打下了坚实基础。

到这年7月1日，民族中心维语频率和地方记者中心共同策划的大型系列报道《我从新疆来》在中央人民广播电台维语频率开播。报道一个个从新疆到内地生活的，或成功或普通的少数民族同胞展开，声情并茂地讲述了一个个鲜活而真实的人物奋斗故事。这些充满励志能量的故事中，无论成功或是平凡，每一位少数民族同胞都经历了广大内地同胞的帮扶或鼓励。广大新疆听众通过报道了解了他们的成功、奋斗、努力，分享彼此的人生经验，使听众加深了对"民族团结共同进步"的理解。

报道期间，中央人民广播电台赵铁骑副台长亲自带队，率领民族中心报道组奔赴南海舰队某支队井冈山舰，采访了我国首批上舰服役的维吾尔族女兵。来自新疆吐鲁番的阿依努尔激动地对记者说："第一次看到高大雄伟的军舰，心里头真是比吃了家乡的葡萄还要甜。""天山很高很美，但比不过人民海军大战舰的壮美！"毕业于新疆师范大学的阿依提鲁尼，出生在天山脚下，从小对大海、战舰充满向往。报道通过电波将这些优秀维吾尔族女兵对日益强盛的祖国国防实力真实见闻，传递给听众，使新疆各族同胞对捍卫祖国领土完整，中华民族是荣辱与共的命运共同体有了更加深刻的认知。

随后的 7 月 18 日，由首都女记协与北京市妇联、人民网举办的《中国梦我的梦》大型演讲比赛中，民族中心维语频率记者伊丽娜以题目为《民族团结放飞梦想》的演讲，获得该比赛一等奖。这也是中央人民广播电台近年来参加首都女记协演讲比赛获得的最好成绩。演讲中，记者伊丽娜讲述了在 2009 年返回新疆探亲时恰逢发生"7·5"事件的她，毅然放弃休假，不畏艰险，投入到报道工作中，最终制作出新闻特写《一场特殊的婚礼》的经历。演讲过程中，台下诸多聆听者热泪盈眶，对广大新疆维吾尔族同胞追求安定团结生活、反对分裂暴力活动的心声报以热烈的掌声。

各民族亲密无间，携手创造富足安康的幸福生活是全体中华儿女的心声，更是全面建成小康社会，实现中国梦的基石。安定才能发展。同年 9 月 2 日，第三届亚欧博览会在新疆乌鲁木齐开幕。维语频率对开幕式全程直播。这也是中央人民广播电台维吾尔语广播自 1956 年创办以来的首次直播。民族中心哈语广播也于当天播出了开幕式实况。本次直播报道，全面提高了中央电台多媒体、多频率涉疆报道的时效性和影响力，赢得了国新办、新疆维吾尔自治区领导及新疆各族听众的好评。

时间迈入 2013 年 10 月，中心哈语广播策划推出了 30 集系列报道《走进伊犁》。先后派出 10 名记者兵分三路，走遍了新疆伊犁地区 24 个县市和基层组织进行采访，全面报道了新疆伊犁当地经济社会发展的变化和成就，并于 10 月 1 日在哈语广播和中国哈萨克语广播网同步播出。

民族中心维语频率多年来心系广大维族同胞，每一档节目的推出，每一次走入新闻现场，都赢得了维吾尔族同胞们的呼应。维语频率也因此培育了几代忠实听众，他们与维语频率结下了深厚的友谊，每天守在广播前聆听维语频率成了这些忠实听众最开心的事。

2013年9月28日至31日，应广大听众多年来的请求，维语频率在北京举行了首届听众联谊会。来自新疆乌鲁木齐、吐鲁番、和田、塔城、克孜勒苏柯尔克孜自治州等地州的20位听众代表、部分在京维吾尔族听众和维语频率全体编播人员参会交流。此次活动为维语频率节目改版提供了参考和依据。

以上一幕幕，一例例，无不彰显出民族中心对引导边疆各民族逐梦成就现实所付出的辛勤，所收获的成果。

文化公益交流进行时

多年来，民族中心始终坚持走电波与线下同步发展的道路，虚拟的电波和真情实景相结合，碰撞出的是更坚实的民族团结火花，闪耀的是民族文化和民族公益的璀璨。

为连结港澳台及内地青少年的民族情感，推动各民族间的文化交流，民族中心于2013年8月10日在内蒙古呼伦贝尔启动了"彩虹路——民族青少年艺术教育公益行"活动。活动吸引了来自澳门及内地的近20名知名画家参加。这是民族语言广播首次举办大规模的针对少数民族地区青少年文化艺术教育的公益活动。17日，民族中心又联合国家民委港澳台办在京举办了"彩虹路——民族青少年艺术教育公益行"活动书画笔会。此后，澳门采风活动成果展览会等系列令人眼花缭乱的活动相继推出。

民族中心朝鲜语部则经过半年的精心策划，于2013年8月在北京和延吉两地先后推出了大型音乐舞蹈史诗《阿里郎之梦》。该节目以气势恢宏的场景，旋律优美的音乐，灵动整齐的舞姿，勾勒出100年来中国朝鲜族人民在中国大地繁衍生息，与各族人民共同开辟家园，捍卫国家领土完整的艰苦历程。演出结束后，现场观众一次次起立热烈的鼓掌欢呼，向参演人员和组织方致敬。

不断推陈出新

作为党和国家政策、领袖思想的宣导平台，民族团结融合的舆论阵地，时刻保持头脑清醒，顺应时代和社会潮流，对节目内容推陈出新，是民族中心永恒的工作之一。

正是在这样的思想指导下，每一年甚至每个月每一周，民族中心各语言组都在想尽办法对已有栏目做出改变，策划增添新的栏目和节目内容。2013年从3月到12月，中心对节目改版和新节目的推出达7次之多，几乎涉及和涵盖了所有语言部。

这年3月20日，朝语节目改版，每周播出17档新闻、专题栏目，比原版块增加了9档专题节目，全天播出时长6小时。4月15日，蒙古语广播新增1小时的首播节目，内容涉及新闻、专题、文艺等方面，内容更加丰富多样。4月起，开办中央台民族语言广播史上首个军事栏目，相继以蒙、藏、维、哈、朝5种民族语言广播。这是中央台民族节目自创办60多年来的重大的内容创新，不仅拓展了民族语言广播的节目题材和节目内容，更令广大民族同胞对我国日益强大的国防科技引以为傲，鼓舞了民族同胞对身为民族大家庭一分子的自豪感。6月1日，中国蒙古语广播网完成网站改版，推出全新页面。7月末，中心完成进驻总局监管大楼7层新址办公的搬迁工作后，又经过一个多月的筹备，于9月16日在蒙古语广播推出了51集专题节目《母语的追寻》。节目以独特的视角解读蒙古语教育事业在新时代所面临的困难和问题，探索解决问题的方式和路径。17日，朝语广播在延吉实现节目完整落地。这是朝语广播创办57年来首次以6小时节目时长实现完整落地。完整转播中央电台第八套节目，调频106.5覆盖延吉地区，结束了几十年来朝语广播覆盖不完整的难题。12月12日，中国哈萨克语广播网、中国朝鲜语广播网依据本民族受众喜好和节目特色对网站页面进行了全新改版。

成为业务能手创佳绩

民族中心在加强团队建设，建立学习型团队，力争将中心每一位成员培养成业务过硬、能力超群的全能型人才方面保持着始终如一的高标准、严要求。中心张克清副主任在谈到人才建设时不无幽默地说：包括我在内的中心每位成员，时刻要有一种回炉再造不成学霸便成学渣的学习精神和意识。

人人都要通过学习提高业务本领，提升综合素质，争当中心学霸的浓郁学习氛围从 2013 年 3 月始便在民族中心弥漫开来。当月，由民族节目中心与人力资源管理中心联合举办的民族节目中心 2013 年度业务培训于 3 月 25 日至 29 日在北京举行。民族节目中心领导和采编、翻译一线人员 150 余人参加培训。

2013 年 6 月，民族中心联合中国传媒大学新闻与传播学院在中国传媒大学举办了民族广播业务培训班，面向全国各个对象地区的民族语言广播人才开展业务培训。6 月 2 日，首期藏语广播业务培训班正式开班，来自全国 4 个省市、自治区，从事藏语广播工作的 21 名学员参加了首批培训。此后，中心还举办了蒙古语广播等业务培训班。

同年 10 月 8 日，民族中心召开第二批台内交流人员总结座谈会，6 名来自蒙藏维哈朝五个民族交流人员当年 4 月始，在台办公室、新闻节目中心、人力资源管理中心、新媒体宣传中心进行了为期半年的工作交流。与会人员对半年来的工作心得做了自我总结和反思。这些广泛的交流对于所有部门间的业务开展和沟通扫清了障碍，也为未来的岗位轮换打下了基础。

平时苦练兵，战时显威力。每一份辛勤耕耘终会收获非凡的成绩，汗水和时间汇流城河，积沙成塔，终将凝结成累累硕果。2013 年 5 月 27 日，由中心申报的《中国民族语言广播发展战略研究》通过了 2012 年度国家广播电影电视总局部级社科研究项目评审工作，这是民族广播首次通过部级社科研究项目立项评审。10 月 18 日再传佳音，中心申报的"民族语言对外广播工程"项目获批，列入中宣部 2013 年国际传播能力建设项目库，从而实现了中央人民广播电台民族语言广播史上首次真正意义上的"走出去"，具有前所未有的示范意义。

作为实现中华民族伟大复兴中国梦的践行者之一，民族节目中心知行合一，强化持续不断、坚定执着服务民族同胞的信念，通过精心制作每一期节目，组织每一次报道，策划每一次活动，赋予了民族节目新的刻度、暖人心脾的温度。也正是这份执着的信念，为民族节目中心带来了接下来荣誉丰收的一年。

2014：执着耕耘，终获丰收

咬定青山不放松的成功

"咬定青山不放松，立根原在破岩中。千磨万击还坚劲，任尔东西南北风。"这首来自清代大诗人郑板桥的七言《竹石》，将扎根于山岩中的竹子顽强而又执着的品格刻画得入木三分。后世人们常用它来形容人或事物历经艰辛坎坷但秉持顽强信念终获成功。而2014年岁末，在北京召开的民族中心2015年工作会议，对郑板桥的这首七言做出了最佳诠释。

腊月时节，会场丝毫未有户外万物凋零迹象，反倒是在严肃中透露出更多的热闹和喜悦。这场总结当年工作展望未来一年工作的会议主席台上，民族中心赵连军、泽嘎、帕尔哈提、张克清、兰汝生等领导同志脸上均洋溢着肯定的笑容。主席台上每念到一次当年的工作收获，台下便响起经久不息的掌声。

一切还要从2014年2月讲起。2月的北京虽是春寒料峭，但迎春梅却已绽开，预示着这注定是喜讯频传的一年。这个月初，藏语频率达瓦玉珍采制的专题《一位藏族汉子的军旅梦》在第十六届（2013年度）"首都女记协好新闻奖"评选中获得三等奖。一周后的11日，由中心提交报送的论文《民族语言广播体系建设的意义和任务》、中心员工沙尔娜撰写的《高校学生群体收听广播的习惯语需求分析》作为优秀作品，代表中央人民广播电台出征第十三届"伊朗国际广播节"期间举办的第五届国际广播论坛。中心报送的广播特写《穿越时空的天籁之音》参评第十八届"麦鲁利奇奖"。月末28日，藏语频率扎西罗布同志因工作业务突出，获得中国播音主持界最高等级、最高荣誉，也是唯一的国家级奖项"金话筒奖"的"广播播音主持个人奖"。

植根于民族广播节目执着耕耘，日日夜夜百倍付出，迎来的也必将是捷报频传的收获。对于勤奋的人，时间似乎总是匆匆而过。不久后的9月，西藏中心2013年制作播出的专题《追寻幸福生活——佛教生命观解读》获得第24届"中国新闻奖"二等奖,这是中央人民广播电台藏语广播历史上获得的首个中国新闻奖项。奖项的获得不仅是对藏语频率工作成绩的肯定,更是全体民族中心工作人员共同奋斗的结果。

同年9月,中心连续两年策划组织的"彩虹路"系列文化公益活动入围"2014安平中国·北大公益传播奖"。28日,中央民族工作会议暨国务院第六次全国民族团结进步表彰大会召开,习近平总书记和李克强总理等中央领导出席,并发表重要讲话。习近平等中央领导同志为受表彰的模范集体和模范个人代表颁奖。民族节目中心获得"国务院第六次全国民族团结进步模范集体"荣誉称号。

奖项和荣誉接踵而至,中心人纷纷自嘲这是一个"拿奖拿到手软"的年度。玩笑成真,这年10月佳讯再传,由中心蒙古语部选送、中心记者呼布钦采制的纪实类专题节目《草原人家》在澳门举行的亚广联评奖会上荣获推荐奖,填补了民族广播此前从未获得国际奖项的历史空白。

而就在民族中心2015年工作会议在香山宾馆召开前夕,新疆中心哈语专题部又喜获"中央人民广播电台2014年度先进集体"称号,金永勋被评为中央人民广播电台2014年度模范员工。

荣誉的背后是什么?

罗马并非一日建成,荣誉的获得也非一蹴而就。对民族节目深耕细作,对团队思想建设和人才培养等工作,民族中心从未曾敢有丝毫懈怠。拧紧阀门绷紧弦,每一步都在精心规划后踏出,每一次灵光乍现都是厚积薄发的结果,每一档节目的推出都要经过群策群力、智慧广纳、思维争辩的痛苦过程。十月怀胎一日分娩,为孕育出最优秀最受民族群众喜爱的节目,忍受十月熔炼对于民族节目中心全体编播人员几乎是家常便饭。

2014年1月1日5点55分,历经此前几个月的策划、讨论,藏语频率新版节目上线播出,全天播音拓展至18小时。拉萨编辑部的节目量首播时间增加至每天2小时。节目时长的延展为西藏及四省涉藏州县群众奉上了一场听觉盛宴,也有利于党和中央思想与政策更加有效、细致的传达与解读。

优秀节目的制作和推出离不开人才的培养和培训。2月26日至28日,民族中心举办了民族语言广播国际传播能力建设项目编播人员培训研讨会,邀请国际台语言专家就如何做好外宣工作传授经验,来自中心采编一线的40余人参加培训。此次培训是中央人民广播电台首次针对民族语言广播国际传播能力建设项目编播人员举办的专题培训研讨活动。

同年 10 月 27 日至 11 月 12 日，为提高后续人才储备及地方电台从业人员的业务素养，中心又在中国传媒大学先后举办了维吾尔语和哈萨克语的新闻业务培训班。来自全国各地市、州电台的 40 名学员（维语 23 人、哈语 17 人）参加了培训。

无论是新版节目的推出，还是人才的培养储备，民族中心用行动揭示了荣誉的背后是铸牢民族团结的责任，是努力和汗水，是职业的专注和创新的勇气。

对即将到来的媒体融合时代的敏锐触觉

根据中国互联网中心（CNNIC）的调查报告显示，截至 2014 年 6 月，我国网民规模达 6.32 亿，仅上半年就新增网民 1442 万人。互联网普及率为 46.9%，较 2013 年底提升了 1.1 个百分点。而随着智能手机大规模普及，中国手机网民规模首次超越传统 PC 网民规模。伴随即将迎来的 4G 时代，未来通过手机端获取信息和资讯将成为主流。

"所当乘者势也，不可失者时也"。在这场信息革命中，民族中心从上到下敏锐地捕捉到即将到来的媒体融合时代。

"当风轻借力，一举入高空"。如何把握这一即将到来的历史机遇，抓住科技创新这个关键，将无处不在、无所不及、无人不用的移动互联网作为划时代的工具，借助移动互联网这场东风推动民族节目进入全媒体时代，如何面对新的挑战和机遇，成了摆在民族中心人眼前的全新课题。

2014 年 12 月 18 日，经过近一年的酝酿和筹备，民族节目中心新疆广播中心与新疆移动签署战略合作协议。双方决定将努力推动资源共享和优势互补，加强移动互联网应用、产品开发、信息化服务等领域的合作。这次尝试和经验积累，为民族中心未来的媒体融合工作彻底打开了局面。

为边疆民族插上艺术的翅膀

独特、悠久、古朴的少数民族艺术是中华民族艺术史上不可或缺的一部分。

无论是雪域高原、长白山下，还是西北塞外、西南边陲，各民族特色鲜明、风格迥异的艺术极大地丰富了中华民族艺术的内涵。艺术是文化组成部分，而文化是凝聚各民族认同的重要桥梁。通过民族中心 2013 年主办的"彩虹路——民族青少年艺术教育公益行"活动，中心发现少数民族青少年具有发现美、欣赏美、创造美的天赋，却因长期以来受制于边疆地区经济发展不均衡等因素影响，诸多民族地区面临美术、音乐等基础教育设施薄弱，绘画材料不足、演奏器材缺乏，师资力量有限等窘境，民族青少年艺术教育发展亟待社会各界力量的支持和关爱。

出于对改变这一现状的急切心理，民族中心在国家民族事务委员会指导下，联合中国青少年发展基金会、中国少数民族对外交流协会、澳门美术协会共同发起的国内首个定向于民族青少年教育的"民族青少年艺术教育基金"，于 2014 年 1 月 4 日在北京民族文化宫签约成立。

时任国家民族事务委员会国际交流司司长倮兰、中央人民政府澳门特别行政区联络办公室北京办事处主任秦铁鹰、中国青少年发展基金会有关负责人、中央人民政府驻澳门特别行政区联络办公室文化教育部副部长张晓光，全国人大代表、澳门日报社社长陆波等领导出席签约仪式。

民族青少年艺术教育基金设立的目标是为弥补民族地区美术、音乐等教学设备不足，开课率低的状况；培训少数民族地区的美术、音乐教师，提高教学水平和能力，促进少数民族文化艺术的传承；汇聚内地、台湾、香港、澳门两岸四地艺术家资源，将民族艺术发展成为真正意义上的"人民的艺术""中华民族大家庭的艺术"。

民族中心在实施过程中尽心尽力，协助基金于 2014 年上半年在内蒙古及西藏地区建设至少 25 间"快乐美术教室"，受益学生达 5000 多人。虽然受益的每一位民族学生不一定都成为艺术家，但民族中心冀望通过基金的成立和实施，为每一位民族青少年插上艺术的翅膀，为他们提供平等教育的机会，为他们编织一个多彩的中国梦，让他们能够拥有一个彩虹色的童年。

民族青少年艺术教育基金的成立弥补了我国目前民族地区艺术教育不足的现状，并于这一年的 11 月进入筹款期。

此后的 10 月 31 日，中心主办的"声动梦想"全国朝鲜语播音员、主持人大赛落下帷幕。这也是全国范围内首次举办的朝鲜语行业比赛。赛事历经一个月，层层选拔，并通过民族节目中心朝鲜语频率同步呈现。

12 月 24 日至 25 日，藏语广播《倾听天籁》节目原生态民歌征集活动在西藏拉萨完美收官，最终评选出金奖 10 名、银奖 20 名、铜奖 30 名。

精彩节目走出去

2013 年，习近平总书记首次提出建设"新丝绸之路经济带"和"21 世纪海上丝绸之路"的倡议。建设"一带一路"命运共同体需要文化包容。"一带一路"不仅是一个空间概念，它还具有丰富的内涵与文化影响力。文化传播是"一带一路"合作倡议的重要组成部分，是一个亟须在规划过程中前置的战略构想。信息先行、传播先行和文化先行为我国与丝绸之路沿线国家多边合作营造良好的舆论氛围，通过文化影响力淡化地缘政治效应，增加我国与对象国的共识与信任，从而为顺利架构"一带一路"对外开放格局奠定基础。

从一定意义上说，以文化产业作为"一带一路"合作倡议格局中的重要抓手与突破口，其意义不低于基础设施在互联互通中的战略地位与作用。"一带一路"国际文化传播体系大框架下，广播以其采制成本低、覆盖受众面广、权威性高等特点，成为对"一带一路"沿线区域进行有效传播、塑造国家形象、增强国家软实力的重要媒介力量。

我国少数民族语言在中亚等"丝绸之路经济带"沿线国家得到广泛使用。比如哈萨克斯坦以哈萨克语为国语，维语和哈语在吉尔吉斯斯坦、维语在土耳其、藏语在尼泊尔、朝鲜语在朝鲜和韩国、蒙古语在蒙古国都拥有大量受众。由于多数对象国的经济建设和网络发展欠发达，其受众媒介接受习惯大多仍以广播等传统媒体为主。所以少数民族语言广播必然成为沟通中国与中亚地区并改善我国在中亚等周边地区舆论格局的重要媒介之一。

民族中心现有蒙古语、藏语、维吾尔语、哈萨克语和朝鲜语五种少数民族语言广播，特别是藏语、维吾尔语和哈萨克语这三种民族语言广播，在我国的国家级媒体中具有唯一性，独具特色。民族中心秉承国家媒体的重要优势，以推动民族文化传承发展为己任，打造了一批业务过硬，"懂政策，知民俗，会宣传"的采编播队伍，对落实习近平总书记"一带一路"伟大构想具有极大的推动作用。

基于此，当年 4 月 19 日起，民族中心开始参与国际传播，藏语、维语、哈语三种语言节目陆续在周边一些对象国家落地播出，并以新闻、音乐、文艺、专题和语言类节目为主要内容板块，在充分尊重对象国民俗民意的情况下，努力营造与传播对象国相契合的语言文化场域，满足当地受众的媒介心理期待，将更多优秀、精彩的我国民族语言节目推介给对象国受众。

哈萨克语频率即将开播

1971年5月1日，中央人民广播电台哈萨克语广播正式开播。

到2014年，经过43年的发展，哈语广播由最初的每天播出30分钟增加到后来的每天7小时。随着听众人群的不断扩大，哈语广播却受制于没有独立频率，极大地阻碍了业务发展和对广大哈萨克族同胞宣导中央政策精神的能量拓展。

经国家广电总局批准，中央人民广播电台领导班子研究决定2015年1月1日增设开通哈萨克语频率。12月17日，哈萨克语广播频率开播典礼文艺晚会在新疆电视台演播大厅成功录制，中央人民广播电台副台长赵铁骑等领导上台致辞，启动开播仪式。整台演出群星闪耀，精彩纷呈，不仅展现了中央人民广播电台哈萨克语广播创办43年来的光辉历程，也体现了广大听众对哈语广播的深切热爱和殷切期盼。文艺晚会于2015年新年之际在新疆电视台哈语频道黄金时段播出。

在随后的2014年最后一天，民族中心于中央人民广播电台举办隆重的哈语广播开播仪式，国家广电总局、国家民委及中央人民广播电台领导出席仪式。

荣誉的丰收是对党中央和各级领导、民族同胞对民族节目中心多年来工作的肯定，也更是一种无形的鞭策。民族中心并未满足和止步于一时的荣誉，反而将荣誉化作动力，向着融媒体的高地、边疆民族地区同胞的福祉继续冲锋攻坚，奋勇前行。

2015：聚焦融媒体，公益任我行

情系哈萨克

哈萨克族，我国民族大家庭中一颗璀璨的明珠。毛泽东同志曾说："中国是一个由多数民族结合而成的拥有广大人口的国家"，"各个少数民族对中国的历史都做出过贡献"。哈萨克族在长期的历史发展中，对祖国做出了巨大的贡献。在中国近现代史上，哈萨克族人民拥护国家统一，反对沙俄侵略，为新中国的建立和祖国领土完整做出了不可磨灭的贡献。

哈萨克族人善良朴实、乐于助人、孝老爱亲，历来是一个反对暴力、信守承诺的民族。

20世纪30年代，由于新疆军阀的压迫和屠杀，以新疆为主要居住地的哈萨克族人不少分散到了西藏和青海等地，直到1984年，在党中央和国务院的关怀下，这些客居他乡的哈萨克族人才返回了故乡。几十年来，经党中央及新疆各地方政府的扶持和帮助，我国的哈萨克民族家庭从经济收入到精神文化生活都得到了长足进步。

为满足我国广大哈萨克族人民日益提高的文化娱乐需求，宣导党中央国务院的各项民族和惠民政策，提高哈萨克族人民民族认同感，也为了在"一带一路"沿线拥有哈萨克民族的国家塑造我国形象，改善我国在中亚等周边地区舆论格局，2015年1月1日，我国首个哈萨克语专有频率盛大开播，全天播出18小时，内容涵盖了党和国家政策宣导解读、文化娱乐等多个领域。频率的开通彰显了党和国家对哈萨克族人民的深切关怀、对哈萨克族同胞精神文化生活的重视。

为庆祝哈语频率开通，当年9月，民族中心哈语广播特别编写的《电波日志》（**哈语版**）由民族出版社出版发行。该书用文字和图片记录了中央台哈语广播从1971年5月1日开播到2015年1月1日频率播出44年间的起起伏伏。记录了我国哈语广播事业的发展，也是对民族广播65周年的献礼和纪念。

2015 年 9 月 10 日，民族中心哈语广播和维语广播联合推出系列报道《天南地北新疆人》。首篇报道《王蒙先生和新疆的不解之缘》中，王蒙先生诙谐轻松地回忆了他在新疆生活的点滴，更对新疆善良、勇敢、智慧的维吾尔族和哈萨克族人民做出了极高评价。

一个月后的 10 月 1 日，时值新疆维吾尔自治区召开成立 60 周年庆祝大会，哈语和维语广播两套频率现场直播，开创了民族中心重大报道多民族语言同步现场直播的先河。而哈语广播更是实现了自开播以来首次重大活动直播。维语广播、哈语广播是国内仅有的对庆祝大会进行现场直播的两个少数民族语言广播频率，充分展示了中央台民族语言广播 65 年来不断发展的全新面貌，提升了媒体影响力，获得听众好评。

融媒体时代来临前夜的工作

自 2011 年 12 月民族中心网络部成立以来，中心在 2010 年 12 月民族语言广播网网站上线，2014 年 12 月，在新疆广播中心与新疆移动签署战略合作协议的基础上，不断在摸索中前行。依据各种新媒体形式的出现自我调整、适应，高度重视、高度警醒、高度认真，冀望把握住融媒体时代的脉搏，做到在不掉队的情况下大胆革新，大踏步迈向融媒体实践的前沿，争取在变革来临前夜强筋壮骨，提升自身本领和新媒体工作意识，以充足的准备迎接媒体大变革的到来。

2015 年 3 月 1 日起，民族中心旗下的民族广播网各语言网站微信公众号开始规范运行。随着账号运营工作逐步展开，一篇篇报道和稿件的上线逐渐吸引了众多民族地区读者和传统广播听众的关注，关注人数稳步增长。

同年 6 月 2 日，民族中心经过近一年谋划、调研，通过翔实、准确的数据，海量、丰富的历史资料，编写了《中国民族语言广播发展调查报告》，于北京举行的中央人民广播电台民族语言广播 65 周年学术研讨会上特别发布。报告对过去 65 年来民族语言广播做了回顾，更对民族语言广播的未来发展，尤其是媒体融合方面做出了重要阐释和规划。

此次调查报告推出后不久，围绕着媒体融合工作如何逐步发展，如何在发展中落实工作，拿出切实可行的分阶段实施计划等一系列问题，民族中心展开了系列的培训和研讨。这年 9 月 22 和 23 日，民族中心又举办了媒体融合培训研讨会，会议就媒体融合工作如何展开，技术方面如何攻克等诸多细致问题展开积极探讨，商定了诸多业务开展措施。

到了 11 月 3 日，时任中央人民广播电台副台长赵铁骑同志召集民族中心领导班子和各部门主任会议，研究了民族广播如何打造中央对民族地区的权威信息发布平台。

大型报道和直播活动贯穿的一年

民族广播中心创办 70 年，所参与的大型报道和采访活动、直播数不胜数，但像 2015 年这样大型报道和直播活动接连不断几乎贯穿整年的情况尚属罕见。当然，报道和直播活动能有条不紊地展开，高质量高标准地完成，与多年来中心人员业务和技术素质的不断提高，长期紧抓新技术、新设备的应用和技术保障培训，人员和设备调度、临场应变的不断演练密不可分。

在 2015 年 1 月初，"民族之声"节目经过较大改版后，蒙古语节目与朝语节目播出时长各延展至 9 小时。工作和任务量的增长并未令民族中心人放慢脚步。不久后的 2 月 14 日到 23 日，时值藏族传统新年，中心下属西藏广播中心先后融合了广播、互联网及平面媒体，以藏汉双语刊播了十一世班禅额尔德尼·确吉杰布 2015 藏历新年祝词。在国内外听众中产生了广泛的良好反响。

2015 年，正逢西藏自治区成立的第 50 个年头。50 年来，西藏也从最初的农奴社会逐步发展进步，造就了今日和谐繁荣的大美新西藏。50 年来，西藏人民的生活质量和平均寿命大幅提高，人均收入连年递增，生态环境日益优化，人民宗教信仰得到充分尊重和满足。这些丰硕成果和成就通过民族中心组织的《辉煌五十年 大美新西藏——庆祝西藏自治区成立 50 周年》采访报道得到了良好体现和传播。7 月 28 日，《大美新西藏》报道组深入拉萨、林芝、山南、那曲等 13 个县市，先后采写的 30 篇录音报道于次月 20 日起在藏语广播中开辟专栏播出。

2015 年，也是中国抗日战争胜利 70 周年。70 多年前，中国各民族团结一致，抵御外敌侵略，用鲜血和生命书写了中华民族不屈的历史篇章。9 月 3 日，民族广播使用蒙、藏、维、哈、朝五种少数民族语言推出大型报道《永恒的丰碑》，对抗战胜利 70 周年纪念大会盛况进行了全面报道和详细解读。经过前期的数次策划会议和精心准备，报道以精彩纷呈的多种多样的主题呈现，将抗战胜利 70 周年纪念活动的实况通过民族语言的转播和解说传递到祖国的边疆各地，激发起各族听众强烈的民族自豪感和凝聚力，尤其使出生于和平年代的各民族听众对 70 多年前那场凝聚着中华民族不屈精神的战争有了更加深刻的了解和理解，更加珍惜今天来之不易的幸福安定生活。

对于民族中心的全体成员，2015 年更是一个极为有意义的一年。9 月 7 日，中心推出系列报道《岁月无痕民族记忆——纪念中央台民族广播开播 65 周年》。报道对六十五年的民族广播事业取得的大发展做出了回顾，对民族听众 65 年来不离不弃相濡以沫的陪伴和支持表达了感谢。为此，全国人大常委会原副委员长布赫为该组系列报道亲笔题词：民族之声，岁月之印。

9 月 8 日，藏语广播西藏自治区成立 50 周年庆祝大会现场直播完美收官，为大美西藏报道画上了圆满的句号。直播期间，技术保障和后勤组等团队精密协作，为这场零失误的完美直播做出了贡献。

彩虹公益路，永远在路上

自 2013 年民族中心发起主办的"彩虹路"系列公益活动开始，3 年来，民族中心在公益的道路上不仅从未止步，反而越走越远，声势越来越浩大。这也从侧面反映了民族中心人对民族公益事业的一腔热血，对各民族同胞毫无保留的关爱之心。正是携着这股热血和爱心，三年来民族中心依靠所发起的公益基金和各项公益活动，为全国边疆民族地区筹措捐款数百万元，普惠各民族青少年数十万人。

2015 年 1 月 6 日，"彩虹路·民族情——2015 北京公益书画展"在北京民族文化宫拉开帷幕。展览囊括了 2015 公益行主题及年度规划发布、彩虹路 LOGO 大赛获奖作品颁奖、彩虹路公益标志亮相、艺术家笔会、参展作品义卖、彩虹路画册义卖、七耳兔儿童音乐剧互动表演等数项活动。

书画展作品主要为艺术家捐赠作品、少数民族地区公益行采风作品和少数民族地区学生画作，画作涵盖国画、书法、水彩画、油画等多种形式，共 100 多幅。这些作品通过义卖和向企业定向筹集捐款等方式汇入中国青基会设立的青少年艺术教育基金。基金将所筹善款在西藏、内蒙古、青海等少数民族地区捐建了多所"希望工程快乐美术教室"和"希望工程快乐音乐教室"。

之后，10 月 15 日，民族中心发起的"彩虹路"捐赠活动暨维语广播推广活动在新疆和田县塔瓦库勒乡卡尔墩小学、巴克墩小学举行，中央人民广播电台赵铁骑副台长携民族节目中心及新疆民族语言广播中心一行多人专程来到学校，看望学校的孩子们，并为他们送去了"彩虹路艺术包"、足球、篮球、跳绳等学习用品和器材。16日，赵铁骑带领新疆广播中心记者深入喀什莎车县等地采访，对当地的民族文化及相关产业进行了了解、报道。

听评会大考交出的满意答卷

如果将民族中心视作一所学校，那么每季度召开的节目听评会便是中心所有民族语言频率的年度期末考。这份答卷究竟能打多少分，是否及格，除了收听人群和听众满意度调查、来信来电、网络评论等被纳入考核内容之外，内部听评也是其中一项重要指标。这种形成制度的考核方式是民族中心推进节目质量精品化、让全员参与到节目策划和制作过程的新模式。

10月9日，中心召开第三季度节目听评工作会。会议以"从受众视角看民族语言广播节目如何提高权威性与可听性"为主题进行了深入讨论。对过往节目做出检讨、检验的同时，也对新栏目群策群力展开大讨论。实际上，民族中心始终把节目听评会作为助力节目创新、打造精品内容、创建优秀栏目的重要举措之一。依托听评会制度，形成了"优秀节目，共同缔造"的合力，发挥全员智慧，凝聚全员力量。得益于听评会制度，越来越多高质量的优秀栏目、节目频繁推出，不断斩获好评和奖项也成了水到渠成的自然现象。

2015年8月，在新闻出版广电总局设立的2014年度少儿节目精品及国产动画发展专项资金项目评选中，民族中心《金色的朝阳》（藏语）获二等奖。

之后，10月，2014年度八省区蒙古语广播电视优秀作品评析会在北京召开。来自内蒙古、新疆、青海、甘肃、黑龙江、吉林和辽宁等地的近百位广电行业代表参会。蒙古语部敖图海的广播社教类作品《月签族》、莎如拉的播音类作品《栗色马》、吉日木图的文艺类作品《草原人家的新春》、乃日斯克的新闻类作品《内蒙古保护动物百灵鸟遭盗猎，运至河北公然叫卖》分获各类别广播节目一等奖，呼布钦的《老兵新传》和满都呼的《文学翻译是一门艺术》获得社教类节目二等奖，布仁乌力吉的论文获三等奖。德吉和敖登其木格的广播栏目获优秀栏目奖。

到12月，藏语频率主持人边巴旦增被评为中央人民广播电台第五届十佳播音员主持人（第8名）。蒙古语部主持人吉日木图获优秀奖。

这场年度大考之所以能够交出满意的答卷，无不凸显出节目听评会制度的形成和建立在其中发挥的关键作用。广泛的交流发言，为改进和提升节目水平、提升民族节目宣传效应作用功不可没。

如果说此前多年的新媒体发展是在探索中厉兵秣马，2015 年则是民族中心通过大型采访报道活动、公益活动小试牛刀的一年，而此后的 2016 年更是新媒体与传统媒体大融合后大展拳脚的一年。

2016：融媒体构建民族信息权威发布平台

新媒体首次参与两会

　　一年一度的全国人大和政协两会是民族中心重要的年度采访和报道工作之一。将两会的好政策、好声音通过广播传递给各民族地区听众是民族中心过往的主要传播手段。而随着新媒体的普及，受众获取信息方式和渠道的逐渐改变及民族中心融媒体业务的初步建立，微信等越来越受到受众喜爱和使用的新媒体平台也加入了两会内容传播的行列中。

　　2016年2月26日，民族节目中心蒙古语广播微信公众号发布的两会预热稿件《2016年全国两会热点调查（投票）》，单条阅读量达18万之多，参与投票7.8万余人，创民族语言微信稿件阅读量新高。

　　将党的民族政策、领袖思想等内容透过受众自主选择的喜爱方式传播出去，将成为未来民族中心主要的工作重点。

大步迈入融媒体时代前的技术提升和整合

　　2016年8月16日，民族中心网络部与中央人民广播电台融媒体新闻指挥中心签署了《四网整合技术交接清单（民族网）》，完成民族广播网的技术整合工作。民族语言广播传输系统也在此次四网整合中一并移交央广网负责维护。此次技术整合对未来大步迈入融媒体时代具有里程碑意义。

　　之后的10月，由民族中心西藏民族语言广播中心承办的第31次全国藏语广播电视文艺节目交换会暨第十六届全国藏语广播电视优秀节目评析会举行，广播和电视、网络融合的重要性再一次得到凸显。在刚刚过去的7月，原中央人民广播电台分党组成员、副总编辑刘晓龙，接替退休的中央人民广播电台赵铁骑副台长负责分管民族中心。刘晓龙出席会议发表了致辞。此次会议，民族中心藏语广播及相关省区30多家藏语广播电视台、民族语译制中心、网络新媒体等近60位代表参加了会议。

这个10月，中心藏语广播微信公众号用户数量超过10万人。10月6日，中国民族广播网蒙、藏、维、哈、朝五种民族语言微信公众号用户总数突破30万。而到了当年12月28日，中心维语微信公众号发布了《再过3天，新疆要大变了！看完之后你绝对不想离开新疆！》，总阅读数达到39342次，创维语微信公众号2016年度单篇最高阅读量纪录。

技术的提升和整合为民族中心进入融媒体时代扫清了障碍，也为未来媒体融合打开了新思路。

日常选题策划制度

2016年初，民族中心通过对多年工作经验积累、近年融媒体业务摸索，开始分阶段尝试推行日常选题策划制度。所谓日常选题策划制度，就是由各语言节目部门主管以及相关节目负责人参与，民族中心领导班子成员值班主持，汇总、筛选、部署当日重点选题并进行落实。通过召开选题策划会对中心业务工作进行统筹布局、统一协调、分工布置等，以此加强中心对各语言日常节目的把控和指导力度，有效增强选题策划和议题设置能力。

日常选题策划制度在其后的工作开展中得到了应用，且初见成效。4月到5月期间，中心先后在朝语广播、维语广播、哈语广播、蒙古语广播、藏语广播陆续推出的一批翻译栏目，便将制度落实其中，经过制度化的选题筛选、策划和部署，使用民族语言翻译播出的中央人民广播电台其他频率精品栏目的优秀节目内容，得以向少数民族群众推出。这批优秀节目既传达了党中央的民族方针政策，又丰富了民族群众的精神文化生活。可谓一举多得，起到了节目效果和质量最大化的作用。

同年11月14日，民族中心联合地方广播电台共同推出《全国新闻联播》节目，力图将其打造成为全国最权威的民族信息发布平台。当日，中心率先开播蒙古语、藏语、维吾尔语《全国新闻联播》节目，各地民族语言广播电台同步转播。其后多年经过听评会考核，证明此档节目的成功推出，与日常选题策划制度有密不可分的关系。

借助制度的连续成功实施，当年 11 月 14 日起，中心正式执行日常选题策划制度，将其彻底制度化、日常化，为节目质量保障增添了助力。

打造民族信息权威发布平台

2016 年 8 月 16 日至 9 月 14 日，历时近一个月，民族中心圆满完成第五届全国少数民族文艺会演宣传报道工作和评奖工作。中央台首次作为会演评奖的主办方，发布和播出关于此次会演的各类报道 400 多篇。本次活动评奖委员会主任、中央人民广播电台台长阎晓明在闭幕式上宣读了获奖名单。会议组织来自全国最顶尖、最权威的专家团队执行开展评奖，为弘扬优秀民族文化艺术和民族团结进步发挥了重要作用，更体现了民族中心作为我国民族政策和民族文化信息权威发布平台的责任担当。

此后，中心又先后举办了第二届全国朝鲜语业余主持人大赛和全国维吾尔语大学生主持人大赛，进一步提高了中央台民族广播的品牌影响力和在行业当中的权威性。

这年 11 月 3 日，中央人民广播电台第八届民族广播协作会在北京开幕。会议商讨联合打造权威的民族信息发布平台，签订《全国民族语言广播联播平台合作协议》。开幕式上，时任中央人民广播电台台长阎晓明作了题为《加强协作打造民族信息权威发布平台》的主题报告。阎晓明指出，希望通过协作共享的方式，把全国的民族广播电台联合起来，融合起来。打造一个全国民族广播层面的采编播合作平台，创建一个由央广和各地民族广播兄弟单位合办的品牌节目，可以使全国各地的民族宣传上下贯通，确保党中央的声音最快最权威地传到少数民族地区。而中央人民广播电台民族中心将在其中发挥出上情下达、信息整合等不可估量的重要作用。来自全国民族地区各地市州、县的广电局、台负责同志和中央人民广播电台各中心室负责人、相关记者站长逾百人出席会议。

作为民族信息权威发布平台的主体，民族中心围绕如何成功构建这一平台下足了力气，使出了真功夫。经过调研分析和研讨，中心领导班子一致认为，除了与兄弟单位精诚合作，打造出更多更受民族地区同胞喜爱的融媒体爆款节目也是构建民族信息权威发布平台的要素之一。为此，民族中心于当年岁末为新的一年做出了细致周详的规划与布局。

2017：打造融媒体创新节目

媒体融合驶向深水区

2017年，媒体融合驶向深水区，也被人称为融媒体的元年。广播电视、纸媒、网络百花齐放、文图音视争奇斗艳的态势此起彼伏，涌现出一大批传播广、点击量高、口碑好的融媒体作品，不断放大着媒体的"音量"；若干款点击量过亿甚至过10亿的"爆款"产品令人印象深刻。融媒体的时代意义和传播利用价值愈加明显。从2010年民族广播网建立到之后几年各民族语言微信公众号的推出，以及各项技术的整合、储备，民族中心一直在努力，迎接融媒体时代的真正到来。

2017年2月10日，央广新媒体公司总经理陶磊接待了民族中心全体领导和各部门负责人一行。参观和了解完新媒体技术和中央人民广播电台媒体融合思路后，大家形成共识，未来传统媒体在充分发挥擅长新闻策划的优势同时，更要学会与互联网分发平台以及技术公司紧密合作，在增强重大时政报道、主题主线宣传报道的吸引力、新闻传播力，在形式创新、内容创新、手段创新方面必须下苦功夫、费心血，否则便有被边缘化的危险。

当年3月28日，民族中心在北京举办央广藏语移动媒体发展座谈会。座谈会以藏语移动媒体的发展为切入点，与会的互联网平台、技术公司、全国各著名院校的新媒体领域研究专家纷纷建言献策，为加强和改进民族语言广播在新媒体领域的工作拾薪助火。

借着座谈会的热火，民族中心宣布自当年4月1日起全员进行新媒体轮岗培训，以期达到人人学习新媒体、掌握新媒体、运用新媒体的业务标准。截至这年9月底，中心近80名人员完成业务交流，基本实现了初期制定的轮岗培训目标。

在这个媒体大变革元年，除了外练广纳建言筋骨皮，内练培训学习一口气，及时了解掌握民族语言节目听众的行为变化也成为融媒体工作发展的重要指向标。从当年4月开始，民族中心启动了2017年民族语言广播听众调查工作，通过评估五种民族语言广播的社会影响力变化、受众收听行为变化、受众生活形态和媒介消费形态的变化，测试五种民族语言广播在当地的信号接收情况，为进一步提高民族广播的影响力、传播力和融媒体工作的下一步开展提供了切实可靠的依据。

融媒体力量下打造出的刻度

2017年，一系列针对融媒体业务发展的举措陆续推出，使民族语言节目不再拘泥于广播这一单一的形式，众多举措很快便见到了成效。

2月24日，中心蒙古语微信公众号发布了《发出你的呼声2017年全国两会热点调查（投票）你的意见将直达两会代表委员》，总阅读数达108848，创蒙古语微信公众号单篇最高阅读量纪录。

4月15日，藏语微信公众号发布的《青海湖小湖泊变成"粉红湖"官方排除生态环境污染》，总阅读数达59102，创藏语微信公众号单篇最高阅读量纪录。

6月13日，哈语微信公众号发布的《小说：谁也没比谁好过》，总阅读数达35584，创哈语微信公众号单篇最高阅读量纪录。

6月20日，中心下属中国民族广播蒙、藏、维、哈、朝五种民族语言微信公众号用户总数突破40万。

8月1日，中心朝语微信公众号发布的《朝鲜族人郑律成的革命音乐人生——重温经典军歌忆往昔光荣岁月》，总阅读数达11825，创朝语微信公众号单篇最高阅读量纪录。

8月30日，中国民族广播蒙、藏、维、哈、朝五种民族语言微信公众号用户总数突破50万。

一边是捷报频传、爆款节目频出，一边为加快迈入融媒体业务纵深提速。民族中心对媒体业务的拓展和应用亮点频现。这年8月，"民族之声"蒙古语广播联合内蒙古广播电视台蒙古语广播，完成了内蒙古自治区成立70周年庆祝大会及群众行进表演全程直播报道，中国民族广播网蒙古语网同步进行了图文、音视频直播，开创了蒙古语节目开播以来的首次非单一广播形式直播的先河。

进入2017年9月，中心策划推出150集大型采访报道《庄严的承诺——民族地区扶贫攻坚纪实》，在蒙、藏、维、哈、朝五种民族语言广播和中国民族广播网、民族语言微信公众号同步播发。报道以扎实的采访、生动的事例、感人的声音，展现和反映了全国各民族地区扶贫攻坚主战场上发生的巨大变化。中国民族广播网、民族语言微信公众号的报道吸引了诸多民族地区网友的高度关注，对每集的报道内容回复和评论数以千计。一线采编人员在线与网友互动，回复网友关切的民族地区扶贫事项，突破了传统的广播缺乏互动的瓶颈。

以民族视角报道十九大

2017 年民族中心的报道工作重中之重是将于金秋十月召开的中国共产党第十九次全国代表大会。党的十八大以来，习近平总书记多次指出，"我国 56 个民族都是中华民族大家庭的平等一员，共同构成了你中有我、我中有你、谁也离不开谁的中华民族命运共同体"。究竟该如何安全进行十九大报道播出，如何紧密围绕中华民族命运共同体展开十九大专题报道，如何身体力行实践十九大会议精神，推进、推广学习十九大报告？民族中心领导班子和各部门主任经过多次紧锣密鼓地开会商议，拟定了绵密紧凑又具有广度、深度、高度和速度的四维报道工作推进计划。

在 2017 年 3 月进行的全国两会报道中，中心首次尝试全景直播，并完成了人大开幕式（汉语）和记者招待会（维语）两场直播。不同于只能一个角度观赏的传统，此次采用的全景直播可以带领观众 360° 观看直播现场，更具身临其境的现场感和真实感。

当年 5 月 12 日，民族中心召开安全工作会议，审议通过了《民族节目中心安全播出管理条例》（2017 年修订版）和《民族节目中心安全播出应急预案》（2017 年修订版）等文件，并对 2017 年中心在安全播出、宣传报道、消防安全、人身安全等各方面存在的问题和隐患进行梳理总结，各部门上报了应急预案的制定情况、存在的安全隐患及整改措施。条例和预案的推出与执行为其后的十九大报道播出奠定了安全保障基础。

到了 6 月至 7 月间，民族中心联合内蒙古广播电视台策划推出庆祝内蒙古自治区成立 70 周年系列采访报道《陪你一起看草原》。中心藏语广播推出大型主题报道《幸福雪域——砥砺奋进的五年》，报道反映了党的十八大以来，各地藏区在以习近平同志为核心的党中央的治藏方略指引下，认真贯彻落实中央第六次西藏工作座谈会精神，实施精准扶贫取得的巨大成就，以及在中国共产党的集中领导下，各民族交往交流交融，各族人民心往一处想，劲往一处使，汇聚维护国家统

一、民族团结正能量，全面展现藏区经济发展、民族团结、社会稳定的可喜景象。

之后的 9 月，中心在延吉召开了民族语言《全国新闻联播》节目研讨会。会议总结了民语版《全国新闻联播》节目开播 10 个月来取得的成果和经验，商议民族广播如何做好十九大宣传报道工作。会议召集了全国 53 家广播电台的负责同志共同出席。

除了在中心举办"迎十九大、爱我中华"职工摄影展，抒发全员爱国热情外，2017 年 9 月至 10 月，中心维语广播和哈语广播又分别推出了迎接十九大专题采访报道《县市长访谈录》，以及两种语言广播的专题节目《庄严的承诺：新疆精准扶贫纪实》《砥砺奋进谋发展民族团结谱新篇》，全面展现了党的十八大以来，新疆各族人民在以习近平同志为核心的党中央的坚强领导下，认真贯彻中央第二次新疆工作座谈会精神，积极开展丝绸之路经济带核心区建设所取得的成就。

同样是这年 10 月，中国民族广播网策划推出新类型民语广播节目《"微"观十九大》，分别在五种语言广播的十九大专题节目中播出。节目首次将新媒体互动内容引入中央电台民族语言广播，通过微信公众平台策划征集十九大相关话题，利用"微信语音精选""朋友圈声音""专家评网友留言"等形式，在广播中融入移动端用户的声音，深化广播与新媒体"双向融合"，提升民族地区用户对十九大会议的关注度和参与度。

更为重要的是，在此次十九大报道中，民族中心通过重大翻译报道指挥协调机制有效加强了十九大等重大主题宣传报道的统筹策划，增强了报道的传播力和影响力。这也是民族广播继成功推出五种民族语言版《全国新闻联播》节目后的又一创新举措，标志着民族权威信息发布平台建设取得新进展，民族广播翻译报道工作进入新的高度和阶段。

为保持十九大报道的热度持续升温，力促十九大精神更加彻底、细致地贯彻执行，当年 10 月 26 日，蒙、藏、维、哈、朝五种民族语言广播在《全国新闻联播》平台里统一挂栏播出《携手迈进新时代》，由中心领导带队，采访报道民族地区和民委系统传达学习贯彻十九大精神情况。

之后，10 月 30 日，民族中心主任赵连军、副主任帕尔哈提带队赴新疆博尔塔拉蒙古自治州各县、村采访报道民族地区基层学习贯彻十九大会议精神的情况。采访途中，应邀在新疆博尔塔拉蒙古自治州精河县茫丁乡北地村举行的十九大精神学习宣讲会上讲课，结合中央台十九大报道工作，从中央媒体工作者的角度向现场六个民族的 90 多名村民宣讲了自己对十九大报告的认识和理解，受到驻村干部的一致好评。

荣誉的集体，温暖的集体

民族中心领导班子成员张克清曾说：如果说策划制作出优秀的节目内容是果，因此而获得荣誉和奖项是花，那么建立和维持一个健康、和谐、向上的集体就是民族中心的根。

任何集体都是由一个个独立的个体构建而成。对于民族中心而言，每一位成员不分领导层级、职务大小，都是中心不可或缺的宝贵财富。他们从五湖四海走来汇聚一堂，通过不断地有针对性地培训和工作历练，积累了丰富而又宝贵的工作经验。是他们的付出使民族语言节目得以顺利制作和播出，是他们用杰出的智慧和流淌的汗水经过团结合作，为民族中心一次又一次赢得了荣誉和嘉奖。无论是默默付出的办公室后勤人员，还是发际线日益升高的技术人员，或是冲在一线的采编人员，每一次电波传送，每一笔文字，每一段视频，每一幅图片，无不浸染着他们的努力和付出。

长期以来，民族中心始终坚持"以人为本"的团队建设理念。尊重员工，关怀员工，对员工的人文关怀和福利温暖从未缺席。大处着眼，小处着手；用心用情，融入点滴；承诺必行，忌走形式成为民族中心对员工关怀的行为准则。

这一年，荣誉也是纷至沓来。1月，中心网络部获得中央人民广播电台2016年先进集体荣誉，员工米玛加措被评为中央台2016年度先进工作者；11月，民族中心被中央精神文明建设指导委员会评为第四届"全国未成年人思想道德建设工作先进单位"。

石榴花开艳中华

"各民族要相互了解、相互尊重、相互包容、相互欣赏、相互学习、相互帮助，像石榴籽那样紧紧抱在一起。"

——习近平总书记在第二次中央新疆工作座谈会上的讲话

石榴，中国传统文化中的吉祥之物，是多子多福的象征，更恰如中华民族大家庭的多民族特色。石榴花开后即渐入果实成熟期，成熟后的石榴籽颗颗相抱，正如我国 56 个民族紧密团结在一起。习近平总书记用在新疆广泛种植的石榴来比喻"中华民族大团结"，形象贴切、寓意深刻。

只有最大限度地团结各族人民，最大限度地凝聚各族人民的智慧和力量，最大限度地发挥各族人民当家做主的权利，才能同心同德实现"两个一百年"奋斗目标，才能实现中华民族伟大复兴的中国梦。

石榴籽"千籽环抱，千籽同一"，形象地喻示了我国各民族"多元"与中华民族"一体"的关系。我国各民族各有其起源、形成、发展历史，文化、社会也各具特点。但各民族的发展又相互关联、相互补充、相互依存，与整体有着不可分割的内在联系。在祖国大家庭里，各民族唯有和睦相处，平等相待，才能真正形成"同呼吸，共命运，心连心"。中华民族的伟大复兴离不开包括少数民族同胞在内的所有 14 亿中国人民。在这场伟大的复兴之路上，石榴花开艳耀中华。

古人张栻在《论语解·序》中写道："行之力则知愈进，知之深则行愈达。"意思是越是深入实践，知识就能不断增长，认识就能不断精进；有了更深刻的认识，实践才越有方向感。

70 年来，民族语言节目从无到有，从小到大，从弱到强，在艰难中创业，在变革中发展，在拼搏中壮大，传播手段不断进步，内容形态日益丰富，覆盖范围愈加广泛，已经成为民族地区群众获取信息的重要渠道，引导思想舆论的重要阵地，向世界展示中国的重要窗口。回首过去，成绩斐然；展望未来，希望无限。

潮平岸阔催人进，风正扬帆正当时。新时期，民族宣传事业迈上了新的起点。在习近平新时代中国特色社会主义思想的引领下，在中央广播电视总台的坚强领导下，民族中心全体人员牢记习近平总书记系列重要讲话精神，引导各族人民像石榴籽一样紧密团结在党中央周围，不忘初心，砥砺前行，守正创新，再创佳绩，为奋力开创新时代民族宣传工作新局面，为总台打造国际一流新型主流媒体而不懈奋斗！

中央广播电视总台民族语言节目大事记

1950 年 3 月 29 日	新闻总署决定：中央人民广播电台增设藏语、蒙古语、朝鲜语广播节目。
1950 年 5 月 13 日	毛泽东主席就中央台藏语广播内容及方针做出批示。
1950 年 5 月 22 日	中央台藏语广播开播。
1950 年 8 月 15 日	中央台蒙古语广播开播。
1956 年 7 月 6 日	中央台朝鲜语广播开播。
1956 年 12 月 10 日	中央台维吾尔语广播开播。
1957 年 11 月 11 日	中央台壮语广播开播。
1960 年 12 月底	中央台五种少数民族语言广播停止播音。
1971 年 5 月 1 日	中央台维吾尔语节目恢复广播。
1971 年 5 月 1 日	中央台创办哈萨克语广播。
1972 年 5 月 1 日	中央台蒙古语节目恢复广播。
1972 年 8 月 1 日	中央台朝鲜语节目恢复广播。
1973 年 1 月 1 日	中央台藏语节目恢复广播。
1981 年 6 月 1 日	中央台第一次开办汉语民族专题节目《民族专题》。
1982 年	举办全国民族团结进步征文活动。

1983年1月1日	中央台汉语《民族大家庭》节目开播。
1983年	举行《边疆万里行》采访报道和《边疆·民族知识有奖测试》活动。
1988年4月	中央台民族部荣获国务院授予的"全国民族团结进步先进集体"称号。
1988年9月	举办全国少数民族企业家评选活动。
1989年7月	举办全国民族团结进步征文活动。
1989年10月1日	中共中央总书记江泽民到中央台视察工作，看望少数民族广播编播人员，并同大家亲切交谈。
1990年4月	举办《民族团结进步之声》专题节目。
1990年5月	中央台民族广播创办40周年，《民族广播文集》出版。
1991年	中央国家机关召开民族团结进步表彰大会，中央台民族部被评为先进集体，藏语播音员曲珍被评为先进个人。
1994年12月	中央台民族部荣获"全国民族团结进步先进集体"称号。
1996年10月	中央台民族语言节目全部上星播出。
1998年6月	中央台民族部升格为民族广播中心，下设蒙、藏、维、哈、朝五个语言节目部和综合编辑部。
1999年6月—10月	举办"国庆50周年党的民族宗教政策知识有奖征答"活动。
1999年8月1日	中央台蒙古、藏、维吾尔、哈萨克、朝鲜五种少数民族语言节目在北京落地。
2000年3月	民族广播中心首次派出5名少数民族语言广播记者参加全国"两会"采访报道工作。
2000年5月22日	中央台民族广播创办50周年座谈会在人民大会堂举行。全国政协副主席阿沛·阿旺晋美出席，全国人大常委会副委员长

	布赫、铁木尔·达瓦买提，国务委员司马义·艾买提分别题词、致信祝贺。
2000 年 7 月 10 日	中央台民族语言广播节目由模拟播出改为数字化播出。
2000 年 12 月 25 日	中央台第八套节目开播，五种民族语言节目由过去每天播音 10 小时，延长为每天播音 20 小时。
2002 年 1 月	藏语节目在成都举行了藏族歌手演唱会。来自北京、西藏、四川、甘肃等地的著名藏族歌手在演唱会上演唱了 30 多首歌曲。这是藏语节目举办的第一个晚会和第一个在京外举办的活动。
2002 年 2 月 1 日	江泽民总书记到国家广电总局视察，民族广播中心 5 位同志代表中央台受到接见。
2002 年 4 月 12 日	覆盖北京的中波 1143 开始转播中央台民族语言节目。
2002 年 7 月 1 日	为迎接党的十六大召开，民族广播中心五种语言节目分别推出百集系列报道《在党的阳光下》，《民族大家庭》推出 50 集系列报道《同在阳光下》。
2002 年 7 月	中央台首届民族广播协作会在新疆伊犁举行。
2002 年 8 月	中央台民族广播中心荣获国家广电总局先进集体称号。巴拉登、贡布、帕尔哈提、巴拉番、金永勋等五位同志被评为先进个人。
2002 年 11 月	民族广播中心派出少数民族记者采访报道党的第十六次代表大会。
2002 年 12 月 20 日	中共中央政治局常委李长春，中共中央政治局委员、书记处书记、中央宣传部部长刘云山等领导同志视察中央台，到民族广播中心与少数民族广播工作者亲切交谈。
2003 年 2 月	藏语广播在北京举办了《欢聚北京》2003 年春节、藏历水羊新年联欢晚会。
2003 年 8 月	中央台第二届民族广播协作会在西藏拉萨召开。
2003 年 8 月	中央台民族广播中心荣获"首都民族团结进步先进集体"称号。
2003 年 10 月	藏语节目在四川成都首次录制格萨尔故事 30 多小时，用数字化音频和视频记录较完整且能够体现艺人说唱特点的《格萨

尔》说唱资料。

2004 年 1 月 1 日	中央台民族语言节目改版，正式推出"民族之声"。
2004 年 1 月 19 日	中共中央政治局常委李长春，中共中央政治局委员、书记处书记、中央宣传部部长刘云山，国务委员陈至立等领导同志到中央台视察，与民族广播中心同志合影留念。
2004 年 3 月	古力巴哈荣获全国"三八红旗手"称号。
2004 年 6 月	中央台第三届民族广播协作会在内蒙古呼伦贝尔市举行。
2004 年 11 月 30 日	中共中央政治局常委李长春同志对中央台民族语言广播做出重要批示，要求继续办好少数民族语言广播，不断增强凝聚力、影响力、感染力。
2004 年	藏语节目开办 55 周年之际，出版《藏语广播论文集》。全国政协副主席阿沛·阿旺晋美亲笔题写了书名，十届全国人大副委员长热地为论文集题词，中央人民广播电台台长杨波为论文集撰写序言。
2005 年 2 月 22 日	台学会召开 2004 年度十佳栏目评比会。民族广播中心的《论坛》被评为十佳栏目。
2005 年 5 月 18 日	中央台藏语广播创办 55 周年座谈会在京举行。
2005 年 5 月 20 日	中央人民广播电台民族广播 55 周年座谈会在人民大会堂举行。会上宣读了中共中央政治局委员、书记处书记、中央宣传部部长刘云山对中央台民族广播 55 周年的贺信。
2006 年 5 月 25 日	中央人民广播电台哈萨克语广播 35 周年纪念大会在总局音乐厅举行。
2006 年 9 月 6 日	第四届中央台民族广播协作会在云南昆明召开。
2006 年 9 月 9 日	中央人民广播电台朝鲜语广播 50 周年纪念大会在广播剧场举行。
2006 年 12 月 8 日	中央人民广播电台维吾尔语广播 50 周年纪念大会在人民大会堂举行。
2006 年 12 月 23 日	民族广播中心维吾尔语播音员阿依夏木荣获中央台首届十佳播音员主持人称号。

2007 年 4 月	民族广播中心《论坛》荣获中央台 2006 年十佳栏目荣誉。
2007 年 11 月	民族广播中心组织 8 名记者赴广州参加第八届全国少数民族传统体育运动会采访报道。
2008 年 1 月	朝语部播音员朴青竹荣获 2007 中国播音主持"金话筒奖"。
2008 年 3 月	蒙、藏、维、哈、朝五种民族语言播音员主持人首次在人民大会堂网上直播两会开幕式。
2008 年 4 月 18 日	藏语广播由过去每天播出 4 小时增加到 8 小时。新开办了《特别关注》《西藏传统文化》《歌声传情》三个栏目。
2008 年 4 月	民族广播中心新闻、蒙、藏、维、哈、朝六个部门记者组成的联合采访组赴藏采访。
2008 年 5 月—10 月	蒙、藏、维、哈、朝五种民族语言广播对 5·12 汶川地震及抗震救灾报道及时全面，增进了少数民族群众与灾区同胞浓浓的民族亲情。
2008 年 8 月	蒙、藏、维、哈、朝五种民族语言广播对北京奥运会报道规模大，针对性强。
2008 年 8 月	民族广播中心荣获"首都民族团结进步先进集体"荣誉称号。
2009 年 3 月 1 日	中央台藏语广播由每天 8 小时播出增加到 18 小时播出，成为中央台第 11 套广播频率，也是第一套由单独一种语言播音的民族广播频率。
2009 年 3 月 12 日	中共中央政治局常委、全国政协主席贾庆林来到设在人民大会堂的中央台直播间，了解中央台五种少数民族语言网台联动报道两会的情况，并给予充分肯定。
2009 年 3 月	民族广播中心蒙古语节目部的《记者话筒》栏目荣获中央台 2008 年度十佳栏目奖。
2009 年 7 月 14 日	维语节目由每天播出 4 小时增加到 8 小时。
2009 年 7 月	民族广播中心党总支被评为国家广电总局先进基层党组织。
2009 年 10 月 1 日	藏语频率边巴旦增、达瓦玉珍两名主持人在天安门城楼现场直播新中国成立 60 周年盛大庆典。
2009 年 11 月	由中央人民广播电台民族广播中心和中韩企业联谊会联合主办的"2009 全国朝鲜族政企高层经济论坛"在北京举行。

2009 年 11 月	民族广播中心乌仁其木格、朴青竹、哈布克什三人荣获中央台第二届十佳播音员主持人称号。民族广播中心荣获中央台十佳评选工作组织奖。
2010 年 2 月	新疆阿勒泰地区、塔城地区、伊犁地区等地出现历史罕见的暴雪灾害。哈语部迅速派出两名记者深入到抗灾救灾第一线，通过报道及时把党和政府的关怀第一时间传达给受灾群众。
2010 年 4 月 17 日	针对青海玉树地震灾害，藏语频率新增每天 8 小时康巴方言节目，为灾区群众提供了及时有效的信息服务。
2010 年 5 月 14 日	维语频率乌鲁木齐编辑部业务楼奠基，中央台台长王求、副台长赵铁骑出席。
2010 年 5 月 21 日	民族广播 60 周年座谈会在北京人民大会堂举行，中共中央政治局委员、书记处书记、中宣部部长刘云山写信祝贺。全国人大常委会副委员长司马义·铁力瓦尔地等领导同志出席；当日下午举行了中央人民广播电台第五届民族广播协作会，全国 40 多家地方广电局、台领导和代表参加；当晚在民族文化宫剧场举行了中央台民族广播 60 周年文艺晚会《吉祥彩虹》。
2010 年 8 月	召开了蒙古语广播开播 60 周年座谈会。举办了以《加强合作，迎接挑战》为主题的业务研讨会，还举办了《和谐之音》大型广播电视文艺晚会。
2010 年 8 月	民族广播中心内设机构进行重要调整，经台分党组研究决定，民族广播中心增设副主任 1 名（正处级），领导职数增至 1 正 4 副（含党总支专职副书记 1 名）。撤销藏语节目部、维语节目部，分别设立藏语频率（对外称西藏民族语言广播中心）和维语频率（对外称新疆民族语言广播中心），均为民族广播中心内设机构，其中领导职数 1 正（副局级）2 副。藏语频率、维语频率在民族广播中心的统一领导下，分别负责中央台藏语、维语广播节目的采编、翻译、制作、安全播出及民族语言广播网的内容建设工作。同意西藏记者站站长旺堆、新疆记者站站长胡志坚兼任民族广播中心副主任（不占领导职数），分别负责指导协调拉萨编辑部、乌鲁木齐编辑部除日常宣传管理以外的行政事务管理以及与当地关系的

	协调、队伍建设等工作。
2010 年 10 月	由维语部伊丽娜采写、帕尔哈提编辑的录音报道《一场特殊的婚礼》，荣获第二十届中国新闻奖一等奖，这是民族广播开办 60 年来的第一次。
2010 年 12 月 17 日	中国民族广播网上线、维语广播频率和藏语多方言广播频率正式开播仪式在北京举行，中共中央政治局委员、书记处书记、中宣部部长刘云山出席。
2011 年 4 月	民族广播中心领导机构进行重要调整。经台分党组研究决定，赵连军同志任民族广播中心主任职务（副局级）。肖玉林同志不再担任民族广播中心主任职务。
2011 年 4 月 26 日	民族广播中心召开建党 90 周年报道部署动员会暨节目评奖创优研讨会。研讨会对民族广播中心各部门推荐的 41 件一季度优秀节目进行了听评，听取了各部门建党 90 周年宣传报道方案及近期工作安排。
2011 年 5 月 17 日	维语频率推出《促进民生改善 推动跨越式发展：十九省区对口援疆系列报道》，报道中央新疆工作会议一年来新疆的变化和发展，让全国各族人民了解建设新疆对维护民族团结、祖国统一的重大意义，让新疆各族群众明确国家建设新疆的决心，了解"十九省区对口援疆工作"的进展和成果，从而增强建设边疆、富民兴边的信心。
2011 年 5 月 23 日	藏语频率推出西藏和平解放 60 周年系列广播节目《雪域阳光 60 年》。藏语频率从 5 月中旬起，组织台本部及拉萨编辑部组成采访报道组，分赴西藏各地采访，成员行程近万公里，全面记录了西藏和平解放 60 年来的发展变化，反映了西藏人民对新生活的热爱和对党对国家的感恩之情。
2011 年 6 月 29 日	中央台哈萨克语广播开播 40 周年研讨会在京举行。哈萨克斯坦驻华大使阿德尔别科夫、哈萨克斯坦驻华大使馆参赞卡兹别科以及来自北京和新疆的哈萨克语专家学者和听众代表 150 多人出席了相关活动。
2011 年 7 月 19 日	中央人民人民广播电台藏语频率与西藏人民广播电台在拉萨圆满完成"西藏和平解放 60 周年庆祝大会"特别直播。藏语

频率实现了两个突破：第一次在京外直播，第一次在高海拔地区直播。

2011 年 7 月 26 日	中央人民人民广播电台藏语广播中心拉萨编辑部揭牌仪式在拉萨举行。王求台长与西藏自治区党委常委、宣传部部长崔玉英共同为拉萨编辑部揭牌。
2011 年 8 月 3 日	由中国广播电视协会少数民族广播电视节目工作委员会主办、阿克塞哈萨克自治县广电局承办的第十三届全国少数民族语言哈萨克语、柯尔克孜语优秀广播电视作品评析会在甘肃省阿克塞哈萨克自治县举行。中央人民广播电台民族广播中心哈语部报送的 8 件作品分别获得一、二、三等奖。
2011 年 8 月 4 日	民族广播中心召开 2011 年第二季度节目评奖创优研讨会。研讨会对民族广播中心各部门推荐的 35 件优秀节目进行了听评，并围绕民族广播节目发展中出现的问题进行了探讨。
2011 年 8 月 17 日	经台分党组研究决定，民族广播中心副主任原杰同志任西藏记者站站长职务（副局级）。旺堆同志不再担任西藏记者站站长职务。
2011 年 9 月 2 日	民族广播中心召开务虚会议，组织副处级以上干部 30 余人集体学习《从怎么看到怎么办》，为推动民族广播中心又好又快发展建言献策。
2011 年 9 月 8 日 —18 日	第九届全国少数民族传统体育运动会在贵阳举办。民族广播中心由维语频率总监帕尔哈提带队，各部门派出业务骨干组成 8 人报道组赴贵阳基层地区进行采访报道。
2011 年 9 月 13 日 —29 日	民族广播中心全面启动"走转改"大型采访报道工作。中心领导带队，由新闻部、蒙古语部、哈语部、朝语部和藏语频率、维语频率共同组成采访团，赴江苏、广东两地基层采访，报道江苏、广东两省援疆、援藏工作情况。
2011 年 10 月 18 日	由中央电台藏语频率联合多家地方电台、电视台共同主办的《再唱山歌给党听——歌唱我们的幸福生活》2011 年全国藏族风格歌曲征集评选展播活动颁奖晚会在北京举行。中央统战部常务副部长朱维群、西藏自治区原党委书记阴法唐、国务院新闻办副主任董云虎、国家民委副主任丹珠昂奔、中央电台副总编辑杜嗣琨等共同出席了颁奖晚会并为金奖获得者

	颁奖。来自中央统战部、中央外宣办、国家民委等部委的领导和在京的藏族同胞以及各界人士 800 余人观看了晚会。
2011 年 10 月 27 日	中央人民广播电台朝语广播创办 55 周年座谈会在北京举行。来自东北各地区的朝鲜族领导和代表以及在京的部分朝鲜族同胞 230 余人参加了座谈。
2011 年 10 月 28 日	中央人民广播电台第三届十佳播音员主持人评选揭晓。民族广播中心维语频率阿不都卡得尔·阿西木和藏语频率扎西罗布荣获十佳桂冠。
2011 年 10 月 31 日—11 月 2 日	由民族广播中心与人力资源办、技管办、技术运行中心联合举办的中央台民族广播中心安全播出培训班在北京举行。民族广播中心领导和采编、翻译一线人员 120 余人参加了培训，并在课后参加了安全播出知识技能考试。
2011 年 11 月 6 日—8 日	民族广播中心记者、播音员一行 20 余人深入内蒙古赤峰市巴林右旗进行了采访报道活动，并把巴林右旗确立为中央台民族广播中心在民族地区开展"走基层、转作风、改文风"活动的采访联系点。
2011 年 12 月 10 日	中央人民广播电台新疆民族语言广播中心揭牌仪式在乌鲁木齐举行。 中央电台台长王求和新疆维吾尔自治区党委常委、宣传部长胡伟共同为新疆民族语言广播中心揭牌。中央电台领导和新疆维吾尔自治区领导共同开通了新疆民族语言广播中心视频网站。中央电台还向新疆维吾尔自治区民委、新疆生产建设兵团民委赠送了 700 台收音机。
2011 年 12 月 16 日	民族广播中心领导机构进行重要调整。经台分党组研究决定，同意泽嘎、帕尔哈提兼任民族广播中心副主任职务。原杰不再兼任民族广播中心副主任职务。
2012 年 1 月 15 日—16 日	民族广播中心召开 2012 年工作会议暨 2011 年第三、四季度优秀节目评奖会，民族中心各部门副主任以上领导约 30 人参加会议。
2012 年 2 月 1 日	民族广播中心副主任、藏语频率总监泽嘎带领藏语频率的编辑记者来到武警总医院采访报道接受免费手术治疗的藏族先

天性心脏病儿童，并代表民族中心向患儿捐赠了 20 余台收音机。据了解，藏语频率是中央级媒体中首家报道该活动的藏语媒体。

2012 年 2 月 3 日	民族广播中心领导机构进行调整。经台分党组研究决定，聘任额日德尼毕力格为民族广播中心副主任。刘永春为民族广播中心新闻部副主任，刘洪斌、吴新日为民族广播中心网络部副主任。
2012 年 2 月 9 日	民族广播中心召开网络部成立大会，杜嗣琨副总编辑出席并讲话。
2012 年 3 月 19 日	由民族广播中心与人力资源办联合举办的民族语言广播业务培训班 3 月 19 日—23 日在北京举行。民族广播中心领导和采编、翻译一线人员 150 余人参加了培训。
2012 年 4 月 1 日	民族广播人才培养方案进入实施阶段，首批挂职交流人员 4 月 1 日起正式到新部门报到，为期一年，2013 年 3 月 31 日结束。这是中央台民族广播中心首次在全台范围内开展民族广播人才交流工作，为民族广播中心人才培养摸索经验。（首批交流人员名单：巴赞、拉巴、吴琼、吴新日、乃日斯克、艾尼瓦尔）
2012 年 4 月 5 日	中央台民族广播中心藏语频率《走基层看西藏》大型报道在京正式启动。中央台台长王求、广电总局机关党委书记杨烁、中央台副台长赵铁骑、纪检组长包云出席启动仪式。台机关党委专职副书记刘智力、民族广播中心、藏语频率领导及 20 位报道组成员参加活动。
2012 年 4 月 9 日	民族广播中心推出大型系列报道《民族记忆》。民族广播中心专职副书记李春楠带领首批采访组赴广西进行为期一周的采访，采访的主题是：广西民族文化的保护与发展。各语言部派出一名记者参加。
2012 年 4 月 20 日	经台分党组研究决定，聘任尼加提·卡德尔为民族广播中心维语频率乌鲁木齐编辑部副主任。
2012 年 5 月	民族广播中心蒙古语部联合中国之声、内蒙古电台推出大型系列报道《闪电河之行》。此次采访报道历时 18 天，共派出 7 名记者，行程万里，遍访河北、天津、内蒙古等省市自治

区，全面报道了闪电河流域各地的生态情况及发展现状。

2012年6月12日　　中央台第六届民族广播协作会在湖北恩施召开。赵铁骑副台长在会上做了题为《和谐共享 携手共进——以饱满的政治热情迎接党的十八大胜利召开》的主题报告。

2012年7月2日　　　民族广播中心领导进行调整。经台分党组研究决定，聘任张克清为民族广播中心综合部主任，李清斌为民族广播中心网络部主任，格日勒图为民族广播中心蒙古语部主任，才让多杰为藏语频率拉萨编辑部副主任，艾司哈尔为维语频率专题部主任。

2012年7月14日　　民族广播中心召开民族广播发展研讨会，邀请到10位中国传媒大学新闻学院的领导和专家学者进行座谈，共议中央台民族广播的发展走向和合作模式。赵铁骑副台长、杜嗣琨副总编及总编室、民族广播中心相关领导50余人参加了会议。

2012年7月15日　　民族广播中心召开"十八大"报道组成立大会。赵铁骑副台长、杜嗣琨副总编、总编室、民族广播中心相关领导、民族广播中心十八大报道组全体成员参加会议。

2012年7月29日　　民族广播中心蒙古语部和原北京军区政治部办公室共同策划的"走边防 看变化"大型报道启动仪式在内蒙古海拉尔市举行。北京军区政治部副主任谢建华少将、中央台副台长赵铁骑以及呼伦贝尔市委常委、宣传部长孟松林出席启动仪式。

2012年8月27日　　经台分党组研究决定，聘任巴赞·胡达别尔根为民族广播中心综合部副主任，免去其民族广播中心哈语部副主任职务。

2012年8月31日　　民族广播中心召开藏语频率《走基层 看西藏》大型采访报道活动总结座谈会。活动从4月5日在京启动到7月19日结束，历时100天，行程5.2万多公里，采访线路涉及西藏50个县（市、区）、上百个乡镇（西藏共有74个县，采访组走过了西藏近70%的县域）。报道组完成电话连线50余次；通过中国广播网、中国民族广播网、中国藏语广播网等网络媒体刊发文字报道200多篇、图片500多幅；在中国广播报刊发稿件82篇、图片90幅。

2012年9月1日　　　藏语频率制作的迎接十八大主题报道——60集专题节目《走基层 看西藏》在藏语频率《特别关注》栏目中挂牌播出。

2012 年 9 月 1 日	民族广播中心哈语广播节目全新改版，为哈语广播整频播出做好前期准备。新版节目将以哈语新闻和新闻专题类节目为主，访谈节目和文艺节目为辅，组合构成长达 3 小时的首播节目框架。其中，新闻信息类节目总时长将达到 2 小时，大大提升了哈语广播节目的时效性和信息量。
2012 年 9 月 1 日	中央台民族广播中心携手全国 32 家蒙、藏、维、哈、朝五种民族语言广播频率，共同推出 150 集系列报道《民族先锋》，全面报道 90 多年来少数民族党史人物在中国革命和建设各个时期做出的重要贡献，弘扬各民族共同团结奋斗、共同繁荣发展的精神，为迎接党的十八大胜利召开营造舆论氛围。
2012 年 9 月 20 日	兰汝生同志任民族广播中心党总支专职副书记，李春楠同志不再担任民族广播中心党总支专职副书记。
2012 年 10 月 22 日	赵铁骑副台长率领民族广播中心编辑记者深入湖北赤壁调研采访。
2012 年 11 月 29 日	中央台蒙古语节目部"走边防，看变化"大型采访报道活动总结会暨听众座谈会在内蒙古鄂尔多斯市鄂托克前旗举行。热心听众代表等共 50 多人参加了会议。
2012 年 12 月	朝语部获中央台先进集体，李国虎获中央台先进个人。
2012 年 12 月 17 日	中国民族广播网在上线两周年之际，对汉语分网进行了全新改版。
2013 年 1 月	民族节目中心蒙古语广播推出系列报道《风雪内蒙古》，全面报道内蒙古各地受灾情况和各级党政部门抗灾救灾工作情况。
2013 年 3 月 18 日	藏语频率推出《追寻幸福生活——佛教生命观解读》为主题的反自焚系列报道，使用藏语拉萨、康巴、安多三大方言同时播出。
2013 年 3 月 18 日	新疆民族语言广播中心与新疆日报等 10 家平面媒体签署战略合作协议。
2013 年 3 月 19 日	新疆大学新闻与传播学院教学科研实习基地在新疆民族语言广播中心乌鲁木齐编辑部挂牌。
2013 年 3 月 20 日	朝语节目全新改版，每周播出 17 档新闻、专题栏目，比原版

块增加了9档专题节目，全天播出时长6小时。

2013年4月15日　　蒙古语广播新增加一小时的首播节目。

2013年4月　　　　经台分党组研究决定，聘任王非为民族节目中心新闻部副主任。

2013年4月　　　　开办中央台民族语言广播史上首个军事栏目。民族节目中心蒙、藏、维、哈、朝五种民族语言广播相继开辟了军事节目专栏。

2013年4月14日　　为全面做好青海玉树地震三周年震后重建报道，中国民族广播网（汉语）、中国藏语广播网（藏语）首页头条位置联合推出"青海玉树震后重建三周年"网络专题，用汉、藏双语报道全面展现玉树重建新貌。

2013年5月20日　　民族节目中心策划的大型系列报道《最美民族村寨》启动，首批采访组赴云南采访。

2013年5月24日　　由中央台民族中心和青海台藏语广播联合推出的大型主题报道活动《和谐藏区行》（青海篇）在西宁正式启动。两台分成6个报道组，深入青海藏区，全方位、多角度报道青海藏区新农村、新牧区建设带来的变化和藏区城镇化、生态保护以及民生改善等方面的成就。

2013年5月27日　　由中央台民族节目中心申报的《中国民族语言广播发展战略研究》通过了2012年度国家新闻出版广电总局部级社科研究项目评审工作，进入办理立项手续阶段。这是中央台民族广播首次通过部级社科研究项目立项评审。

2013年6月1日　　中国蒙古语广播网完成网站改版，推出全新页面。

2013年6月　　　　民族节目中心联合中国传媒大学新闻传播学院在中国传媒大学举办民族广播业务培训班，面向全国对象地区的民族语言广播人才开展业务培训。6月2日，首期藏语广播业务培训班正式开班，来自全国四个省市、自治区，从事藏语广播工作的21名学员参加了首批培训。继藏语广播业务培训班后，民族节目中心还举办了蒙古语广播业务培训班。

2013年7月1日　　维语频率和地方记者中心共同策划的大型系列报道《我从新疆来》在维语频率开播，通过讲述从新疆到内地生活的，或成功或普通的少数民族同胞的故事，让新疆对象听众了解他们的成功、奋斗、努力，分享他们的人生经验，引导对象地区听众加深对"民族团结共同进步"的理解。期间，赵铁骑副台长亲自带队赴南海舰队某支队井冈山舰采访了我国首批上舰服役的维吾尔族女兵。

2013年7月18日	在首都女记协与北京市妇联、人民网举办的《中国梦，我的梦》演讲比赛中，民族中心维语频率记者伊丽娜获得一等奖。
2013年7月25日—31日	民族节目中心完成办公新址的搬迁工作，进驻总局监管大楼7层新址办公。
2013年8月	"彩虹路——民族青少年艺术教育公益行"活动8月10日在内蒙古呼伦贝尔启动。来自澳门及内地的近20名知名画家参加了该活动。这是民族语言广播首次举办大规模的针对少数民族地区青少年文化艺术教育的公益活动。8月17日，民族节目中心联合国家民委港澳台办在京举办了"彩虹路——民族青少年艺术教育公益行"活动书画笔会。10月在澳门举办了采风活动的成果展览会。
2013年8月	朝语部推出大型音乐舞蹈史诗《阿里郎之梦》，在北京和延吉两地公演。节目以气势恢宏的场景反映了一百年来朝鲜族在中国大地繁衍生息，与各族人民共同开辟家园，捍卫国家领土的历程。
2013年8月13日	由西藏自治区党委宣传部、中央人民广播电台主办，藏语频率等单位承办的《倾听天籁》2013年西藏原生态民歌广播征集评选展播活动在京启动。
2013年8月26日	由民族节目中心藏语频率和电视节目中心"央广健康"频道联合举办的大型纪录式广播电视系列专题节目"藏医名家"采访活动在京启动。这是我台民族节目中心和电视节目中心首次合作的项目。节目将制作成广播版和电视版，在我台藏语频率和"央广健康"频道以藏、汉双语播出。
2013年9月2日	维语频率完成了在新疆乌鲁木齐举行的第三届中国—亚欧博览会开幕式现场直播，这是中央台维吾尔语广播创办57年以来的首次直播。哈语广播也于当天播出了开幕式实况。
2013年9月16日	蒙古语广播推出51集专题节目《母语的追寻》，以独特的视角解读蒙古语教育事业在新时代所面临的困难和问题，探索

解决问题的方式和路径。

2013 年 9 月 17 日	朝语广播在延吉实现节目完整落地，这是朝语广播创办 57 年来首次以 6 小时节目时长实现完整落地，结束了几十年来朝语广播覆盖不完整的难题。
2013 年 9 月 23 日	民族节目中心会见越南之声民族广播代表团。
2013 年 10 月	哈语广播策划推出 30 集系列报道《走进伊犁》，先后派出 10 名记者兵分三路，走遍了新疆伊犁 24 个县市和基层组织进行采访，全面报道了新疆伊犁当地经济社会发展的变化和成就。10 月 1 日起在哈语广播和中国哈萨克语广播网同步播出。
2013 年 10 月 8 日	民族节目中心召开第二批台内交流人员总结座谈会。第二批 6 名交流人员分别来自蒙藏维哈朝五个民族，从今年 4 月开始，在台办公室、新闻节目中心、人力资源管理中心、新媒体宣传中心进行了为期半年的工作交流，9 月底交流结束。
2013 年 10 月 28 日—31 日	维语频率首届听众联谊会在北京举行，这是近年来民族语言广播举办的首届听众联谊活动。来自新疆乌鲁木齐、吐鲁番、和田、塔城、克孜勒苏柯尔克孜自治州等地州的 20 位听众代表、部分在京维吾尔族听众和维语频率全体编播人员参会交流。
2013 年 11 月 28 日	民族节目中心朝语部主任朴日善退出领导岗位，金永勋临时主持工作。
2013 年 11 月 30 日	经台分党组研究决定，聘任王非为民族节目中心新闻部主任，聘任尼加提·卡德尔韦民族节目中心维语频率乌鲁木齐编辑部主任。免去兰汝生民族节目中心新闻部主任职务。
2013 年 12 月 12 日	中国哈萨克语广播网、中国朝鲜语广播网全新改版。
2014 年 1 月 1 日	5：55，藏语频率新版节目上线播出，全天播音 18 小时，拉萨编辑部节目量首播时间增加至每天 2 小时。
2014 年 1 月 4 日	由中央人民广播电台民族节目中心、中国青少年发展基金会、中国少数民族对外交流协会、澳门美术协会共同发起的国内首个定向于民族青少年教育的"民族青少年艺术教育基金"在北京民族文化宫签约成立。该基金的成立将弥补我国目前民族地区艺术教育不足的现状。

2014 年 1 月 7 日—8 日	民族中心召开第二届广播听评专家座谈会，15 位民族广播听评员代表参加座谈。
2014 年 1 月 16 日—17 日	民族节目中心在延吉召开 2014 年重点选题策划会，加强了民族地区新闻报道的选题策划工作，为增强节目的针对性、贴近性打下基础。
2014 年 2 月	藏语频率达瓦玉珍采制的专题《一位藏族汉子的军旅梦》在第十六届（2013 年度）首都女记协好新闻奖评选中获得三等奖。
2014 年 2 月 11 日	由民族节目中心提交报送的两篇论文《民族语言广播体系建设的意义和任务》（作者赵连军）、《高校学生群体收听广播的习惯与需求分析》（作者沙尔娜）参加第十三届伊朗国际广播节期间举办的第五届国际广播论坛。由民族节目中心报送的广播特写《穿越时空的天籁之音》参评第十八届麦鲁利奇奖。
2014 年 2 月 13 日	由民族节目中心藏语频率和电视节目中心联合推出的 10 集大型广播电视系列专题节目《藏医名家》举行了审片会。
2014 年 2 月 15 日	维语频率与《新疆青年》杂志合作的《新疆青年》节目（周播）正式开播，这是维语频率和新疆平面媒体合作的进一步深入。
2014 年 2 月 28 日	民族节目中心藏语频率扎西罗布获得 2013 年度中国播音主持"金话筒奖"的"广播播音主持个人奖"。
2014 年 2 月 26 日—28 日	民族节目中心举办民族语言广播国际传播能力建设项目编播人员培训研讨会，邀请国际台语言专家就如何做好外宣工作传授经验，来自采编一线的 40 余人参加培训。此次培训是我台首次针对民族语言广播国际传播能力建设项目编播人员举办的专题培训研讨活动，并就藏语、维语、哈语 2013 年外宣节目方案进行了讨论。
2014 年 3 月	民族节目中心获得新闻出版广电总局颁发的 2013 年度治安先进集体称号。
2014 年 3 月 2 日	藏语频率在《文艺园地》栏目中播出 2014 年藏历木马新年电视联欢会《幸福新年》的节目音频。节目视频同时在中国藏语广播网首页位置和娱乐专栏播出。
2014 年 4 月 19 日	民族语言参与国际传播，藏语、维语、哈语节目陆续在周边

一些对象国家落地播出。

2014 年 9 月	西藏中心藏语节目《追寻幸福生活——佛教生命观解读》获得第 24 届中国新闻奖二等奖，这是中央台藏语广播获得的首个中国新闻奖项。
2014 年 9 月	"彩虹路"活动入围 2014 安平中国·北大公益传播奖。
2014 年 9 月 1 日	维语广播圆满完成第四届亚欧博览会开幕式直播，哈语广播进行了模拟直播。
2014 年 9 月 28 日	中央民族工作会议暨国务院第六次全国民族团结进步表彰大会召开，民族节目中心获得国务院第六次全国民族团结进步模范集体荣誉称号，受到党中央、国务院的表彰。
2014 年 10 月	蒙古语部选送的由记者呼布钦采制的纪实类专题节目《草原人家》在澳门举行的亚广联评奖会上荣获推荐奖，从而填补了民族广播一直没有国际奖的历史空白。
2014 年 10 月 11—18 日	由新疆民族语言广播中心承办的第十六届全国少数民族广播电视维哈柯语优秀节目评析活动在乌鲁木齐成功举办。
2014 年 10 月 27 日—11 月 12 日	民族节目中心在中国传媒大学先后举办了维语和哈语的新闻业务培训班，来自新疆各地市州电台的 40 名学员（维语 23 人、哈语 17 人）参加了培训。
2014 年 10 月 31 日	"声动梦想"全国朝鲜语播音员、主持人大赛落下帷幕。赛事 9 月初启动，在全国范围内举办朝鲜语行业比赛尚属首次，初步定为两年举办一次。
2014 年 11 月 25—27 日	民族节目中心举办民族广播军事节目研讨会。
2014 年 11 月 27 日	民族节目中心三部门主任轮岗交流，李清斌任办公室主任，张克清任新闻部主任，王非任网络部主任。
2014 年 12 月 17 日	中央人民广播电台哈萨克语广播频率开播庆祝文艺晚会在新疆电视台演播大厅成功录制。
2014 年 12 月 18 日	新疆广播中心与新疆移动签署战略合作协议，双方将努力推动资源共享和优势互补，加强互联网应用、产品开发、信息化服务等领域的合作。
2014 年 12 月 22—23 日	民族节目中心 2015 年工作会议在北京香山饭店召开。

2014 年 12 月 24—25 日	藏语广播《倾听天籁》原生态民歌征集活动在西藏拉萨完美收官，最终评选出金奖 10 名、银奖 20 名、铜奖 30 名。
2014 年 12 月 31 日	中央台举办哈语广播开播仪式，总局、国家民委及中央台领导出席。
2014 年 12 月底	新疆中心哈语专题部获中央人民广播电台 2014 年度先进集体称号，金永勋被评为中央人民广播电台 2014 年度先进工作者。
2015 年 1 月 1 日	哈语广播开播，全天 18 小时，"民族之声"节目改版，蒙古语节目与朝语节目各播出 9 小时。
2015 年 1 月 6 日	"彩虹路·民族情" 2015 北京公益书画展在民族文化宫拉开帷幕。活动包括 2015 公益行主题及年度规划发布、彩虹路 Logo 大赛获奖作品颁奖、彩虹路公益标志亮相、艺术家笔会、参展作品义卖、彩虹路画册义卖、七耳兔儿童音乐剧互动表演等。
2015 年 1 月 27—30 日	民族节目中心重点选题策划会在黑龙江牡丹江市召开。
2015 年 2 月 9 日	民族中心成立新媒体融合工作小组，并于 2 月 10 日邀请副台长王晓晖做首次业务培训。
2015 年 2 月 14—23 日	西藏广播中心先后在广播、互联网及平面媒体中以藏汉双语刊播十一世班禅额尔德尼·确吉杰布 2015 年藏历新年祝词。
2015 年 3 月 1 日起	民族广播网各语言网站微信公众号开始规范运行，由网络部执行。
2015 年 3 月 30—4 月 3 日	民族节目中心举办 2015 年度全员业务培训。
2015 年 4 月 28 日	藏语广播录制《格萨尔》经典故事说唱项目启动。4 月—7 月，分别邀请来自西藏昌都和四川甘孜藏族自治州德格县《格萨尔》吟诵艺人夏久·索南尼玛、白玛益西、所加（索南尖参）、布黑等来台录制《格萨尔》经典故事说唱之《英雄诞生》《赛马称王》《大食财宗》《嘉绒粮食宗》《卡切松石宗》《察哇箭宗》《地狱大圆满》等音视频资料共计 108 小时。
2015 年 4 月 29 日	民族中心获 2015 年中央台男子足球赛亚军。
2015 年 5 月 4 日	民族节目中心第一批东西合作采访活动启动。

2015年5月6—8日	民族中心在青海西宁举办中央台国传项目培训研讨会。
2015年6月2日	中央台民族语言广播65周年学术研讨会在北京举行。会上发布了《中国民族语言广播发展调查报告》。
2015年7月21日	赵铁骑副台长在民族中心主持召开涉宗教内容宣传专题研究会。
2015年7月28日	《辉煌五十年 大美新西藏——庆祝西藏自治区成立50周年》采访报道在拉萨启动。报道组深入拉萨、林芝、山南、那曲等13个县市采访。采写的30篇录音报道从8月20日开始在藏语广播中开辟专栏播出。
2015年8月	在新闻出版广电总局设立的2014年度少儿节目精品及国产动画发展专项资金项目评选中，民族中心《金色的朝阳》（藏语）获二等奖。
2015年8月10日	乌鲁木齐编辑部二期建设通过验收，投入使用。
2015年9月3日	民族广播使用蒙、藏、维、哈、朝五种少数民族语言推出大型报道《永恒的丰碑》，对抗战胜利70周年纪念大会盛况进行了全面报道和详细解读。
2015年9月7日	民族中心召开"一带一路"报道策划会，与会人员就民族语言在"一带一路"报道中如何发挥优势展开讨论。
2015年9月7日	民族中心推出系列报道《岁月无痕 民族记忆——纪念中央台民族广播开播65周年》。全国人大常委会原副委员长布赫为该组系列报道亲笔题词：民族之声，岁月之印。
2015年9月8日	藏语广播圆满完成西藏自治区成立50周年庆祝大会现场直播。
2015年9月	哈语广播编写的《电波日志》（哈语版）由民族出版社出版。该书用文字和图片记录了中央台哈语广播从1971年5月1日开播到2015年1月1日单独频率播出四十四年间的起起伏伏。
2015年9月10日	我台维语广播、哈语广播推出系列报道《天南地北新疆人》。在首篇报道《王蒙先生和新疆的不解之缘》中，著名作家王蒙首次用维吾尔语接受我台维语广播记者采访。
2015年9月10日	新疆广播中心集资新建职工住宅楼工程正式开工。该项目于2013年7月立项，预计于2016年8月底竣工。
2015年9月22—23日	民族中心举办媒体融合培训研讨会。

2015年9月24日	经中央台分党组研究决定，聘任张克清为民族节目中心副主任兼新闻部主任。
2015年10月1日	维语广播、哈语广播两套频率现场直播新疆维吾尔自治区成立60周年庆祝大会，开创了我台重大报道多民族语言同步现场直播先河。哈语广播实现了自开播以来首次重大活动直播。
2015年10月9日	民族中心召开节目听评工作会，会议以"从受众视角看民族语言广播节目如何提高权威性与可听性"为主题。
2015年10月15日	民族中心发起的"彩虹路"捐赠活动暨维语广播推广活动在新疆和田县塔瓦库勒乡卡尔墩小学、巴克墩小学举行。赵铁骑副台长携民族节目中心及新疆民族语言广播中心编播人员专程来到学校，看望学校的孩子们。
2015年10月19日—21日	2014年度八省区蒙古语广播电视优秀作品评析会在北京召开。来自内蒙古、新疆、青海、甘肃、黑龙江、吉林和辽宁等地的近百位广电行业代表参会。蒙古语部敖图海的广播社教类作品《月签族》、莎如拉的播音类作品《栗色马》、吉日木图的文艺类作品《草原人家的新春》、乃日斯克的新闻类作品《内蒙古保护动物百灵鸟遭盗猎，运至河北公然叫卖》分获各类别广播节目一等奖，呼布钦的《老兵新传》和满都呼的《文学翻译是一门艺术》获得社教类节目二等奖，布仁乌力吉的论文获三等奖，德吉和敖登其木格的广播栏目获优秀栏目奖。
2015年11月3日	赵铁骑召集民族中心领导班子和各部门一把手召开会议，研究民族广播如何打造中央对民族地区的权威信息发布平台。
2015年12月	藏语频率主持人边巴旦增被评为中央人民广播电台第五届十佳播音员主持人（第8名），蒙古语部主持人吉日木图获优秀奖。
2016年1月	曲声、孟克巴图获2015年度台先进工作者称号。
2016年1月	藏语广播成都康巴方言节目制作室和西宁安多方言节目制作室开始运行制作节目。
2016年2月26日	民族节目中心蒙古语广播微信公众号发布的两会预热稿件《2016年全国两会热点调查（投票）》，单条阅读量达18万，参与投票7.8万人，创民族语言微信稿件阅读量新高。

2016 年 4 月—5 月	民族节目中心先后在朝语广播、维语广播、哈语广播、蒙古语广播、藏语广播陆续推出了一批翻译栏目，播出台内其他频率的优秀节目内容。
2016 年 4 月 8 日	民族节目中心举办了财经纪律专题培训班，邀请财务管理中心负责同志就我台财务纪律和财经法规进行专题授课。
2016 年 6 月	扎西罗布获得中央台 2014 年—2015 年度优秀党务工作者称号。
2016 年 7 月 1 日	赵铁骑副台长退休。台分党组成员、副总编辑刘晓龙于一个月后开始分管民族中心。
2016 年 8 月 16 日—9 月 14 日	中央台民族节目中心圆满完成第五届全国少数民族文艺会演宣传报道工作和评奖工作。中央台首次作为文艺会演评奖的主办方。
2016 年 8 月 16 日	中央台民族节目中心网络部与融媒体新闻指挥中心签署了《四网整合技术交接清单（民族网）》，完成民族广播网的技术整合工作。
2016 年 10 月	中央台民族中心西藏民族语言广播中心承办了第 31 次全国藏语广播电视文艺节目交换会暨第十六届全国藏语广播电视优秀节目评析会。中央台副总编辑刘晓龙出席会议并致辞。
2016 年 10 月	民族节目中心藏语广播微信公众号用户数量超过 10 万人。
2016 年 10 月 6 日	中国民族广播网蒙藏维哈朝五种民族语言微信公众号用户总数突破 30 万。
2016 年 11 月 3 日	中央台第八届民族广播协作会在北京开幕，中央台台长阎晓明作题为《加强协作打造民族信息权威发布平台》的主题报告。来自全国民族地区各地市州、县的广电局、台负责同志和中央台各中心、室负责人、相关记者站长逾百人出席会议。
2016 年 11 月 14 日	民族节目中心联合地方台共同推出《全国新闻联播》节目，打造权威民族信息发布平台。
2016 年 11 月 14 日	民族节目中心正式执行日常选题策划制度，由中心领导值班，部署当天重点选题，通过召开选题策划会对中心业务工作进行统筹布局。
2016 年	民族节目中心先后举办了第二届全国朝鲜语业余主持人大赛和全国维吾尔语大学生主持人大赛，进一步提高了中央台民族广播的品牌影响力。

2016 年 12 月 28 日	民族中心维语微信公众号发布了《再过 3 天，新疆要大变了！看完之后你绝对不想离开新疆！》，总阅读数达 39342，创维语微信公众号 2016 年度单篇最高阅读量纪录。
2017 年 1 月	由民族中心倡议发起的"彩虹路·民族情"2017 艺路同行北京公益书画展在北京开幕。开展三天，现场累计收到捐款 7 万余元全部捐献给中国青少年发展基金会。
2017 年 1 月	民族节目中心网络部获中央台 2016 年先进集体，米玛加措被评为中央台 2016 年度先进工作者。
2017 年 2 月 10 日	民族中心领导和部门一把手集体参观央广新媒体公司，学习了解新媒体技术和全台媒体融合思路。央广新媒体公司总经理陶磊参加交流。
2017 年 2 月 24 日	民族中心蒙古语微信公众号发布了《发出你的呼声——2017 年全国两会热点调查（投票）你的意见将直达两会代表委员》，总阅读数达 108848，创蒙古语微信公众号 2017 年度单篇最高阅读量纪录。
2017 年 3 月 1 日	中国民族广播汉语微信公众号推出。内容定位在民族新闻和民族文化，由新闻部运营。
2017 年 3 月	在全国两会报道中，民族中心首次尝试全景直播，并完成了人大开幕式（汉语）和记者招待会（维语）两场新媒体直播。
2017 年 3 月 28 日	由民族网承办的"央广藏语移动媒体发展座谈会"在北京举行。座谈会以藏语移动媒体的发展为切入点，通过社会各界人士的建言献策，加强和改进民族语言广播在新媒体领域的工作。
2017 年 3 月	民族中心"彩虹路"活动邀请了港澳台艺术家到广西实地探访受"彩虹路"项目基金捐助的学校，进行义教。
2017 年 4 月 1 日	民族节目中心全员新媒体轮岗培训。截至 9 月底，中心近 80 名人员完成了业务交流。
2017 年 4 月 1 日	民族节目中心副主任田山川退休。
2017 年 4 月	《新世纪的交响》一书公开发行。
2017 年 4 月	民族中心启动 2017 年民族语言广播听众调查工作。
2017 年 4 月 15 日	民族中心藏语微信公众号发布《青海湖小湖泊变成"粉红湖"

官方排除生态环境污染》，总阅读数达 59102，创藏语微信公众号 2017 年度单篇最高阅读量纪录。

2017 年 5 月 4 日	哈萨克语、朝鲜语《全国新闻联播》节目开播。
2017 年 5 月	"一带一路"国际合作高峰论坛在京举行。民族节目中心精心策划，统筹五种民族语言广播同步推出了专题报道《丝路上的民族交响》，为论坛的开幕报道预热。
2017 年 5 月	藏语广播联合迪庆广播电视台推出《和谐藏区行（迪庆篇）》采访报道活动，为云南省迪庆藏族自治州成立 60 周年营造舆论氛围。
2017 年 6 月	彩虹路项目在澳门举办"2017 彩虹路民族情·澳门公益书画展"，推动桂澳两地学生的艺术交流，通过打造彩虹路公益品牌活动，也进一步提高了民族广播的社会影响力。
2017 年 6 月 13 日	民族中心哈语微信公众号发布了《小说：谁也没比谁好过》，总阅读数达 35584，创哈语微信公众号 2017 年度单篇最高阅读量纪录。
2017 年 6 月 20 日	中国民族广播网蒙藏维哈朝五种民族语言微信公众号用户总数突破 40 万。
2017 年 6 月—7 月	民族中心联合内蒙古广播电视台策划推出庆祝内蒙古自治区成立 70 周年系列采访报道《陪你一起看草原》。此次采访活动有 34 家媒体将近 90 人参加，除中央人民广播电台外，内蒙古媒体有 21 家，其他省市媒体有 12 家。
2017 年 7 月	藏语广播推出大型主题报道《幸福雪域——砥砺奋进的五年》，反映了党的十八大以来，各地藏区在以习近平同志为核心的党中央的治藏方略指引下，认真贯彻落实中央第六次西藏工作座谈会精神，实施精准扶贫取得的巨大成就。
2017 年 8 月	"民族之声"蒙古语广播联合内蒙古广播电视台蒙古语广播完成了内蒙古自治区成立 70 周年庆祝大会及群众行进表演全程直播报道，中国民族广播网蒙古语网同步图文音视频直播。这是蒙古语节目开播以来的首次直播。
2017 年 8 月 1 日	民族中心朝语微信公众号发布了《朝鲜族人郑律成的革命音乐人生——重温经典军歌忆往昔光荣岁月》，总阅读数达 11825，创朝语微信公众号 2017 年度单篇最高阅读量纪录。

2017年8月28日	新疆民族语言广播中心乌鲁木齐编辑部举行了迎接十九大升旗仪式，并将每周一的升国旗仪式纳入日常工作，形成制度化、常态化。
2017年8月30日	中国民族广播网蒙藏维哈朝五种民族语言微信公众号用户总数突破50万。
2017年9月	民族节目中心在延吉召开了民族语言《全国新闻联播》节目研讨会，会议总结了民语版《全国新闻联播》节目开播10个月来取得的成果和经验，商议民族广播如何做好十九大宣传报道工作。全国53家广播电台的负责同志共50多人参加会议。
2017年9月	民族节目中心策划推出150集大型采访报道《庄严的承诺——民族地区扶贫攻坚纪实》。
2017年9月—10月	维语广播和哈语广播分别推出了维语版、哈语版迎接十九大专题采访报道《县市长访谈录》。随后维语广播、哈语广播推出了《庄严的承诺：新疆精准扶贫纪实》《砥砺奋进谋发展 民族团结谱新篇》两组专题节目。
2017年9月—10月	民族中心举办了"迎十九大，爱我中华"职工摄影展，活动得到了全体员工的积极响应，大家纷纷用照片记录下自己眼中的美丽中国，抒发了爱国热情。
2017年10月	民族网策划推出新类型民语广播节目《"微"观十九大》，分别在蒙古语广播、藏语频率、维语频率、哈语频率、朝语广播的十九大专题节目中播出，节目首次将新媒体互动内容引入中央电台民族语言广播。
2017年10月	民族中心通过重大翻译报道指挥协调机制有效加强了十九大等重大主题宣传报道的统筹策划。
2017年10月26日	蒙、藏、维、哈、朝五个民族语言广播在《全国新闻联播》平台里统一挂栏播出《携手迈进新时代》，采访报道民族地区和民委系统传达学习贯彻十九大精神情况。
2017年10月29日	乌鲁木齐集资建房举行交钥匙仪式。相关人员2017年可以实现入住。
2017年10月31日	经台分党组研究决定，因年龄原因，额日德尼毕力格不再担任民族节目中心副主任职务。
2017年11月	中央台民族节目中心被中央精神文明建设指导委员会评为第

四届"全国未成年人思想道德建设工作先进单位"。

2018年1月	贡布玉杰荣获中宣部2017年"四个一批"人才。
2018年1月	网络部整体搬迁到七层办公区。
2018年1月19日	哈萨克语广播邀请哈萨克斯坦共和国驻华大使沙赫拉特·努雷舍夫来我台接受专访。副台长赵忠颖会见了沙赫拉特·努雷舍夫大使一行。
2018年1月	民族节目中心获国家新闻出版广电总局2017年度消防先进集体。
2018年1月	民族节目中心西藏民族语言广播中心新闻部获中央台2017年度先进集体。昆铁肯、姜雪花被评为中央台2017年度先进工作者。
2018年1月	哈语节目《姓名中的点》被评为全国政协好新闻二等奖。
2018年2月5日	民族节目中心在监管大楼组织开展消防安全应急演练,确保春节和两会期间消防安全。
2018年2月	中央人民广播电台民族语言广播收听效果调查报告发布。这是继2012年启动民族地区受众对民族语言广播的收听效果调查项目之后,中央人民广播电台在2017年8月再次开展的相关调查。
2018年春节前夕	民族节目中心网络部策划推出蒙、藏、维、哈、朝五种少数民族语言新春语言贺卡H5,周阅读总量达到18.1万,藏语用户使用近5万。
2018年2月	在中央统战部的大力支持下,民族节目中心录制了十一世班禅额尔德尼·确吉杰布2018年藏历新年祝词,分为汉、藏、蒙三种语言在央广广播、网站及平面媒体中刊播,并同步推送到央广网海外脸谱账号和推特账号。据统计,一周内,该条稿件在脸谱等境外社交媒体阅读量达80.3万。
2018年3月8日	下午3时57分,民族节目中心策划推出的两会报道《习近平,各族人民的好领袖》在"中国民族广播CNR"微信公众号推出。截至3月9日上午6时20分,微信报道发出不到15小时阅读量超过10万人次,获得近300位网友点赞。
2018年3月	根据中宣部"宣传思想文化战线大调研"工作的要求,民族

节目中心对新时期民族地区意识形态工作的特殊性、紧迫性以及广播在民族宣传方面的独特优势进行了专题调研，完成题为《新时期民族地区意识形态工作的特殊性、紧迫性以及广播在民族宣传方面的独特优势》的调研报告。报告由兰汝生、任杰、沈英花执笔，藏语、维语提供材料。

2018年3月21日　　中央决定组建中央广播电视总台。民族节目中心召开中心主任办公会议，传达中央决定组建中央广播电视总台精神。赵连军要求中心各部门要将会议精神传达到各族职工，要深刻学习领会中央决定组建中央广播电视总台的重要意义，统一思想，提高认识，加强管理，严格要求，切实做到"思想不乱、工作不断、队伍不散、干劲不减"，确保节目舆论导向正确和安全播出，继续做好民族宣传工作，不断推动改革进程中各项工作的有序开展。

2018年4月3日　　民族中心举办2018年一季度优秀作品评析会。

2018年4月　　　　民族中心五种语言微信公众号取得一日五发资质。

2018年4月10日　　西藏民族语言广播中心策划的纪念改革开放40周年系列报道"回望改革开放40年"采访活动正式启动。在为期一个月的报道活动中，西藏中心派6路记者深入珠海、汕头、泉州、上海等地，以民族视角报道沿海地区改革开放40年来的发展成就。

2018年5月13日　　民族节目中心五种民族语言微信公众号翻译推送《习近平和母亲》稿件，成为同类民族语言网站中的首发。24小时内阅读总量达5万多人次。

2018年5月20日　　民族节目中心五种民族语言微信公众号翻译推送《习近平和彭丽媛：这就是爱的样子》稿件，24小时内阅读总量达52781人次。

2018年5月28日
—6月2日　　　　由央广民族节目中心发起的"彩虹路民族青少年艺术教育公益行"活动来到宁夏，探访当地三所获得彩虹路公益项目捐建美术教室的学校，向学生捐赠文具。

2018年6月8日　　民族中心蒙古语微信公众号发布了《内蒙古巴彦淖尔市遭遇罕见旱灾，驼羔被强行与母亲分离——画面太悲惨……》，总阅读数达156457，创蒙古语微信公众号2018年度单篇最高阅读量纪录。同日，民族中心哈语微信公众号发布了《习近平同哈萨克斯坦总统举行会谈》，总阅读数达 175973，创哈语微信公众号 2018 年度单篇最高阅读量纪录。

2018 年 6 月 9 日	民族中心朝语微信公众号发布了《四年再相聚——北京朝鲜族运动会》，总阅读数达 42908，创朝语微信公众号 2018 年度单篇最高阅读量纪录。
2018 年 6 月 18 日	西藏民族语言广播中心联合甘肃甘南广播电视台、甘肃天祝县广播电视台联合推出"携手小康路 共筑中国梦——学习贯彻十九大精神暨改革开放四十周年"主题采访报道活动。
2018 年 7 月 1 日	民族节目中心蒙、藏、维、哈、朝五种民族语言广播和新媒体推出纪实文学《梁家河》。
2018 年 7 月 2 日	民族节目中心蒙、藏、维、哈、朝五种民族语言广播推出特别报道《激荡四十年 奋进新时代》（20 集），集中报道我国民族地区改革开放四十年来在法制建设、对口支援、民族团结、非遗保护、城市民族工作、民族地区扶贫开发、兴边富民行动、民族医药、对外开放、扶持人口较少民族发展、民族教育等方面取得的巨大成就。蒙、藏、维、哈、朝五种民族语言广播网和微信公众号同步刊发。
2018 年 7 月 2 日	民族节目中心维语广播翻译播出中国之声纪念中国改革开放 40 年特别节目《见证》，维语广播网和维语微信公众号同步刊发。
2018 年 7 月 11 日	民族中心藏语微信公众号发布了《央视痛批：精准扶贫大搞形式主义，成了"精准填表"！》，总阅读数达 62226，创藏语微信公众号 2018 年度单篇最高阅读量纪录。
2018 年 8 月 16 日	民族节目中心召开"推进总台高质量发展工作"学习传达会，刘晓龙同志出席并讲话。中心处级以上干部参加。会后，民族节目中心立即启动改版相关调研工作，设立专项小组，以调查问卷、座谈会等形式，广泛听取中心员工、台内专家和社会有关方面的意见，做好改版方案设计工作。
2018 年 8 月	央广藏语广播客户端（APP）在安卓和苹果应用商店上架，并成为中央网信办重点资助项目。
2018 年 9 月	民族节目中心张克清同志被评为第八届首都民族团结进步先

进个人。

2018 年 10 月 9 日	民族节目中心五种民族语言微信公众号翻译推出《平"语"近人——习近平总书记用典》。
2018 年 10 月 16 日	民族中心维语微信公众号发布了《司马义·艾买提同志逝世》，总阅读数达 167737，创维语微信公众号 2018 年度单篇最高阅读量纪录。
2018 年 12 月	藏语广播在中国网络社会组织联合会主办的汉藏双语移动应用程序征集评选活动中获休闲益智类别"优秀作品奖"。
2018 年 12 月 3 日	藏语纪念改革开放 40 周年融媒体产品《花开高原》开播，标志着民族语言纪念改革开放 40 周年报道掀起新的高潮，同时开启了民族语言产品视觉化呈现的新阶段。
2018 年 12 月	民族节目中心新疆语言广播中心乌鲁木齐编辑部获总台央广 2018 年度先进集体。旺堆、努力霞提被评为中央台 2018 年度先进工作者。
2019 年 2 月	藏语广播邀请吟诵艺人白玛益西之子虾罗来台录制《格萨尔》经典故事说唱之《霍岭大战》共计 30 余小时，填补了央广音频资料库中格萨尔音频资料空白。
2019 年 3 月 5 日	民族中心蒙古语微信公众号发布了《[两会内外民族风]政协委员廷·巴特尔回应网友关注的热点问题》，总阅读数达 152617，创蒙古语微信公众号 2019 年度单篇最高阅读量纪录。
2019 年 3 月 6 日	民族中心策划推出原创微视频《[石榴籽的情怀]我想对总书记说》，来自内蒙古、新疆、西藏、云南的基层少数民族代表，向总书记问候，汇报家乡的变化，邀请总书记到各自的家乡做客。视频经汉蒙藏维哈朝六种语言公号推出后，20 小时内阅读超 3 万。
2019 年 3 月 6 日	民族中心哈语微信公众号发布了《总理报告里这 20 个大红包》，总阅读数达 80528，创哈语微信公众号 2019 年度单篇最高阅读量纪录。
2019 年 3 月 9 日	民族中心藏语微信公众号发布了《[两会民族"视"界]藏文老师扎西走上全国两会"委员通道"》，总阅读数达

72147，创藏语微信公众号 2019 年度单篇最高阅读量纪录。

2019 年 3 月 28 日	民族中心藏语节目全媒体、多方位报道西藏自治区在布达拉宫广场隆重举行纪念西藏民主改革 60 周年大会情况，推出专栏《庆祝西藏民主改革 60 周年》。
2019 年 4 月	民族中心组织五种语言记者深入云南等民族地区采访，推出全媒体报道《茶马古道民族情》，把云南"五个认同"的先进经验介绍给对象听众，大力宣传各民族团结和睦、守望相助的动人故事。
2019 年 4 月 24 日	民族中心朝语微信公众号发布了《衣柜里面放根它，衣服一年不返潮、不长虫，太管用啦！》，总阅读数达 85100，创朝语微信公众号 2019 年度单篇最高阅读量纪录。
2019 年 4 月	民族节目中心推出 3 集维吾尔语微视频《重新启程》，从全新角度展示新疆职业技能教育培训工作取得的成效，让广大维吾尔族群众了解事实真相，以正视听，收到较好效果。这也是民族语言历史上第一个自主策划的时政类视频节目。
2019 年 6 月—8 月	民族中心藏语节目策划实施《美丽藏区行》采访报道活动，充分发挥央广藏语广播前后方优势，通过采访报道西藏及相关省区 30 个农牧民家庭的变化，反映新中国成立 70 年来党中央对藏族人民的深切关怀，凸显十八大以来广大藏区发生的深刻变化。
2019 年 6 月	民族中心哈语节目推出 40 集主题系列报道《辉煌 70 年 礼赞新时代——大美新疆行》，记者入农户、进田野、探矿洞，用坚实的步伐丈量边疆大地、挖掘鲜活事例、记录生活变化。
2019 年 6 月 20 日	民族节目中心推出民族语言六十九年历史中第一个自主高访策划《平壤时刻》，全面报道中共中央总书记、国家主席习近平对朝鲜进行国事访问。
2019 年 6 月 30 日	民族中心维语微信公众号发布了《习近平签署发布特赦令 在中华人民共和国成立七十周年之际 对九类服刑罪犯实行特赦》，总阅读数达 275219，创维语微信公众号 2019 年度单篇最高阅读量纪录。
2019 年 7 月 4 日	总台党组召开会议，研究成立第三批机构筹备组事项。明确刘晓龙同志为总台民族语言节目中心筹备组召集人（兼），

赵连军、泽嘎、帕尔哈提同志为副召集人。

2019 年 7 月 15 日　民族中心蒙古语节目推出 12 集专题系列报道《我们的标准音》和 6 部视频专访，十多名专家学者用亲身经历生动呈现主题。

2019 年 7 月 18 日　中央广播电视总台民族语言节目中心成立。中宣部副部长，中央广播电视总台党组书记、台长慎海雄出席成立大会并讲话。中央广播电视总台副台长、党组成员阎晓明主持会议并宣读总台党组《关于成立中央广播电视总台民族语言节目中心的决定》。原三台台领导黄传芳、刘晓龙参加大会。民族语言节目中心召集人刘晓龙（兼）对民族语言节目中心组建工作方案作了概要说明。民族语言节目中心下设综合部、统筹策划部、新闻编辑部、融媒体部、对外联络部、技术保障部、蒙古语节目部、藏语节目部、维吾尔语节目部、哈萨克语节目部、朝鲜语节目部、藏语方言部、拉萨编辑部、乌鲁木齐编辑部等 14 个处级部门和 2 个二级事业部：西藏民族语言中心、新疆民族语言中心。原央广民族节目中心处级以上干部和部分业务骨干约 100 人参加成立大会。

2019 年 7 月 19 日　民族语言节目中心高质发展改版方案获得总台通过。

2019 年 8 月 8 日　中央广播电视总台民族语言节目中心综合部正式成立。李清斌任综合部召集人，白荣博、吴琼任副召集人。

2019 年 8 月 13 日　中央广播电视总台民族语言节目中心哈萨克语节目部、融媒体部正式成立。叶力夏提·色依提任哈萨克语节目部召集人，努尔波拉提任副召集人。王非任融媒体部召集人，刘洪斌、吴新日任副召集人。

2019 年 8 月 14 日　中央广播电视总台民族语言节目中心维吾尔语节目部、蒙古语节目部、朝鲜语节目部正式成立。艾司哈尔·图送任维吾尔语节目部召集人，库尔班妮莎、巴哈提亚尔任副召集人。格日勒图任蒙古语节目部召集人，宝力德任副召集人。金光永任朝鲜语节目部召集人，金永勋任副召集人。

2019 年 8 月 15 日　中央广播电视总台民族语言节目中心新闻编辑部正式成立。张克清任新闻编辑部召集人（兼）。

2019 年 8 月 15 日　民族中心新闻部党支部、综合部党支部联合召开"不忘初心、牢记使命"主题教育专题组织生活会。总台党组成员、副台长阎晓明同志作为支部成员参加会议并讲党课。

2019 年 8 月 17 日	中央广播电视总台民族语言节目中心乌鲁木齐编辑部成立。尼加提·卡德尔任乌鲁木齐编辑部召集人，王旭东、巴赞胡达别尔根任副召集人。
2019 年 9 月	根据总台高质量发展的总体要求和统一部署，民族语言节目中心所属蒙、藏、维、哈、朝 4 套广播频率和 5 个语言网站在 9 月 20 日前陆续完成改版、全新上线。这是民族语言节目中心历年来调整幅度最大的一次改版，精心打造了全新的民族语言广播频率和新媒体平台，鲜明体现国家台站位，突出先网后台理念。
2019 年 9 月	民族中心组织五种民族语言记者深入对象地区采访，推出系列报道《民族赞歌》，大力宣传习近平总书记对民族地区各族人民的关心关爱和各族人民对习总书记的拥护爱戴，大力宣传民族地区在党的领导下取得的巨大成就。
2019 年 9 月 8 日—16 日	第十一届全国少数民族传统体育运动会期间，民族中心组成一支由蒙、藏、维、哈、朝五种民族语言记者组成的宣传报道队伍赴现场采访并推出主题报道《民族同心——追梦健康中国》。
2019 年 9 月 15 日	民族中心蒙古语节目推出《美丽中国，感知 70 年》，以"五个认同"的宣传理念，以润物细无声的方式，从新中国成立的曲折斗争开始讲起，以不同历史时期的典型事件为切入点，以现实中真实新闻事件为呼应，视频、音频相结合，歌颂在党的领导下、国家的关怀下内蒙古 70 年来的发展变化。
2019 年 9 月 21 日	民族中心哈语节目举办《同心共筑中国梦》主题创作评选活动，在微信平台上推出了精选的七首 MV 作品获得 55 万＋的访问量，新增 1.2 万用户。
2019 年 9 月 23 日	中央广播电视总台民族语言节目中心藏语节目部、拉萨编辑部正式成立。米玛加布任藏语节目召集人，吉加任副召集人。拉巴任拉萨编辑部召集人。
2019 年 9 月 27 日	民族中心网络部获全国民族团结进步模范集体称号。
2019 年 10 月 10 日	中央广播电视总台出品的 4K 直播电影《此时此刻——国庆 70

周年盛典》民族语言版在京发布。

2019年10月25日　中央广播电视总台召开庆祝新中国成立70周年宣传报道总结表彰大会，民族语言节目中心获得嘉奖集体称号。

2019年10月25日　总台党组召开会议决定：刘晓龙同志兼任总台民族语言节目中心主任。

2019年10月30日　中央广播电视总台民族语言节目中心对外联络部、统筹策划部成立。刘永春任对外联络部副召集人。吴琼任统筹策划部副召集人。白荣博任新闻编辑部副召集人。

2019年10月　经总台党组研究决定，央广民族节目中心网络部主任王非赴海南挂职，挂任海南广播电影电视传媒集团有限公司副总经理，挂职期为两年。

2019年10月31日　截至2019年10月底，中国民族广播网五种语言分网和汉语频道共发稿件11万条，页面浏览总量1100万次。五种语言微信公众号总用户达到70万，五种语言微信公众号2019年度阅读量突破1亿人次。

2019年11月1日　维语微信公众号"时事要闻"栏目荣获中国新闻奖新媒体品牌栏目三等奖。

2019年11月5日　总台民族语言节目中心联合亚洲非洲地区语言节目中心、欧洲拉美地区语言节目中心在总台鲁谷办公区联合举办区块链专题培训，进一步提高员工的综合素质和创新能力。总台编务会议成员刘晓龙和三个中心领导干部及业务骨干150人参加培训。

2019年11月20日　民族中心在总台央视频平台注册"绚丽民族风""百科全说""客来秀"等三个以民语视频为主的账号，成为总台新媒体宣传矩阵的重要阵地之一。

2019年12月4日　针对美国国会众议院通过所谓"2019年维吾尔人权政策法案"，五种民族语言节目展开了积极的抗议和反击舆论宣传。12月4日—11日，维吾尔语、哈萨克语微信公众号推出报道33篇，总点击量43万+。

2019年11月—12月　民族中心制定发布了《民族语言节目中心安全播出管理条例》《民族语言节目中心宣传管理　办法》《民族语言节目中心新媒体宣传管理办法》《民族语言节目中心财务报销管理办法》

	等一系列新版管理规定，用严格的制度和规范的流程全面加强中心的制度建设。
2019 年	民族中心朝语节目推出 20 集大型系列报道《砥砺奋进 70 载，与祖国同成长》，通过采访在政治、经济、文化等各领域做出突出贡献的朝鲜族代表人物，讴歌伟大祖国，展现延边在党的领导下取得的辉煌成就，彰显延边各民族群众"像石榴籽一样紧紧地抱在一起"、努力打造"和谐乐土"的奋斗历程。
2019 年	民族中心藏语广播 APP 被西藏自治区选定为"网络扶贫手机捐赠公益项目"的指定植入客户端，用户可通过手机免费收听收看我台藏语节目。
2019 年 11 月 30 日	民语版 4K 直播电影《此时此刻——国庆 70 周年盛典》捐赠推广活动在中央民族大学举行。中央民族大学副校长石亚洲和 21 个民族的 400 余名学生共同参加活动。
2019 年 12 月	民族中心委托中国传媒大学课题组历时两年多，完成了 30 多万字的总台民族广播史 1950 年至 2000 年的撰写工作。
2019 年 12 月 20 日	民族语言节目中心与中视实业集团有限公司召开合作商议会，双方就节目采制、媒资管理、会议服务、推广活动、车辆租赁等领域开展合作达成共识，并签署战略合作协议。
2020 年 1 月	民族中心完成了民语版 2020 年春节联欢晚会的翻译制作工作。
2020 年 1 月 23 日	维吾尔语微信推送的《新疆首次确诊两例输入型新型冠状病毒感染肺炎病例》，阅读量累计达 45 万 +。
2020 年 1 月 28 日	借鉴《主播说联播》的形式，维吾尔语节目在央视频推送了微视频《主播点评：疫苗研发工作已启动 成功分离病毒》，当日在微信平台获得 38 万 + 的点击量，创下维吾尔语微信阅读量之最。
2020 年 2 月 24 日	藏历年期间，十一世班禅通过总台藏语广播向广大藏族同胞致以新年祝福，同时表达了在党中央的坚强领导下战胜疫情的信心。
2020 年 5 月	自 5 月 21 日全国两会开幕以来，民族中心蒙、藏、维、哈、朝五种民族语言节目及时翻译推送习近平总书记两会重要活

动和重要讲话及其反响，聚焦以人民为中心、人民至上的领袖风采，反映了习近平总书记和各族人民心贴心的情怀。两会期间，五种民族语言微信公众号共刊发习近平总书记重要活动稿件 63 篇，总阅读人次逾 32 万。

2020 年 5 月 20 日　民族中心推出原创系列报道《中国制度，民族复兴的保障》。两会期间，民族中心推出两会重点策划——6 集原创系列报道《中国制度，民族复兴的保障》在五种民族语言新媒体和广播端推出。该组报道分别为《中国共产党领导，中国制度的最大优势》《参政议政、管理国家事务 一个民族都不能少》《坚持和完善民族区域自治，各族人民共享中华民族新的光荣和梦想》《共同富裕，中国制度的显著优势》《中国制度，让每一个民族的孩子都有机会出彩》《中国制度，凝聚起各民族强大的爱国力量》，总时长 110 分钟，在央视频、微信公众号、网络平台同步刊发。截至 5 月 31 日，总播放次数达到近万次，相关稿件总阅读人次达 22 万。

2020 年 5 月 22 日　中央广播电视总台举办庆祝民族语言节目创办 70 周年座谈会。中宣部副部长，中央广播电视总台台长、总编辑慎海雄出席并讲话。座谈会由中央广播电视总台副台长蒋希伟主持。总台编务会议成员兼民族语言节目中心主任刘晓龙做了工作汇报。总台编务会议成员及相关台领导、总台有关部门负责同志、民族语言节目中心部分干部职工及老同志代表约 70 人出席会议。